Das neue Europarecht - EG-Vertrag und Europäische Union

# Das neue Europarecht

**EG-Vertrag und Europäische Union**
**Textausgabe**

**eingeführt und zusammengestellt von**
**Prof. Dr. Christoph Vedder**

**Redaktion: Helmut Brokelmann**

European
Law Press

GABLER

Die Deutsche Bibliothek – CIP-Einheitsaufnahme

Das **neue Europarecht**: EG-Vertrag und Europäische Union; Textausgabe / eingef. und zsgest. von Christoph Vedder. – Wiesbaden: Gabler; München: European Law Press, 1992
(Europäisches Wirtschaftsrecht)
ISBN 3-409-13470-0
NE: Vedder, Christoph [Hrsg.]

Der Gabler Verlag und European Law Press sind Unternehmen der Verlagsgruppe Bertelsmann International.


Lektorat: Jürgen Leske / Ulrike M. Vetter



Höchste inhaltliche und technische Qualität unserer Produkte ist unser Ziel. Bei der Produktion und Verbreitung unserer Bücher wollen wir die Umwelt schonen: Dieses Buch ist auf säurefreiem und chlorarm gebleichtem Papier gedruckt. Die Einschweißfolie besteht aus Polyäthylen und damit aus organischen Grundstoffen, die weder bei der Herstellung noch bei der Verbrennung Schadstoffe freisetzen.



Umschlaggestaltung: Schrimpf und Partner, Wiesbaden
Satz: PC-Print, München
Druck und Bindung: Wilhelm & Adam, Heusenstamm
Printed in Germany

ISBN 3-409-13470-0

# Inhaltsverzeichnis

## Inhalt

## Die Europäische Gemeinschaft und die Europäische Union nach dem Vertrag von Maastricht

Professor Dr. Christoph Vedder

Seit der Gründung der Europäischen Wirtschaftsgemeinschaft zum 1. Januar 1958 ist der Gründungsvertrag der EWG, der wichtigsten der drei europäischen Gemeinschaften EWG, EAG und EGKS, einige Male geändert worden. 1967 wurde durch den Fusionsvertrag ein gemeinsamer Rat und eine gemeinsame Kommission für alle drei Gemeinschaften eingesetzt, nachdem bereits seit der Gründung das Parlament und der Gerichtshof als gemeinsame Organe der Gemeinschaften fungierten. Die Fusionsverfassung, durch die die drei Gemeinschaften auch als Organisationen verschmolzen worden wären, ist nicht zustandegekommen. Seit 1970 wurden in mehreren Etappen die Finanzvorschriften des EWG-Vertrages in Richtung auf die Finanzierung durch eigene Einnahmen und auf die Einführung eines Budgetrechts des Europäischen Parlaments hin geändert. Der Beitritt Großbritanniens, Dänemarks - mit dem späteren "Austritt" Grönlands - und Irlands 1973, der Beitritt Griechenlands 1981 sowie Spaniens und Portugals 1986 hatten Änderungen der institutionellen Vorschriften zur Folge.

Von großem politischen Gewicht für die Integration ist die schrittweise Stärkung der Stellung und die Erweiterung der Kompetenzen des Europäischen Parlaments: 1976 die Einführung allgemeiner und direkter Wahlen, die seit 1979 in fünfjährigem Rhythmus stattfinden; das Budgetrecht des Parlaments. Dennoch blieb das Europäische Parlament weit davon entfernt, ein Parlament mit solchen Kompetenzen zu sein, wie man es von einem nationalen Parlament gewohnt ist.

### 1. Der erste Schritt: die Einheitliche Europäische Akte

Auf diesem Weg voranzugehen, war eines der wesentlichen Ziele der zum 1. Juli 1987 in Kraft getretenen Einheitlichen Europäischen Akte. Die EEA ist die restriktive Antwort der Regierungen der Mitgliedstaaten[1] auf die vom Abgeordneten Spinelli inspirierte Initiative[2] des Europäischen Parlaments von 1984 zur Schaffung einer Europäischen

1) vgl. Vedder in Grabitz (Hrsg.), Kommentar zum EWG-Vertrag, Art. 236 Rdnr. 6 bis 12
2) ABl. 1983 C 277/95.

Union. Der vom Parlament vorgelegte Entwurf eines Unionsvertrages[3] hat aber immerhin dazu geführt, daß das Thema der Union auf der Tagesordnung blieb und daß Art. 1 EEA feststellte, daß die Europäische Gemeinschaft und die Europäische Politische Zusammenarbeit sich auf dem Weg zur Europäischen Union befänden, und der damit eine entsprechende Verpflichtung formulierte. Die EEA stellte in Art. 1 Abs. 2 auch die Weichen zur Zusammenführung der immer noch getrennt existierenden drei Gemeinschaften. In Art. 1 Abs. 3 und im völkerrechtlichen Titel III der EEA wurde die in der Praxis längst existierende politische Zusammenarbeit der Mitgliedstaaten auf außenpolitischem Gebiet kodifiziert und damit eine Vorstufe zur gemeinsamen Außen- und Sicherheitspolitik des Maastrichter Vertrages erreicht.

Je nachdem, welche Erwartungen man mit ihr verknüpft hatte, konnte die EEA als erster wirklich großer Entwicklungsschritt zu einer Gemeinschaft in neuer Gestalt oder auch nur als ein halbherziger Kompromiß auf dem Wege zu einer Europäischen Union gesehen werden. In jedem Fall bedeutete die Akte die erste wirklich tiefgreifende Änderung des Verfassungsrechts der Gemeinschaft. Im institutionellen Bereich werden die Kompetenzen des Parlaments, das nunmehr überhaupt erstmalig auch rechtlich "Europäisches Parlament" heißt, erweitert. Die Intensität der Mitwirkung bei der Rechtsetzung wurde insbesondere durch die Schaffung des Verfahrens der Zusammenarbeit erweitert. Das Feld für Mehrheitsbeschlüsse des Rates wurde ausgedehnt und der Gerichtshof durch die Schaffung des Gerichts erster Instanz entlastet.

Was die Politikinhalte angeht, ist das Konzept des Binnenmarktes als Wirtschaftsraum ohne Grenzen, der zum 1. Januar 1993 vollendet werden soll, das zentrale Anliegen der Akte. Die Wirtschafts- und Währungsunion kommt dagegen nicht wirklich voran. Die neu in den EWG-Vertrag aufgenommenen Bereiche Arbeitsumwelt, wirtschaftliche und soziale Zusammenarbeit, Forschung und Entwicklung sowie Umwelt waren im wesentlichen nur die Kodifikation dessen, was, gestützt auf andere Rechtsgrundlagen des Vertrages, bereits praktiziert wurde.

2. Die Europäische Union

Der am 7. Februar 1992 in Maastricht unterzeichnete "Vertrag über die Europäische Union", so der offizielle Titel, verändert die Grundlagen des Gemeinschaftsrechts wie keine Vertragsänderung zuvor, was auch schon äußerlich sichtbar wird. In Titel I gründen die Mitgliedstaaten die Europäische Union. Diese und damit auch der Unionsvertrag überwöl-

3) ABl. 1984 C 77/33; kommentiert von Capotorti/Hilf/Jacobs/Jacqué, Le traité d'Union Européenne, Brüssel 1985.

ben und verbinden die drei Gemeinschaften EWG, EAG und EGKS und ihre Gründungsverträge. Der Europäische Rat sowie Rat, Kommission, Parlament und Gerichtshof als Organe der drei Gemeinschaften bilden den einheitlichen institutionellen Rahmen für alle von der Union erfaßten Politikbereiche. Art. F legt die Union auf die Achtung der nationalen Identität der Mitgliedstaaten und auf demokratische Regierungsformen in den Mitgliedstaaten fest. Weiter werden die bisher ungeschriebenen Grundrechte des Gemeinschaftsrechts, die aus den gemeinsamen Verfassungsüberlieferungen der Mitgliedstaaten und der EMRK gewonnen werden, wenigstens als Grundsatz kodifiziert, ohne daß allerdings konkrete Grundrechte formuliert würden. Titel II, III und IV enthalten einschneidende Änderungen der Verträge zur Gründung der EWG, die nunmehr "Europäische Gemeinschaft" heißt, der EGKS sowie der EAG.

Nur auf die wichtigsten der umfangreichen Änderungen des EG-Vertrages kann an dieser Stelle hingewiesen werden:

* Art. 3a erweitert die Ziel-Bestimmungen um die neue wirtschafts- und währungspolitische Komponente mit einem Bekenntnis zur Marktwirtschaft und der Festlegung auf eine einheitliche Währung;

* in Art. 3b wird für den Bereich der konkurrierenden Gemeinschaftskompetenzen das Subsidiaritätsprinzip verankert;

* eine Unionsbürgerschaft wird geschaffen (Art. 8 ff.);

* mit Wirkung ab 1. Januar 1994 werden die bisherigen Vorschriften über den Kapital- und Zahlungsverkehr durch Art. 73b ff ersetzt;

* Art. 100c enthält erstmalig eine Vorschrift über die Visumpflicht;

* der neu eingeführte Titel VI des EG-Vertrages sieht in Art. 102a ff in detaillierten Vorschriften die Verwirklichung der Wirtschafts- und Währungsunion mit den besonderen Institutionen Europäische Zentralbank (EZB) und Europäisches System der Zentralbanken (ESZB) vor; die zweite Stufe der Wirtschafts- und Währungsunion beginnt gemäß Art. 109e am 1. Januar 1994; dann erfolgt die Gründung des Europäischen Währungsinstituts (EWI; Art. 109f); die dritte Stufe wird spätestens am 1. Januar 1999 mit der endgültigen Festlegung des Wertes des ECU beginnen (Art. 109j Abs. 3, 4, Art. 109g);

* die Vorschriften über die Wirtschafts- und Währungsunion werden durch eine Reihe von Protokollen ergänzt: über die Satzung des ESZB und der EZB, über die Satzung des EWI, über das Verfahren bei einem übermäßigen Defizit, über die Konvergenzkriterien nach Artikel 109j; besondere Vorschriften für Großbritannien sind in einem speziellen Protokoll festgelegt;

* wichtige Änderungen ergeben sich für den Bereich der Sozialpolitik und der Bildung in Art. 118a ff;

* wegen der ablehnenden Haltung Großbritanniens konnte die Vertiefung der Integration auf sozialpolitischem Gebiet nur durch das unter den Protokollen geführte Abkommen zwischen den übrigen Mitgliedstaaten der EG über die Sozialpolitik realisiert werden;

* neu eingefügt werden die Vorschriften über Kultur (Art. 128), Gesundheitswesen (Art. 129), Verbraucherschutz (Art. 129a), Transeuropäische Netze (Art. 129b) und Industrie (Art. 130);

* die schon durch die EEA eingeführten Vorschriften über den wirtschaftlichen und sozialen Zusammenhalt (Art. 130a ff), Forschung und technologische Entwicklung (Art. 130f ff) sowie über die Umwelt (Art. 130r ff) werden neu formuliert;

* die durch die Art. 130u ff neu eingefügten Vorschriften über die Entwicklungszusammenarbeit kodifizieren im wesentlichen die bisherige Praxis.

Von den institutionellen Regelungen des Maastricht-Vertrages stechen die folgenden hervor:

* Art. 137 ff neuer Fassung stärken die Stellung des Parlaments: die Rolle der politischen Parteien auf europäischer Ebene wird anerkannt (Art. 138a), das Parlament kann Untersuchungsausschüsse einsetzen (Art. 138c), Bürger können Petitionen an das Parlament richten (Art. 138d), das Parlament ernennt einen Bürgerbeauftragten (Art. 138e); die Mitwirkungsrechte des Parlaments im Rechtsetzungsverfahren der EG werden durch die nunmehr in Art. 189b und Art. 189c normierten Mitentscheidungsverfahren bzw. Verfahren der Zusammenarbeit weiter verstärkt; durch Art. 189b wird ein Vermittlungsausschuß eingesetzt;

* die neuen Vorschriften betreffend Rat und Kommission kodifizieren im wesentlichen die bisherige Praxis;

* die geänderten Artikel über den Europäischen Gerichtshof und die Verfahren enthalten im wesentlichen Klarstellungen, vor allem, was die Aktiv- und Passivlegitimation des Europäischen Parlaments (Art. 173, 175) betrifft;

* neu eingeführt wird durch Art. 198a ff der Ausschuß der Regionen, ein beratender Ausschuß aus Vertretern der regionalen und lokalen Gebietskörperschaften, in dem aus deutscher Sicht vor allem die Länder Mitwirkungsmöglichkeiten erhalten;

* unter den neuerlich geänderten Haushaltsvorschriften (Art. 199 ff) ist die endgültige formelle Abschaffung der Finanzbeiträge der Mitgliedstaaten zugunsten der seit 1988 geltenden Finanzierung durch Eigenmittel hervorzuheben.

Der Unionsvertrag von Maastricht erschöpft sich jedoch nicht in den Änderungen der Gründungsverträge der drei Gemeinschaften sondern sieht – allerdings auf völkerrechtlicher, nicht gemeinschaftsrechtlicher

Grundlage – die Zusammenarbeit der Mitgliedstaaten auf weiteren Gebieten vor. Die Vorschriften über die gemeinsame Außen- und Sicherheitspolitik (Art. J) lösen die bisherigen Vorschriften der EEA über die EPZ ab. Die regelmäßige Zusammenarbeit der Mitgliedstaaten wird institutionalisiert; die Mitgliedstaaten können gemeinsame Aktionen durchführen. Die gemeinsame Außen- und Sicherheitspolitik umfaßt nach Art. J 4 sämtliche Fragen, welche die Sicherheit der Union betreffen, wozu auf längere Sicht eine gemeinsame Verteidigungspolitik gehört; in diesem Zusammenhang ist die zu Maastrichter Vertragswerk gehörende Erklärung zur Westeuropäischen Union von Bedeutung.

Unter Art. K wird die Zusammenarbeit der Mitgliedstaaten in den Bereichen Justiz und Inneres institutionalisiert. Wesentliche Bereiche der Zusammenarbeit sind die Asylpolitik, die Einwanderungs- und Ausländerpolitik, die Drogenbekämpfung, die Bekämpfung des internationalen Verbrechens, die Rechtshilfe in Zivil- und Strafsachen sowie die polizeiliche Zusammenarbeit mit dem System Europol.

3. Die Europäische Union und das Europäische Haus

Wenn der Maastrichter Vertrag nach Ratifikation durch alle Mitgliedstaaten zum 1. Januar 1993 – ein magisches Datum der europäischen Integration – in Kraft tritt, geht die Gemeinschaft auf dem durch die EEA vorgegebenen Weg der Intensivierung der Integration einen großen Schritt voran. Zugleich sieht sich die Gemeinschaft, dann auch rechtlich "Europäische Union" zu nennen, den Wünschen nach Beitritt bzw. als Zwischenstadium nach Assoziierung, einer großen Zahl von Staaten ausgesetzt. Ungarn, Polen und die CSFR wollen noch 1992 einen Beitrittsantrag stellen, Österreich, die Türkei, Malta, Zypern, Finnland, Norwegen und Schweden haben dies bereits getan bzw. angekündigt. Ebenso wie bei Griechenland, Spanien und Portugal nach dem Sturz der Diktaturen wird die wirtschaftliche Anbindung an Europa durch den EG-Beitritt zur Stabilisierung der veränderten politischen Umstände in den Staaten Osteuropas eingesetzt werden; einige EG-Mitgliedstaaten haben bereits Unterstützung signalisiert.

In der bisherigen Entwicklungsgeschichte der Gemeinschaften haben sich immer Phasen der Intensivierung der Integration mit Phasen der geographischen Ausdehnung abgewechselt, sehr deutlich ablesbar zuletzt in der zeitlichen Abstimmung der Vollendung des Beitritts Portugals und Spaniens mit dem nächsten Schritt, der Vollendung des Binnenmarktes nach der EEA. Ob die Union ab 1993 erstmalig in ihrer Geschichte zugleich eine Intensivierung der Integration und eine geographischen Ausdehnung bewältigen kann, bleibt abzuwarten. Es steht zu erwarten, daß die EFTA-Staaten – nach einer Übergangsregelung in

Form des Europäischen Wirtschaftsraumes –, vielleicht mit Ausnahme Islands, geschlossen der EG beitreten werden und daß von den ehemaligen sozialistischen Staaten Polen, CSFR und Ungarn, wohl auch einige der aus dem zerfallenden Jugoslawien hervorgehenden Staaten, EG-Mitglied werden.

Die Erweiterung um diese Staaten bringt das große Problem der ehemals sozialistischen Wirtschaften mit sich. Eine auf 20 oder mehr Mitgliedstaaten angewachsene Gemeinschaft muß einerseits neue und der Mitgliederzahl angemessene, praktikable Entscheidungsprozesse finden. Zum anderen erscheint es heute nur schwer vorstellbar, daß das mit dem Maastrichter Vertrag angesteuerte ehrgeizige Ziel der Europäischen Union mit Wirtschafts- und Währungsunion sowie gemeinsamer Außenpolitik bis hin zur Verteidigungspolitik für ein Europa der Zwanzig oder Vierundzwanzig eine realistische Zukunftsperspektive ist. Die Verfassung der Gemeinschaft und der Union in Form des Maastrichter Vertrages wird aber zumindest auf einige Zeit, sicher bis zum Jahr 2000, die Grundlage der vertieften Integration der heutigen zwölf Mitgliedstaaten der Union sein.

4. Zur Benutzung

Die in diesem Band veröffentlichte Auswahl von Gründungsverträgen und anderen grundlegenden Rechtsinstrumenten beschränkt sich auf diejenigen, die in der täglichen Praxis, in Politik und Studium besonders wichtig sind. Auf den Abdruck der Gründungsverträge der EGKS und der EAG, die durch den Maastrichter Vertrag geändert, weiterhin als gesonderte Rechtsgrundlagen bestehen bleiben, wurde aus Gründen des Umfangs verzichtet.

Zum Zeitpunkt der Drucklegung, Anfang Mai 1992, ist in einigen Mitgliedstaaten die politische Stimmung für den Abschluß des Maastrichter Vertrags nicht günstig. Dennoch wagen Verlag und Herausgeber, die für die Zukunft Europas grundlegenden Texte bereits heute so herauszubringen, wie sie ab 1993 gelten sollten. Es ist schwer vorstellbar, daß das mühsam geknüpfte Vertragswerk von Maastricht durch einen oder wenige Mitgliedstaaten zur Fall gebracht wird. Sollten sich unter der Drohung der Nichtratifikation "Nachbesserungen" ergeben, werden diese sogleich in einer Neuauflage berücksichtigt.

Wiesbaden/München im Mai 1992

# 1. Vertrag über die Europäische Union

Vom 7. Februar 1992
(Bulletin der Bundesregierung Nr.16 vom 12. Februar 1992, S. 113)

Seine Majestät der König der Belgier,

Ihre Majestät die Königin von Dänemark,

Der Präsident der Bundesrepublik Deutschland,

Der Präsident der Griechischen Republik,

Seine Majestät der König von Spanien,

Der Präsident der Französischen Republik,

Der Präsident Irlands,

Der Präsident der Italienischen Republik,

Seine Königliche Hoheit der Großherzog von Luxemburg,

Ihre Majestät die Königin der Niederlande,

Der Präsident der Portugiesischen Republik,

Ihre Majestät die Königin des Vereinigten Königreichs Großbritannien und Nordirland,

ENTSCHLOSSEN, den mit der Gründung der Europäischen Gemeinschaften eingeleiteten Prozeß der europäischen Integration auf eine neue Stufe zu heben,

EINGEDENK der historischen Bedeutung der Überwindung der Teilung des europäischen Kontinents und der Notwendigkeit, feste Grundlagen für die Gestalt des zukünftigen Europas zu schaffen,

IN BESTÄTIGUNG ihres Bekenntnisses zu den Grundsätzen der Freiheit, der Demokratie und der Achtung der Menschenrechte und Grundfreiheiten und der Rechtsstaatlichkeit,

IN DEM WUNSCH, die Solidarität zwischen ihren Völkern unter Achtung ihrer Geschichte, ihrer Kultur und ihrer Traditionen zu stärken,

## 1 UnionsV

IN DEM WUNSCH, Demokratie und Effizienz in der Arbeit der Organe weiter zu stärken, damit diese in die Lage versetzt werden, die ihnen übertragenen Aufgaben in einem einheitlichen institutionellen Rahmen besser wahrzunehmen,

ENTSCHLOSSEN, die Stärkung und die Konvergenz ihrer Volkswirtschaften herbeizuführen und eine Wirtschafts- und Währungsunion zu errichten, die im Einklang mit diesem Vertrag eine einheitliche, stabile Währung einschließt,

IN DEM FESTEN WILLEN, im Rahmen der Verwirklichung des Binnenmarkts sowie der Stärkung des Zusammenhalts und des Umweltschutzes den wirtschaftlichen und sozialen Fortschritt ihrer Völker zu fördern und Politiken zu verfolgen, die gewährleisten, daß Fortschritte bei der wirtschaftlichen Integration mit parallelen Fortschritten auf anderen Gebieten einhergehen,

ENTSCHLOSSEN, eine gemeinsame Unionsbürgerschaft für die Staatsangehörigen ihrer Länder einzuführen,

ENTSCHLOSSEN, eine gemeinsame Außen- und Sicherheitspolitik zu verfolgen, wozu auf längere Sicht auch die Festlegung einer gemeinsamen Verteidigungspolitik gehört, die zu gegebener Zeit zu einer gemeinsamen Verteidigung führen könnte, und so die Identität und Unabhängigkeit Europas zu stärken, um Frieden, Sicherheit und Fortschritt in Europa und in der Welt zu fördern,

IN BEKRÄFTIGUNG ihres Ziels, die Freizügigkeit unter gleichzeitiger Gewährleistung der Sicherheit ihrer Bürger durch die Einfügung von Bestimmungen über Justiz und Inneres in diesen Vertrag zu fördern,

ENTSCHLOSSEN, den Prozeß der Schaffung einer immer engeren Union der Völker Europas, in der die Entscheidungen entsprechend dem Subsidiaritätsprinzip möglichst bürgernah getroffen werden, weiterzuführen,

IM HINBLICK auf weitere Schritte, die getan werden müssen, um die europäische Integration voranzutreiben,

HABEN BESCHLOSSEN, eine Europäische Union zu gründen; sie haben zu diesem Zweck zu ihren Bevollmächtigten ernannt:

Seine Majestät der König der Belgier:

Marc Eyskens; Philippe Maystadt

Ihre Majestät die Königin von Dänemark:

Uffe Ellemann-Jensen; Anders Fogh Rasmussen

Der Präsident der Bundesrepublik Deutschland:

Hans-Dietrich Genscher; Theodor Waigel
Der Präsident der Griechischen Republik:
Antoni Samaras; Efthymios Christodoulou
Seine Majestät der König von Spanien:
Francisco Fernandez Ordoñez; Carlos Solchaga
Der Präsident der Französischen Republik:
Roland Dumas; Pierre Bérégovoy
Der Präsident Irlands:
Gerard Collins, T. D.; Bertie Ahern
Der Präsident der Italienischen Republik:
Gianni de Michelis; Guido Carli
Seine Königliche Hoheit der Großherzog von Luxemburg:
Jacques Poos; Jean-Claude Juncker
Ihre Majestät die Königin der Niederlande:
H. van den Broek; Wim Kok
Der Präsident der Portugiesischen Republik:
Joo de Deus Pinheiro; Jorge Braga de Macedo
Ihre Majestät die Königin des Vereinigten Königreichs Großbritannien und Nordirland:
Douglas Hurd; Francis Maude

DIESE SIND nach Austausch ihrer als gut und gehörig befundenen Vollmachten wie folgt ÜBEREINGEKOMMEN:

## Titel I

## Gemeinsame Bestimmungen

### Artikel A [Gründung der Europäischen Union]

Durch diesen Vertrag gründen die Hohen Vertragsparteien untereinander eine Europäische Union, im folgenden als “Union” bezeichnet.

Dieser Vertrag stellt eine neue Stufe bei der Verwirklichung einer immer engeren Union der Völker Europas dar, in der die Entscheidungen möglichst bürgernah getroffen werden.

Grundlage der Union sind die Europäischen Gemeinschaften, ergänzt durch die mit diesem Vertrag eingeführten Politiken und Formen der Zusammenarbeit. Aufgabe der Union ist es, die Beziehungen zwischen den Mitgliedstaaten sowie zwischen ihren Völkern kohärent und solidarisch zu gestalten.

**Artikel B [Ziele der Union]**

Die Union setzt sich folgende Ziele:

– die Förderung eines ausgewogenen und dauerhaften wirtschaftlichen und sozialen Fortschritts, insbesondere durch Schaffung eines Raumes ohne Binnengrenzen, durch Stärkung des wirtschaftlichen und sozialen Zusammenhalts und durch Errichtung einer Wirtschafts- und Währungsunion, die auf längere Sicht auch eine einheitliche Währung nach Maßgabe dieses Vertrags umfaßt;

– die Behauptung ihrer Identität auf internationaler Ebene, insbesondere durch eine gemeinsame Außen- und Sicherheitspolitik, wozu auf längere Sicht auch die Festlegung einer gemeinsamen Verteidigungspolitik gehört, die zu gegebener Zeit zu einer gemeinsamen Verteidigung führen könnte;

– die Stärkung des Schutzes der Rechte und Interessen der Angehörigen ihrer Mitgliedstaaten durch Einführung einer Unionsbürgerschaft;

– die Entwicklung einer engen Zusammenarbeit in den Bereichen Justiz und Inneres;

– die volle Wahrung des gemeinschaftlichen Besitzstands und seine Weiterentwicklung, wobei nach dem Verfahren des Artikels N Absatz 2 geprüft wird, inwieweit die durch diesen Vertrag eingeführten Politiken und Formen der Zusammenarbeit mit dem Ziel zu revidieren sind, die Wirksamkeit der Mechanismen und Organe der Gemeinschaft sicherzustellen.

Die Ziele der Union werden nach Maßgabe dieses Vertrags entsprechend den darin enthaltenen Bedingungen und der darin vorgesehenen Zeitfolge unter Beachtung des Subsidiaritätsprinzips, wie es in Artikel 3b des Vertrags zur Gründung der Europäischen Gemeinschaft bestimmt ist, verwirklicht.

**Artikel C [Kohärenz]**

Die Union verfügt über einen einheitlichen institutionellen Rahmen, der die Kohärenz und Kontinuität der Maßnahmen zur Erreichung ihrer Ziele unter gleichzeitiger Wahrung und Weiterentwicklung des gemeinschaftlichen Besitzstands sicherstellt.

Die Union achtet insbesondere auf die Kohärenz aller von ihr ergriffenen außenpolitischen Maßnahmen im Rahmen ihrer Außen-, Sicherheits-, Wirtschafts- und Entwicklungspolitik. Der Rat und die Kommission sind für diese Kohärenz verantwortlich. Sie stellen jeweils in ihrem Zuständigkeitsbereich die Durchführung der betreffenden Politiken sicher.

### Artikel D [Der Europäische Rat]

Der Europäische Rat gibt der Union die für ihre Entwicklung erforderlichen Impulse und legt die allgemeinen politischen Zielvorstellungen für diese Entwicklung fest.

Im Europäischen Rat kommen die Staats- und Regierungschefs der Mitgliedstaaten sowie der Präsident der Kommission zusammen. Sie werden von den Ministern für auswärtige Angelegenheiten der Mitgliedstaaten und einem Mitglied der Kommission unterstützt. Der Europäische Rat tritt mindestens zweimal jährlich unter dem Vorsitz des Staats- oder Regierungschefs des Mitgliedstaats zusammen, der im Rat den Vorsitz innehat.

Der Europäische Rat erstattet dem Europäischen Parlament nach jeder Tagung Bericht und legt ihm alljährlich einen schriftlichen Bericht über die Fortschritte der Union vor.

### Artikel E [Prinzip der Einzelermächtigung]

Das Europäische Parlament, der Rat, die Kommission und der Gerichtshof üben ihre Befugnisse nach Maßgabe und im Sinne der Verträge zur Gründung der Europäischen Gemeinschaften sowie der nachfolgenden Verträge und Akte zu deren Änderung oder Ergänzung einerseits und der übrigen Bestimmungen des vorliegenden Vertrags andererseits aus.

### Artikel F [Nationale Identität; Demokratie; Grundrechte]

(1) Die Union achtet die nationale Identität ihrer Mitgliedstaaten, deren Regierungssysteme auf demokratischen Grundsätzen beruhen.

(2) Die Union achtet die Grundrechte, wie sie in der am 4. November 1950 in Rom unterzeichneten Europäischen Konvention zum Schutze der Menschenrechte und Grundfreiheiten gewährleistet sind und wie sie sich aus den gemeinsamen Verfassungsüberlieferungen der Mitgliedstaaten als allgemeine Grundsätze des Gemeinschaftsrechts ergeben.

(3) Die Union stattet sich mit den Mitteln aus, die zum Erreichen ihrer Ziele und zur Durchführung ihrer Politiken erforderlich sind.

## Titel II

## Bestimmungen zur Änderung des Vertrags zur Gründung der Europäischen Wirtschaftsgemeinschaft im Hinblick auf die Gründung der Europäischen Gemeinschaft

### Artikel G[1]

(Vom Abdruck wurde abgesehen)

## Titel III

## Bestimmungen zur Änderung des Vertrags über die Gründung der Europäischen Gemeinschaft für Kohle und Stahl

### Artikel H

(Vom Abdruck wurde abgesehen)

## Titel IV

## Bestimmungen zur Änderung des Vertrags zur Gründung der Europäischen Atomgemeinschaft

### Artikel I

(Vom Abdruck wurde abgesehen)

1) Die Bestimmungen in Titel II sind beim EG-Vertrag (Nr. **4**) berücksichtigt.

# Titel V

# Bestimmungen über die Gemeinsame Außen- und Sicherheitspolitik

## Artikel J [Gemeinsame Außen- und Sicherheitspolitik]

Hiermit wird eine Gemeinsame Außen- und Sicherheitspolitik eingeführt, die durch die nachstehenden Bestimmungen geregelt wird.

## Artikel J.1 [Ziele, Mittel]

(1) Die Union und ihre Mitgliedstaaten erarbeiten und verwirklichen eine Gemeinsame Außen- und Sicherheitspolitik nach Maßgabe dieses Titels, die sich auf alle Bereiche der Außen- und Sicherheitspolitik erstreckt.

(2) Die Gemeinsame Außen- und Sicherheitspolitik hat zum Ziel

– die Wahrung der gemeinsamen Werte, der grundlegenden Interessen und der Unabhängigkeit der Union;

– die Stärkung der Sicherheit der Union und ihrer Mitgliedstaaten in allen ihren Formen;

– die Wahrung des Friedens und die Stärkung der internationalen Sicherheit entsprechend den Grundsätzen der Charta der Vereinten Nationen sowie den Prinzipien der Schlußakte von Helsinki und den Zielen der Charta von Paris;

– die Förderung der internationalen Zusammenarbeit;

– die Entwicklung und Stärkung von Demokratie und Rechtsstaatlichkeit sowie die Achtung der Menschenrechte und Grundfreiheiten.

(3) Die Union verfolgt diese Ziele

– gemäß Artikel J.2 durch Einrichtung einer regelmäßigen Zusammenarbeit der Mitgliedstaaten bei der Führung ihrer Politik;

– gemäß Artikel J.3 durch stufenweise Durchführung gemeinsamer Aktionen in den Bereichen, in denen wichtige gemeinsame Interessen der Mitgliedstaaten bestehen.

(4) Die Mitgliedstaaten unterstützen die Außen- und Sicherheitspolitik der Union aktiv und vorbehaltlos im Geist der Loyalität und gegenseitigen Solidarität. Sie enthalten sich jeder Handlung, die den Interessen der Union zuwiderläuft oder ihrer Wirksamkeit als kohärente Kraft in den internationalen Beziehungen schaden könnte. Der Rat trägt für die Einhaltung dieser Grundsätze Sorge.

## Artikel J.2 [Vorgehen]

(1) Zu jeder außen- und sicherheitspolitischen Frage von allgemeiner Bedeutung findet im Rat eine gegenseitige Unterrichtung und Abstimmung zwischen den Mitgliedstaaten statt, damit gewährleistet ist, daß ihr vereinter Einfluß durch konvergierendes Handeln möglichst wirksam zum Tragen kommt.

(2) In allen Fällen, in denen er dies als erforderlich erachtet, legt der Rat einen gemeinsamen Standpunkt fest.

Die Mitgliedstaaten tragen dafür Sorge, daß ihre einzelstaatliche Politik mit den gemeinsamen Standpunkten im Einklang steht.

(3) Die Mitgliedstaaten koordinieren ihr Handeln in internationalen Organisationen und auf internationalen Konferenzen. Sie treten dort für die gemeinsamen Standpunkte ein.

In den internationalen Organisationen und auf internationalen Konferenzen, bei denen nicht alle Mitgliedstaaten vertreten sind, setzen sich diejenigen, die dort vertreten sind, für die gemeinsamen Standpunkte ein.

## Artikel J.3 [Gemeinsame Aktionen]

Für die Annahme einer gemeinsamen Aktion in den Bereichen der Außen- und Sicherheitspolitik gilt folgendes Verfahren:

1. Der Rat beschließt auf der Grundlage allgemeiner Leitlinien des Europäischen Rates, daß eine Angelegenheit Gegenstand einer gemeinsamen Aktion wird.

Beschließt der Rat grundsätzlich eine gemeinsame Aktion, so legt er den genauen Umfang der Aktion, die allgemeinen und besonderen Ziele, welche die Union bei dieser Aktion verfolgt, sowie die Mittel, Verfahren und Bedingungen sowie erforderlichenfalls den Zeitraum für ihre Durchführung fest.

2. Bei der Annahme einer gemeinsamen Aktion und in jedem Stadium ihres Verlaufs bestimmt der Rat die Fragen, über die mit qualifizierter Mehrheit zu entscheiden ist.

Bei den Beschlüssen des Rates, für die nach Unterabsatz 1 eine qualifizierte Mehrheit erforderlich ist, werden die Stimmen der Mitglieder nach Artikel 148 Absatz 2 des Vertrags zur Gründung der Europäischen Gemeinschaft gewogen; Beschlüsse kommen mit einer Mindeststimmenzahl von vierundfünfzig Stimmen zustande, welche die Zustimmung von mindestens acht Mitgliedern umfassen.

3. Tritt eine Änderung der Umstände mit erheblichen Auswirkungen auf eine Angelegenheit ein, die Gegenstand einer gemeinsamen Aktion ist, so überprüft der Rat die Grundsätze und Ziele dieser Aktion und trifft die erforderlichen Entscheidungen. Solange der Rat keinen Beschluß gefaßt hat, bleibt die gemeinsame Aktion bestehen.

4. Die gemeinsamen Aktionen sind für die Mitgliedstaaten bei ihren Stellungnahmen und ihrem Vorgehen bindend.

5. Jede einzelstaatliche Stellungnahme oder Maßnahme, die im Rahmen einer gemeinsamen Aktion geplant ist, wird so rechtzeitig mitgeteilt, daß erforderlichenfalls eine vorherige Abstimmung im Rat stattfinden kann. Die Pflicht zur vorherigen Unterrichtung gilt nicht für Maßnahmen, die eine bloße praktische Umsetzung der Entscheidungen des Rates auf einzelstaatlicher Ebene darstellen.

6. Bei zwingender Notwendigkeit aufgrund der Entwicklung der Lage und mangels einer Entscheidung des Rates können die Mitgliedstaaten unter Berücksichtigung der allgemeinen Ziele der gemeinsamen Aktion die erforderlichen Sofortmaßnahmen ergreifen. Der betreffende Mitgliedstaat unterrichtet den Rat sofort über die von ihm getroffenen Maßnahmen.

7. Ein Mitgliedstaat befaßt den Rat, wenn sich bei der Durchführung einer gemeinsamen Aktion größere Schwierigkeiten ergeben; der Rat berät darüber und sucht nach angemessenen Lösungen. Diese dürfen nicht im Widerspruch zu den Zielen der gemeinsamen Aktion stehen oder ihrer Wirksamkeit schaden.

**Artikel J.4 [Gemeinsame Verteidigungspolitik; WEU]**

(1) Die Gemeinsame Außen- und Sicherheitspolitik umfaßt sämtliche Fragen, welche die Sicherheit der Europäischen Union betreffen, wozu auf längere Sicht auch die Festlegung einer gemeinsamen Verteidigungspolitik gehört, die zu gegebener Zeit zu einer gemeinsamen Verteidigung führen könnte.

(2) Die Union ersucht die Westeuropäische Union (WEU), die integraler Bestandteil der Entwicklung der Europäischen Union ist, die Entscheidungen und Aktionen der Union, die verteidigungspolitische Bezüge haben, auszuarbeiten und durchzuführen. Der Rat trifft im Einvernehmen mit den Organen der WEU die erforderlichen praktischen Regelungen.

(3) Die Fragen, die verteidigungspolitische Bezüge haben und die nach diesem Artikel behandelt werden, unterliegen nicht den Verfahren des Artikels J.3.

(4) Die Politik der Union nach diesem Artikel berührt nicht den besonderen Charakter der Sicherheits- und Verteidigungspolitik bestimmter Mitgliedstaaten; sie achtet die Verpflichtungen einiger Mitgliedstaaten aus dem Nordatlantikvertrag und ist vereinbar mit der in jenem Rahmen festgelegten gemeinsamen Sicherheits- und Verteidigungspolitik.

(5) Dieser Artikel steht der Entwicklung einer engeren Zusammenarbeit zwischen zwei oder mehr Mitgliedstaaten auf zweiseitiger Ebene sowie im Rahmen der WEU und der Atlantischen Allianz nicht entgegen, soweit sie der nach diesem Titel vorgesehenen Zusammenarbeit nicht zuwiderläuft und diese nicht behindert.

(6) Zur Förderung der Ziele dieses Vertrags und im Hinblick auf den Termin 1998 im Zusammenhang mit Artikel XII des Brüsseler Vertrags in seiner geänderten Fassung kann dieser Artikel nach Artikel N Absatz 2 auf der Grundlage eines dem Europäischen Rat 1996 vom Rat vorzulegenden Berichts, der eine Bewertung der bis dahin erzielten Fortschritte und gesammelten Erfahrungen enthalten wird, revidiert werden.

**Artikel J.5 [Vorsitz]**

(1) Der Vorsitz vertritt die Union in Angelegenheiten der Gemeinsamen Außen- und Sicherheitspolitik.

(2) Der Vorsitz ist für die Durchführung der gemeinsamen Aktionen verantwortlich; daher wird in internationalen Organisationen und auf internationalen Konferenzen der Standpunkt der Union grundsätzlich vom Vorsitz dargelegt.

(3) Bei den Aufgaben gemäß den Absätzen 1 und 2 wird der Vorsitz gegebenenfalls von dem Mitgliedstaat, der den vorhergehenden Vorsitz innehatte, und dem Mitgliedstaat, der den nachfolgenden Vorsitz wahrnimmt, unterstützt. Die Kommission wird an diesen Aufgaben in vollem Umfang beteiligt.

(4) Unbeschadet des Artikels J.2 Absatz 3 und des Artikels J.3 Nummer 4 unterrichten die Mitgliedstaaten, die in internationalen Organisationen oder auf internationalen Konferenzen vertreten sind, die dort nicht vertretenen Mitgliedstaaten laufend über alle Fragen von gemeinsamem Interesse.

Die Mitgliedstaaten, die auch Mitglieder des Sicherheitsrats der Vereinten Nationen sind, werden sich abstimmen und die übrigen Mitgliedstaaten in vollem Umfang unterrichten. Die Mitgliedstaaten, die ständige Mitglieder des Sicherheitsrats sind, werden sich bei der Wahrnehmung ihrer Aufgaben unbeschadet ihrer Verantwortlichkeiten aufgrund der Charta der Vereinten Nationen für die Standpunkte und Interessen der Union einsetzen.

**Artikel J.6 [Vorgehen auf multilateraler Ebene]**

Die diplomatischen und konsularischen Vertretungen der Mitgliedstaaten und die Delegationen der Kommission in dritten Ländern und auf internationalen Konferenzen sowie ihre Vertretungen bei internationalen Organisationen stimmen sich ab, um die Einhaltung und Umsetzung der vom Rat festgelegten gemeinsamen Standpunkte und gemeinsamen Aktionen zu gewährleisten.

Sie intensivieren ihre Zusammenarbeit durch Informationsaustausch, gemeinsame Bewertungen und Beteiligung an der Durchführung des Artikels 8c des Vertrags zur Gründung der Europäischen Gemeinschaft.

**Artikel J.7 [Anhörung des Europäischen Parlaments]**

Der Vorsitz hört das Europäische Parlament zu den wichtigsten Aspekten und den grundlegenden Weichenstellungen der Gemeinsamen Außen- und Sicherheitspolitik und achtet darauf, daß die Auffassungen des Europäischen Parlaments gebührend berücksichtigt werden. Das Europäische Parlament wird vom Vorsitz und von der Kommission regelmäßig über die Entwicklung der Außen- und Sicherheitspolitik der Union unterrichtet.

Das Europäische Parlament kann Anfragen oder Empfehlungen an den Rat richten. Einmal jährlich führt es eine Aussprache über die Fortschritte bei der Durchführung der Gemeinsamen Außen- und Sicherheitspolitik.

**Artikel J.8 [Organe der Gemeinsamen Außen- und Sicherheitspolitik]**

(1) Der Europäische Rat bestimmt die Grundsätze und die allgemeinen Leitlinien der Gemeinsamen Außen- und Sicherheitspolitik.

(2) Der Rat trifft die für die Festlegung und Durchführung der Gemeinsamen Außen- und Sicherheitspolitik erforderlichen Entscheidungen auf der Grundlage der vom Europäischen Rat festgelegten allgemeinen Leitlinien. Er trägt für ein einheitliches, kohärentes und wirksames Vorgehen der Union Sorge.

Außer in Verfahrensfragen und außer im Fall des Artikels J.3 Nummer 2 beschließt der Rat einstimmig.

(3) Jeder Mitgliedstaat oder die Kommission kann den Rat mit einer Frage der Gemeinsamen Außen- und Sicherheitspolitik befassen und ihm Vorschläge unterbreiten.

(4) In den Fällen, in denen eine rasche Entscheidung notwendig ist, beruft der Vorsitz von sich aus oder auf Antrag der Kommission oder eines Mitgliedstaats innerhalb von achtundvierzig Stunden, bei absoluter Notwendigkeit in kürzerer Zeit, eine außerordentliche Tagung des Rates ein.

(5) Unbeschadet des Artikels 151 des Vertrags zur Gründung der Europäischen Gemeinschaft verfolgt ein Politisches Komitee, das sich aus den Politischen Direktoren zusammensetzt, die internationale Lage in den Bereichen der Gemeinsamen Außen- und Sicherheitspolitik und trägt auf Ersuchen des Rates oder von sich aus durch an den Rat gerichtete Stellungnahmen zur Festlegung der Politiken bei. Ferner überwacht es die Durchführung vereinbarter Politiken; dies gilt unbeschadet der Zuständigkeiten des Vorsitzes und der Kommission.

**Artikel J.9 [Beteiligung der Kommission]**

Die Kommission wird in vollem Umfang an den Arbeiten im Bereich der Gemeinsamen Außen- und Sicherheitspolitik beteiligt.

**Artikel J.10 [Revision]**

Bei einer etwaigen Revision der sicherheitspolitischen Bestimmungen nach Artikel J.4 prüft die dafür einberufene Konferenz auch, ob weitere Änderungen der Bestimmungen über die Gemeinsame Außen- und Sicherheitspolitik erforderlich sind.

**Artikel J.11 [Anwendung von Vorschriften des EG-Vertrages]**

(1) Die Artikel 137, 138, 139 bis 142, 146, 147, 150 bis 153, 157 bis 163 und 217 des Vertrags zur Gründung der Europäischen Gemeinschaft finden auf die Bestimmungen über die in diesem Titel genannten Bereiche Anwendung.

(2) Die Verwaltungsausgaben, die den Organen aus den Bestimmungen über die Gemeinsame Außen- und Sicherheitspolitik entstehen, gehen zu Lasten des Haushalts der Europäischen Gemeinschaften.

Der Rat kann ferner

– entweder einstimmig beschließen, daß die operativen Ausgaben im Zusammenhang mit der Durchführung der genannten Bestimmungen zu Lasten des Haushalts der Europäischen Gemeinschaften gehen; in diesem Fall findet das im Vertrag zur Gründung der Europäischen Gemeinschaft vorgesehene Haushaltsverfahren Anwendung;

– oder feststellen, daß derartige Ausgaben, gegebenenfalls nach einem noch festzulegenden Schlüssel, zu Lasten der Mitgliedstaaten gehen.

## Titel VI

## Bestimmungen über die Zusammenarbeit in den Bereichen Justiz und Inneres

### Artikel K [Zusammenarbeit im Bereich Justiz und Inneres]

Die Zusammenarbeit in den Bereichen Justiz und Inneres wird durch die nachstehenden Bestimmungen geregelt.

### Artikel K.1 [Gegenstände der Zusammenarbeit]

Zur Verwirklichung der Ziele der Union, insbesondere der Freizügigkeit, betrachten die Mitgliedstaaten unbeschadet der Zuständigkeiten der Europäischen Gemeinschaft folgende Bereiche als Angelegenheiten von gemeinsamem Interesse:

1. die Asylpolitik;

2. die Vorschriften für das Überschreiten der Außengrenzen der Mitgliedstaaten durch Personen und die Ausübung der entsprechenden Kontrollen;

3. die Einwanderungspolitik und die Politik gegenüber den Staatsangehörigen dritter Länder:

a) die Voraussetzungen für die Einreise und den Verkehr von Staatsangehörigen dritter Länder im Hoheitsgebiet der Mitgliedstaaten;

b) die Voraussetzungen für den Aufenthalt von Staatsangehörigen dritter Länder im Hoheitsgebiet der Mitgliedstaaten, einschließlich der Familienzusammenführung und des Zugangs zur Beschäftigung;

c) die Bekämpfung der illegalen Einwanderung, des illegalen Aufenthalts und der illegalen Arbeit von Staatsangehörigen dritter Länder im Hoheitsgebiet der Mitgliedstaaten;

4. die Bekämpfung der Drogenabhängigkeit, soweit dieser Bereich nicht durch die Nummern 7, 8 und 9 erfaßt ist;

5. die Bekämpfung von Betrügereien im internationalen Maßstab, soweit dieser Bereich nicht durch die Nummern 7, 8 und 9 erfaßt ist;

6. die justitielle Zusammenarbeit in Zivilsachen;

7. die justitielle Zusammenarbeit in Strafsachen;

8. die Zusammenarbeit im Zollwesen;

9. die polizeiliche Zusammenarbeit zur Verhütung und Bekämpfung des Terrorismus, des illegalen Drogenhandels und sonstiger schwerwiegender Formen der internationalen Kriminalität, erforderlichenfalls einschließlich bestimmter Aspekte der Zusammenarbeit im Zollwesen, in Verbindung mit dem Aufbau eines unionsweiten Systems zum Austausch von Informationen im Rahmen eines Europäischen Polizeiamts (Europol).

**Artikel K.2 [Beachtung der EMRK]**

(1) Die in Artikel K.1 genannten Angelegenheiten werden unter Beachtung der Europäischen Konvention vom 4. November 1950 zum Schutze der Menschenrechte und Grundfreiheiten und des Abkommens vom 28. Juli 1951 über die Rechtsstellung der Flüchtlinge sowie unter Berücksichtigung des Schutzes, den die Mitgliedstaaten politisch Verfolgten gewähren, behandelt.

(2) Dieser Titel berührt nicht die Ausübung der den Mitgliedstaaten obliegenden Verantwortung für die Aufrechterhaltung der öffentlichen Ordnung und den Schutz der inneren Sicherheit.

**Artikel K.3 [Konsultation; Beteiligung des Rates]**

(1) In den Bereichen des Artikels K.l unterrichten und konsultieren die Mitgliedstaaten einander im Rat, um ihr Vorgehen zu koordinieren. Sie begründen hierfür eine Zusammenarbeit zwischen ihren zuständigen Verwaltungsstellen.

(2) Der Rat kann

– in Bereichen des Artikels K.1 Nummern 1 bis 6 auf Initiative eines Mitgliedstaats oder der Kommission,

– in Bereichen des Artikels K.1 Nummern 7, 8 und 9 auf Initiative eines Mitgliedstaats

a) gemeinsame Standpunkte festlegen sowie in geeigneter Form und nach geeigneten Verfahren jede Art der Zusammenarbeit fördern, die den Zielen der Union dient;

b) gemeinsame Maßnahmen annehmen, soweit sich die Ziele der Union aufgrund des Umfangs oder der Wirkungen der geplanten Maßnahme durch gemeinsames Vorgehen besser verwirklichen lassen als durch Maßnahmen der einzelnen Mitgliedstaaten; er kann beschließen, daß Maßnahmen zur Durchführung einer gemeinsamen Maßnahme mit qualifzierter Mehrheit angenommen werden;

c) unbeschadet des Artikels 220 des Vertrags zur Gründung der Europäischen Gemeinschaft Übereinkommen ausarbeiten, die er den Mitgliedstaaten zur Annahme gemäß ihren verfassungsrechtlichen Vorschriften empfiehlt.

Sofern in den Übereinkommen nichts anderes bestimmt ist, werden etwaige Maßnahmen zur Durchführung der Übereinkommen im Rat mit der Mehrheit von zwei Dritteln der Stimmen der Hohen Vertragsparteien angenommen.

In diesen Übereinkommen kann vorgesehen werden, daß der Gerichtshof für die Auslegung der darin enthaltenen Bestimmungen und für alle Streitigkeiten über ihre Anwendung zuständig ist; entsprechende Einzelheiten können in diesen Übereinkommen festgelegt werden.

**Artikel K.4 [Koordinierungsausschuß; Kommission; Rat]**

(1) Es wird ein aus hohen Beamten bestehender Koordinierungsausschuß eingesetzt. Zusätzlich zu seiner Koordinierungstätigkeit hat er die Aufgabe,

– auf Ersuchen des Rates oder von sich aus Stellungnahmen an den Rat zu richten;

– unbeschadet des Artikels 151 des Vertrags zur Gründung der Europäischen Gemeinschaft zur Vorbereitung der Arbeiten

des Rates in den in Artikel K.1 und – nach Maßgabe des Artikels 100 d des Vertrags zur Gründung der Europäischen Gemeinschaft – in Artikel 100 c jenes Vertrags genannten Bereichen beizutragen.

(2) Die Kommission wird in vollem Umfang an den Arbeiten in den in diesem Titel genannten Bereichen beteiligt.

(3) Außer in Verfahrensfragen und den Fällen, in denen Artikel K.3 ausdrücklich eine andere Abstimmungsregel vorsieht, beschließt der Rat einstimmig.

Ist für einen Beschluß des Rates die qualifizierte Mehrheit erforderlich, so werden die Stimmen der Mitglieder nach Artikel 148 Absatz 2 des Vertrags zur Gründung der Europäischen Gemeinschaft gewogen; Beschlüsse kommen mit einer Mindeststimmenzahl von vierundfünfzig Stimmen zustande, welche die Zustimmung von mindestens acht Mitgliedern umfassen.

### Artikel K.5 [Internationale Organisationen und Konferenzen]

Die Mitgliedstaaten vertreten in internationalen Organisationen und auf internationalen Konferenzen, bei denen sie vertreten sind, die im Rahmen dieses Titels festgelegten gemeinsamen Standpunkte.

### Artikel K.6 [Beteiligung des Europäischen Parlaments]

Der Vorsitz und die Kommission unterrichten das Europäische Parlament regelmäßig über die in den Bereichen dieses Titels durchgeführten Arbeiten.

Der Vorsitz hört das Europäische Parlament zu den wichtigsten Aspekten der Tätigkeit in den in diesem Titel genannten Bereichen und achtet darauf, daß die Auffassungen des Europäischen Parlaments gebührend berücksichtigt werden.

Das Europäische Parlament kann Anfragen oder Empfehlungen an den Rat richten. Einmal jährlich führt es eine Aussprache über die Fortschritte bei der Durchführung der Maßnahmen in den in diesem Titel genannten Bereichen.

### Artikel K.7 [Zusammenarbeit einzelner Mitgliedstaaten]

Dieser Titel steht der Begründung oder der Entwicklung einer engeren Zusammenarbeit zwischen zwei oder mehr Mitgliedstaaten nicht entgegen, soweit sie der nach diesem Titel vorgesehenen Zusammenarbeit nicht zuwiderläuft und diese nicht behindert.

### Artikel K.8 [Anwendung von Vorschriften des EG-Vertrages]

(1) Die Artikel 137, 138 bis 142, 146, 147, 150 bis 153, 157 bis 163 und 217 des Vertrags zur Gründung der Europäischen Gemeinschaft finden auf die Bestimmungen über die in diesem Titel genannten Bereiche Anwendung.

(2) Die Verwaltungsausgaben, die den Organen aus den Bestimmungen über die in diesem Titel genannten Bereiche entstehen, gehen zu Lasten des Haushalts der Europäischen Gemeinschaften.

Der Rat kann ferner

– entweder einstimmig beschließen, daß die operativen Ausgaben im Zusammenhang mit der Durchführung der genannten Bestimmungen zu Lasten des Haushalts der Europäischen Gemeinschaften gehen; in diesem Fall findet das im Vertrag zur Gründung der Europäischen Gemeinschaft vorgesehene Haushaltsverfahren Anwendung;

– oder feststellen, daß derartige Ausgaben, gegebenenfalls nach einem noch festzulegenden Schlüssel, zu Lasten der Mitgliedstaaten gehen.

### Artikel K.9 [Anwendung von Art. 100 c EG-Vertrag]

Der Rat kann auf Initiative der Kommission oder eines Mitgliedstaats einstimmig beschließen, daß Artikel 100 c des Vertrags zur Gründung der Europäischen Gemeinschaft auf Maßnahmen in den in Artikel K.1 Nummern 1 bis 6 genannten Bereichen anwendbar ist, und das entsprechende Abstimmungsverfahren festlegen. Er empfiehlt den Mitgliedstaaten, diesen Beschluß gemäß ihren verfassungsrechtlichen Vorschriften anzunehmen.

## Titel VII
## Schlußbestimmungen

### Artikel L [Zuständigkeit des EuGH]

Die Bestimmungen des Vertrags zur Gründung der Europäischen Gemeinschaft, des Vertrags über die Gründung der Europäischen Gemeinschaft für Kohle und Stahl und des Vertrags zur Gründung der Europäischen Atomgemeinschaft betreffend die Zuständigkeit des Gerichtshofs der Europäischen Gemeinschaften und die Ausübung dieser Zuständigkeit gelten nur für folgende Bestimmungen dieses Vertrags:

a) die Bestimmungen zur Änderung des Vertrags zur Gründung der Europäischen Wirtschaftsgemeinschaft im Hinblick auf die Gründung der Europäischen Gemeinschaft, des Vertrags über die Gründung der Europäischen Gemeinschaft für Kohle und Stahl und des Vertrags zur Gründung der Europäischen Atomgemeinschaft;

b) Artikel K.3 Absatz 2 Buchstabe c Unterabsatz 3;

c) die Artikel L bis S.

### Artikel M [Verhältnis zu den Gemeinschaftsverträgen]

Vorbehaltlich der Bestimmungen zur Änderung des Vertrags zur Gründung der Europäischen Wirtschaftsgemeinschaft im Hinblick auf die Gründung der Europäischen Gemeinschaft, des Vertrags über die

Gründung der Europäischen Gemeinschaft für Kohle und Stahl und des Vertrags zur Gründung der Europäischen Atomgemeinschaft sowie dieser Schlußbestimmungen läßt der vorliegende Vertrag die Verträge zur Gründung der Europäischen Gemeinschaften sowie die nachfolgenden Verträge und Akte zur Änderung oder Ergänzung der genannten Verträge unberührt.

**Artikel N [Änderung der Verträge]**

(1) Die Regierung jedes Mitgliedstaats oder die Kommission kann dem Rat Entwürfe zur Änderung der Verträge, auf denen die Union beruht, vorlegen.

Gibt der Rat nach Anhörung des Europäischen Parlaments und gegebenenfalls der Kommission eine Stellungnahme zugunsten des Zusammentritts einer Konferenz von Vertretern der Regierungen der Mitgliedstaaten ab, so wird diese vom Präsidenten des Rates einberufen, um die an den genannten Verträgen vorzunehmenden Änderungen zu vereinbaren. Bei institutionellen Änderungen im Währungsbereich wird auch die Europäische Zentralbank gehört.

Die Änderungen treten in Kraft, nachdem sie von allen Mitgliedstaaten gemäß ihren verfassungsrechtlichen Vorschriften ratifiziert worden sind.

(2) Im Jahr 1996 wird eine Konferenz der Vertreter der Regierungen der Mitgliedstaaten einberufen, um die Bestimmungen dieses Vertrags, für die eine Revision vorgesehen ist, in Übereinstimmung mit den Zielen der Artikel A und B zu prüfen.

**Artikel O [Beitritt]**

Jeder europäische Staat kann beantragen, Mitglied der Union zu werden. Er richtet seinen Antrag an den Rat; dieser beschließt einstimmig nach Anhörung der Kommission und nach Zustimmung des Europäischen Parlaments, das mit der absoluten Mehrheit seiner Mitglieder beschließt.

Die Aufnahmebedingungen und die durch eine Aufnahme erforderlich werdenden Anpassungen der Verträge, auf denen die Union beruht, werden durch ein Abkommen zwischen den Mitgliedstaaten und dem antragstellenden Staat geregelt. Das Abkommen bedarf der Ratifikation durch alle Vertragsstaaten gemäß ihren verfassungsrechtlichen Vorschriften.

**Artikel P [Fusionsvertrag, EEA]**

(1) Die Artikel 2 bis 7 und 10 bis 19 des am 8. April 1965 in Brüssel unterzeichneten Vertrags zur Einsetzung eines gemeinsamen Rates und

einer gemeinsamen Kommission der Europäischen Gemeinschaften werden aufgehoben.

(2) Artikel 2, Artikel 3 Absatz 2 und Titel III der am 17. Februar 1986 in Luxemburg und am 28. Februar 1986 in Den Haag unterzeichneten Einheitlichen Europäischen Akte werden aufgehoben.

**Artikel Q [Geltungsdauer]**

Dieser Vertrag gilt auf unbegrenzte Zeit.

**Artikel R [Ratifizierung, Inkrafttreten]**

(1) Dieser Vertrag bedarf der Ratifikation durch die Hohen Vertragsparteien gemäß ihren verfassungsrechtlichen Vorschriften. Die Ratifikationsurkunden werden bei der Regierung der Italienischen Republik hinterlegt.

(2) Dieser Vertrag tritt am 1. Januar 1993 in Kraft, sofern alle Ratifikationsurkunden hinterlegt worden sind, oder andernfalls am ersten Tag des auf die Hinterlegung der letzten Ratifikationsurkunde folgenden Monats.

**Artikel S [Authentische Sprachen]**

Dieser Vertrag ist in einer Urschrift in dänischer, deutscher, englischer, französischer, griechischer, irischer, italienischer, niederländischer, portugiesischer und spanischer Sprache abgefaßt, wobei jeder Wortlaut gleichermaßen verbindlich ist; er wird im Archiv der Regierung der Italienischen Republik hinterlegt; diese übermittelt der Regierung jedes anderen Unterzeichnerstaats eine beglaubigte Abschrift.

ZU URKUND DESSEN haben die unterzeichneten Bevollmächtigten ihre Unterschriften unter diesen Vertrag gesetzt.

GESCHEHEN zu Maastricht am 7. Februar 1992

## Protokolle[1]

---

1) Abgedruckt unter Nr. **5.1** bis **5.17**

## 2. Schlußakte der Konferenz von Maastricht

Vom 7. Februar 1992

(Bulletin der Bundesregierung Nr.16 vom 12. Februar 1992, S.178)

**1.**

Die Konferenzen der Vertreter der Regierungen der Mitgliedstaaten, die am 15. Dezember 1990 in Rom einberufen wurden, um im gegenseitigen Einvernehmen die Änderungen zu beschließen, die an dem Vertrag zur Gründung der Europäischen Wirtschaftsgemeinschaft im Hinblick auf die Verwirklichung der Politischen Union und im Hinblick auf die Schlußphasen der Wirtschafts- und Währungsunion vorzunehmen sind, sowie die Konferenzen, die am 3. Februar 1992 in Brüssel einberufen wurden, um an den Verträgen über die Gründung der Europäischen Gemeinschaft für Kohle und Stahl und zur Gründung der Europäischen Atomgemeinschaft die Änderungen vorzunehmen, die sich aus den für den Vertrag zur Gründung der Europäischen Wirtschaftsgemeinschaft vorgesehenen Änderungen ergeben, haben folgende Texte beschlossen:

### I. Vertrag über die Europäische Union[1]

### II. Protokolle[2]

1. Protokoll betreffend den Erwerb von Immobilien in Dänemark

2. Protokoll zu Artikel 119 des Vertrags zur Gründung der Europäischen Gemeinschaft

---

1) Abgedruckt unter Nr. **5.1** bis **5.17**
2) Abgedruckt unter Nr. **5.1** bis **5.17**

3. Protokoll über die Satzung des Europäischen Systems der Zentralbanken und der Europäischen Zentralbank

4. Protokoll über die Satzung des Europäischen Währungsinstituts

5. Protokoll über das Verfahren bei einem übermäßigen Defizit

6. Protokoll über die Konvergenzkriterien nach Artikel 109 j des Vertrags zur Gründung der Europäischen Gemeinschaft

7. Protokoll zur Änderung des Protokolls über die Vorrechte und Befreiungen der Europäischen Gemeinschaften

8. Protokoll betreffend Dänemark

9. Protokoll betreffend Portugal

10. Protokoll über den Übergang zur dritten Stufe der Wirtschafts- und Währungsunion

11. Protokoll über einige Bestimmungen betreffend das Vereinigte Königreich Großbritannien und Nordirland

12. Protokoll über einige Bestimmungen betreffend Dänemark

13. Protokoll betreffend Frankreich

14. Protokoll über die Sozialpolitik, dem ein Abkommen zwischen den Mitgliedstaaten der Europäischen Gemeinschaft mit Ausnahme des Vereinigten Königreichs Großbritannien und Nordirland über die Sozialpolitik beigefügt ist, welchem zwei Erklärungen beigefügt sind

15. Protokoll über den wirtschaftlichen und sozialen Zusammenhalt

16. Protokoll betreffend den Wirtschafts- und Sozialausschuß und den Ausschuß der Regionen

17. Protokoll zum Vertrag über die Europäische Union und zu den Verträgen zur Gründung der Europäischen Gemeinschaften

Die Konferenzen sind übereingekommen, daß die in den vorstehenden Nummern 1 bis 16 genannten Protokolle dem Vertrag zur Gründung der Europäischen Gemeinschaft beigefügt werden und daß das in vorstehender Nummer 17 genannte Protokoll dem Vertrag über die Europäische Union und den Verträgen zur Gründung der Europäischen Gemeinschaften beigefügt wird.

**2.**

Zum Zeitpunkt. der Unterzeichnung dieser Texte haben die Konferenzen die nachstehend aufgeführten Erklärungen angenommen, die dieser Schlußakte beigefügt sind.

## III.

## Erklärungen[1]

1. Erklärung zu den Bereichen Katastrophenschutz, Energie und Fremdenverkehr

2. Erklärung zur Staatsangehörigkeit eines Mitgliedstaats

3. Erklärung zum Dritten Teil Titel III und VI des Vertrags zur Gründung der Europäischen Gemeinschaft

4. Erklärung zum Dritten Teil Titel VI des Vertrags zur Gründung der Europäischen Gemeinschaft

5. Erklärung zur Zusammenarbeit mit dritten Ländern im Währungsbereich

6. Erklärung zu den Währungsbeziehungen zur Republik San Marino, zum Staat Vatikanstadt und zum Fürstentum Monaco

7. Erklärung zu Artikel 73 d des Vertrags zur Gründung der Europäischen Gemeinschaft

8. Erklärung zu Artikel 109 des Vertrags zur Gründung der Europäischen Gemeinschaft

9. Erklärung zum Dritten Teil Titel XVI des Vertrags zur Gründung der Europäischen Gemeinschaft

10. Erklärung zu den Artikeln 109, 130 r und 130 y des Vertrags zur Gründung der Europäischen Gemeinschaft

11. Erklärung zur Richtlinie vom 24. November 1988 (Emissionen)

12. Erklärung zum Europäischen Entwicklungsfonds

13. Erklärung zur Rolle der einzelstaatlichen Parlamente in der Europäischen Union

14. Erklärung zur Konferenz der Parlamente

15. Erklärung zur Zahl der Mitglieder der Kommission und des Europäischen Parlaments

16. Erklärung zur Rangordnung der Rechtsakte der Gemeinschaft

17. Erklärung zum Recht auf Zugang zu Informationen

18. Erklärung zu den geschätzten Folgekosten der Vorschläge der Kommission

19. Erklärung zur Anwendung des Gemeinschaftsrechts

---

1) Abgedruckt unter Nr. **3**

20. Erklärung zur Beurteilung der Umweltverträglichkeit der Gemeinschaftsmaßnahmen

21. Erklärung zum Rechnungshof

22. Erklärung zum Wirtschafts- und Sozialausschuß

23. Erklärung zur Zusammenarbeit mit den Wohlfahrtsverbänden

24. Erklärung zum Tierschutz

25. Erklärung zur Vertretung der Interessen der überseeischen Länder und Hoheitsgebiete nach Artikel 227 Absatz 3 und Absatz 5 Buchstaben a und b des Vertrags zur Gründung der Europäischen Gemeinschaft

26. Erklärung zu den Gebieten in äußerster Randlage der Gemeinschaft

27. Erklärung zu den Abstimmungen im Bereich der gemeinsamen Außen- und Sicherheitspolitik

28. Erklärung zu den praktischen Einzelheiten im Bereich der gemeinsamen Außen- und Sicherheitspolitik

29. Erklärung zum Gebrauch der Sprachen im Bereich der gemeinsamen Außen- und Sicherheitspolitik

30. Erklärung zur Westeuropäischen Union

31. Erklärung zur Asylfrage

32. Erklärung zur polizeilichen Zusammenarbeit

33. Erklärung zu Streitsachen zwischen der EZB bzw. dem EWI und deren Bediensteten

GESCHEHEN zu Maastricht am siebten Februar neunzehnhundertzweiundneunzig.

## 3. Erklärungen der Konferenz von Maastricht

Vom 7. Februar 1992

(Bulletin der Bundesregierung Nr.16 vom 12. Februar 1992, S.179)

### 3.1. Erklärung zu den Bereichen Katastrophenschutz, Energie und Fremdenverkehr

Die Konferenz erklärt, daß die Frage der Einfügung von Titeln über die in Artikel 3 Buchstabe t des Vertrags zur Gründung der Europäischen Gemeinschaft genannten Bereiche in jenen Vertrag nach dem Verfahren des Artikels N Absatz 2 des Vertrags über die Europäische Union anhand eines Berichts geprüft wird, den die Kommission dem Rat spätestens 1996 vorlegen wird.

Die Kommission erklärt, daß die Gemeinschaft ihre Tätigkeit in diesen Bereichen auf der Grundlage der bisherigen Bestimmungen der Verträge zur Gründung der Europäischen Gemeinschaften fortsetzen wird.

### 3.2 Erklärung zur Staatsangehörigkeit eines Mitgliedstaats

Die Konferenz erklärt, daß bei Bezugnahmen des Vertrags zur Gründung der Europäischen Gemeinschaft auf die Staatsangehörigen der Mitgliedstaaten die Frage, welchem Mitgliedstaat eine Person angehört, allein durch Bezug auf das innerstaatliche Recht des betreffenden Mitgliedstaats geregelt wird. Die Mitgliedstaaten können zur Unterrichtung in einer Erklärung gegenüber dem Vorsitz angeben, wer für die Zwecke der Gemeinschaft als ihr Staatsangehöriger anzusehen ist, und ihre Erklärung erforderlichenfalls ändern.

### 3.3 Erklärung zum Dritten Teil Titel III und VI des Vertrags zur Gründung der Europäischen Gemeinschaft

Die Konferenz erklärt, daß für die Anwendung der Bestimmungen, die im Vertrag zur Gründung der Europäischen Gemeinschaft im Dritten

Teil Titel III Kapitel 4 über den Kapital- und Zahlungsverkehr und Titel VI über die Wirtschafts- und Währungspolitik vorgesehen sind, unbeschadet des Artikels 109 j Absätze 2, 3 und 4 und des Artikels 109 k Absatz 2 die übliche Praxis fortgeführt wird, wonach der Rat in der Zusammensetzung der Wirtschafts- und Finanzminister zusammentritt.

### 3.4 Erklärung zum Dritten Teil Titel VI des Vertrags zur Gründung der Europäischen Gemeinschaft

Die Konferenz erklärt, daß der Präsident des Europäischen Rates die Wirtschafts- und Finanzminister zur Teilnahme an den Tagungen des Europäischen Rates einladen wird, wenn dieser Fragen der Wirtschafts- und Währungsunion erörtert.

### 3.5 Erklärung zur Zusammenarbeit mit dritten Ländern im Währungsbereich

Die Konferenz erklärt, daß die Gemeinschaft zu stabilen internationalen Währungsbeziehungen beitragen will. Zu diesem Zweck ist die Gemeinschaft bereit, mit anderen europäischen Ländern und mit denjenigen außereuropäischen Ländern, zu denen sie enge wirtschaftliche Bindungen hat, zusammenzuarbeiten.

### 3.6 Erklärung zu den Währungsbeziehungen zur Republik San Marino, zum Staat Vatikanstadt und zum Fürstentum Monaco

Die Konferenz ist sich einig, daß die derzeitigen Währungsbeziehungen zwischen Italien und San Marino bzw. Vatikanstadt und zwischen Frankreich und Monaco durch diesen Vertrag bis zur Einführung der ECU als einheitlicher Währung der Gemeinschaft unberührt bleiben.

Die Gemeinschaft verpflichtet sich, die Neuaushandlung bestehender Übereinkünfte, die durch Einführung der ECU als einheitlicher Währung erforderlich werden können, zu erleichtern.

### 3.7 Erklärung zu Artikel 73 d des Vertrags zur Gründung der Europäischen Gemeinschaft

Die Konferenz bekräftigt, daß das in Artikel 73 d Absatz 1 Buchstabe a des Vertrags zur Gründung der Europäischen Gemeinschaft erwähnte Recht der Mitgliedstaaten, die einschlägigen Vorschriften ihres Steuerrechts anzuwenden, nur für die einschlägigen Vorschriften gilt, die Ende 1993 bestehen. Diese Erklärung betrifft jedoch nur den Kapital- und Zahlungsverkehr zwischen den Mitgliedstaaten.

## 3.8 Erklärung zu Artikel 109 des Vertrags zur Gründung der Europäischen Gemeinschaft

Die Konferenz bekräftigt, daß mit dem in Artikel 109 Absatz 1 verwendeten Begriff "förmliche Vereinbarung" nicht eine neue Kategorie internationaler Übereinkünfte im Sinne des Gemeinschaftsrechts geschaffen werden soll.

## 3.9 Erklärung zum Dritten Teil Titel XVI des Vertrags zur Gründung der Europäischen Gemeinschaft

Die Konferenz ist der Ansicht, daß die Gemeinschaft in Anbetracht der zunehmenden Bedeutung, die dem Naturschutz auf einzelstaatlicher, gemeinschaftlicher und internationaler Ebene zukommt, bei der Ausübung ihrer Zuständigkeiten aufgrund des Dritten Teils Titel XVI des Vertrags den spezifischen Erfordernissen in diesem Bereich Rechnung tragen soll.

## 3.10 Erklärung zu den Artikeln 109, 130 r und 130 y des Vertrags zur Gründung der Europäischen Gemeinschaft

Die Konferenz vertritt die Auffassung, daß Artikel 109 Absatz 5, Artikel 130 r Absatz 4 Unterabsatz 2 und Artikel 130 y nicht die Grundsätze berühren, die sich aus dem Urteil des Gerichtshof in der AETR-Rechtssache ergeben.

## 3.11 Erklärung zur Richtlinie vom 24. November 1988 (Emissionen)

Die Konferenz erklärt, daß Änderungen in den gemeinschaftlichen Rechtsvorschriften die Ausnahmeregelungen nicht beeinträchtigen dürfen, die Spanien und Portugal gemäß der Richtlinie des Rates vom 24. November 1988 zur Begrenzung von Schadstoffemissionen von Großfeuerungsanlagen in die Luft bis zum 31. Dezember 1999 zugestanden wurden.

## 3 Erklärungen

### 3.12 Erklärung zum Europäischen Entwicklungsfonds

Die Konferenz kommt überein, daß der Europäische Entwicklungsfonds im Einklang mit den bisherigen Bestimmungen weiterhin durch einzelstaatliche Beiträge finanziert wird.

### 3.13 Erklärung zur Rolle der einzelstaatlichen Parlamente in der Europäischen Union

Die Konferenz hält es für wichtig, eine größere Beteiligung der einzelstaatlichen Parlamente an den Tätigkeiten der Europäischen Union zu fördern.

Zu diesem Zweck ist der Informationsaustausch zwischen den einzelstaatlichen Parlamenten und dem Europäischen Parlament zu verstärken. In diesem Zusammenhang tragen die Regierungen der Mitgliedstaaten unter anderem dafür Sorge, daß die einzelstaatlichen Parlamente zu ihrer Unterrichtung und gegebenenfalls zur Prüfung rechtzeitig über die Vorschläge für Rechtsakte der Kommission verfügen.

Nach Ansicht der Konferenz ist es ferner wichtig, daß die Kontakte zwischen den einzelstaatlichen Parlamenten und dem Europäischen Parlament insbesondere dadurch verstärkt werden, daß hierfür geeignete gegenseitige Erleichterungen und regelmäßige Zusammenkünfte zwischen Abgeordneten, die an den gleichen Fragen interessiert sind, vorgesehen werden.

### 3.14 Erklärung zur Konferenz der Parlamente

Die Konferenz ersucht das Europäische Parlament und die einzelstaatlichen Parlamente, erforderlichenfalls als Konferenz der Parlamente (oder "Assises") zusammenzutreten.

Die Konferenz der Parlamente wird unbeschadet der Zuständigkeiten des Europäischen Parlaments und der Rechte der einzelstaatlichen Parlamente zu wesentlichen Leitlinien der Europäischen Union gehört. Der Präsident des Europäischen Rates und der Präsident der Kommission erstatten auf jeder Tagung der Konferenz der Parlamente Bericht über den Stand der Union.

### 3.15 Erklärung zur Zahl der Mitglieder der Kommission und des Europäischen Parlaments

Die Konferenz kommt überein, die Fragen betreffend die Zahl der Mitglieder der Kommission und der Mitglieder des Europäischen Parlaments spätestens Ende 1992 im Hinblick auf ein Einvernehmen zu prüfen, das es gestattet, die Rechtsgrundlage für die Festsetzung der Zahl der Mitglieder des Europäischen Parlaments rechtzeitig zu den Wahlen im Jahr 1994 zu schaffen. Die Beschlüsse werden unter anderem unter Berücksichtigung der Notwendigkeit gefaßt, die Gesamtmitgliederzahl des Europäischen Parlaments in einer erweiterten Gemeinschaft festzulegen.

### 3.16 Erklärung zur Rangordnung der Rechtsakte der Gemeinschaft

Die Konferenz kommt überein, daß die 1996 einzuberufende Regierungskonferenz prüfen wird, inwieweit es möglich ist, die Einteilung der Rechtsakte der Gemeinschaft mit dem Ziel zu überprüfen, eine angemessene Rangordnung der verschiedenen Arten von Normen herzustellen.

### 3.17 Erklärung zum Recht auf Zugang zu Informationen

Die Konferenz ist der Auffassung, daß die Transparenz des Beschlußverfahrens den demokratischen Charakter der Organe und das Vertrauen der Öffentlichkeit in die Verwaltung stärkt. Die Konferenz empfiehlt daher, daß die Kommission dem Rat spätestens 1993 einen Bericht über Maßnahmen vorlegt, mit denen die den Organen vorliegenden Informationen der Öffentlichkeit besser zugänglich gemacht werden sollen.

### 3.18 Erklärung zu den geschätzten Folgekosten der Vorschläge der Kommission

Die Konferenz stellt fest, daß die Kommission sich verpflichtet, bei ihren Vorschlägen für Rechtsakte die Kosten und den Nutzen für die Behörden der Mitgliedstaaten und sämtliche Betroffene zu berücksichtigen und dazu gegebenenfalls die von ihr für erforderlich erachteten Konsultationen vorzunehmen und ihr System zur Bewertung der gemeinschaftlichen Rechtsvorschriften auszubauen.

### 3.19 Erklärung zur Anwendung des Gemeinschaftsrechts

1. Die Konferenz hebt hervor, daß es für die innere Geschlossenheit und die Einheit des europäischen Aufbauwerks von wesentlicher Bedeutung ist, daß jeder Mitgliedstaat die an ihn gerichteten Richtlinien der Gemeinschaft innerhalb der darin festgesetzten Fristen vollständig und getreu in innerstaatliches Recht umsetzt.

Außerdem ist die Konferenz der Ansicht, daß es zwar Sache jedes Mitgliedstaats ist zu bestimmen, wie die Vorschriften des Gemeinschaftsrechts unter Berücksichtigung der Besonderheit seiner Institutionen, seiner Rechtsordnung und anderer Gegebenheiten, in jedem Fall aber unter Beachtung des Artikels 189 des Vertrags zur Gründung der Europäischen Gemeinschaft, am besten anzuwenden sind, es jedoch für die reibungslose Arbeit der Gemeinschaft von wesentlicher Bedeutung ist, daß die in den einzelnen Mitgliedstaaten getroffenen Maßnahmen dazu führen, daß das Gemeinschaftsrecht dort mit gleicher Wirksamkeit und Strenge Anwendung findet, wie dies bei der Durchführung der einzelstaatlichen Rechtsvorschriften der Fall ist.

2. Die Konferenz fordert die Kommission auf, in Wahrnehmung der ihr durch Artikel 155 des Vertrags zur Gründung der Europäischen Gemeinschaft übertragenen Zuständigkeiten darauf zu achten, daß die Mitgliedstaaten ihren Verpflichtungen nachkommen. Sie ersucht die Kommission, für die Mitgliedstaaten und das Europäische Parlament regelmäßig einen umfassenden Bericht zu veröffentlichen.

### 3.20 Erklärung zur Beurteilung der Umweltverträglichkeit der Gemeinschaftsmaßnahmen

Die Konferenz stellt fest, daß die Kommission sich verpflichtet, bei ihren Vorschlägen voll und ganz den Umweltauswirkungen und dem Grundsatz des nachhaltigen Wachstums Rechnung zu tragen, und daß die Mitgliedstaaten sich verpflichtet haben, dies bei der Durchführung zu tun.

### 3.21 Erklärung zum Rechnungshof

Die Konferenz weist darauf hin, daß sie den Aufgaben, die dem Rechnungshof in den Artikeln 188 a, 188 b, 188 c und 206 des Vertrags zur Gründung der Europäischen Gemeinschaft übertragen werden, besondere Bedeutung beimißt.

Sie ersucht die anderen Organe der Gemeinschaft, zusammen mit dem Rechnungshof alle Mittel zu prüfen, die geeignet sind, eine wirksamere Erfüllung seiner Aufgaben zu gewährleisten.

### 3.22 Erklärung zum Wirtschafts- und Sozialausschuß

Die Konferenz kommt überein, daß der Wirtschafts- und Sozialausschuß hinsichtlich des Haushalts und der Personalverwaltung dieselbe Unabhängigkeit genießt wie der Rechnungshof bisher.

## 3.23 Erklärung zur Zusammenarbeit mit den Wohlfahrtsverbänden

Die Konferenz betont, daß zur Erreichung der in Artikel 117 des Vertrags zur Gründung der Europäischen Gemeinschaft genannten Ziele eine Zusammenarbeit der Europäischen Gemeinschaft mit den Verbänden der Wohlfahrtspflege und den Stiftungen als Trägern sozialer Einrichtungen und Dienste von großer Bedeutung ist.

## 3.24 Erklärung zum Tierschutz

Die Konferenz ersucht das Europäische Parlament, den Rat und die Kommission sowie die Mitgliedstaaten, bei der Ausarbeitung und Durchführung gemeinschaftlicher Rechtsvorschriften in den Bereichen Gemeinsame Agrarpolitik, Verkehr, Binnenmarkt und Forschung den Erfordernissen des Wohlergehens der Tiere in vollem Umfang Rechnung zu tragen.

## 3.25 Erklärung zur Vertretung der Interessen der überseeischen Länder und Hoheitsgebiete nach Artikel 227 Absatz 3 und Absatz 5 Buchstaben a und b des Vertrags zur Gründung der Europäischen Gemeinschaft

Die Konferenz kommt in Anbetracht der Tatsache, daß unter außergewöhnlichen Umständen die Interessen der Union und die Interessen der Länder und Hoheitsgebiete nach Artikel 227 Absatz 3 und Absatz 5 Buchstaben a und b des Vertrags divergieren können, überein, daß der Rat sich um eine Lösung bemühen wird, die mit dem Standpunkt der Union in Einklang steht. Für den Fall jedoch, daß sich dies als unmöglich erweist, erklärt sich die Konferenz damit einverstanden, daß der betreffende Mitgliedstaat im Interesse der betreffenden überseeischen Länder und Hoheitsgebiete gegebenenfalls eigenständig handelt, allerdings ohne dabei das Interesse der Gemeinschaft zu beeinträchtigen. Dieser Mitgliedstaat macht dem Rat und der Kommission eine Mitteilung, wenn eine derartige Interessendivergenz auftreten könnte, und weist, wenn sich eigenständiges Handeln nicht vermeiden läßt, deutlich darauf hin, daß er im Interesse eines der genannten überseeischen Hoheitsgebiete handelt.

Diese Erklärung gilt auch für Macau und Osttimor.

## 3 Erklärungen

### 3.26 Erklärung zu den Gebieten in äußerster Randlage der Gemeinschaft

Die Konferenz erkennt an, daß die Gebiete in äußerster Randlage der Gemeinschaft (französische überseeische Departements, Azoren und Madeira und Kanarische Inseln) unter einem bedeutenden strukturellen Rückstand leiden; dieser wird durch mehrere Faktoren (große Entfernung, Insellage, geringe Fläche, schwierige Relief- und Klimabedingungen, wirtschaftliche Abhängigkeit von einigen wenigen Erzeugnissen) verschärft, die als ständige Gegebenheiten und durch ihr Zusammenwirken die wirtschaftliche und soziale Entwicklung schwer beeinträchtigen.

Sie ist der Auffassung, daß der Vertrag zur Gründung der Europäischen Gemeinschaft und das abgeleitete Recht für die Gebiete in äußerster Randlage zwar ohne weiteres gelten, es jedoch möglich bleibt, spezifische Maßnahmen zu ihren Gunsten zu erlassen, sofern und solange ein entsprechender Bedarf im Hinblick auf die wirtschaftliche und soziale Entwicklung dieser Gebiete objektiv gegeben ist. Diese Maßnahmen müssen sowohl auf die Vollendung des Binnenmarkts als auch auf eine Anerkennung der regionalen Verhältnisse abzielen, damit diese Gebiete den durchschnittlichen wirtschaftlichen und sozialen Stand der Gemeinschaft erreichen können.

### 3.27 Erklärung zu den Abstimmungen im Bereich der Gemeinsamen Außen- und Sicherheitspolitik

Die Konferenz kommt überein, daß die Mitgliedstaaten bei Entscheidungen, die Einstimmigkeit erfordern, soweit wie möglich davon absehen, die Einstimmigkeit zu verhindern, sofern eine qualifizierte Mehrheit für die betreffende Entscheidung besteht.

### 3.28 Erklärung zu den praktischen Einzelheiten im Bereich der Gemeinsamen Außen- und Sicherheitspolitik

Die Konferenz kommt überein, daß die Arbeitsteilung zwischen dem Politischen Komitee und dem Ausschuß der Ständigen Vertreter sowie die praktischen Einzelheiten der Zusammenlegung des Sekretariats der Politischen Zusammenarbeit mit dem Generalsekretariat des Rates und der Zusammenarbeit zwischen dem Generalsekretariat und der Kommission später geprüft werden.

## 3.29 Erklärung zum Gebrauch der Sprachen im Bereich der Gemeinsamen Außen- und Sicherheitspolitik

Die Konferenz kommt überein, daß für den Gebrauch der Sprachen die Sprachenregelung der Europäischen Gemeinschaften gilt.

Für den COREU-Verkehr dient die derzeitige Praxis in der Europäischen Politischen Zusammenarbeit einstweilen als Anhaltspunkt.

Alle Texte der Gemeinsamen Außen- und Sicherheitspolitik, die auf Tagungen des Europäischen Rates und des Rates vorgelegt oder angenommen werden, sowie alle zur Veröffentlichung bestimmten Texte werden unverzüglich und zeitgleich in alle Amtssprachen der Gemeinschaft übersetzt.

## 3.30 Erklärung zur Westeuropäischen Union

Die Konferenz nimmt folgende Erklärungen zur Kenntnis:

I. Erklärung

Belgiens, Deutschlands, Spaniens, Frankreichs, Italiens, Luxemburgs, der Niederlande, Portugals und des Vereinigten Königreichs, die Mitgliedstaaten der Westeuropäischen Union und gleichzeitig der Europäischen Union sind,

zur

Rolle der Westeuropäischen Union und zu ihren
Beziehungen zur Europäischen Union
und zur Atlantischen Allianz

**Einleitung**

1. Die WEU-Mitgliedstaaten stimmen darin überein, daß es notwendig ist, eine echte europäische Sicherheits- und Verteidigungsidentität zu entwickeln und eine größere europäische Verantwortung in Verteidigungsfragen zu übernehmen. Diese Identität wird durch einen schrittweisen Prozeß mit mehreren aufeinanderfolgenden Phasen angestrebt. Die WEU wird integraler Bestandteil des Prozesses der Entwicklung der Europäischen Union sein und einen größeren Beitrag zur Solidarität innerhalb der Atlantischen Allianz leisten. Die WEU-Mitgliedstaaten sind sich darin einig, die Rolle der WEU in der längerfristigen Perspektive einer mit der Politik der Atlantischen Allianz zu verein-

barenden gemeinsamen Verteidigungspolitik innerhalb der Europäischen Union, die zu gegebener Zeit zu einer gemeinsamen Verteidigung führen könnte, zu stärken.

2. Die WEU wird als Verteidigungskomponente der Europäischen Union und als Mittel zur Stärkung des europäischen Pfeilers der Atlantischen Allianz entwickelt. Zu diesem Zweck wird sie eine gemeinsame europäische Verteidigungspolitik formulieren und diese durch die Weiterentwicklung ihrer operationellen Rolle konkret durchführen.

Die WEU-Mitgliedstaaten nehmen Kenntnis von Artikel J.4 des Vertrags über die Europäische Union betreffend die Gemeinsame Außen- und Sicherheitspolitik, der wie folgt lautet:

"(1) Die Gemeinsame Außen- und Sicherheitspolitik umfaßt sämtliche Fragen, welche die Sicherheit der Europäischen Union betreffen, wozu auf längere Sicht auch die Festlegung einer gemeinsamen Verteidigungspolitik gehört, die zu gegebener Zeit zu einer gemeinsamen Verteidigung führen könnte.

(2) Die Union ersucht die Westeuropäische Union (WEU), die integraler Bestandteil der Entwicklung der Europäischen Union ist, die Entscheidungen und Aktionen der Union, die verteidigungspolitische Bezüge haben, auszuarbeiten und durchzuführen. Der Rat trifft im Einvernehmen mit den Organen der WEU die erforderlichen praktischen Regelungen.

(3) Die Fragen, die verteidigungspolitische Bezüge haben und die nach diesem Artikel behandelt werden, unterliegen nicht den Verfahren des Artikels J.3.

(4) Die Politik der Union nach diesem Artikel berührt nicht den besonderen Charakter der Sicherheits- und Verteidigungspolitik bestimmter Mitgliedstaaten; sie achtet die Verpflichtungen einiger Mitgliedstaaten aus dem Nordatlantikvertrag und ist vereinbar mit der in jenem Rahmen festgelegten gemeinsamen Sicherheits- und Verteidigungspolitik.

(5) Dieser Artikel steht der Entwicklung einer engeren Zusammenarbeit zwischen zwei oder mehr Mitgliedstaaten auf zweiseitiger Ebene sowie im Rahmen der WEU und der Atlantischen Allianz nicht entgegen, soweit sie der nach diesem Titel vorgesehenen Zusammenarbeit nicht zuwiderläuft und diese nicht behindert.

(6) Zur Förderung des Zieles dieses Vertrags und im Hinblick auf den Termin 1998 im Zusammenhang mit Artikel XII des Brüsseler Vertrags in seiner geänderten Fassung kann dieser Artikel nach Artikel N Absatz 2 auf der Grundlage eines dem Europäischen Rat 1996 vom Rat vorzulegenden Berichts, der eine Bewertung der bis dahin erzielten Fortschritte und gesammelten Erfahrungen enthalten wird, revidiert werden."

**A. Beziehungen der WEU zur Europäischen Union**

3. Ziel ist es, die WEU stufenweise zur Verteidigungskomponente der Europäischen Union auszubauen. Zu diesem Zweck ist die WEU bereit, auf Ersuchen der Europäischen Union Beschlüsse und Aktionen der Union mit verteidigungspolitischen Implikationen zu erarbeiten und durchzuführen.

Zu diesem Zweck ergreift die WEU folgende Maßnahmen, um enge Arbeitsbeziehungen zur Union zu entwickeln:

– soweit angezeigt, Abstimmung der Tagungstermine und -orte und Harmonisierung der Arbeitsweisen;

– Herbeiführung einer engen Zusammenarbeit zwischen dem Rat und dem Generalsekretariat der WEU einerseits und dem Rat der Union und dem Generalsekretariat des Rates andererseits;

– Prüfung der Harmonisierung der Abfolge und Dauer der beiden Präsidentschaften;

– Vereinbarung geeigneter Vorkehrungen, um sicherzustellen, daß die Kommission der Europäischen Gemeinschaften gemäß ihrer Rolle in der Gemeinsamen Außen- und Sicherheitspolitik, wie diese in dem Vertrag über die Europäische Union festgelegt ist, regelmäßig über die WEU-Tätigkeiten informiert und, soweit angezeigt, konsultiert wird;

– Förderung einer engeren Zusammenarbeit zwischen der Parlamentarischen Versammlung der WEU und dem Europäischen Parlament.

Der WEU-Rat trifft im Einvernehmen mit den zuständigen Organen der Europäischen Union die notwendigen praktischen Regelungen.

**B. Beziehungen der WEU zur Atlantischen Allianz**

4. Ziel ist es, die WEU als Mittel zur Stärkung des europäischen Pfeilers der Atlantischen Allianz zu entwickeln. Dementsprechend ist die WEU bereit, die engen Arbeitsbeziehungen zur Allianz weiterzuentwickeln und die Rolle, die Verantwortlichkeiten und die Beiträge der Mitgliedstaaten der WEU innerhalb der Allianz zu stärken. Dies wird auf der Grundlage der erforderlichen Transparenz und Komplementarität zwischen der entstehenden europäischen Sicherheits- und Verteidigungsidentität und der Allianz geschehen.

Die WEU wird im Einklang mit den Positionen handeln, die in der Allianz beschlossen wurden:

– Die Mitgliedstaaten der WEU werden ihre Koordinierung in Fragen der Allianz, die von erheblichem gemeinsamen Interesse sind, verstärken, um innerhalb der WEU vereinbarte gemeinsame Positionen in den

Konsultationsprozeß der Allianz einzubringen, welche das wesentliche Forum für Konsultationen unter ihren Mitgliedern und für die Vereinbarung von politischen Maßnahmen, die sich auf die Sicherheits- und Verteidigungsverpflichtungen der Verbündeten des Nordatlantikvertrags auswirken, bleiben wird.

– Soweit notwendig, werden Tagungstermine und -orte abgestimmt und Arbeitsweisen harmonisiert.

– Zwischen den Generalsekretariaten der WEU und der NATO wird eine enge Zusammenarbeit herbeigeführt.

### C. Operationelle Rolle der WEU

5. Die operationelle Rolle der WEU wird durch die Prüfung und Festlegung geeigneter Aufgaben, Strukturen und Mittel gestärkt, die im einzelnen folgendes betreffen:

– WEU-Planungsstab;

– engere militärische Zusammenarbeit in Ergänzung der Allianz, insbesondere auf den Gebieten der Logistik, des Transports, der Ausbildung und der strategischen Aufklärung;

– Treffen der Generalstabschefs der WEU;

– der WEU zugeordnete militärische Einheiten.

Zu den sonstigen Vorschlägen, die weiter geprüft werden, gehören:

– verstärkte Rüstungskooperation mit dem Ziel der Schaffung einer Europäischen Rüstungsagentur;

– Weiterentwicklung des WEU-Instituts zu einer Europäischen Sicherheits- und Verteidigungsakademie.

Die Maßnahmen zur Stärkung der operationellen Rolle der WEU werden in vollem Umfang mit den militärischen Vorkehrungen vereinbar sein, die zur Sicherung der gemeinsamen Verteidigung aller Verbündeten erforderlich sind.

### D. Weitere Maßnahmen

6. Als Folge der vorstehend dargelegten Maßnahmen und zur Stärkung der Rolle der WEU wird der Sitz des Rates und des Generalsekretariats der WEU nach Brüssel verlegt.

7. Die Vertretung im Rat der WEU muß so geregelt sein, daß der Rat in der Lage ist, seine Funktionen kontinuierlich gemäß Artikel VIII des geänderten Brüsseler Vertrags auszuüben. Die Mitgliedstaaten können

sich hierfür einer noch auszuarbeitenden Formel des "doppelten Hutes", gebildet durch die Vertreter bei der Allianz und der Europäischen Union, bedienen.

8. Die WEU nimmt zur Kenntnis, daß die Union im Einklang mit Artikel J.4 Absatz 6 des Vertrags über die Europäische Union betreffend die Gemeinsame Außen- und Sicherheitspolitik beschließen wird, jenen Artikel nach dem vorgesehenen Verfahren zu überprüfen, um die Verwirklichung des darin gesetzten Zieles zu fördern. Die WEU wird die Bestimmungen der vorliegenden Erklärung 1996 überprüfen. Die Überprüfung wird die Fortschritte und Erfahrungen berücksichtigen und sich auch auf die Beziehungen zwischen WEU und Atlantischer Allianz erstrecken.

II. Erklärung

Belgiens, Deutschlands, Spaniens, Frankreichs, Italiens, Luxemburgs, der Niederlande, Portugals und des Vereinigten Königreichs, die Mitgliedstaaten der Westeuropäischen Union sind

"Die Mitgliedstaaten der WEU begrüßen die Entwicklung der europäischen Sicherheits- und Verteidigungsidentität. Angesichts der Rolle der WEU als Verteidigungskomponente der Europäischen Union und als Instrument zur Stärkung des europäischen Pfeilers der Atlantischen Allianz sind sie entschlossen, die Beziehungen zwischen der WEU und den übrigen europäischen Staaten im Namen der Stabilität und der Sicherheit in Europa auf eine neue Grundlage zu stellen. In diesem Sinne schlagen sie folgendes vor:

Die Staaten, die Mitglieder der Europäischen Union sind, werden eingeladen, der WEU zu den nach Artikel XI des Brüsseler Vertrags in seiner geänderten Fassung zu vereinbarenden Bedingungen beizutreten oder, falls sie dies wünschen, Beobachter zu werden. Gleichzeitig werden die übrigen europäischen Mitgliedstaaten der NATO eingeladen, assoziierte Mitglieder der WEU nach Modalitäten zu werden, die es ihnen ermöglichen, an den Tätigkeiten der WEU voll teilzunehmen.

Die Mitgliedstaaten der WEU gehen davon aus, daß diesen Vorschlägen entsprechende Verträge und Abkommen vor dem 31. Dezember 1992 geschlossen sein werden."

## 3.31 Erklärung zur Asylfrage

1. Die Konferenz kommt überein, daß der Rat im Rahmen der Arbeiten nach den Artikeln K.1 und K.3 der Bestimmungen über die Zusammenarbeit in den Bereichen Justiz und Inneres vorrangig die Fragen der Asylpolitik der Mitgliedstaaten mit dem Ziel prüft, unter Berücksichti-

gung des Arbeitsprogramms und des Terminplans, die in dem vom Europäischen Rat auf der Tagung am 28. und 29. Juni 1991 in Luxemburg erbetenen Bericht über die Asylfrage enthalten sind, bis Anfang 1993 eine gemeinsame Aktion zur Harmonisierung der Aspekte dieser Politik zu beschließen.

2. In diesem Zusammenhang prüft der Rat bis Ende 1993 anhand eines Berichts auch die Frage einer etwaigen Anwendung des Artikels K.9 auf diese Bereiche.

## 3.32 Erklärung zur polizeilichen Zusammenarbeit

Die Konferenz bestätigt das Einvernehmen der Mitgliedstaaten über die Ziele, die den von der deutschen Delegation auf der Tagung des Europäischen Rates vom 28. und 29. Juni 1991 in Luxemburg unterbreiteten Vorschlägen zugrunde liegen.

Die Mitgliedstaaten kommen zunächst überein, die ihnen unterbreiteten Entwürfe unter Berücksichtigung des Arbeitsprogramms und des Terminplans, die in dem vom Europäischen Rat auf der Tagung in Luxemburg erbetenen Bericht enthalten sind, mit Vorrang zu prüfen, und sind bereit, die Annahme konkreter Maßnahmen in Bereichen, wie sie von dieser Delegation vorgeschlagen worden sind, im Hinblick auf folgende Aufgaben auf dem Gebiet des Informations- und Erfahrungsaustausches in Aussicht zu nehmen:

– Unterstützung der einzelstaatlichen Strafverfolgungs- und Sicherheitsbehörden, insbesondere bei der Koordinierung von Ermittlungen und Fahndungen,

– Aufbau von Informationsdateien,

– zentrale Bewertung und Auswertung von Informationen zur Herstellung von Lagebildern und zur Gewinnung von Ermittlungsansätzen

– Sammlung und Auswertung einzelstaatlicher Präventionskonzepte zur Weitergabe an die Mitgliedstaaten und zur Ausarbeitung gesamteuropäischer Präventionsstrategien,

– Maßnahmen im Bereich der beruflichen Fortbildung, der Forschung, der Kriminaltechnik und des Erkennungsdienstes

Die Mitgliedstaaten kommen überein, spätestens im Jahr 1994 anhand eines Berichts zu prüfen, ob diese Zusammenarbeit ausgeweitet werden soll.

## 3.33 Erklärung zu Streitsachen zwischen der EZB bzw. dem EWI und deren Bediensteten

Die Konferenz hält es für richtig, daß das Gericht erster Instanz für diese Gruppe von Klagen nach Artikel 168 a des Vertrags zuständig ist. Die Konferenz ersucht deshalb die Organe um eine entsprechende Anpassung der betreffenden Bestimmungen.

# 4. Vertrag zur Gründung der Europäischen Gemeinschaft

Vom 25. März 1957
(BGBl. 1957 II, S. 766 in der Fassung des Unionsvertrages)

**Inhalt:** **Seite:**

Seine Majestät der König der Belgier,

Der Präsident der Bundesrepublik Deutschland,

Der Präsident der Französischen Republik,

Der Präsident der Italienischen Republik,

Ihre Königliche Hoheit die Grossherzogin von Luxemburg,

Ihre Majestät die Königin der Niederlande

IN DEM FESTEN WILLEN, die Grundlagen für einen immer engeren Zusammenschluß der europäischen Völker zu schaffen,

ENTSCHLOSSEN, durch gemeinsames Handeln den wirtschaftlichen und sozialen Fortschritt ihrer Länder zu sichern, indem sie die Europa trennenden Schranken beseitigen,

IN DEM VORSATZ, die stetige Besserung der Lebens- und Beschäftigungsbedingungen ihrer Völker als wesentliches Ziel anzustreben,

IN DER ERKENNTNIS, daß zur Beseitigung der bestehenden Hindernisse ein einverständliches Vorgehen erforderlich ist, um eine beständige Wirtschaftsausweitung, einen ausgewogenen Handelsverkehr und einen redlichen Wettbewerb zu gewährleisten,

IN DEM BESTREBEN, ihre Volkswirtschaften zu einigen und deren harmonische Entwicklung zu fördern, indem sie den Abstand zwischen einzelnen Gebieten und den Rückstand weniger begünstigter Gebiete verringern,

IN DEM WUNSCH, durch eine gemeinsame Handelspolitik zur fortschreitenden Beseitigung der Beschränkungen im zwischenstaatlichen Wirtschaftsverkehr beizutragen,

IN DER ABSICHT, die Verbundenheit Europas mit den überseeischen Ländern zu bekräftigen, und in dem Wunsch, entsprechend den Grundsätzen der Satzung der Vereinten Nationen den Wohlstand der überseeischen Länder zu fördern,

ENTSCHLOSSEN, durch diesen Zusammenschluß ihrer Wirtschaftskräfte Frieden und Freiheit zu wahren und zu festigen, und mit der Aufforderung an die anderen Völker Europas, die sich zu dem gleichen hohen Ziel bekennen, sich diesen Bestrebungen anzuschließen -

HABEN BESCHLOSSEN, eine Europäische Gemeinschaft zu gründen; sie haben zu diesem Zweck zu ihren Bevollmächtigten ernannt: (Vom Abdruck der in der Folge namentlich genannten Bevollmächtigten wurde abgesehen.)

DIESE SIND nach Austausch ihrer als gut und gehörig befundenen Vollmachten wie folgt

ÜBEREINGEKOMMEN:

## Erster Teil. Grundsätze

### Artikel 1 [Gründung der Europäischen Gemeinschaft]

Durch diesen Vertrag gründen die Hohen Vertragsparteien untereinander eine EUROPÄISCHE GEMEINSCHAFT.

### Artikel 2 [Aufgaben]

Aufgabe der Gemeinschaft ist es, durch die Errichtung eines Gemeinsamen Marktes und einer Wirtschafts- und Währungsunion sowie durch die Durchführung der in den Artikeln 3 und 3 a genannten gemeinsamen Politiken oder Maßnahmen eine harmonische und ausgewogene Entwicklung des Wirtschaftslebens innerhalb der Gemeinschaft, ein beständiges, nichtinflationäres und umweltverträgliches Wachstum, einen hohen Grad an Konvergenz der Wirtschaftsleistungen, ein hohes Beschäftigungsniveau, ein hohes Maß an sozialem Schutz, die Hebung der Lebenshaltung und der Lebensqualität, den wirtschaftlichen und sozialen Zusammenhalt und die Solidarität zwischen den Mitgliedstaaten zu fördern.

**Artikel 3 [Ziele]**

Die Tätigkeit der Gemeinschaft im Sinne des Artikels 2 umfaßt nach Maßgabe dieses Vertrags und der darin vorgesehenen Zeitfolge

a) die Abschaffung der Zölle und mengenmäßigen Beschränkungen bei der Ein- und Ausfuhr von Waren sowie aller sonstigen Maßnahmen gleicher Wirkung zwischen den Mitgliedstaaten;

b) eine gemeinsame Handelspolitik;

c) einen Binnenmarkt, der durch die Beseitigung der Hindernisse für den freien Waren-, Personen-, Dienstleistungs- und Kapitalverkehr zwischen den Mitgliedstaaten gekennzeichnet ist;

d) Maßnahmen hinsichtlich der Einreise in den Binnenmarkt und des Personenverkehrs im Binnenmarkt gemäß Artikel 100 c;

e) eine gemeinsame Politik auf dem Gebiet der Landwirtschaft und der Fischerei;

f) eine gemeinsame Politik auf dem Gebiet des Verkehrs;

g) ein System, das den Wettbewerb innerhalb des Binnenmarkts vor Verfälschungen schützt;

h) die Angleichung der innerstaatlichen Rechtsvorschriften, soweit dies für das Funktionieren des Gemeinsamen Marktes erforderlich ist;

i) eine Sozialpolitik mit einem Europäischen Sozialfonds;

j) die Stärkung des wirtschaftlichen und sozialen Zusammenhalts;

k) eine Politik auf dem Gebiet der Umwelt;

l) die Stärkung der Wettbewerbsfähigkeit der Industrie der Gemeinschaft;

m) die Förderung der Forschung und technologischen Entwicklung;

n) die Förderung des Auf- und Ausbaus transeuropäischer Netze;

o) einen Beitrag zur Erreichung eines hohen Gesundheitsschutzniveaus;

p) einen Beitrag zu einer qualitativ hochstehenden allgemeinen und beruflichen Bildung sowie zur Entfaltung des Kulturlebens in den Mitgliedstaaten;

q) eine Politik auf dem Gebiet der Entwicklungszusammenarbeit;

r) die Assoziierung der überseeischen Länder und Hoheitsgebiete, um den Handelsverkehr zu steigern und die wirtschaftliche und soziale Entwicklung durch gemeinsame Bemühungen zu fördern;

s) einen Beitrag zur Verbesserung des Verbraucherschutzes;

t) Maßnahmen in den Bereichen Energie, Katastrophenschutz und Fremdenverkehr.

### Artikel 3 a [Wirtschaftspolitik; Währungsunion]

(1) Die Tätigkeit der Mitgliedstaaten und der Gemeinschaft im Sinne des Artikels 2 umfaßt nach Maßgabe dieses Vertrags und der darin vorgesehenen Zeitfolge die Einführung einer Wirtschaftspolitik, die auf einer engen Koordinierung der Wirtschaftspolitik der Mitgliedstaaten, dem Binnenmarkt und der Festlegung gemeinsamer Ziele beruht und dem Grundsatz einer offenen Marktwirtschaft mit freiem Wettbewerb verpflichtet ist.

(2) Parallel dazu umfaßt diese Tätigkeit nach Maßgabe dieses Vertrags und der darin vorgesehenen Zeitfolge und Verfahren die unwiderrufliche Festlegung der Wechselkurse im Hinblick auf die Einführung einer einheitlichen Währung, der ECU, sowie die Festlegung und Durchführung einer einheitlichen Geld- sowie Wechselkurspolitik, die beide vorrangig das Ziel der Preisstabilität verfolgen und unbeschadet dieses Zieles die allgemeine Wirtschaftspolitik in der Gemeinschaft unter Beachtung des Grundsatzes einer offenen Marktwirtschaft mit freiem Wettbewerb unterstützen sollen.

(3) Diese Tätigkeit der Mitgliedstaaten und der Gemeinschaft setzt die Einhaltung der folgenden richtungweisenden Grundsätze voraus: stabile Preise, gesunde öffentliche Finanzen und monetäre Rahmenbedingungen sowie eine dauerhaft finanzierbare Zahlungsbilanz.

Artikel 3 b [Prinzip der Einzelermächtigung, Subsidiaritätsprinzip]

(1) Die Gemeinschaft wird innerhalb der Grenzen der ihr in diesem Vertrag zugewiesenen Befugnisse und gesetzten Ziele tätig.

(2) In den Bereichen, die nicht in ihre ausschließliche Zuständigkeit fallen, wird die Gemeinschaft nach dem Subsidiaritätsprinzip nur tätig, sofern und soweit die Ziele der in Betracht gezogenen Maßnahmen auf Ebene der Mitgliedstaaten nicht ausreichend erreicht werden können und daher wegen ihres Umfangs oder ihrer Wirkungen besser auf Gemeinschaftsebene erreicht werden können.

(3) Die Maßnahmen der Gemeinschaft gehen nicht über das für die Erreichung der Ziele dieses Vertrags erforderliche Maß hinaus.

## 4 EG-Vertrag

**Artikel 4 [Gemeinschaftsorgane]**

(1) Die der Gemeinschaft zugewiesenen Aufgaben werden durch folgende Organe wahrgenommen:

- ein Europäisches Parlament,
- einen Rat,
- eine Kommission,
- einen Gerichtshof,
- einen Rechnungshof.

Jedes Organ handelt nach Maßgabe der ihm in diesem Vertrag zugewiesenen Befugnisse.

(2) Der Rat und die Kommission werden von einem Wirtschafts- und Sozialausschuß sowie einem Ausschuß der Regionen mit beratender Aufgabe unterstützt.

**Artikel 4 a [Europäisches System der Zentralbanken; Europäische Zentralbank]**

Nach den in diesem Vertrag vorgesehenen Verfahren werden ein Europäisches System der Zentralbanken (im folgenden als "ESZB" bezeichnet) und eine Europäische Zentralbank (im folgenden als "EZB" bezeichnet) geschaffen, die nach Maßgabe der Befugnisse handeln, die ihnen in diesem Vertrag und der beigefügten Satzung des ESZB und der EZB (im folgenden als "Satzung des ESZB" bezeichnet) zugewiesen werden.

**Artikel 4 b [Europäische Investitionsbank]**

Es wird eine Europäische Investitionsbank errichtet, die nach Maßgabe der Befugnisse handelt, die ihr in diesem Vertrag und der beigefügten Satzung zugewiesen werden.

**Artikel 5 [Loyalitätsgebot; Gemeinschaftstreue]**

(1) Die Mitgliedstaaten treffen alle geeigneten Maßnahmen allgemeiner oder besonderer Art zur Erfüllung der Verpflichtungen, die sich aus diesem Vertrag oder aus Handlungen der Organe der Gemeinschaft ergeben. Sie erleichtern dieser die Erfüllung ihrer Aufgabe.

(2) Sie unterlassen alle Maßnahmen, welche die Verwirklichung der Ziele dieses Vertrags gefährden könnten.

**Artikel 6 [Verbot der Diskriminierung]**

(1) Unbeschadet besonderer Bestimmungen dieses Vertrags ist in seinem Anwendungsbereich jede Diskriminierung aus Gründen der Staatsangehörigkeit verboten.

(2) Der Rat kann nach dem Verfahren des Artikels 189 c Regelungen für das Verbot solcher Diskriminierungen treffen.

**Artikel 7 [Übergangszeit bei der Errichtung des Gemeinsamen Marktes]**

(1) Der Gemeinsame Markt wird während einer Übergangszeit von zwölf Jahren schrittweise verwirklicht.

Die Übergangszeit besteht aus drei Stufen von je vier Jahren; die Dauer jeder Stufe kann nach Maßgabe der folgenden Bestimmungen geändert werden.

(2) Jeder Stufe entspricht eine Gesamtheit von Maßnahmen, die zusammen eingeleitet und durchgeführt werden müssen.

(3) Der Übergang von der ersten zur zweiten Stufe hängt von der Feststellung ab, daß die in diesem Vertrag für die erste Stufe ausdrücklich festgelegten Ziele im wesentlichen tatsächlich erreicht und daß vorbehaltlich der in diesem Vertrag vorgesehenen Ausnahmen und Verfahren die Verpflichtungen eingehalten worden sind.

Diese Feststellung wird vom Rat am Ende des vierten Jahres auf Grund eines Berichts der Kommission einstimmig getroffen. Ein Mitgliedstaat kann die Einstimmigkeit nicht verhindern, indem er sich auf die Nichterfüllung seiner eigenen Verpflichtungen beruft. Kommt keine Einstimmigkeit zustande, so wird die erste Stufe ohne weiteres um ein Jahr verlängert.

Am Ende des fünften Jahres trifft der Rat die Feststellung unter denselben Bedingungen. Kommt keine Einstimmigkeit zustande, so wird die erste Stufe ohne weiteres um ein zusätzliches Jahr verlängert.

Am Ende des sechsten Jahres trifft der Rat die Feststellung mit qualifizierter Mehrheit auf Grund des Berichts der Kommission.

(4) Verbleibt ein Mitgliedstaat in der Minderheit, so kann er binnen einem Monat nach der zuletzt genannten Abstimmung beim Rat die Bestellung einer Schiedsstelle beantragen, deren Entscheidung für alle Mitgliedstaaten und für die Organe der Gemeinschaft verbindlich ist; wird die erforderliche Mehrheit nicht erreicht, so gilt das gleiche für jeden Mitgliedstaat. Die Schiedsstelle besteht aus drei Mitgliedern, die vom Rat einstimmig auf Vorschlag der Kommission bestellt werden.

Kommt die Bestellung durch den Rat binnen einem Monat nach Antragstellung nicht zustande, so werden die Mitglieder der Schiedsstelle innerhalb eines weiteren Monats vom Gerichtshof bestellt.

Die Schiedsstelle wählt ihren Vorsitzenden selbst.

Sie erläßt ihren Schiedsspruch binnen sechs Monaten nach der im letzten Unterabsatz von Absatz (3) genannten Abstimmung des Rates.

(5) Die zweite und die dritte Stufe können nur durch eine einstimmige, vom Rat auf Vorschlag der Kommission erlassene Entscheidung verlängert oder abgekürzt werden.

(6) Die Bestimmungen der vorstehenden Absätze dürfen nicht zur Folge haben, daß die Übergangszeit länger als fünfzehn Jahre, vom Inkrafttreten dieses Vertrages an gerechnet, dauert.

(7) Vorbehaltlich der in diesem Vertrag vorgesehenen Ausnahmen oder Abweichungen ist das Ende der Übergangszeit gleichzeitig der Endtermin für das Inkrafttreten aller vorgesehenen Vorschriften sowie für die Durchführung aller Maßnahmen, die zur Errichtung des Gemeinsamen Marktes gehören.

**Artikel 7a [Binnenmarkt]**

(1) Die Gemeinschaft trifft die erforderlichen Maßnahmen, um bis zum 31. Dezember 1992 gemäß dem vorliegenden Artikel, den Artikeln 7 b, 7 c und 28, Artikel 57 Absatz 2, Artikel 59, Artikel 70 Absatz 1 und den Artikeln 84, 99, 100 a und 100 b unbeschadet der sonstigen Bestimmungen dieses Vertrages den Binnenmarkt schrittweise zu verwirklichen.

(2) Der Binnenmarkt umfaßt einen Raum ohne Binnengrenzen, in dem der freie Verkehr von Waren, Personen, Dienstleistungen und Kapital gemäß den Bestimmungen dieses Vertrages gewährleistet ist.

**Artikel 7 b [Verfahren zur Verwirklichung des Binnenmarktes]**

(1) Die Kommission berichtet dem Rat vor dem 31. Dezember 1988 und vor dem 31. Dezember 1990 über den Stand der Arbeiten im Hinblick auf die Verwirklichung des Binnenmarktes innerhalb der in Artikel 7 a gesetzten Frist.

(2) Der Rat legt mit qualifizierter Mehrheit auf Vorschlag der Kommission die Leitlinien und Bedingungen fest, die erforderlich sind, um in allen betroffenen Sektoren einen ausgewogenen Fortschritt zu gewährleisten.

**Artikel 7 c [Volkswirtschaften mit unterschiedlichem Entwicklungsstand]**

(1) Bei der Formulierung ihrer Vorschläge zur Verwirklichung der Ziele des Artikels 7 a berücksichtigt die Kommission den Umfang der Anstrengungen, die einigen Volkswirtschaften mit unterschiedlichem Ent-

wicklungsstand im Zuge der Errichtung des Binnenmarktes abverlangt werden, und kann geeignete Bestimmungen vorschlagen.

(2) Erhalten diese Bestimmungen die Form von Ausnahmeregelungen, so müssen sie vorübergehender Art sein und dürfen das Funktionieren des Gemeinsamen Marktes so wenig wie möglich stören.

## Zweiter Teil. Die Unionsbürgerschaft

### Artikel 8 [Unionsbürgerschaft]

(1) Es wird eine Unionsbürgerschaft eingeführt.

Unionsbürger ist, wer die Staatsangehörigkeit eines Mitgliedstaats besitzt.

(2) Die Unionsbürger haben die in diesem Vertrag vorgesehenen Rechte und Pflichten.

### Artikel 8 a [Reisefreiheit, Aufenthaltsrecht]

(1) Jeder Unionsbürger hat das Recht, sich im Hoheitsgebiet der Mitgliedstaaten vorbehaltlich der in diesem Vertrag und in den Durchführungsvorschriften vorgesehenen Beschränkungen und Bedingungen frei zu bewegen und aufzuhalten.

(2) Der Rat kann Vorschriften erlassen, mit denen die Ausübung der Rechte nach Absatz 1 erleichtert wird; sofern in diesem Vertrag nichts anderes bestimmt ist, beschließt er einstimmig auf Vorschlag der Kommission und nach Zustimmung des Europäischen Parlaments.

### Artikel 8 b [Kommunalwahlrecht; Wahlrecht zum Europäischen Parlament]

(1) Jeder Unionsbürger mit Wohnsitz in einem Mitgliedstaat, dessen Staatsangehörigkeit er nicht besitzt, hat in dem Mitgliedstaat, in dem er seinen Wohnsitz hat, das aktive und passive Wahlrecht bei Kommunalwahlen, wobei für ihn dieselben Bedingungen gelten wie für die Angehörigen des betreffenden Mitgliedstaats. Dieses Recht wird vorbehaltlich der Einzelheiten ausgeübt, die vom Rat vor dem 31. Dezember 1994 einstimmig auf Vorschlag der Kommission und nach Anhörung des Europäischen Parlaments festzulegen sind; in diesen können Ausnahmeregelungen vorgesehen werden, wenn dies aufgrund besonderer Probleme eines Mitgliedstaats gerechtfertigt ist.

(2) Unbeschadet des Artikels 138 Absatz 3 und der Bestimmungen zu dessen Durchführung besitzt jeder Unionsbürger mit Wohnsitz in ei-

nem Mitgliedstaat, dessen Staatsangehörigkeit er nicht besitzt, in dem Mitgliedstaat, in dem er seinen Wohnsitz hat, das aktive und passive Wahlrecht bei den Wahlen zum Europäischen Parlament, wobei für ihn dieselben Bedingungen gelten wie für die Angehörigen des betreffenden Mitgliedstaats. Dieses Recht wird vorbehaltlich der Einzelheiten ausgeübt, die vom Rat vor dem 31. Dezember 1993 einstimmig auf Vorschlag der Kommission und nach Anhörung des Europäischen Parlaments festzulegen sind; in diesen können Ausnahmeregelungen vorgesehen werden, wenn dies aufgrund besonderer Probleme eines Mitgliedstaats gerechtfertigt ist.

**Artikel 8 c [Diplomatischer und konsularischer Schutz]**

Jeder Unionsbürger genießt im Hoheitsgebiet eines dritten Landes, in dem der Mitgliedstaat, dessen Staatsangehörigkeit er besitzt, nicht vertreten ist, den diplomatischen und konsularischen Schutz eines jeden Mitgliedstaats unter denselben Bedingungen wie Staatsangehörige dieses Staates. Die Mitgliedstaaten vereinbaren vor dem 31. Dezember 1993 die notwendigen Regeln und leiten die für diesen Schutz erforderlichen internationalen Verhandlungen ein.

**Artikel 8 d [Petitionsrecht; Bürgerbeauftragter]**

(1) Jeder Unionsbürger besitzt das Petitionsrecht beim Europäischen Parlament nach Artikel 138 d.

(2) Jeder Unionsbürger kann sich an den nach Artikel 138 e eingesetzten Bürgerbeauftragten wenden.

**Artikel 8 e [Fortentwicklung der Union]**

(1) Die Kommission erstattet dem Europäischen Parlament, dem Rat und dem Wirtschafts- und Sozialausschuß vor dem 31. Dezember 1993 und sodann alle drei Jahre über die Anwendung dieses Teiles Bericht. In dem Bericht wird der Fortentwicklung der Union Rechnung getragen.

(2) Auf dieser Grundlage kann der Rat unbeschadet der anderen Bestimmungen dieses Vertrags zur Ergänzung der in diesem Teil vorgesehenen Rechte einstimmig auf Vorschlag der Kommission und nach Anhörung des Europäischen Parlaments Bestimmungen erlassen, die er den Mitgliedstaaten zur Annahme gemäß ihren verfassungsrechtlichen Vorschriften empfiehlt.

## Dritter Teil. Die Politiken der Gemeinschaft

## Titel I. Der freie Warenverkehr

### Artikel 9 [Die Zollunion; Waren]

(l) Grundlage der Gemeinschaft ist eine Zollunion die sich auf den gesamten Warenaustausch erstreckt; sie umfaßt das Verbot, zwischen den Mitgliedstaaten Ein- und Ausfuhrzölle und Abgaben gleicher Wirkung zu erheben, sowie die Einführung eines Gemeinsamen Zolltarifs gegenüber dritten Ländern.

(2) Kapitel I Abschnitt I und Kapitel 2 dieses Titels gelten für die aus den Mitgliedstaaten stammenden Waren sowie für diejenigen Waren aus dritten Ländern, die sich in den Mitgliedstaaten im freien Verkehr befinden.

### Artikel 10 [Waren aus Drittländern]

(1) Als im freien Verkehr eines Mitgliedstaates befindlich gelten diejenigen Waren aus dritten Ländern, für die in dem betreffenden Mitgliedstaat die Einfuhr-Förmlickeiten erfüllt sowie die vorgeschriebenen Zölle und Abgaben gleicher Wirkung erhoben und nicht ganz oder teilweise rückvergütet worden sind.

(2) Die Kommission regelt vor Ablauf des ersten Jahres nach Inkrafttreten dieses Vertrags die Methoden der Zusammenarbeit der Verwaltungen hinsichtlich der Anwendung des Artikels 9 Absatz (2); hierbei berücksichtigt sie die Notwendigkeit, die für den Warenverkehr geltenden Förmlichkeiten soweit wie möglich zu vereinfachen.

Vor Ablauf des ersten Jahres nach Inkrafttreten dieses Vertrags erläßt die Kommission für den Handelsverkehr zwischen den Mitgliedstaaten Vorschriften für solche Waren aus einem Mitgliedstaat, die unter Verwendung von Erzeugnissen hergestellt sind, für welche der ausführende Staat die anwendbaren Zölle und Abgaben gleicher Wirkung nicht erhoben oder vollständig oder teilweise rückvergütet hat.

Beim Erlaß dieser Vorschriften berücksichtigt die Kommission die Bestimmungen dieses Vertrags über die Abschaffung der Zölle innerhalb der Gemeinschaft und über die schrittweise Einführung des Gemeinsamen Zolltarifs.

### Artikel 11 [Pflichten der Mitgliedstaaten]

Die Mitgliedstaaten treffen alle geeigneten Vorkehrungen, um es den Regierungen zu ermöglichen, ihre Verpflichtungen aus diesem Vertrag auf dem Gebiet der Zölle innerhalb der festgesetzten Fristen zu erfüllen.

# 4 EG-Vertrag

## Kapitel 1. Die Zollunion

## Abschnitt 1. Die Abschaffung der Zölle zwischen den Mitgliedstaaten

### Artikel 12 [Verbot neuer Zölle und Abgaben gleicher Wirkungen]

Die Mitgliedstaaten werden untereinander weder neue Einfuhr- oder Ausfuhrzölle oder Abgaben gleicher Wirkung einführen, noch die in ihren gegenseitigen Handelsbeziehungen angewandten erhöhen.

### Artikel 13 [Abschaffung von Einfuhrzöllen]

(1) Die zwischen den Mitgliedstaaten geltenden Einfuhrzölle werden von ihnen während der Übergangszeit nach Maßgabe der Artikel 14 und 15 schrittweise abgeschafft.

(2) Die zwischen den Mitgliedstaaten geltenden Abgaben mit gleicher Wirkung wie Einfuhrzölle werden von ihnen während der Übergangszeit schrittweise aufgehoben. Die Kommission bestimmt durch Richtlinien die Zeitfolge dieser Aufhebung. Sie legt dabei die Vorschriften des Artikels 14 Absätze (2) und (3) sowie die vom Rat gemäß Artikel 14 Absatz (2) erlassenen Richtlinien zugrunde.

### Artikel 14 [Errichtung der Zollunion]

(1) Für jede Ware gilt als Ausgangszollsatz, nach dem die aufeinander folgenden Herabsetzungen vorgenommen werden, der am 1. Januar 1957 angewandte Zollsatz.

(2) Die Zeitfolge der Herabsetzungen wird wie folgt festgelegt:

a) Während der ersten Stufe wird die erste Herabsetzung ein Jahr nach Inkrafttreten dieses Vertrags, die zweite achtzehn Monate später, die dritte am Ende des vierten Jahres nach Inkrafttreten dieses Vertrags vorgenommen;

b) während der zweiten Stufe wird achtzehn Monate nach deren Beginn eine erste Herabsetzung durchgeführt; eine zweite erfolgt nach weiteren achtzehn Monaten, eine dritte ein Jahr danach;

c) die dann noch ausstehenden Herabsetzungen werden während der dritten Stufe vorgenommen; ihre Zeitfolge legt der Rat mit qualifizierter Mehrheit auf Vorschlag der Kommission durch Richtlinien fest.

(3) Bei der ersten Herabsetzung setzen die Mitgliedstaaten untereinander für jede Ware einen Zollsatz in Kraft, der um 10 v. H. unter dem Ausgangszollsatz liegt.

Bei jeder späteren Herabsetzung senkt jeder Mitgliedstaat seine Zollsätze insgesamt in der Weise, daß die nach Absatz (4) errechnete Gesamtzollbelastung um 10 v. H. herabgesetzt wird; dabei wird der Zollsatz für jede Ware um mindestens 5 v. H. des Ausgangszollsatzes verringert.

Solange jedoch der Zollsatz für eine Ware 30 v. H. noch überschreitet, wird er bei jeder Herabsetzung um mindestens 10 v. H. des Ausgangszollsatzes gesenkt.

(4) Für jeden Mitgliedstaat wird die in Absatz (3) erwähnte Gesamtzollbelastung in der Weise errechnet, daß der Wert der im Jahre 1956 aus anderen Mitgliedstaaten eingeführten Waren mit den Ausgangszollsätzen multipliziert wird.

(5) Der Rat regelt auf Vorschlag der Kommission durch Richtlinien die besonderen Probleme, die sich bei der Anwendung der Absätze (1) bis (4) ergeben; er beschließt mit qualifizierter Mehrheit.

(6) Die Mitgliedstaaten erstatten der Kommission Bericht über die Anwendung der vorstehenden Bestimmungen für die Herabsetzung der Zollsätze. Sie werden bestrebt sein, dabei für jede einzelne Ware

– am Ende der ersten Stufe eine Herabsetzung um mindestens 25 v. H.

– am Ende der zweiten Stufe eine solche um mindestens 50 v. H. des Ausgangszollsatzes zu erreichen.

Besteht nach Feststellung der Kommission die Gefahr, daß die Ziele des Artikels 13 und die in diesem Absatz genannten Hundertsätze nicht erreicht werden können, so richtet sie alle zweckdienlichen Empfehlungen an die Mitgliedstaaten.

(7) Der Rat kann die Bestimmungen dieses Artikels einstimmig auf Vorschlag der Kommission und nach Anhörung des Europäischen Parlamentes ändern.

**Artikel 15 [Zollaussetzungen]**

(1) Ungeachtet des Artikels 14 kann jeder Mitgliedstaat während der Übergangszeit die Anwendung seiner Zollsätze für aus anderen Mitgliedstaaten eingeführte Waren ganz oder teilweise aussetzen. Er gibt den anderen Mitgliedstaaten und der Kommission davon Kenntnis.

(2) Die Mitgliedstaaten sind bereit, ihre Zollsätze gegenüber den anderen Mitgliedstaaten schneller als in Artikel 14 vorgesehen herabzusetzen, falls ihre wirtschaftliche Gesamtlage und die Lage des betreffenden Wirtschaftszweiges dies zulassen.

Die Kommission richtet entsprechende Empfehlungen an die betreffenden Mitgliedstaaten.

**Artikel 16 [Beseitigung der Ausfuhrzölle]**

Die Mitgliedstaaten heben untereinander die Ausfuhrzölle und die Abgaben gleicher Wirkung spätestens am Ende der ersten Stufe auf.

**Artikel 17 [Anwendung auf Finanzzölle)**

(1) Die Artikel 9 bis 15 Absatz (1) gelten auch für die Finanzzölle. Diese werden jedoch bei der Errechnung der Gesamtzollbelastung sowie der Senkung der Zollsätze insgesamt im Sinne des Artikels 14 Absätze (3) und (4) nicht berücksichtigt.

Die Sätze der Finanzzölle werden bei jeder Herabsetzung um mindestens 10 v. H. des Ausgangszollsatzes gesenkt. Die Mitgliedstaaten könnnen sie rascher als in Artikel 14 vorgesehen senken.

(2) Die Mitgliedstaaten teilen der Kommission vor Ende des ersten Jahres nach Inkrafttreten dieses Vertrags ihre Finanzzölle mit.

(3) Die Mitgliedstaaten sind weiterhin berechtigt, diese Zölle durch eine inländische Abgabe zu ersetzen, die den Bestimmungen des Artikels 95 entspricht.

(4) Stellt die Kommission fest, daß die Ersetzung eines Finanzzolls in einem Mitgliedstaat auf ernstliche Schwierigkeiten stößt, so ermächtigt sie den betreffenden Staat, diesen Zoll unter der Voraussetzung beizubehalten, daß er ihn binnen sechs Jahren nach Inkrafttreten dieses Vertrags abschafft. Die Genehmigung ist vor Ende des ersten Jahres nach Inkrafttreten dieses Vertrags zu beantragen.

## Abschnitt 2. Die Aufstellung des gemeinsamen Zolltarifs

**Artikel 18 [Beteiligung an Zollabkommen]**

Die Mitgliedstaaten sind bereit, zur Entwicklung des zwischenstaatlichen Handels und zum Abbau der Handelsschranken durch den Abschluß von Abkommen beizutragen, die auf der Grundlage der Gegenseitigkeit und zum gemeinsamen Nutzen die Senkung der Zollsätze unter die allgemeine Höhe zum Ziel haben, die auf Grund der Errichtung der Zollunion statthaft wäre.

**Artikel 19 [Schaffung des Gemeinsamen Zolltarifs]**

(1) Unter den Bedingungen und in den Grenzen, die nachstehend vorgesehen sind, ergeben sich die Sätze des Gemeinsamen Zolltarifs aus dem einfachen Mittel der in den vier Zollgebieten der Gemeinschaft angewandten Zollsätze.

(2) Der Berechnung dieses Mittels werden die von den Mitgliedstaaten am 1. Januar 1957 angewandten Zollsätze zugrunde gelegt.

Bei dem italienischen Zolltarif gilt als angewandter Zollsatz der vor der zeitweiligen Senkung um 10 v. H. angewandte Satz. Bei Positionen, für welche der italienische Tarif einen Vertragszollsatz enthält, tritt dieser an die Stelle des angewandten Zollsatzes, sofern er nicht um mehr als 10 v.H. höher liegt als dieser. Überschreitet der Vertragszollsatz den angewandten Zollsatz um mehr als 10 v. H., so wird für die Berechnung des einfachen Mittels der angewandte Zollsatz mit einem Zuschlag von 10 v. H. zugrundegelegt.

Für die Tarifpositionen der Liste A treten für die Berechnung des einfachen Mittels die dort aufgeführten an die Stelle der angewandten Zollsätze.

(3) Die Sätze des Gemeinsamen Zolltarifs dürfen folgende Hundertsätze nicht überschreiten.

a) 3 v. H. für Waren, die unter die Tarifpositionen der Liste B fallen;

b) 10 v. H. für Waren, die unter die Tarifpositionen der Liste C fallen;

c) 15 v. H. für Waren, die unter die Tarifpositionen der Liste D fallen;

d) 25 v. H. für Waren, die unter die Tarifpositionen der Liste E fallen; enthält jedoch der Tarif der Beneluxländer für diese Waren einen Zollsatz, der 3 v. H. nicht übersteigt, so wird er für die Berechnung des einfachen Mittels auf 12 v. H. erhöht.

(4) In der Liste F sind die Zollsätze für die in ihr aufgeführten Waren festgelegt.

(5) Die in diesem Artikel und in Artikel 20 genannten Listen von Tarifpositionen sind als Anhang I diesem Vertrag beigefügt.

**Artikel 20 [Liste G]**

Für Waren der Liste G werden die anwendbaren Zollsätze durch Verhandlungen zwischen den Mitgliedstaaten festgesetzt. Jeder Mitgliedstaat kann dieser Liste andere Waren bis zur Höhe von 2 v. H. des Gesamtwertes seiner Einfuhren aus dritten Ländern im Jahr 1956 hinzufügen.

Die Kommission trifft alle zweckdienlichen Vorkehrungen, damit diese Verhandlungen vor Ende des zweiten Jahres nach Inkrafttreten dieses Vertrags aufgenommen und vor Ende der ersten Stufe abgeschlossen werden.

Kann für bestimmte Waren innerhalb dieser Fristen eine Übereinstimmung nicht erzielt werden, so setzt der Rat bis zum Ende der zweiten

Stufe einstimmig, danach mit qualifizierter Mehrheit die Sätze des Gemeinsamen Zolltarifs auf Vorschlag der Kommission fest.

**Artikel 21 [Richtlinien zu Art. 19, 20]**

(1) Der Rat erläßt mit qualifizierter Mehrheit während der ersten zwei Jahre nach Inkrafttreten dieses Vertrags auf Vorschlag der Kommission Richtlinien zur Behebung technischer Schwierigkeiten, die bei der Anwendung der Artikel 19 und 20 entstehen können.

(2) Der Rat entscheidet mit qualifizierter Mehrheit auf Vorschlag der Kommission vor Ende der ersten Stufe oder spätestens bei der Festsetzung der Zollsätze über die Anpassungen, die für die innere Ausgeglichenheit des Gemeinsamen Zolltarifs nach Anwendung der Artikel 19 und 20 erforderlich werden; hierbei wird insbesondere der Verarbeitungsgrad der verschiedenen Waren berücksichtigt, auf die der Tarif Anwendung findet.

**Artikel 22 [Finanzzölle]**

Binnen zwei Jahren nach Inkrafttreten dieses Vertrags stellt die Kommission fest, inwieweit die in Artikel 17 Absatz (2) genannten Finanzzölle in die Berechnung des einfachen Mittels gemäß Artikel 19 Absatz (1) einzubeziehen sind. Hierbei berücksichtigt sie die etwaige Schutzwirkung dieser Zölle.

Binnen sechs Monaten nach dieser Feststellung kann jeder Mitgliedstaat die Anwendung des in Artikel 20 bezeichneten Verfahrens auf die betreffende Ware verlangen, ohne daß eine Anrechnung auf den dort genannten Hundertsatz erfolgt.

**Artikel 23 [Zolltarife gegenüber Drittländern]**

(1) Zur schrittweisen Einführung des Gemeinsamen Zolltarifs ändern die Mitgliedstaaten ihre gegenüber dritten Ländern angewandten Zollsätze folgendermaßen:

a) Auf Zollpositionen, bei denen die am 1. Januar 1957 tatsächlich angewandten Zollsätze um höchstens 15 v. H. von den Sätzen des Gemeinsamen Zolltarifs abweichen, werden am Ende des vierten Jahres nach Inkrafttreten dieses Vertrags die letzteren angewandt;

b) in den anderen Fällen wendet jeder Mitgliedstaat zum gleichen Zeitpunkt einen Zollsatz an, durch den der Abstand zwischen dem am 1. Januar 1957 tatsächlich angewandten Zollsatz und dem Satz des Gemeinsamen Zolltarifs um 30 v. H. verringert wird;

c) dieser Abstand wird am Ende der zweiten Stufe abermals um 30 v. H. verringert;

d) bei Zollpositionen, für welche am Ende der ersten Stufe im Gemeinsamen Zolltarif Sätze noch nicht vorliegen, wendet jeder Mitgliedstaat binnen sechs Monaten nach dem Beschluß des Rates gemäß Artikel 20 die Zollsätze an, die sich aus der Anwendung dieses Absatzes ergeben.

(2) Wird einem Mitgliedstaat die in Artikel 17 Absatz (4) vorgesehene Ermächtigung erteilt, so braucht er während ihrer Geltungsdauer die obigen Bestimmungen auf die entsprechenden Zollpositionen nicht anzuwenden. Mit dem Erlöschen dieser Ermächtigung wendet er den Zollsatz an, der sich aus der Anwendung des Absatzes (1) ergibt.

(3) Der Gemeinsame Zolltarif wird spätestens am Ende der Übergangszeit in vollem Umfang angewendet.

**Artikel 24 [Beschleunigte Angleichung an den Gemeinsamen Zolltarif]**

Den Mitgliedstaaten steht es frei, ihre Zollsätze rascher als in Artikel 23 vorgesehen zu ändern, um sie dem Gemeinsamen Zolltarif anzugleichen.

**Artikel 25 [Zollkontingente]**

(1) Stellt die Kommission fest, daß die Erzeugung bestimmter Waren der Listen B, C und D in den Mitgliedstaaten für die Versorgung eines Mitgliedstaates nicht ausreicht und daß diese Versorgung herkömmlicherweise zu einem erheblichen Teil von Einfuhren aus dritten Ländern abhängt, so gewährt der Rat mit qualifizierter Mehrheit auf Vorschlag der Kommission dem betroffenen Mitgliedstaat Zollkontingente, für welche die Zollsätze niedriger liegen oder gleich Null sind.

Diese Kontingente dürfen nicht so bemessen werden, daß eine Verlagerung wirtschaftlicher Tätigkeiten zum Nachteil anderer Mitgliedstaaten zu befürchten ist.

(2) Für Waren der Liste E und diejenigen Waren der Liste G, deren Sätze gemäß Artikel 20 Absatz (3) festgesetzt worden sind, gewährt die Kommission jedem betroffenen Mitgliedstaat auf dessen Antrag Zollkontingente, für welche die Zollsätze niedriger liegen oder gleich Null sind, wenn sich eine Änderung der Versorgungsquellen oder eine ungenügende Versorgung innerhalb der Gemeinschaft nachteilig auf die verarbeitenden Industrien des betroffenen Mitgliedstaates auswirken könnte.

Diese Kontingente dürfen nicht so bemessen werden, daß eine Verlagerung wirtschaftlicher Tätigkeiten zum Nachteil anderer Mitgliedstaaten zu befürchten ist.

(3) Die Kommission kann jeden Mitgliedstaat ermächtigen, die Anwendung der geltenden Zollsätze auf die in Anhang II zu diesem Vertrag aufgeführten Waren ganz oder teilweise auszusetzen, oder ihm Zollkontingente gewähren, für welche die Sätze niedriger liegen oder gleich Null sind, sofern dies auf dem Markt der in Betracht kommenden Waren keine schwerwiegenden Störungen zur Folge hat.

(4) Die Kommission überprüft die gemäß diesem Artikel gewährten Zollkontingente in regelmäßigen Zeitabständen.

**Artikel 26 [Ausnahme bei besonderen Schwierigkeiten]**

Befindet sich ein Mitgliedstaat in besonderen Schwierigkeiten, so kann ihn die Kommission ermächtigen, die auf Grund des Artikels 23 vorzunehmende Herabsetzung oder Erhöhung der Sätze für bestimmte Positionen seines Zolltarifs aufzuschieben.

Die Ermächtigung darf nur für eine begrenzte Frist und lediglich für Positionen erteilt werden, die insgesamt höchstens 5 v. H. des Wertes der Einfuhren des betreffenden Staates aus dritten Ländern während des letzten Jahres betragen, für das statistische Angaben vorliegen.

**Artikel 27 [Angleichung des Zollrechts]**

Die Mitgliedstaaten nehmen vor Ende der ersten Stufe, soweit erforderlich, eine Angleichung ihrer Rechts- und Verwaltungsvorschriften auf dem Gebiet des Zollwesens vor. Die Kommission richtet alle hierzu erforderlichen Empfehlungen an die Mitgliedstaaten.

**Artikel 28 [Autonomes Zollrecht]**

Über alle autonomen Änderungen oder Aussetzungen der Sätze des Gemeinsamen Zolltarifs entscheidet der Rat mit qualifizierter Mehrheit auf Vorschlag der Kommission.

**Artikel 29 [Leitlinien für die Kommission]**

Bei der Ausübung der ihr auf Grund dieses Abschnitts übertragenen Aufgaben geht die Kommission von folgenden Gesichtspunkten aus:

a) der Notwendigkeit, den Handelsverkehr zwischen den Mitgliedstaaten und dritten Ländern zu fördern;

b) der Entwicklung der Wettbewerbsbedingungen innerhalb der Gemeinschaft, soweit diese Entwicklung zu einer Zunahme der Wettbewerbsfähigkeit der Unternehmen führt;

c) dem Versorgungsbedarf der Gemeinschaft an Rohstoffen und Halbfertigwaren; hierbei achtet die Kommission darauf, zwischen den Mitgliedstaaten die Wettbewerbsbedingungen für Fertigwaren nicht zu verfälschen;

d) der Notwendigkeit, ernsthafte Störungen im Wirtschaftsleben der Mitgliedstaaten zu vermeiden und eine rationelle Entwicklung der Erzeugung sowie eine Ausweitung des Verbrauchs innerhalb der Gemeinschaft zu gewährleisten.

## Kapitel 2. Beseitigung der mengenmäßigen Beschränkungen zwischen den Mitgliedstaaten

### Artikel 30 [Nichttarifäre Handelshemmnisse]

Mengenmäßige Einfuhrbeschränkungen sowie alle Maßnahmen gleicher Wirkung sind unbeschadet der nachstehenden Bestimmungen zwischen den Mitgliedstaaten verboten.

### Artikel 31 [Verbot neuer mengenmäßiger Beschränkungen]

Die Mitgliedstaaten werden untereinander weder neue mengenmäßige Beschränkungen noch Maßnahmen gleicher Wirkung einführen.

Diese Verpflichtung gilt nur für den Liberalisierungsstand, der auf Grund der am 14. Januar 1955 gefaßten Beschlüsse des Rates der Europäischen Organisation für Wirtschaftliche Zusammenarbeit erreicht worden ist. Die Mitgliedstaaten notifizieren der Kommission binnen sechs Monaten nach Inkrafttreten dieses Vertrags ihre Listen der in Durchführung dieser Beschlüsse liberalisierten Waren. Diese Listen werden zwischen den Mitgliedstaaten konsolidiert.

### Artikel 32 [Aufhebung bestehender Kontingente]

Die Mitgliedstaaten werden in ihrem gegenseitigen Handelsverkehr die bei Inkrafttreten dieses Vertrags bestehenden Kontingente und Maßnahmen gleicher Wirkung nicht einschränkender gestalten.

Diese Kontingente werden bis zum Ende der Übergangszeit aufgehoben. Sie werden im Laufe der Übergangszeit nach Maßgabe der folgenden Bestimmungen schrittweise beseitigt.

### Artikel 33 [Globalkontingente]

(1) Ein Jahr nach Inkrafttreten dieses Vertrags faßt jeder Mitgliedstaat die den anderen Mitgliedstaaten eröffneten bilateralen Kontingente zu

Globalkontingenten zusammen, die allen anderen Mitgliedstaaten ohne Diskriminierung zugänglich sind.

Gleichzeitig erhöhen die Mitgliedstaaten diese Globalkontingente insgesamt gegenüber dem Vorjahr um mindestens 20 v. H. ihres Gesamtwertes. Dabei wird jedes für eine Ware festgesetzte Globalkontingent um mindestens 10 v. H. erhöht.

Die Kontingente werden jährlich gegenüber dem Vorjahr nach denselben Regeln und im gleichen Verhältnis erhöht.

Die vierte Erhöhung erfolgt am Ende des vierten Jahres nach Inkrafttreten dieses Vertrags, die fünfte ein Jahr nach Beginn der zweiten Stufe.

(2) Liegt das Globalkontingent für eine nicht liberalisierte Ware unter 3 v. H. ihrer Erzeugung in dem betreffenden Staat, so wird es binnen einem Jahr nach Inkrafttreten dieses Vertrags auf mindestens 3 v. H. dieser Erzeugung festgesetzt. Nach Ende des zweiten Jahres wird es auf 4 v. H. und nach Ende des dritten Jahres auf 5 v. H. erhöht. Danach erhöht der betreffende Mitgliedstaat das Kontingent jährlich um mindestens 15 v. H.

Wird die Ware in dem betreffenden Staat nicht erzeugt, so setzt die Kommission durch eine Entscheidung ein angemessenes Kontingent fest.

(3) Am Ende des zehnten Jahres muß jedes Kontingent mindestens 20 v. H. der inländischen Erzeugung betragen.

(4) Stellt die Kommission in einer Entscheidung fest, daß die Einfuhr einer Ware während zweier aufeinander folgender Jahre geringer war als das eröffnete Kontingent, so wird dieses Globalkontingent bei der Berechnung des Gesamtwertes der Globalkontingente nicht mehr berücksichtigt. In diesem Fall hebt der Mitgliedstaat die Kontingentierung dieser Ware auf.

(5) Für Kontingente, die mehr als 20 v. H. der inländischen Erzeugung der betreffenden Ware betragen, kann der Rat mit qualifizierter Mehrheit auf Vorschlag der Kommission den in Absatz (1) vorgeschriebenen Mindestsatz von 10 v. H. verringern. Durch diese Änderung wird jedoch die Verpflichtung zur jährlichen Erhöhung des Gesamtwertes der Globalkontingente um 20 v. H. nicht berührt.

(6) Die Mitgliedstaaten, die in Durchführung der am 14. Januar 1955 gefaßten Beschlüsse des Rates der Europäischen Organisation für Wirtschaftliche Zusammenarbeit hinsichtlich des Liberalisierungsstands über ihre Verpfichtungen hinausgegangen sind, können den Wert der autonom liberalisierten Einfuhren bei der Berechnung der in Absatz (1) vorgesehenen jährlichen Gesamterhöhung um 20 v. H. berücksichtigen.

Diese Berechnung bedarf der vorherigen Zustimmung der Kommission.

(7) Die Kommission erläßt Richtlinien darüber, nach welchem Verfahren und in welcher Zeitfolge die bei Inkrafttreten dieses Vertrags bestehenden Maßnahmen, welche die gleiche Wirkung wie Kontingente haben, zwischen den Mitgliedstaaten zu beseitigen sind.

(8) Stellt die Kommission fest, daß bei Anwendung dieses Artikels, insbesondere der Bestimmungen über die Hundertsätze, die in Artikel 32 Absatz (2) vorgesehene Beseitigung der Kontingente in einer stetig fortschreitenden Weise nicht gewährleistet ist, so kann der Rat während der ersten Stufe einstimmig, danach mit qualifizierter Mehrheit auf Vorschlag der Kommission das im vorliegenden Artikel vorgesehene Verfahren ändern und insbesondere die festgelegten Hundertsätze erhöhen.

**Artikel 34 [Nichttarifäre Ausfuhrbeschränkungen]**

(1) Mengenmäßige Ausfuhrbeschränkungen sowie alle Maßnahmen gleicher Wirkung sind zwischen den Mitgliedstaaten verboten.

(2) Die Mitgliedstaaten beseitigen bis zum Ende der ersten Stufe die bei Inkrafttreten dieses Vertrags bestehenden mengenmäßigen Ausfuhrbeschränkungen sowie alle Maßnahmen gleicher Wirkung.

**Artikel 35 [Beschleunigung]**

Die Mitgliedstaaten sind bereit, gegenüber den anderen Mitgliedstaaten ihre mengenmäßigen Einfuhr- und Ausfuhrbeschränkungen rascher als in den vorstehenden Artikeln vorgesehen zu beseitigen, falls ihre wirtschaftliche Gesamtlage und die Lage des betreffenden Wirtschaftszweiges dies zulassen.

Die Kommission richtet entsprechende Empfehlungen an die beteiligten Staaten.

**Artikel 36 [Rechtfertigungsgründe]**

Die Bestimmungen der Artikel 30 bis 34 stehen Einfuhr-, Ausfuhr- und Durchfuhrverboten oder -beschränkungen nicht entgegen, die aus Gründen der öffentlichen Sittlichkeit, Ordnung und Sicherheit, zum Schutz der Gesundheit und des Lebens von Menschen, Tieren oder Pflanzen, des nationalen Kulturguts von künstlerischem, geschichtlichem oder archäologischem Wert oder des gewerblichen und kommerziellen Eigentums gerechtfertigt sind. Diese Verbote oder Beschränkungen dürfen jedoch weder ein Mittel zur willkürlichen Diskriminierung noch eine verschleierte Beschränkung des Handels zwischen den Mitgliedstaaten darstellen.

**Artikel 37 [Umformung staatlicher Handelsmonopole]**

(1) Die Mitgliedstaaten formen ihre staatlichen Handelsmonopole schrittweise derart um, daß am Ende der Übergangszeit jede Diskriminierung in den Versorgungs- und Absatzbedingungen zwischen den Angehörigen der Mitgliedstaaten ausgeschlossen ist.

Dieser Artikel gilt für alle Einrichtungen, durch die ein Mitgliedstaat unmittelbar oder mittelbar die Einfuhr oder die Ausfuhr zwischen den Mitgliedstaaten rechtlich oder tatsächlich kontrolliert, lenkt oder merklich beeinflußt. Er gilt auch für die von einem Staat auf andere Rechtsträger übertragenen Monopole.

(2) Die Mitgliedstaaten unterlassen jede neue Maßnahme, die den in Absatz (1) genannten Grundsätzen widerspricht oder die Tragweite der Artikel über die Abschaffung der Zölle und mengenmäßigen Beschränkungen zwischen den Mitgliedstaaten einengt.

(3) Die Zeitfolge der in Absatz (1) vorgesehenen Maßnahmen ist der in den Artikeln 30 bis 34 vorgesehenen Beseitigung der mengenmäßigen Beschränkungen für dieselben Waren anzupassen.

Unterliegt eine Ware nur in einem oder mehreren Mitgliedstaaten einem staatlichen Handelsmonopol, so kann die Kommission die anderen Mitgliedstaaten ermächtigen, bis zur Verwirklichung der in Absatz (1) vorgesehenen Anpassung Schutzmaßnahmen zu ergreifen, deren Bedingungen und Einzelheiten sie festlegt.

(4) Ist mit einem staatlichen Handelsmonopol eine Regelung zur Erleichterung des Absatzes oder der Verwertung landwirtschaftlicher Erzeugnisse verbunden, so sollen bei der Anwendung dieses Artikels gleichwertige Sicherheiten für die Beschäftigung und Lebenshaltung der betreffenden Erzeuger gewährleistet werden; hierbei sind die im Zeitablauf möglichen Anpassungen und erforderlichen Spezialisierungen zu berücksichtigen.

(5) Die Verpflichtungen der Mitgliedstaaten gelten nur insoweit, als sie mit bestehenden internationalen Abkommen vereinbar sind.

(6) Mit Beginn der ersten Stufe spricht die Kommission Empfehlungen aus über die Art und Weise und die Zeitfolge der in diesem Artikel vorgesehenen Anpassung.

## Titel II. Die Landwirtschaft

### Artikel 38 [Gegenstand und Rechtsgrundlagen des Gemeinsamen Agrarmarkts]

(1) Der Gemeinsame Markt umfaßt auch die Landwirtschaft und den Handel mit landwirtschaftlichen Erzeugnissen. Unter landwirtschaftlichen Erzeugnissen sind die Erzeugnisse des Bodens, der Viehzucht und der Fischerei sowie die mit diesen in unmittelbarem Zusammenhang stehenden Erzeugnisse der ersten Verarbeitungsstufe zu verstehen.

(2) Die Vorschriften für die Errichtung des Gemeinsamen Marktes finden auf die landwirtschaftlichen Erzeugnisse Anwendung, soweit in den Artikeln 39 bis 46 nicht etwas anderes bestimmt ist.

(3) Die Erzeugnisse, für welche die Artikel 39 bis 46 gelten, sind in der diesem Vertrag als Anhang II beigefügten Liste aufgeführt. Binnen zwei Jahren nach Inkrafttreten dieses Vertrags entscheidet der Rat mit qualifizierter Mehrheit auf Vorschlag der Kommission, welche Erzeugnisse noch in diese Liste aufzunehmen sind.

(4) Mit dem Funktionieren und der Entwicklung des Gemeinsamen Marktes für landwirtschaftliche Erzeugnisse muß die Gestaltung einer gemeinsamen Agrarpolitik der Mitgliedstaaten Hand in Hand gehen.

### Artikel 39 [Ziele der gemeinsamen Agrarpolitik]

(1) Ziel der gemeinsamen Agrarpolitik ist es,

a) die Produktivität der Landwirtschaft durch Förderung des technischen Fortschritts, Rationalisierung der landwirtschaftlichen Erzeugung und dem bestmöglichen Einsatz der Produktionsfaktoren, insbesondere der Arbeitskräfte, zu steigern;

b) auf diese Weise der landwirtschaftlichen Bevölkerung, insbesondere durch Erhöhung des pro-Kopf-Einkommens der in der Landwirtschaft tätigen Personen, eine angemessene Lebenshaltung zu gewährleisten;

c) die Märkte zu stabilisieren;

d) die Versorgung sicherzustellen;

e) für die Belieferung der Verbraucher zu angemessenen Preisen Sorge zu tragen.

(2) Bei der Gestaltung der gemeinsamen Agrarpolitik und der hierfür anzuwendenden besonderen Methoden ist folgendes zu berücksichtigen:

a) die besondere Eigenart der landwirtschaftlichen Tätigkeit, die sich aus dem sozialen Aufbau der Landwirtschaft und den strukturellen und naturbedingten Unterschieden der verschiedenen landwirtschaftliche Gebiete ergibt;

b) die Notwendigkeit, die geeigneten Anpassungen stufenweise durchzuführen;

c) die Tatsache, daß die Landwirtschaft in den Mitgliedstaaten einen mit der gesamten Volkswirtschaft eng verflochtenen Wirtschaftsbereich darstellt.

**Artikel 40 [Marktorganisationen]**

(1) Die Mitgliedstaaten entwickeln die gemeinsame Agrarpolitik schrittweise während der Übergangszeit und legen sie noch vor deren Ende fest.

(2) Um die Ziele des Artikels 39 zu erreichen, wird eine gemeinsame Organisation der Agrarmärkte geschaffen.

Diese besteht je nach Erzeugnis aus einer der folgenden Organisationsformen:

a) gemeinsame Wettbewerbsregeln;

b) bindende Koordinierung der verschiedenen einzelstaatlichen Marktordnungen;

c) eine Europäische Marktordnung.

(3) Die nach Absatz (2) gestaltete gemeinsame Organisation kann alle zur Durchführung des Artikels 39 erforderlichen Maßnahmen einschließen, insbesondere Preisregelungen Beihilfen für die Erzeugung und die Verteilung der verschiedenen Erzeugnisse, Einlagerungs- und Ausgleichsmaßnahmen, gemeinsame Einrichtungen zur Stabilisierung der Ein- oder Ausfuhr.

Die gemeinsame Organisation hat sich auf die Verfolgung der Ziele des Artikels 39 zu beschränken und jede Diskriminierung zwischen Erzeugern oder Verbrauchern innerhalb der Gemeinschaft auszuschließen.

Eine etwaige gemeinsame Preispolitik muß auf gemeinsamen Grundsätzen und einheitlichen Berechnungsmethoden beruhen.

(4) Um der in Absatz(2) genannten gemeinsamen Organisation die Erreichung ihrer Ziele zu ermöglichen können ein oder mehrere Ausrichtungs- oder Garantiefonds für die Landwirtschaft geschaffen werden.

**Artikel 41 [Förderungsmaßnahmen]**

Um die Ziele des Artikels 39 zu erreichen, können im Rahmen der gemeinsamen Agrarpolitik folgende Maßnahmen vorgesehen werden:

a) eine wirksame Koordinierung der Bestrebungen auf dem Gebiet der Berufsausbildung, der Forschung und der Verbreitung landwirtschaftlicher Fachkenntnisse; hierbei können Vorhaben oder Einrichtungen gemeinsam finanziert werden;

b) gemeinsame Maßnahmen zur Förderung des Verbrauchs bestimmter Erzeugnisse.

**Artikel 42 [Wettbewerbskontrolle]**

Das Kapitel über die Wettbewerbsregeln findet auf die Produktion landwirtschaftlicher Erzeugnisse und den Handel mit diesen nur insoweit Anwendung als der Rat dies unter Berücksichtigung der Ziele des Artikels 39 im Rahmen des Artikels 43 Absätze (2) und (3) und gemäß dem dort vorgesehenen Verfahren bestimmt.

Der Rat kann insbesondere genehmigen, daß Beihilfen gewährt werden

a) zum Schutz von Betrieben, die durch strukturelle oder naturgegebene Bedingungen benachteiligt sind, oder

b) im Rahmen wirtschaftlicher Entwicklungsprogramme.

**Artikel 43 [Gemeinsame Agrarpolitik: Grundlinien und Sekundärrecht]**

(1) Zur Erarbeitung der Grundlinien für eine gemeinsame Agrarpolitik beruft die Kommission unmittelbar nach Inkrafttreten dieses Vertrags eine Konferenz der Mitgliedstaaten ein, um einen Vergleich ihrer Agrarpolitik, insbesondere durch Gegenüberstellung ihrer Produktionsmöglichkeiten und ihres Bedarfs, vorzunehmen.

(2) Unter Berücksichtigung der Arbeiten der in Absatz (1) vorgesehenen Konferenz legt die Kommission nach Anhörung des Wirtschafts- und Sozialausschusses binnen zwei Jahren nach Inkrafttreten dieses Vertrags zur Gestaltung und Durchführung der gemeinsamen Agrarpolitik Vorschläge vor, welche unter anderem die Ablösung der einzelstaatlichen Marktordnungen durch eine der in Artikel 40 Absatz (2) vorgesehenen gemeinsamen Organisationsformen sowie die Durchführung der in diesem Titel bezeichneten Maßnahmen vorsehen.

Diese Vorschläge müssen dem inneren Zusammenhang der in diesem Titel aufgeführten landwirtschaftlichen Fragen Rechnung tragen.

Der Rat erläßt während der beiden ersten Stufen einstimmig und danach mit qualifizierter Mehrheit auf Vorschlag der Kommission und nach Anhörung des Europäischen Parlamentes Verordnungen, Richtlinien oder Entscheidungen, unbeschadet seiner etwaigen Empfehlungen.

(3) Der Rat kann mit qualifizierter Mehrheit die einzelstaatlichen Marktordnungen nach Maßgabe des Absatzes (2) durch die in Artikel 40 Absatz (2) vorgesehene gemeinsame Organisation ersetzen,

a) wenn sie den Mitgliedstaaten, die sich gegen diese Maßnahme ausgesprochen haben und eine eigene Marktordnung für die in Betracht kommende Erzeugung besitzen, gleichwertige Sicherheiten für die Beschäftigung und Lebenshaltung der betreffenden Erzeuger bietet; hierbei sind die im Zeitablauf möglichen Anpassungen und erforderlichen Spezialisierungen zu berücksichtigen;

b) und wenn die gemeinsame Organisation für den Handelsverkehr innerhalb der Gemeinschaft Bedingungen sicherstellt, die denen eines Binnenmarktes entsprechen.

(4) Wird eine gemeinsame Organisation für bestimmte Rohstoffe geschaffen, bevor eine gemeinsame Organisation für die entsprechenden weiterverarbeiteten Erzeugnisse besteht, so können die betreffenden Rohstoffe aus Ländern außerhalb der Gemeinschaft eingeführt werden, wenn sie für weiterverarbeitete Erzeugnisse verwendet werden, die zur Ausfuhr nach dritten Ländern bestimmt sind.

**Artikel 44 [Mindestpreise]**

(1) Soweit die schrittweise Beseitigung der Zölle und mengenmäßigen Beschränkungen zwischen den Mitgliedstaaten zu Preisen führen könnte, welche die Ziele des Artikels 39 gefährden würden, kann jeder Mitgliedstaat während der Übergangszeit in nichtdiskriminierender Weise und soweit dies die in Artikel 45 Absatz (2) vorgesehene Ausweitung des Handels nicht beeinträchtigt, für bestimmte Erzeugnisse anstelle von Kontingenten ein System von Mindestpreisen anwenden, bei deren Unterschreitung die Einfuhr

– entweder vorübergehend eingestellt oder eingeschränkt

– oder von der Bedingung abhängig gemacht werden kann, daß sie zu Preisen erfolgt, die über dem für das betreffende Erzeugnis festgesetzten Mindestpreis liegen.

Im zweiten Falle werden die Mindestpreise unter Ausschluß der Zollbelastung festgesetzt.

(2) Die Mindestpreise dürfen weder einen Rückgang des zwischen den Mitgliedstaaten bei Inkrafttreten dieses Vertrags bestehenden Handelsverkehrs bewirken noch dessen schrittweise Ausweitung hindern. Sie dürfen nicht in einer Weise angewendet werden, welche der Entwicklung einer natürlichen Präferenz zwischen den Mitgliedstaaten entgegensteht.

(3) Sobald dieser Vertrag in Kraft getreten ist, beschließt der Rat auf Vorschlag der Kommission objektive Grundsätze für die Aufstellung von Mindestpreis-Systemen und die Festsetzung von Mindestpreisen.

Diese Grundsätze berücksichtigen insbesondere die durchschnittlichen inländischen Gestehungskosten in dem Mitgliedstaat, der den Mindestpreis anwendet, die Lage der einzelnen Betriebe in bezug auf diese Kosten und das Erfordernis, innerhalb des Gemeinsamen Marktes die landwirtschaftlichen Betriebsbedingungen schrittweise zu verbessern und die notwendigen Anpassungen und Spezialisierungen zu fördern.

Die Kommission schlägt ferner ein Verfahren zur Revision dieser Grundsätze vor, um dem technischen Fortschritt Rechnung zu tragen und ihn zu beschleunigen, und um die Preise innerhalb des Gemeinsamen Marktes schrittweise einander anzunähern.

Diese Grundsätze sowie das Revisionsverfahren werden vom Rat binnen drei Jahren nach Inkrafttreten dieses Vertrags einstimmig beschlossen.

(4) Bis zum Inkrafttreten der Entscheidung des Rates kann jeder Mitgliedstaat Mindestpreise festsetzen; er gibt der Kommission sowie den anderen Mitgliedstaaten vorher davon Kenntnis, damit diese sich dazu äußern können.

Sobald die Entscheidung des Rates ergangen ist, setzen die Mitgliedstaaten die Mindestpreise auf Grund der nach Maßgabe der vorstehenden Bestimmungen aufgestellten Grundsätze fest.

Der Rat kann mit qualifizierter Mehrheit auf Vorschlag der Kommission die von den Mitgliedstaaten getroffenen Entscheidungen berichtigen, wenn sie diesen Grundsätzen nicht entsprechen.

(5) Können für bestimmte Erzeugnisse die genannten objektiven Grundsätze bis zum Beginn der dritten Stufe nicht festgelegt werden, so kann der Rat von diesem Zeitpunkt an mit qualifizierter Mehrheit auf Vorschlag der Kommission die für diese Erzeugnisse angewandten Mindestpreise ändern.

(6) Am Ende der Übergangszeit wird ein Verzeichnis der noch bestehenden Mindestpreise aufgestellt. Der Rat bestimmt mit einer Mehrheit von 9 Stimmen gemäß der in Artikel 148 Absatz (2) erster Unterabsatz vorgesehenen Stimmenwägung auf Vorschlag der Kommission, welches System im Rahmen der gemeinsamen Agrarpolitik anzuwenden ist.

**Artikel 45 (Beseitigung von Diskriminierungen durch Abkommen]**

(1) Bis zur Ersetzung der einzelstaatlichen Marktordnugen durch eine der in Artikel 40 Absatz (2) vorgesehenen gemeinsamen Organisationsformen wird der Handelsverkehr mit Erzeugnissen,

– für die in einzelnen Mitgliedstaaten Bestimmungen vorhanden sind, die darauf abzielen, den einheimischen Erzeugern den Absatz ihrer Erzeugnisse zu gewährleisten,

– und für die dort ein Einfuhrbedarf besteht,

durch den Abschluß langfristiger Abkommen oder Verträge zwischen Einfuhr- und Ausfuhrstaaten entwickelt.

Diese Abkommen oder Verträge müssen die schrittweise Beseitigung jeder Diskriminierung zwischen den verschiedenen Erzeugern der Gemeinschaft bei der Anwendung der genannten Bestimmungen zum Ziel haben.

Diese Abkommen oder Verträge werden während der ersten Stufe geschlossen; dabei ist dem Grundsatz der Gegenseitigkeit Rechnung zu tragen.

(2) Bei diesen Abkommen oder Verträgen wird hinsichtlich der Mengen von dem durchschnittlichen Handelsvolumen ausgegangen, das zwischen den Mitgliedstaaten während der letzten drei Jahre vor Inkrafttreten dieses Vertrags für die betreffenden Erzeugnisse bestanden hat; ferner wird darin unter Berücksichtigung der herkömmlichen Handelsströme die Steigerung des Volumens im Rahmen des bestehenden Bedarfs vorgesehen.

Diese Abkommen oder Verträge müssen den Erzeugern den Absatz der vereinbarten Mengen zu Preisen ermöglichen, die sich schrittweise den Preisen annähern, welche auf dem Binnenmarkt des Käuferstaates an inländische Erzeuger gezahlt werden.

Die Annäherung muß möglichst regelmäßig erfolgen und bis zum Ende der Übergangszeit vollständig durchgeführt sein.

Die beteiligten Parteien handeln die Preise im Rahmen von Richtlinien aus, welche die Kommission zur Anwendung der beiden vorstehenden Unterabsätze erläßt.

Wird die erste Stufe verlängert, so werden die Abkommen und Verträge entsprechend den am Ende des vierten Jahres nach Inkrafttreten dieses Vertrags geltenden Bedingungen durchgeführt; die Verpflichtungen zur Erhöhung der Mengen und zur Annäherung der Preise werden bis zum Übergang zur zweiten Stufe ausgesetzt.

Die Mitgliedstaaten nehmen alle Möglichkeiten wahr, die ihre Rechtsvorschriften ihnen – insbesondere auf dem Gebiet der Einfuhrpolitik – bieten, um den Abschluß und die Erfüllung dieser Abkommen oder Verträge sicherzustellen.

(3) Soweit die Mitgliedstaaten Rohstoffe zur Herstellung von Erzeugnissen benötigen, die im Wettbewerb mit Erzeugnissen dritter Länder

aus der Gemeinschaft ausgeführt werden sollen, dürfen die genannten Abkommen oder Verträge die zu diesem Zweck notwendigen Einfuhren dieser Rohstoffe aus dritten Ländern nicht beeinträchtigen. Diese Bestimmung findet keine Anwendung, wenn der Rat durch einstimmige Entscheidung beschließt, die erforderlichen Zahlungen zu gewähren, um den höheren Preis auszugleichen, der sich bei der Einfuhr auf Grund solcher Abkommen oder Verträge gegenüber dem Einstandspreis für gleichartige Bezüge zu Weltmarktbedingungen ergibt.

#### Artikel 46 [Ausgleichsabgaben]

Besteht in einem Mitgliedstaat für ein Erzeugnis eine innerstaatliche Marktordnung oder Regelung gleicher Wirkung und wird dadurch eine gleichartige Erzeugung in einem anderen Mitgliedstaat in ihrer Wettbewerbslage beeinträchtigt, so erheben die Mitgliedstaaten bei der Einfuhr des betreffenden Erzeugnisses aus dem Mitgliedstaat, in dem die genannte Marktordnung oder Regelung besteht, eine Ausgleichsabgabe, es sei denn, daß dieser Mitgliedstaat eine Ausgleichsabgabe bei der Ausfuhr erhebt.

Die Kommission setzt diese Abgaben in der zur Wiederherstellung des Gleichgewichts erforderlichen Höhe fest, sie kann auch andere Maßnahmen genehmigen, deren Bedingungen und Einzelheiten sie festlegt.

#### Artikel 47 [Fachgruppe Landwirtschaft]

Die fachliche Gruppe Landwirtschaft des Wirtschafts- und Sozialausschusses steht der Kommission zur Verfügung, um nach Maßgabe der Artikel 197 und 198 die Beratungen dieses Ausschusses hinsichtlich der ihm in diesem Titel übertragenen Aufgaben vorzubereiten.

## Titel III. Die Freizügigkeit, der freie Dienstleistungs- und Kapitalverkehr

### Kapitel 1. Die Arbeitskräfte

#### Artikel 48 [Arbeitnehmerfreizügigkeit]

(1) Spätestens bis zum Ende der Übergangszeit wird innerhalb der Gemeinschaft die Freizügigkeit der Arbeitnehmer hergestellt.

(2) Sie umfaßt die Abschaffung jeder auf der Staatsangehörigkeit beruhenden unterschiedlichen Behandlung der Arbeitnehmer der Mitgliedstaaten in bezug auf Beschäftigung, Entlohnung und sonstige Arbeitsbedingungen.

(3) Sie gibt – vorbehaltlich der aus Gründen der öffentlichen Ordnung, Sicherheit und Gesundheit gerechtfertigten Beschränkungen – den Arbeitnehmern das Recht,

a) sich um tatsächlich angebotene Stellen zu bewerben;

b) sich zu diesem Zweck im Hoheitsgebiet der Mitgliedstaaten frei zu bewegen;

c) sich in einem Mitgliedstaat aufzuhalten, um dort nach den für die Arbeitnehmer dieses Staates geltenden Rechts- und Verwaltungsvorschriften eine Beschäftigung auszuüben;

d) nach Beendigung einer Beschäftigung im Hoheitsgebiet eines Mitgliedstaates unter Bedingungen zu verbleiben, welche die Kommission in Durchführungsverordnungen festlegt.

(4) Dieser Artikel findet keine Anwendung auf die Beschäftigung in der öffentlichen Verwaltung.

### Artikel 49 [Schrittweise Herstellung der Freizügigkeit]

Unmittelbar nach Inkrafttreten dieses Vertrags trifft der Rat gemäß dem Verfahren des Artikels 189 b und nach Anhörung des Wirtschafts- und Sozialausschusses durch Richtlinien oder Verordnungen alle erforderlichen Maßnahmen, um die Freizügigkeit der Arbeitnehmer im Sinne des Artikel 48 fortschreitend herzustellen, insbesondere

a) durch Sicherstellung einer engen Zusammenarbeit zwischen den einzelstaatlichen Arbeitsverwaltungen;

b) durch die planmäßig fortschreitende Beseitigung der Verwaltungsverfahren und -praktiken sowie der für den Zugang zu verfügbaren Arbeitsplätzen vorgeschriebenen Fristen, die sich aus innerstaatlichen Rechtsvorschriften oder vorher zwischen den Mitgliedstaaten geschlossenen Übereinkünften ergeben und deren Beibehaltung die Herstellung der Freizügigkeit der Arbeitnehmer hindert;

c) durch die planmäßig fortschreitende Beseitigung aller Fristen und sonstigen Beschränkungen, die in innerstaatlichen Rechtsvorschriften oder vorher zwischen den Mitgliedstaaten geschlossenen Übereinkünften vorgesehen sind, und die den Arbeitnehmern der anderen Mitgliedstaaten für die freie Wahl des Arbeitsplatzes andere Bedingungen als den inländischen Arbeitnehmern auferlegen;

d) durch die Schaffung geeigneter Verfahren für die Zusammenführung und den Ausgleich von Angebot und Nachfrage auf dem Arbeitsmarkt zu Bedingungen, die eine ernstliche Gefährdung der Lebenshaltung und des Beschäftigungsstands in einzelnen Gebieten und Industrien ausschließen.

**Artikel 50 [Förderung des Austausches junger Arbeitskräfte]**

Die Mitgliedstaaten fördern den Austausch junger Arbeitskräfte im Rahmen eines gemeinsamen Programms.

**Artikel 51 [Systeme der sozialen Sicherheit]**

Der Rat beschließt einstimmig auf Vorschlag der Kommission die auf dem Gebiet der sozialen Sicherheit für die Herstellung der Freizügigkeit der Arbeitnehmer notwendigen Maßnahmen; zu diesem Zweck führt er insbesondere ein System ein, welches aus- und einwandernden Arbeitnehmern und deren anspruchsberechtigten Angehörigen folgendes sichert:

a) die Zusammenrechnung aller nach den verschiedenen innerstaatlichen Rechtsvorschriften berücksichtigten Zeiten für den Erwerb und die Aufrechterhaltung des Leistungsanspruchs sowie für die Berechnung der Leistungen;

b) die Zahlungen der Leistungen an Personen, die in den Hoheitsgebieten der Mitgliedstaaten wohnen.

## Kapitel 2. Das Niederlassungsrecht

**Artikel 52 [Niederlassungsfreiheit]**

Die Beschränkungen der freien Niederlassung von Staatsangehörigen eines Mitgliedstaates im Hoheitsgebiet eines anderen Mitgliedstaates werden während der Übergangszeit nach Maßgabe der folgenden Bestimmungen schrittweise aufgehoben. Das gleiche gilt für Beschränkungen der Gründung von Agenturen, Zweigniederlassungen oder Tochtergesellschaften durch Angehörige eines Mitgliedstaates, die im Hoheitsgebiet eines Mitgliedstaates ansässig sind.

Vorbehaltlich des Kapitels über den Kapitalverkehr umfaßt die Niederlassungsfreiheit die Aufnahme und Ausübung selbständiger Erwerbstätigkeiten sowie die Gründung und Leitung von Unternehmen, insbesondere von Gesellschaften im Sinne des Artikels 58 Absatz (2), nach den Bestimmungen des Aufnahmestaates für seine eigenen Angehörigen.

**Artikel 53 [Verbot neuer Niederlassungsbeschränkungen]**

Soweit in diesem Vertrag nicht etwas anderes bestimmt ist, führen die Mitgliedstaaten in ihrem Hoheitsgebiet für Angehörige der anderen Mitgliedstaaten keine neuen Niederlassungsbeschränkungen ein.

**Artikel 54 [Programm zur Herstellung der Niederlassungsfreiheit]**

(1) Vor dem Ende der ersten Stufe stellt der Rat einstimmig auf Vorschlag der Kommission und nach Anhörung des Wirtschafts- und Sozialausschusses und des Europäischen Parlamentes ein allgemeines Programm zur Aufhebung der Beschränkungen der Niederlassungsfreiheit innerhalb der Gemeinschaft auf. Die Kommission unterbreitet ihren Vorschlag dem Rat während der beiden ersten Jahre der ersten Stufe.

Das Programm legt für jede Art von Tätigkeiten die allgemeinen Voraussetzungen und insbesondere die Stufen für die Verwirklichung der Niederlassungsfreiheit fest.

(2) Der Rat erläßt gemäß dem Verfahren des Artikels 189 b und nach Anhörung des Wirtschafts- und Sozialausschusses Richtlinien zur Verwirklichung des allgemeinen Programms oder – falls ein solches nicht besteht – zur Durchführung einer Stufe der Niederlassungsfreiheit für eine bestimmte Tätigkeit.

(3) Der Rat und die Kommission erfüllen die Aufgaben, die ihnen auf Grund der obigen Bestimmungen übertragen sind, indem sie insbesondere

a) im allgemeinen diejenigen Tätigkeiten mit Vorrang behandeln, bei denen die Niederlassungsfreiheit die Entwicklung der Produktion und des Handels in besonderer Weise fördert;

b) eine enge Zusammenarbeit zwischen den zuständigen Verwaltungen der Mitgliedstaaten sicherstellen, um sich über die besondere Lage auf den verschiedenen Tätigkeitsgebieten innerhalb der Gemeinschaft zu unterrichten;

c) die aus innerstaatlichen Rechtsvorschriften oder vorher zwischen den Mitgliedstaaten geschlossenen Übereinkünften abgeleiteten Verwaltungsverfahren und -praktiken ausschalten, deren Beibehaltung der Niederlassungsfreiheit entgegensteht;

d) dafür Sorge tragen, daß Arbeitnehmer eines Mitgliedstaates, die im Hoheitsgebiet eines anderen Mitgliedstaates beschäftigt sind, dort verbleiben und eine selbständige Tätigkeit unter denselben Voraussetzungen ausüben können, die sie erfüllen müßten, wenn sie in diesen Staat erst zu dem Zeitpunkt einreisen würden, in dem sie diese Tätigkeit aufzunehmen beabsichtigen;

e) den Erwerb und die Nutzung von Grundbesitz im Hoheitsgebiet eines Mitgliedstaates durch Angehörige eines anderen Mitgliedstaates ermöglichen, soweit hierdurch die Grundsätze des Artikels 39 Absatz (2) nicht beeinträchtigt werden;

f) veranlassen, daß bei jedem in Betracht kommenden Wirtschaftszweig die Beschränkungen der Niederlassungsfreiheit in bezug auf die Voraussetzungen für die Errichtung von Agenturen, Zweigniederlassungen und Tochtergesellschaften im Hoheitsgebiet eines Mitgliedstaates sowie für den Eintritt des Personals der Hauptniederlassung in ihre Leitungs- oder Überwachungsorgane schrittweise aufgehoben werden;

g) soweit erforderlich die Schutzbestimmungen koordinieren, die in den Mitgliedstaaten den Gesellschaften im Sinne des Artikels 58 Absatz (2) im Interesse der Gesellschafter sowie Dritter vorgeschrieben sind, um diese Bestimmungen gleichwertig zu gestalten;

h) sicherstellen, daß die Bedingungen für die Niederlassung nicht durch Beihilfen der Mitgliedstaaten vefälscht werden.

**Artikel 55 [Hoheitliche Tätigkeiten]**

Auf Tätigkeiten, die in einem Mitgliedstaat dauernd oder zeitweise mit der Ausübung öffentlicher Gewalt verbunden sind, findet dieses Kapitel in dem betreffenden Mitgliedstaat keine Anwendung.

Der Rat kann mit qualifizierter Mehrheit auf Vorschlag der Kommission beschließen, daß dieses Kapitel auf bestimmte Tätigkeiten keine Anwendung findet.

**Artikel 56 [Öffentliche Ordnung, Sicherheit und Gesundheit]**

(1) Dieses Kapitel und die auf Grund desselben getroffenen Maßnahmen beeinträchtigen nicht die Anwendbarkeit der Rechts- und Verwaltungsvorschriften, die eine Sonderregelung für Ausländer vorsehen und aus Gründen der öffentlichen Ordnung, Sicherheit oder Gesundheit gerechtfertigt sind.

(2) Vor dem Ende der Übergangszeit erläßt der Rat einstimmig auf Vorschlag der Kommission und nach Anhörung des Europäischen Parlaments Richtlinien für die Koordinierung dieser Rechts- und Verwaltungsvorschriften. Hinsichtlich der Koordinierung der Rechtsverordnungen und Verwaltungsvorschriften der Mitgliedstaaten erläßt er jedoch die Richtlinien nach dem Ende der zweiten Stufe gemäß dem Verfahren des Artikels 189 b.

**Artikel 57 [Koordinierung des Berufszulassungsrechts]**

(1) Um die Aufnahme und Ausübung selbständiger Tätigkeiten zu erleichtern, erläßt der Rat nach dem Verfahren des Artikels 189 b Richtlinien für die gegenseitige Anerkennung der Diplome, Prüfungszeugnisse und sonstigen Befähigungsnachweise.

(2) Zu dem gleichen Zweck erläßt der Rat vor dem Ende der Übergangszeit Richtlinien zur Koordinierung der Rechts- und Verwaltungsvorschriften der Mitgliedstaaten über die Aufnahme und Ausübung selbständiger Tätigkeiten. Der Rat beschließt einstimmig auf Vorschlag der Kommission und nach Anhörung des Europäischen Parlaments über Richtlinien, deren Durchführung in mindestens einem Mitgliedstaat eine Änderung bestehender gesetzlicher Grundsätze der Berufsordnung hinsichtlich der Ausbildung und der Bedingungen für den Zugang natürlicher Personen zum Beruf umfaßt. Im übrigen beschließt der Rat nach dem Verfahren des Artikels 189 b.

(3) Die schrittweise Aufhebung der Beschränkungen für die ärztlichen, arztähnlichen und pharmazeutischen Berufe setzt die Koordinierung der Bedingungen für die Ausübung dieser Berufe in den einzelnen Mitgliedstaaten voraus.

### Artikel 58 [Niederlassungsfreiheit für Gesellschaften]

Für die Anwendung dieses Kapitels stehen die nach den Rechtsvorschriften eines Mitgliedstaates gegründeten Gesellschaften, die ihren satzungsmäßigen Sitz, ihre Hauptverwaltung oder ihre Hauptniederlassung innerhalb der Gemeinschaft haben, den natürlichen Personen gleich, die Angehörige der Mitgliedstaaten sind.

Als Gesellschaften gelten die Gesellschaften des bürgerlichen und des Handelsrechts einschließlich der Genossenschaften und die sonstigen juristischen Personen des öffentlichen und privaten Rechts mit Ausnahme derjenigen, die keinen Erwerbszweck verfolgen.

## Kapitel 3. Dienstleistungen

### Artikel 59 [Dienstleistungsfreiheit]

Die Beschränkungen des freien Dienstleistungsverkehrs innerhalb der Gemeinschaft für Angehörige der Mitgliedstaaten, die in einem anderen Staat der Gemeinschaft als demjenigen des Leistungsempfängers ansässig sind, werden während der Übergangszeit nach Maßgabe der folgenden Bestimmungen schrittweise aufgehoben.

Der Rat kann mit qualifizierter Mehrheit auf Vorschlag der Kommission beschließen, daß dieses Kapitel auch auf Erbringer von Dienstleistungen Anwendung findet, welche die Staatsangehörigkeit eines dritten Landes besitzen und innerhalb der Gemeinschaft ansässig sind.

### Artikel 60 [Begriff der Dienstleistungen]

(1) Dienstleistungen im Sinne dieses Vertrags sind Leistungen, die in der Regel gegen Entgelt erbracht werden, soweit sie nicht den Vor-

schriften über den freien Waren- und Kapitalverkehr und über die Freizügigkeit der Personen unterliegen.

(2) Als Dienstleistungen gelten insbesondere:

a) gewerbliche Tätigkeiten,
b) kaufmännische Tätigkeiten,
c) handwerkliche Tätigkeiten,
d) freiberufliche Tätigkeiten.

(3) Unbeschadet des Kapitels über die Niederlassungsfreiheit kann der Leistende zwecks Erbringung seiner Leistungen seine Tätigkeit vorübergehend in dem Staat ausüben, in dem die Leistung erbracht wird, und zwar unter den Voraussetzungen, welche dieser Staat für seine eigenen Angehörigen vorschreibt.

**Artikel 61 [Verkehrs- und Finanzdienstleistungen]**

(1) Für den freien Dienstleistungsverkehr auf dem Gebiet des Verkehrs gelten die Bestimmungen des Titels über den Verkehr.

(2) Die Liberalisierung der mit dem Kapitalverkehr verbundenen Dienstleistungen der Banken und Versicherungen wird im Einklang mit der schrittweisen Liberalisierung des Kapitalverkehrs durchgeführt.

**Artikel 62 [Verbot neuer Dienstleisungsbeschränkungen]**

Soweit in diesem Vertrag nicht etwas anderes bestimmt ist, unterwerfen die Mitgliedstaaten die bei seinem Inkrafttreten tatsächlich erreichte Freiheit des Dienstleistungsverkehrs keinen neuen Beschränkungen.

**Artikel 63 [Programm zur Verwirklichung der Dienstleistungsfreiheit]**

(1) Vor dem Ende der ersten Stufe stellt der Rat einstimmig auf Vorschlag der Kommission und nach Anhörung des Wirtschafts- und Sozialausschusses und des Europäischen Parlamentes ein allgemeines Programm zur Aufhebung der Beschränkungen des freien Dienstleistungsverkehrs innerhalb der Gemeinschaft auf. Die Kommission unterbreitet ihren Vorschlag dem Rat während der beiden ersten Jahre der ersten Stufe.

Das Programm legt die allgemeinen Voraussetzungen und die Stufen der Liberalisierung für jede Art von Dienstleistungen fest.

(2) Der Rat erläßt bis zum Ende der ersten Stufe einstimmig und danach mit qualifizierter Mehrheit auf Vorschlag der Kommission und nach Anlhörung des Wirtschafts- und Sozialausschusses und des Europäischen Parlamentes Richtlinien zur Verwirklichung des allgemeinen

Programms oder – falls ein solches nicht besteht – zur Durchführung einer Liberalisierungsstufe für eine bestimmte Dienstleistung.

(3) Bei den in den Absätzen (1) und (2) genannten Vorschlägen und Entscheidungen sind im allgemeinen mit Vorrang diejenigen Dienstleistungen zu berücksichtigen, welche die Produktionskosten unmittelbar beeinflussen oder deren Liberalisierung zur Förderung des Warenverkehrs beiträgt.

### Artikel 64 [Liberalisierungsmaßnahmen der Mitgliedstaaten]

Die Mitgliedstaaten sind bereit, über das Ausmaß der Liberalisierung der Dienstleistungen, zu dem sie auf Grund der Richtlinien gemäß Artikel 63 Absatz (2) verpflichtet sind, hinauszugehen, falls ihre wirtschaftliche Gesamtlage und die Lage des betreffenden Wirtschaftszweiges dies zulassen.

Die Kommission richtet entsprechende Empfehlungen an die betreffenden Staaten.

### Artikel 65 [Gleichbehandlung]

Solange die Beschränkungen des freien Dienstleistungsverkehrs nicht aufgehoben sind, wendet sie jeder Mitgliedstaat ohne Unterscheidung nach Staatsangehörigkeit oder Aufenthaltsort auf alle in Artikel 59 Absatz (l) bezeichneten Erbringer von Dienstleistungen an.

### Artikel 66 [Anwendung der Vorschriften des Niederlassungsrechts]

Die Bestimmungen der Artikel 55 bis 58 finden auf das in diesem Kapitel geregelte Sachgebiet Anwendung.

## Kapitel 4. Der Kapital- und Zahlungsverkehr

### Artikel 67 [Freiheit des Kapitalverkehrs]

(1) Soweit es für das Funktionieren des Gemeinsamen Marktes notwendig ist, beseitigen die Mitgliedstaaten untereinander während der Übergangszeit schrittweise alle Beschränkungen des Kapitalverkehrs in bezug auf Berechtigte, die in den Mitgliedstaaten ansässig sind, und heben alle Diskriminierungen auf Grund der Staatsangehörigkeit oder des Wohnorts der Parteien oder des Anlageorts auf.

(2) Die mit dem Kapitalverkehr zwischen den Mitgliedstaaten zusammenhängenden laufenden Zahlungen werden bis zum Ende der ersten Stufe von allen Beschränkungen befreit.

**Artikel 68 [Genehmigungen; Diskriminierungen; Anleihen]**

(1) Auf dem in diesem Kapitel behandelten Sachgebiet werden die Mitgliedstaaten bei der Erteilung der nach Inkrafttreten dieses Vertrags noch erforderlichen devisenrechtlichen Genehmigungen so großzügig wie möglich verfahren.

(2) Bei der Anwendung der innerstaatlichen Vorschriften für den Kapitalmarkt und das Kreditwesen auf die nach diesem Kapitel liberalisierten Kapitalbewegungen sehen die Mitgliedstaaten von Diskriminierungen ab.

(3) Anleihen zur mittelbaren oder unmittelbaren Finanzierung eines Mitgliedstaates oder seiner Gebietskörperschaften dürfen in einem anderen Mitgliedstaat nur aufgelegt oder untergebracht werden, wenn sich die beteiligten Staaten darüber verständigt haben. Diese Bestimmung steht der Anwendung des Artikels 22 des Protokolls über die Satzung der Europäischen Investitionsbank nicht entgegen.

**Artikel 69 [Richtlinien]**

Der Rat erläßt während der beiden ersten Stufen einstimmig und danach mit qualifizierter Mehrheit auf Vorschlag der Kommission, die zu diesem Zweck den in Artikel 1O5 vorgesehenen Währungsausschuß hört, die erforderlichen Richtlinien für die schrittweise Durchführung des Artikels 67.

**Artikel 70 [Kapitalverkehr mit Drittstaaten]**

(1) Für den Kapitalverkehr zwischen den Mitgliedstaaten und dritten Ländern schlägt die Kommission dem Rat Maßnahmen zur schrittweisen Koordinierung der Devisenpolitik der Mitgliedstaaten vor. Der Rat erläßt mit qualifizierter Mehrheit Richtlinien hierfür. Er wird bemüht sein, ein Höchstmaß an Liberalisierung zu erreichen. Der Einstimmigkeit bedürfen Maßnahmen, die einen Rückschritt auf dem Gebiet der Liberalisierung des Kapitalverkehrs darstellen.

(2) Können durch Maßnahmen nach Absatz (1) die Unterschiede zwischen den Devisenvorschriften der Mitgliedstaaten nicht beseitigt werden und benutzen in einem Mitgliedstaat ansässige Personen infolgedessen die in Artikel 67 vorgesehenen Transfererleichterungen innerhalb der Gemeinschaft, um die für den Kapitalverkehr mit dritten Ländern geltenden Vorschriften eines Mitgliedstaates zu umgehen, so kann dieser Staat, nachdem er sich mit den anderen Mitgliedstaaten und der Kommission ins Benehmen gesetzt hat, geeignete Maßnahmen zur Behebung dieser Schwierigkeiten treffen. Stellt der Rat fest, daß diese Maßnahmen den freien Kapitalverkehr innerhalb der Gemeinschaft

stärker beschränken als zur Behebung dieser Schwierigkeiten notwendig ist, so kann er mit qualifizierter Mehrheit auf Vorschlag der Kommission entscheiden, daß der betreffende Staat diese Maßnahmen zu ändern oder aufzuheben hat.

**Artikel 71 [Verbot neuer Beschränkungen; weitergehende Liberalisierung]**

(1) Die Mitgliedstaaten werden bestrebt sein, weder neue devisenrechtliche Beschränkungen des Kapitalverkehrs und der damit zusammenhängenden laufenden Zahlungen innerhalb der Gemeinschaft einzuführen noch bestehende Vorschriften zu verschärfen.

(2) Sie sind bereit, über das Ausmaß der in den vorstehenden Artikeln vorgesehenen Liberalisierung des Kapitalverkehrs hinauszugehen, soweit ihre Wirtschaftslage, insbesondere der Stand ihrer Zahlungsbilanz, dies zuläßt.

(3) Die Kommission kann nach Anhörung des Währungsausschusses diesbezügliche Empfehlungen an die Mitgliedstaaten richten.

**Artikel 72 [Mitteilungspflichten der Mitgliedstaaten]**

Die Mitgliedstaaten halten die Kommission über die zu ihrer Kenntnis gelangenden Kapitalbewegungen nach und aus dritten Ländern auf dem laufenden. Die Kommission kann die ihr zweckdienlich erscheinenden Stellungnahmen an die Mitgliedstaaten richten.

**Artikel 73 [Schutzmaßnahmen bei Kaptialmarktstörungen]**

(1) Haben Kapitalbewegungen Störungen im Funktionieren des Kapitalmarktes eines Mitgliedstaates zur Folge, so ermächtigt die Kommission diesen Staat nach Anhörung des Währungsausschusses, auf dem Gebiet des Kapitalverkehrs Schutzmaßnahmen zu treffen, deren Bedingungen und Einzelheiten sie festlegt.

Der Rat kann mit qualifizierter Mehrheit die Ermächtigung widerrufen sowie deren Bedingungen und Einzelheiten abändern.

(2) Der Mitgliedstaat, der sich in Schwierigkeiten befindet, kann jedoch Maßnahmen dieser Art, falls sie sich als notwendig erweisen, aus Gründen der Geheimhaltung oder Dringlichkeit von sich aus treffen. Die Kommission und die Mitgliedstaaten sind von diesen Maßnahmen spätestens bei ihrem Inkrafttreten zu unterrichten. In diesem Fall kann die Kommission nach Anhörung des Währungsausschusses entscheiden, daß der betreffende Mitgliedstaat diese Maßnahmen zu ändern oder aufzuheben hat.

**Artikel 73 a [Neues Recht ab 1. Januar 1994]**

Mit Wirkung vom 1. Januar 1994 werden die Artikel 67 bis 73 durch die Artikel 73 b bis 73 g ersetzt.

**Artikel 73 b [Freiheit des Kapitalverkehrs]**

(1) Im Rahmen der Bestimmungen dieses Kapitels sind alle Beschränkungen des Kapitalverkehrs zwischen den Mitgliedstaaten sowie zwischen den Mitgliedstaaten und dritten Ländern verboten.

(2) Im Rahmen der Bestimmungen dieses Kapitels sind alle Beschränkungen des Zahlungsverkehrs zwischen den Mitgliedstaaten sowie zwischen den Mitgliedstaaten und dritten Ländern verboten.

**Artikel 73 c [Kapitalverkehr mit Drittstaaten]**

(1) Artikel 73 b berührt nicht die Anwendung derjenigen Beschränkungen auf dritte Länder, die am 31. Dezember 1993 aufgrund einzelstaatlicher oder gemeinschaftlicher Rechtsvorschriften für den Kapitalverkehr mit dritten Ländern im Zusammenhang mit Direktinvestitionen einschließlich Anlagen in Immobilien, mit der Niederlassung, der Erbringung von Finanzdienstleistungen oder der Zulassung von Wertpapieren zu den Kapitalmärkten bestehen.

(2) Unbeschadet der anderen Kapitel dieses Vertrags sowie seiner Bemühungen um eine möglichst weitgehende Verwirklichung des Zieles eines freien Kapitalverkehrs zwischen den Mitgliedstaaten und dritten Ländern kann der Rat auf Vorschlag der Kommission mit qualifizierter Mehrheit Maßnahmen für den Kapitalverkehr mit dritten Ländern im Zusammenhang mit Direktinvestitionen einschließlich Anlagen in Immobilien, mit der Niederlassung, der Erbringung von Finanzdienstleistungen oder der Zulassung von Wertpapieren zu den Kapitalmärkten beschließen. Maßnahmen nach diesem Absatz, die im Rahmen des Gemeinschaftsrechts für die Liberalisierung des Kapitalverkehrs mit dritten Ländern einen Rückschritt darstellen, bedürfen der Einstimmigkeit.

**Artikel 73 d [Ausnahmen vom freien Kapitalverkehr]**

(1) Artikel 73 b berührt nicht das Recht der Mitgliedstaaten,

a) die einschlägigen Vorschriften ihres Steuerrechts anzuwenden, die Steuerpflichtige mit unterschiedlichem Wohnort oder Kapitalanlageort unterschiedlich behandeln,

b) die unerläßlichen Maßnahmen zu treffen, um Zuwiderhandlungen gegen innerstaatliche Rechts- und Verwaltungsvorschriften, insbesondere auf dem Gebiet des Steuerrechts und der Aufsicht über Finanzinstitute, zu verhindern, sowie Meldeverfahren für den Kapitalverkehr zwecks administrativer oder statistischer Information vorzusehen oder Maßnahmen zu ergreifen, die aus Gründen der öffentlichen Ordnung oder Sicherheit gerechtfertigt sind.

(2) Dieses Kapitel berührt nicht die Anwendbarkeit von Beschränkungen des Niederlassungsrechts, die mit diesem Vertrag vereinbar sind.

(3) Die in den Absätzen 1 und 2 genannten Maßnahmen und Verfahren dürfen weder ein Mittel zur willkürlichen Diskriminierung noch eine verschleierte Beschränkung des freien Kapital- und Zahlungsverkehrs im Sinne des Artikels 73 b darstellen.

**Artikel 73 e [Beibehaltung von Beschränkungen]**

Abweichend von Artikel 73 b können die Mitgliedstaaten, für die am 31. Dezember 1993 eine Ausnahmeregelung aufgrund des bestehenden Gemeinschaftsrechts gilt, Beschränkungen des Kapitalverkehrs aufgrund der zu dem genannten Zeitpunkt bestehenden Ausnahmeregelungen längstens bis 31. Dezember 1995 beibehalten.

**Artikel 73 f [Schutzmaßnahmen bei Störung der Wirtschafts- und Währungsunion]**

Falls Kapitalbewegungen nach oder aus dritten Ländern unter außergewöhnlichen Umständen das Funktionieren der Wirtschafts- und Währungsunion schwerwiegend stören oder zu stören drohen, kann der Rat mit qualifizierter Mehrheit auf Vorschlag der Kommission und nach Anhörung der EZB gegenüber dritten Ländern Schutzmaßnahmen mit einer Geltungsdauer von höchstens sechs Monaten treffen, wenn diese unbedingt erforderlich sind.

**Artikel 73 g [Vorgehen bei Embargomaßnahmen ]**

(1) Falls ein Tätigwerden der Gemeinschaft in den in Artikel 228 a vorgesehenen Fällen für erforderlich erachtet wird, kann der Rat nach dem Verfahren des Artikels 228 a die notwendigen Sofortmaßnahmen auf dem Gebiet des Kapital- und Zahlungsverkehrs mit den betroffenen dritten Ländern ergreifen.

(2) Solange der Rat keine Maßnahmen nach Absatz 1 ergriffen hat, kann jeder Mitgliedstaat unbeschadet des Artikels 224 bei Vorliegen schwerwiegender politischer Umstände aus Gründen der Dringlichkeit gegenüber dritten Ländern einseitige Maßnahmen auf dem Gebiet des Kapital- und Zahlungsverkehrs treffen. Die Kommission und die ande-

ren Mitgliedstaaten sind über diese Maßnahmen spätestens bei deren Inkrafttreten zu unterrichten.

Der Rat kann mit qualifizierter Mehrheit auf Vorschlag der Kommission entscheiden, daß der betreffende Mitgliedstaat diese Maßnahmen zu ändern oder aufzuheben hat. Der Präsident des Rates unterrichtet das Europäische Parlament über die betreffenden Entscheidungen des Rates.

**Artikel 73 h [Übergangsregelung]**

Bis zum 1. Januar 1994 gelten folgende Bestimmungen:

1. Jeder Mitgliedstaat verpflichtet sich, in der Währung des Mitgliedstaats, in dem der Gläubiger oder der Begünstigte ansässig ist, die Zahlungen zu genehmigen, die sich auf den Waren-, Dienstleistungs- und Kapitalverkehr beziehen, sowie den Transfer von Kapitalbeträgen und Arbeitsentgelten zu gestatten, soweit der Waren-, Dienstleistungs-, Kapital- und Personenverkehr zwischen den Mitgliedstaaten nach diesem Vertrag liberalisiert ist.

Die Mitgliedstaaten sind bereit, über die in vorstehendem Unterabsatz vorgesehene Liberalisierung des Zahlungsverkehrs hinauszugehen, soweit ihre Wirtschaftslage im allgemeinen und der Stand ihrer Zahlungsbilanz im besonderen dies zulassen.

2. Soweit der Waren-, Dienstleistungs- und Kapitalverkehr nur durch Beschränkungen der diesbezüglichen Zahlungen begrenzt ist, werden diese Beschränkungen durch entsprechende Anwendung dieses Kapitels und der Kapitel über die Beseitigung der mengenmäßigen Beschränkungen und die Liberalisierung der Dienstleistungen schrittweise beseitigt.

3. Die Mitgliedstaaten führen untereinander keine neuen Beschränkungen für die Transferierung ein, die sich auf die in der Liste des Anhangs III zu diesem Vertrag aufgeführten unsichtbaren Transaktionen beziehen.

Die bestehenden Beschränkungen werden gemäß den Artikeln 63 bis 65 schrittweise beseitigt, soweit hierfür nicht die Nummern 1 und 2 oder die sonstigen Bestimmungen dieses Kapitels maßgebend sind.

4. Im Bedarfsfall verständigen sich die Mitgliedstaaten über die Maßnahmen, die zur Gewährleistung der in diesem Artikel vorgesehenen Zahlungen und Transferierungen zu treffen sind; diese Maßnahmen dürfen die in diesem Vertrag genannten Ziele nicht beeinträchtigen.

# 4 EG-Vertrag

## Titel IV. Der Verkehr

### Artikel 74 [Gemeinschaftliche Verkehrspolitik]

Auf dem in diesem Titel geregelten Sachgebiet verfolgen die Mitgliedstaaten die Ziele dieses Vertrags im Rahmen einer gemeinsamen Verkehrspolitik.

### Artikel 75 [Durchführungsbestimmungen]

(1) Zur Durchführung des Artikels 74 wird der Rat unter Berücksichtigung der Besonderheiten des Verkehrs gemäß dem Verfahren des Artikels 189 c und nach Anhörung des Wirtschafts- und Sozialausschusses

a) für den internationalen Verkehr aus oder nach dem Hoheitsgebiet eines Mitgliedstaats oder für den Durchgangsverkehr durch das Hoheitsgebiet eines oder mehrerer Mitgliedstaaten gemeinsame Regeln aufstellen;

b) für die Zulassung von Verkehrsunternehmern zum Verkehr innerhalb eines Mitgliedstaats, in dem sie nicht ansässig sind, die Bedingungen festlegen;

c) Maßnahmen zur Verbesserung der Verkehrssicherheit erlassen;

d) alle sonstigen zweckdienlichen Vorschriften erlassen.

(2) Die in Absatz 1 Buchstaben a und b genannten Vorschriften werden im Laufe der Übergangszeit erlassen.

(3) Abweichend von dem in Absatz 1 vorgesehenen Verfahren werden die Vorschriften über die Grundsätze der Verkehrsordnung, deren Anwendung die Lebenshaltung und die Beschäftigungslage in bestimmten Gebieten sowie den Betrieb der Verkehrseinrichtungen ernstlich beeinträchtigen könnte, vom Rat auf Vorschlag der Kommission und nach Anhörung des Europäischen Parlaments und des Wirtschafts- und Sozialausschusses einstimmig erlassen; dabei berücksichtigt er die Notwendigkeit einer Anpassung an die sich aus der Errichtung des Gemeinsamen Marktes ergebende wirtschaftliche Entwicklung.

### Artikel 76 [Stillhalteverpflichtung]

Bis zum Erlaß der in Artikel 75 Absatz (1) genannten Vorschriften darf ein Mitgliedstaat die verschiedenen bei Inkrafttreten dieses Vertrags auf diesem Gebiet geltenden Vorschriften in ihren unmittelbaren oder mittelbaren Auswirkungen auf die Verkehrsunternehmer anderer Mitgliedstaaten im Vergleich zu den inländischen Verkehrsunternehmern nicht ungünstiger gestalten, es sei denn, daß der Rat einstimmig etwas anderes billigt.

**Artikel 77 [Zulässige Beihilfen]**

Mit diesem Vertrag vereinbar sind Beihilfen, die den Erfordernissen der Koordinierung des Verkehrs oder der Abgeltung bestimmter mit dem Begriff des öffentlichen Dienstes zusammenhängender Leistungen entsprechen.

**Artikel 78 [Preispolitische Maßnahmen]**

Jede Maßnahme auf dem Gebiet der Beförderungsentgelte und -bedingungen, die im Rahmen dieses Vertrags getroffen wird, hat der wirtschaftlichen Lage der Verkehrsunternehmer Rechnung zu tragen.

**Artikel 79 [Preisdiskriminierungen]**

(1) Im Verkehr innerhalb der Gemeinschaft werden spätestens vor dem Ende der zweiten Stufe die Diskriminierungen beseitigt, die darin bestehen, daß ein Verkehrsunternehmer auf denselben Verkehrsverbindungen für die gleichen Güter je nach ihrem Herkunfts- oder Bestimmungsland unterschiedliche Frachten und Beförderungsbedingungen anwendet.

(2) Absatz(1) schließt sonstige Maßnahmen nicht aus, die der Rat gemäß Artikel 75 Absatz (l) treffen kann.

(3) Binnen zwei Jahren nach Inkrafttreten dieses Vertrags trifft der Rat mit qualifizierter Mehrheit auf Vorschlag der Kommission und nach Anhörung des Wirtschafts- und Sozialausschusses eine Regelung zur Durchführung des Absatzes (1).

Er kann insbesondere die erforderlichen Vorschriften erlassen, um es den Organen der Gemeinschaft zu ermöglichen, für die Beachtung des Absatzes (1) Sorge zu tragen, und um den Verkehrsnutzern die Vorteile dieser Bestimmung voll zukommen zu lassen.

(4) Die Kommission prüft von sich aus oder auf Antrag eines Mitgliedstaates die Diskriminierungsfälle des Absatzes (1) und erläßt nach Beratung mit jedem in Betracht kommenden Mitgliedstaat die erforderlichen Entscheidungen im Rahmen der gemäß Absatz (3) getroffenen Regelung.

**Artikel 80 [Unterstützungstarife]**

(1) Mit Beginn der zweiten Stufe sind im Verkehr innerhalb der Gemeinschaft die von einem Mitgliedstaat auferlegten Frachten und Beförderungsbedingungen verboten, die in irgendeiner Weise der Unterstützung oder dem Schutz eines oder mehrerer bestimmter Unterneh-

men oder Industrien dienen, es sei denn, daß die Kommission die Genehmigung hierzu erteilt.

(2) Die Kommission prüft von sich aus oder auf Antrag eines Mitgliedstaates die in Absatz (1) bezeichneten Frachten und Beförderungsbedingungen; hierbei berücksichtigt sie insbesondere sowohl die Erfordernisse einer angemessenen Standortpolitik, die Bedürfnisse der unterentwickelten Gebiete und die Probleme der durch politische Umstände schwer betroffenen Gebiete als auch die Auswirkungen dieser Frachten und Beförderungsbedingungen auf den Wettbewerb zwischen den Verkehrsarten.

Die Kommission erläßt die erforderlichen Entscheidungen nach Beratung mit jedem in Betracht kommenden Mitgliedstaat.

(3) Das in Absatz (1) genannte Verbot betrifft nicht die Wettbewerbstarife.

### Artikel 81 [Abgabenhöhe bei Grenzübergang]

Die Abgaben oder Gebühren, die ein Verkehrsunternehmer neben den Frachten beim Grenzübergang in Rechnung stellt, dürfen unter Berücksichtigung der hierdurch tatsächlich verursachten Kosten eine angemessene Höhe nicht übersteigen.

Die Mitgliedstaaten werden bemüht sein, diese Kosten schrittweise zu verringern.

Die Kommission kann zur Durchführung dieses Artikels Empfehlungen an die Mitgliedstaaten richten.

### Artikel 82 [Teilung Deutschlands]

Die Bestimmungen dieses Titels stehen Maßnahmen in der Bundesrepublik Deutschland nicht entgegen, soweit sie erforderlich sind, um die wirtschaftlichen Nachteile auszugleichen, die der Wirtschaft bestimmter von der Teilung Deutschlands betroffener Gebiete der Bundesrepublik aus dieser Teilung entstehen.

### Artikel 83 [Beratender Ausschuß]

Bei der Kommission wird ein beratender Ausschuß gebildet; er besteht aus Sachverständigen, die von den Regierungen der Mitgliedstaaten ernannt werden. Die Kommission hört den Ausschuß je nach Bedarf in Verkehrsfragen an; die Befugnisse der fachlichen Gruppe Verkehr des Wirtschafts- und Sozialausschusses bleiben unberührt.

### Artikel 84 [Sachlicher Geltungsbereich der Verkehrsvorschriften]

(1) Dieser Titel gilt für Beförderungen im Eisenbahn-, Straßen- und Binnenschiffsverkehr.

(2) Der Rat kann mit qualifizierter Mehrheit darüber entscheiden, ob, inwieweit und nach welchen Verfahren geeignete Vorschriften für die Seeschiffahrt und Luftfahrt zu erlassen sind. Die Verfahrensvorschriften des Artikels 75 Absätze (1) und (3) finden Anwendung.

## Titel V. Gemeinsame Regeln betreffend Wettbewerb, Steuerfragen und Angleichung der Rechtsvorschriften

## Kapitel 1. Wettbewerbsregeln

## Abschnitt 1. Vorschriften für Unternehmen

### Artikel 85 [Wettbewerbsbeeinträchtigungen]

(1) Mit dem Gemeinsamen Markt unvereinbar und verboten sind alle Vereinbarungen zwischen Unternehmen, Beschlüsse von Unternehmensvereinigungen und aufeinander abgestimmte Verhaltensweisen, welche den Handel zwischen Mitgliedstaaten zu beeinträchtigen geeignet sind und eine Verhinderung, Einschränkung oder Verfälschung des Wettbewerbs innerhalb des Gemeinsamen Marktes bezwecken oder bewirken, insbesondere

a) die unmittelbare oder mittelbare Festsetzung der An- oder Verkaufspreise oder sonstiger Geschäftsbedingungen;

b) die Einschränkung oder Kontrolle der Erzeugung, des Absatzes, der technischen Entwicklung oder der Investitionen;

c) die Aufteilung der Märkte oder Versorgungsquellen;

d) die Anwendung unterschiedlicher Bedingungen bei gleichwertigen Leistungen gegenüber Handelspartnern, wodurch diese im Wettbewerb benachteiligt werden;

e) die an den Abschluß von Verträgen geknüpfte Bedingung, daß die Vertragspartner zusätzliche Leistungen annehmen, die weder sachlich noch nach Handelsbrauch in Beziehung zum Vertragsgegenstand stehen.

(2) Die nach diesem Artikel verbotenen Vereinbarungen oder Beschlüsse sind nichtig.

(3) Die Bestimmungen des Absatzes (1) können für nicht anwendbar erklärt werden auf

– Vereinbarungen oder Gruppen von Vereinbarungen zwischen Unternehmen,

– Beschlüsse oder Gruppen von Beschlüssen von Unternehmensvereinigungen,

– aufeinander abgestimmte Verhaltensweisen oder Gruppen von solchen,

die unter angemessener Beteiligung der Verbraucher an dem entstehenden Gewinn zur Verbesserung der Warenerzeugung oder -verteilung oder zur Förderung des technischen oder wirtschaftlichen Fortschritts beitragen, ohne daß den beteiligten Unternehmen

a) Beschränkungen auferlegt werden, die für die Verwirklichung dieser Ziele nicht unerläßlich sind, oder

b) Möglichkeiten eröffnet werden, für einen wesentlichen Teil der betreffenden Waren den Wettbewerb auszuschalten.

**Artikel 86 [Marktbeherrschende Stellung]**

Mit dem Gemeinsamen Markt unvereinbar und verboten ist die mißbräuchliche Ausnutzung einer beherrschenden Stellung auf dem Gemeinsamen Markt oder auf einem wesentlichen Teil desselben durch ein oder mehrere Unternehmen, soweit dies dazu führen kann, den Handel zwischen Mitgliedstaaten zu beeinträchtigen. Dieser Mißbrauch kann insbesondere in folgendem bestehen:

a) der unmittelbaren oder mittelbaren Erzwingung von unangemessenen Einkaufs- oder Verkaufspreisen oder sonstigen Geschäftsbedingungen;

b) der Einschränkung der Erzeugung, des Absatzes oder der technischen Entwicklung zum Schaden der Verbraucher;

c) der Anwendung unterschiedlicher Bedingungen bei gleichwertigen Leistungen gegenüber Handelspartnern, wodurch diese im Wettbewerb benachteiligt werden;

d) der an den Abschluß von Verträgen geknüpften Bedingung, daß die Vertragspartner zusätzliche Leistungen annehmen, die weder sachlich noch nach Handelsbrauch in Beziehung zum Vertragsgegenstand stehen.

**Artikel 87 [Durchführungsbestimmungen]**

(1) Binnen drei Jahren nach Inkrafttreten dieses Vertrags erläßt der Rat einstimmig auf Vorschlag der Kommission und nach Anhörung des Europäischen Parlamentes alle zweckdienlichen Verordnungen oder Richtlinien zur Verwirklichung der in den Artikeln 85 und 86 niedergelegten Grundsätze.

Sind innerhalb der genannten Frist diese Vorschriften nicht erlassen worden, so werden sie vom Rat mit qualifizierter Mehrheit auf Vorschlag der Kommission und nach Anhörung des Europäischen Parlamentes beschlossen.

(2) Die in Absatz (1) vorgesehenen Vorschriften bezwecken insbesondere,

a) die Beachtung der in Artikel 85 Absatz (1) und Artikel 86 genannten Verbote durch die Einführung von Geldbußen und Zwangsgeldern zu gewährleisten;

b) die Einzelheiten der Anwendung des Artikels 85 Absatz (3) festzulegen; dabei ist dem Erfordernis einer wirksamen Überwachung bei möglichst einfacher Verwaltungskontrolle Rechnung zu tragen;

c) gegebenenfalls den Anwendungsbereich der Artikel 85 und 86 für die einzelnen Wirtschaftszweige näher zu bestimmen;

d) die Aufgaben der Kommission und des Gerichtshofs bei der Anwendung der in diesem Absatz vorgesehenen Vorschriften gegeneinander abzugrenzen;

e) das Verhältnis zwischen den innerstaatlichen Rechtsvorschriften einerseits und den in diesem Abschnitt enthaltenen oder auf Grund dieses Artikels getroffenen Bestimmungen andererseits festzulegen.

**Artikel 88 [Übergangsweise Zuständigkeit der Mitgliedstaaten]**

Bis zum Inkrafttreten der gemäß Artikel 87 erlassenen Vorschriften entscheiden die Behörden der Mitgliedstaaten im Einklang mit ihren eigenen Rechtsvorschriften und den Bestimmungen der Artikel 85, insbesondere Absatz (3), und 86 über die Zulässigkeit von Vereinbarungen, Beschlüssen und aufeinander abgestimmten Verhaltensweisen sowie über die mißbräuchliche Ausnutzung einer beherrschenden Stellung auf dem Gemeinsamen Markt.

**Artikel 89 [Zuständigkeit der Kommission]**

(1) Unbeschadet des Artikels 88 achtet die Kommission, sobald sie ihre Tätigkeit aufgenommen hat, auf die Verwirklichung der in den Artikeln 85 und 86 niedergelegten Grundsätze. Sie untersucht auf Antrag eines Mitgliedstaates oder von Amts wegen in Verbindung mit den zuständigen Behörden der Mitgliedstaaten, die ihr Amtshilfe zu leisten haben, die Fälle, in denen Zuwiderhandlungen gegen diese Grundsätze vermutet werden. Stellt sie eine Zuwiderhandlung fest, so schlägt sie geeignete Mittel vor, um diese abzustellen.

(2) Wird die Zuwiderhandlung nicht abgestellt, so trifft die Kommission in einer mit Gründen versehenen Entscheidung die Feststellung, daß

eine derartige Zuwiderhandlung vorliegt. Sie kann die Entscheidung veröffentlichen und die Mitgliedstaaten ermächtigen, die erforderlichen Abhilfemaßnahmen zu treffen, deren Bedingungen und Einzelheiten sie festlegt.

### Artikel 90 [Öffentliche Unternehmen und Monopole]

(1) Die Mitgliedstaaten werden in bezug auf öffentliche Unternehmen und auf Unternehmen, denen sie besondere oder ausschließliche Rechte gewähren, keine diesem Vertrag und insbesondere dessen Artikeln 7 und 85 bis 94 widersprechende Maßnahmen treffen oder beibehalten.

(2) Für Unternehmen, die mit Dienstleistungen von allgemeinem wirtschaftlichem Interesse betraut sind oder den Charakter eines Finanzmonopols haben, gelten die Vorschriften dieses Vertrags, insbesondere die Wettbewerbsregeln, soweit die Anwendung dieser Vorschriften nicht die Erfüllung der ihnen übertragenen besonderen Aufgabe rechtlich oder tatsächlich verhindert. Die Entwicklung des Handelsverkehrs darf nicht in einem Ausmaß beeinträchtigt werden, das dem Interesse der Gemeinschaft zuwiderläuft.

(3) Die Kommission achtet auf die Anwendung dieses Artikels und richtet erforderlichenfalls geeignete Richtlinien oder Entscheidungen an die Mitgliedstaaten.

## Abschnitt 2. Dumping

### Artikel 91 [Binnenhandelsdumping]

(1) Stellt die Kommission während der Übergangszeit auf Antrag eines Mitgliedstaates oder eines anderen Beteiligten Dumping-Praktiken innerhalb des Gemeinsamen Marktes fest, so richtet sie Empfehlungen an den oder die Urheber, um diese Praktiken abzustellen.

Werden sie trotzdem fortgesetzt, so ermächtigt die Kommission den geschädigten Mitgliedstaat, geeignete Schutzmaßnahmen zu treffen, deren Bedingungen und Einzelheiten sie festlegt.

(2) Nach Inkrafttreten dieses Vertrags dürfen Waren, die aus einem Mitgliedstaat stammen oder sich dort im freien Verkehr befanden und in einen anderen Mitgliedstaat ausgeführt worden sind, in den erstgenannten Staat wieder eingeführt werden, ohne hierbei einem Zoll, einer mengenmäßigen Beschränkung oder Maßnahmen gleicher Wirkung zu unterliegen. Die Kommission erläßt geeignete Regelungen zur Anwendung dieses Absatzes.

## Abschnitt 3. Staatliche Beihilfen

### Artikel 92 [Beihilfeverbot]

(1) Soweit in diesem Vertrag nicht etwas anderes bestimmt ist, sind staatliche oder aus staatlichen Mitteln gewährte Beihilfen gleich welcher Art, die durch die Begünstigung bestimmter Unternehmen oder Produktionszweige den Wettbewerb verfälschen oder zu verfälschen drohen, mit dem Gemeinsamen Markt unvereinbar, soweit sie den Handel zwischen Mitgliedstaaten beeinträchtigen.

(2) Mit dem Gemeinsamen Markt vereinbar sind

a) Beihilfen sozialer Art an einzelne Verbraucher, wenn sie ohne Diskriminierung nach der Herkunft der Waren gewährt werden;

b) Beihilfen zur Beseitigung von Schäden, die durch Naturkatastrophen oder sonstige außergewöhnliche Ereignisse entstanden sind;

c) Beihilfen für die Wirtschaft bestimmter durch die Teilung Deutschlands betroffener Gebiete der Bundesrepublik Deutschland, soweit sie zum Ausgleich der durch die Teilung verursachten wirtschaftlichen Nachteile erforderlich sind.

(3) Als mit dem Gemeinsamen Markt vereinbar können angesehen werden:

a) Beihilfen zur Förderung der wirtschaftlichen Entwicklung von Gebieten, in denen die Lebenshaltung außergewöhnlich niedrig ist oder eine erhebliche Unterbeschäftigung herrscht;

b) Beihilfen zur Förderung wichtiger Vorhaben von gemeinsamem europäischem Interesse oder zur Behebung einer beträchtlichen Störung im Wirtschaftsleben eines Mitgliedstaates;

c) Beihilfen zur Förderung der Entwicklung gewisser Wirtschaftszweige oder Wirtschaftsgebiete, soweit sie die Handelsbedingungen nicht in einer Weise verändern, die dem gemeinsamen Interesse zuwiderläuft. Beihilfen für den Schiffsbau, soweit sie am 1. Januar 1957 bestanden und lediglich einem fehlenden Zollschutz entsprechen, werden jedoch entsprechend den für die Abschaffung der Zölle geltenden Bestimmungen und vorbehaltlich der Vorschriften dieses Vertrags über die gemeinsame Handelspolitik gegenüber dritten Ländern schrittweise abgebaut;

d) Beihilfen zur Förderung der Kultur und der Erhaltung des kulturellen Erbes, soweit sie die Handels- und Wettbewerbsbedingungen in der Gemeinschaft nicht in einem Maß beeinträchtigen, das dem gemeinsamen Interesse zuwiderläuft;

e) sonstige Arten von Beihilfen, die der Rat durch eine Entscheidung mit qualifizierter Mehrheit auf Vorschlag der Kommission bestimmt.

**Artikel 93 [Beihilfenüberwachung]**

(1) Die Kommission überprüft fortlaufend in Zusammenarbeit mit den Mitgliedstaaten die in diesen bestehenden Beihilferegelungen. Sie schlägt ihnen die zweckdienlichen Maßnahmen vor, welche die fortschreitende Entwicklung und das Funktionieren des Gemeinsamen Marktes erfordern.

(2) Stellt die Kommission fest, nachdem sie den Beteiligten eine Frist zur Äußerung gesetzt hat, daß eine von einem Staat oder aus staatlichen Mitteln gewährte Beihilfe mit dem Gemeinsamen Markt nach Artikel 92 unvereinbar ist oder daß sie mißbräuchlich angewandt wird, so entscheidet sie, daß der betreffende Staat sie binnen einer von ihr bestimmten Frist aufzuheben oder umzugestalten hat.

Kommt der betreffende Staat dieser Entscheidung innerhalb der festgesetzten Frist nicht nach, so kann die Kommission oder jeder betroffene Staat in Abweichung von den Artikeln 169 und 170 den Gerichtshof unmittelbar anrufen.

Der Rat kann einstimmig auf Antrag eines Mitgliedstaates entscheiden, daß eine von diesem Staat gewährte oder geplante Beihilfe in Abweichung von Artikel 92 oder von den nach Artikel 94 erlassenen Verordnungen als mit dem Gemeinsamen Markt vereinbar gilt, wenn außergewöhnliche Umstände eine solche Entscheidung rechtfertigen. Hat die Kommission bezüglich dieser Beihilfe das in Unterabsatz 1 dieses Absatzes vorgesehene Verfahren bereits eingeleitet, so bewirkt der Antrag des betreffenden Staates an den Rat die Aussetzung dieses Verfahrens, bis der Rat sich geäußert hat.

Äußert sich der Rat nicht binnen drei Monaten nach Antragstellung, so entscheidet die Kommission.

(3) Die Kommission wird von jeder beabsichtigten Einführung oder Umgestaltung von Beihilfen so rechtzeitig unterrichtet, daß sie sich dazu äußern kann. Ist sie der Auffassung, daß ein derartiges Vorhaben nach Artikel 92 mit dem Gemeinsamen Markt unvereinbar ist, so leitet sie unverzüglich das in Absatz (2) vorgesehene Verfahren ein. Der betreffende Mitgliedstaat darf die beabsichtigte Maßnahme nicht durchführen, bevor die Kommission eine abschließende Entscheidung erlassen hat.

**Artikel 94 [Durchführungsverordnungen]**

Der Rat kann auf Vorschlag der Kommission und nach Anhörung des Europäischen Parlaments mit qualifizierter Mehrheit alle zweckdienlichen Durchführungsverordnungen zu den Artikeln 92 und 93 erlassen und insbesondere die Bedingungen für die Anwendung des Artikels 93

Absatz 3 sowie diejenigen Arten von Beihilfen festlegen, die von diesem Verfahren ausgenommen sind.

## Kapitel 2. Steuerliche Vorschriften

### Artikel 95 [Verbot diskriminierende Abgaben]

Die Mitgliedstaaten erheben auf Waren aus anderen Mitgliedstaaten weder unmittelbar noch mittelbar höhere inländische Abgaben gleich welcher Art, als gleichartige inländische Waren unmittelbar oder mittelbar zu tragen haben.

Die Mitgliedstaaten erheben auf Waren aus anderen Mitgliedstaaten keine inländischen Abgaben, die geeignet sind, andere Produktionen mittelbar zu schützen.

Spätestens mit Beginn der zweiten Stufe werden die Mitgliedstaaten die bei Inkrafttreten dieses Vertrags geltenden Bestimmungen aufheben oder berichtigen, die den obengenannten Vorschriften entgegenstehen.

### Artikel 96 [Abgabenausgleich bei Warenausfuhr]

Werden Waren in das Hoheitsgebiet eines Mitgliedstaates ausgeführt, so darf die Rückvergütung für inländische Abgaben nicht höher sein als die auf die ausgeführten Waren mittelbar oder unmittelbar erhobenen inländischen Abgaben.

### Artikel 97 [Kumulatives Mehrphasen-Umsatzsteuersystem]

Mitgliedstaaten, welche die Umsatzsteuer nach dem System der kumulativen Mehrphasensteuer erheben, können für inländische Abgaben, die sie von eingeführten Waren erheben, und für Rückvergütungen, die sie für ausgeführte Waren gewähren, unter Wahrung der in den Artikeln 95 und 96 aufgestellten Grundsätze Durchschnittssätze für Waren oder Gruppen von Waren festlegen.

Entsprechen diese Durchschnittssätze nicht den genannten Grundsätzen, so richtet die Kommission geeignete Richtlinien oder Entscheidungen an den betreffenden Staat.

### Artikel 98 [Kompensationsverbot; Ausnahmen]

Für Abgaben außer Umsatzsteuem, Verbrauchsabgaben und sonstigen indirekte Steuern sind Entlastungen und Rückvergütungen bei der Ausfuhr nach anderen Mitgliedstaaten sowie Ausgleichsabgaben bei der Einfuhr aus den Mitgliedstaaten nur zulässig, soweit der Rat sie vorher mit qualifizierter Mehrheit auf Vorschlag der Kommission für eine begrenzte Frist genehmigt hat.

#### Artikel 99 [Harmonisierung indirekter Steuern]

Der Rat erläßt auf Vorschlag der Kommission und nach Anhörung des Europäischen Parlaments und des Wirtschafts- und Sozialausschusses einstimmig die Bestimmungen zur Harmonisierung der Rechtsvorschriften über die Umsatzsteuern, die Verbrauchsabgaben und sonstige indirekte Steuern, soweit diese Harmonisierung für die Errichtung und das Funktionieren des Binnenmarkts innerhalb der in Artikel 7a gesetzten Frist notwendig ist.

### Kapitel 3. Angleichung der Rechtsvorschriften

#### Artikel 100 [Rechtsangleichung]

Der Rat erläßt einstimmig auf Vorschlag der Kommission und nach Anhörung des Europäischen Parlaments und des Wirtschafts- und Sozialausschusses Richtlinien für die Angleichung derjenigen Rechts- und Verwaltungsvorschriften der Mitgliedstaaten, die sich unmittelbar auf die Errichtung oder das Funktionieren des Gemeinsamen Marktes auswirken.

#### Artikel 100 a [Rechtsangleichung im Binnenmarkt]

(1) Soweit in diesem Vertrag nichts anderes bestimmt ist, gilt abweichend von Artikel 100 für die Verwirklichung der Ziele des Artikels 7a die nachstehende Regelung. Der Rat erlaßt gemäß dem Verfahren des Artikels 189 b und nach Anhörung des Wirtschafts- und Sozialausschusses die Maßnahmen zur Angleichung der Rechts- und Verwaltungsvorschriften der Mitgliedstaaten, welche die Errichtung und das Funktionieren des Binnenmarkts zum Gegenstand haben.

(2) Absatz 1 gilt nicht für die Bestimmungen über die Steuern, die Bestimmungen über die Freizügigkeit und die Bestimmungen über die Rechte und Interessen der Arbeitnehmer.

(3) Die Kommission geht in ihren Vorschlägen nach Absatz 1 in den Bereichen Gesundheit, Sicherheit, Umweltschutz und Verbraucherschutz von einem hohen Schutzniveau aus.

(4) Hält es ein Mitgliedstaat, wenn der Rat mit qualifizierter Mehrheit eine Harmonisierungsmaßnahme erlassen hat, für erforderlich, einzelstaatliche Bestimmungen anzuwenden, die durch wichtige Erfordernis-

se im Sinne des Artikels 36 oder in bezug auf den Schutz der Arbeitsumwelt oder den Umweltschutz gerechtfertigt sind, so teilt er diese Bestimmungen der Kommission mit.

Die Kommission bestätigt die betreffenden Bestimmungen, nachdem sie sich vergewissert hat, daß sie kein Mittel zur willkürlichen Diskriminierung und keine verschleierte Beschränkung des Handels zwischen den Mitgliedstaaten darstellen.

In Abweichung von dem Verfahren der Artikel 169 und 170 kann die Kommission oder ein Mitgliedstaat den Gerichtshof unmittelbar anrufen, wenn die Kommission oder der Staat der Auffassung ist, daß ein anderer Mitgliedstaat die in diesem Artikel vorgesehenen Befugnisse mißbraucht.

(5) Die vorgenannten Harmonisierungsmaßnahmen sind in geeigneten Fällen mit einer Schutzklausel verbunden, die die Mitgliedstaaten ermächtigt, aus einem oder mehreren der in Artikel 36 genannten nichtwirtschaftlichen Gründen vorläufige Maßnahmen zu treffen, die einem gemeinschaftlichen Kontrollverfahren unterliegen.

**Artikel 100 b [Anerkennung einzelstaatlicher Vorschriften]**

(1) Die Kommission erfaßt im Laufe des Jahres 1992 gemeinsam mit jedem Mitgliedstaat dessen unter Artikel 100 a fallende Rechts- und Verwaltungsvorschriften, für die keine Angleichung gemäß diesem Artikel erfolgt ist.

Der Rat kann gemäß Artikel 100 a beschließen, daß die in einem Mitgliedstaat geltenden Vorschriften als den Vorschriften eines anderen Mitgliedstaats gleichwertig anerkannt werden müssen.

(2) Artikel 100 a Absatz 4 findet entsprechende Anwendung.

(3) Die Kommission führt die Erfassung nach Absatz 1 Unterabsatz 1 so rechtzeitig durch und legt die entsprechenden Vorschläge so rechtzeitig vor, daß der Rat vor Ende 1992 beschließen kann.

**Artikel 100 c [Visumzwang]**

(1) Der Rat bestimmt auf Vorschlag der Kommission und nach Anhörung des Europäischen Parlaments einstimmig die dritten Länder, deren Staatsangehörige beim Überschreiten der Außengrenzen der Mitgliedstaaten im Besitz eines Visums sein müssen.

(2) Bei einer Notlage in einem dritten Land, die zu einem plötzlichen Zustrom von Staatsangehörigen dieses Landes in die Gemeinschaft zu führen droht, kann der Rat jedoch auf Empfehlung der Kommission mit qualifizierter Mehrheit für einen Zeitraum von höchstens sechs Mona-

ten den Visumzwang für Staatsangehörige des betreffenden Landes einführen. Der nach diesem Absatz eingeführte Visumzwang kann nach dem Verfahren des Absatzes 1 verlängert werden.

(3) Vom 1. Januar 1996 an trifft der Rat Entscheidungen im Sinne des Absatzes 1 mit qualifizierter Mehrheit. Vor diesem Zeitpunkt erläßt der Rat mit qualifizierter Mehrheit auf Vorschlag der Kommission und nach Anhörung des Europäischen Parlaments die Maßnahmen zur einheitlichen Visagestaltung.

(4) In den in diesem Artikel genannten Bereichen hat die Kommission jeden von einem Mitgliedstaat gestellten Antrag zu prüfen, in dem sie ersucht wird, dem Rat einen Vorschlag zu unterbreiten.

(5) Dieser Artikel läßt die Ausübung der Verantwortung der Mitgliedstaaten für die Aufrechterhaltung der öffentlichen Ordnung und den Schutz der inneren Sicherheit unberührt.

(6) Dieser Artikel gilt für weitere Bereiche, falls ein entsprechender Beschluß nach Artikel K.9 der die Zusammenarbeit in den Bereichen Justiz und Inneres betreffenden Bestimmungen des Vertrags über die Europäische Union gefaßt wird; dies gilt vorbehaltlich des gleichzeitig festgelegten Abstimmungsverfahrens.

(7) Die Bestimmungen der zwischen den Mitgliedstaaten geltenden Abkommen, die durch diesen Artikel erfaßte Sachbereiche regeln, bleiben in Kraft, solange sie nicht durch Richtlinien oder Maßnahmen aufgrund dieses Artikels inhaltlich ersetzt worden sind.

**Artikel 100 d [Beteiligung des Koordinierungsausschusses]**

Der aus hohen Beamten bestehende Koordinierungsausschuß, der durch Artikel K.4 des Vertrags über die Europäische Union eingesetzt wird, trägt unbeschadet des Artikels 151 zur Vorbereitung der Arbeiten des Rates in den in Artikel 100 c genannten Bereichen bei.

**Artikel 101 [Rechtsangleichung bei Wettbewerbsverzerrungen]**

Stellt die Kommission fest, daß vorhandene Unterschiede in den Rechts- und Verwaltungsvorschriften der Mitgliedstaaten die Wettbewerbsbedingungen auf dem Gemeinsamen Markt verfälschen und dadurch eine Verzerrung hervorrufen, die zu beseitigen ist, so tritt sie mit den betreffenden Mitgliedstaaten in Beratungen ein.

Führen diese Beratungen nicht zur Beseitigung dieser Verzerrung, so erläßt der Rat während der ersten Stufe einstimmig und danach mit qualifizierter Mehrheit auf Vorschlag der Kommission die erforderlichen Richtlinien. Die Kommission und der Rat können alle sonstigen in diesem Vertrag vorgesehenen zweckdienlichen Maßnahmen treffen.

### Artikel 102 [Präventivkontrolle bei Wettbewerbsverzerrungen]

(1) Ist zu befürchten, daß der Erlaß oder die Änderung einer Rechts- oder Verwaltungsvorschrift eine Verzerrung im Sinne des Artikels 101 verursacht, so setzt sich der Mitgliedstaat, der diese Maßnahme beabsichtigt, mit der Kommission ins Benehmen. Diese empfiehlt nach Beratung mit den Mitgliedstaaten den beteiligten Staaten die zur Vermeidung dieser Verzerrung geeigneten Maßnahmen.

(2) Kommt der Staat, der innerstaatliche Vorschriften erlassen oder ändern will, der an ihn gerichteten Empfehlung der Kommission nicht nach, so kann nicht gemäß Artikel 101 verlangt werden, daß die anderen Mitgliedstaaten ihre innerstaatlichen Vorschriften ändern, um die Verzerrung zu beseitigen. Verursacht ein Mitgliedstaat, der die Empfehlung der Kommission außer acht läßt, eine Verzerrung lediglich zu seinem eigenen Nachteil, so findet Artikel 101 keine Anwendung.

## Titel VI. Die Wirtschafts- und Währungspolitik

## Kapitel 1. Die Wirtschaftspolitik

### Artikel 102 a [Grundsätze der Wirtschaftspolitik]

Die Mitgliedstaaten richten ihre Wirtschaftspolitik so aus, daß sie im Rahmen der in Artikel 103 Absatz 2 genannten Grundzüge zur Verwirklichung der Ziele der Gemeinschaft im Sinne des Artikels 2 beitragen. Die Mitgliedstaaten und die Gemeinschaft handeln im Einklang mit dem Grundsatz einer offenen Marktwirtschaft mit freiem Wettbewerb, wodurch ein effizienter Einsatz der Ressourcen gefördert wird, und halten sich dabei an die in Artikel 3 a genannten Grundsätze.

### Artikel 103 [Koordinierung der Wirtschaftspolitik]

(1) Die Mitgliedstaaten betrachten ihre Wirtschaftspolitik als eine Angelegenheit von gemeinsamem Interesse und koordinieren sie im Rat nach Maßgabe des Artikels 102 a.

(2) Der Rat erstellt mit qualifizierter Mehrheit auf Empfehlung der Kommission einen Entwurf für die Grundzüge der Wirtschaftspolitik der Mitgliedstaaten und der Gemeinschaft und erstattet dem Europäischen Rat hierüber Bericht.

Der Europäische Rat erörtert auf der Grundlage dieses Berichts des Rates eine Schlußfolgerung zu den Grundzügen der Wirtschaftspolitiken der Mitgliedstaaten und der Gemeinschaft.

Auf der Grundlage dieser Schlußfolgerung verabschiedet der Rat mit qualifizierter Mehrheit eine Empfehlung, in der diese Grundzüge dargelegt werden. Der Rat unterrichtet das Europäische Parlament über seine Empfehlung.

(3) Um eine engere Koordinierung der Wirtschaftspolitik und eine dauerhafte Konvergenz der Wirtschaftsleistungen der Mitgliedstaaten zu gewährleisten, überwacht der Rat anhand von Berichten der Kommission die wirtschaftliche Entwicklung in jedem Mitgliedstaat und in der Gemeinschaft sowie die Vereinbarkeit der Wirtschaftspolitik mit den in Absatz 2 genannten Grundzügen und nimmt in regelmäßigen Abständen eine Gesamtbewertung vor.

Zum Zwecke dieser multilateralen Überwachung übermitteln die Mitgliedstaaten der Kommission Angaben zu wichtigen einzelstaatlichen Maßnahmen auf dem Gebiet ihrer Wirtschaftspolitik sowie weitere von ihnen für erforderlich erachtete Angaben.

(4) Wird im Rahmen des Verfahrens nach Absatz 3 festgestellt, daß die Wirtschaftspolitik eines Mitgliedstaats nicht mit den in Absatz 2 genannten Grundzügen vereinbar ist oder das ordnungsgemäße Funktionieren der Wirtschafts- und Währungsunion zu gefährden droht, so kann der Rat mit qualifizierter Mehrheit auf Empfehlung der Kommission die erforderlichen Empfehlungen an den betreffenden Mitgliedstaat richten. Der Rat kann mit qualifizierter Mehrheit auf Vorschlag der Kommission beschließen, seine Empfehlungen zu veröffentlichen.

Der Präsident des Rates und die Kommission erstatten dem Europäischen Parlament über die Ergebnisse der multilateralen Überwachung Bericht. Der Präsident des Rates kann ersucht werden, vor dem zuständigen Ausschuß des Europäischen Parlaments zu erscheinen, wenn der Rat seine Empfehlungen veröffentlicht hat.

(5) Der Rat kann nach dem Verfahren des Artikels 189 c die Einzelheiten des Verfahrens der multilateralen Überwachung im Sinne der Absätze 3 und 4 festlegen.

**Artikel 103 a [Maßnahmen in besonderen Situationen]**

(1) Der Rat kann auf Vorschlag der Kommission unbeschadet der sonstigen in diesem Vertrag vorgesehenen Verfahren einstimmig über die der Wirtschaftslage angemessenen Maßnahmen entscheiden, insbesondere falls gravierende Schwierigkeiten in der Versorgung mit bestimmten Waren auftreten.

(2) Ist ein Mitgliedstaat aufgrund außergewöhnlicher Ereignisse, die sich seiner Kontrolle entziehen, von Schwierigkeiten betroffen oder von

gravierenden Schwierigkeiten ernstlich bedroht, so kann der Rat einstimmig auf Vorschlag der Kommission beschließen, dem betreffenden Mitgliedstaat unter bestimmten Bedingungen einen finanziellen Beistand der Gemeinschaft zu gewähren. Sind die gravierenden Schwierigkeiten auf Naturkatastrophen zurückzuführen, so beschließt der Rat mit qualifizierter Mehrheit. Der Präsident des Rates unterrichtet das Europäische Parlament über den Beschluß.

**Artikel 104 [Kreditaufnahmeverbot für die öffentliche Hand]**

(1) Überziehungs- oder andere Kreditfazilitäten bei der EZB oder den Zentralbanken der Mitgliedstaaten (im folgenden als "nationale Zentralbanken" bezeichnet) für Organe oder Einrichtungen der Gemeinschaft, Zentralregierungen, regionale oder lokale Gebietskörperschaften oder andere öffentlich-rechtliche Körperschaften, sonstige Einrichtungen des öffentlichen Rechts oder öffentliche Unternehmen der Mitgliedstaaten sind ebenso verboten wie der unmittelbare Erwerb von Schuldtiteln von diesen durch die EZB oder die nationalen Zentralbanken.

(2) Die Bestimmungen des Absatzes 1 gelten nicht für Kreditinstitute in öffentlichem Eigentum; diese werden von der jeweiligen nationalen Zentralbank und der EZB, was die Bereitstellung von Zentralbankgeld betrifft, wie private Kreditinstitute behandelt.

**Artikel 104 a [Bevorzugungsverbot]**

(1) Maßnahmen, die nicht aus aufsichtsrechtlichen Gründen getroffen werden und einen bevorrechtigten Zugang der Organe und Einrichtungen der Gemeinschaft, der Zentralregierungen, der regionalen oder lokalen Gebietskörperschaften oder anderen öffentlich-rechtlichen Körperschaften, sonstiger Einrichtungen des öffentlichen Rechts oder öffentlicher Unternehmen der Mitgliedstaaten zu den Finanzinstituten schaffen, sind verboten.

(2) Der Rat legt vor dem 1. Januar 1994 nach dem Verfahren des Artikels 189 c die Begriffsbestimmungen für die Anwendung des in Absatz 1 vorgesehenen Verbots fest.

**Artikel 104 b [Haftungsausschuß]**

(1) Die Gemeinschaft haftet nicht für die Verbindlichkeiten der Zentralregierungen, der regionalen oder lokalen Gebietskörperschaften oder anderen öffentlich-rechtlichen Körperschaften, sonstiger Einrichtungen des öffentlichen Rechts oder öffentlicher Unternehmen von Mitgliedstaaten und tritt nicht für derartige Verbindlichkeiten ein; dies

gilt unbeschadet der gegenseitigen finanziellen Garantien für die gemeinsame Durchführung eines bestimmten Vorhabens. Ein Mitgliedstaat haftet nicht für die Verbindlichkeiten der Zentralregierungen, der regionalen oder lokalen Gebietskörperschaften oder anderen öffentlich-rechtlichen Körperschaften, sonstiger Einrichtungen des öffentlichen Rechts oder öffentlicher Unternehmen eines anderen Mitgliedstaats und tritt nicht für derartige Verbindlichkeiten ein; dies gilt unbeschadet der gegenseitigen finanziellen Garantien für die gemeinsame Durchführung eines bestimmten Vorhabens.

(2) Der Rat kann erforderlichenfalls nach dem Verfahren des Artikels 189 c Definitionen für die Anwendung der in Artikel 104 und in diesem Artikel vorgesehenen Verbote näher bestimmen.

**Artikel 104 c [Haushaltsdisziplin]**

(1) Die Mitgliedstaaten vermeiden übermäßige öffentliche Defizite.

(2) Die Kommission überwacht die Entwicklung der Haushaltslage und der Höhe des öffentlichen Schuldenstands in den Mitgliedstaaten im Hinblick auf die Feststellung schwerwiegender Fehler. Insbesondere prüft sie die Einhaltung der Haushaltsdisziplin anhand von zwei Kriterien, nämlich daran,

a) ob das Verhältnis des geplanten oder tatsächlichen öffentlichen Defizits zum Bruttoinlandsprodukt einen bestimmten Referenzwert überschreitet, es sei denn, daß

– entweder das Verhältnis erheblich und laufend zurückgegangen ist und einen Wert in der Nähe des Referenzwerts erreicht hat

– oder der Referenzwert nur ausnahmsweise und vorübergehend überschritten wird und das Verhältnis in der Nähe des Referenzwerts bleibt;

b) ob das Verhältnis des öffentlichen Schuldenstands zum Bruttoinlandsprodukt einen bestimmten Referenzwert überschreitet, es sei denn, daß das Verhältnis hinreichend rückläufig ist und sich rasch genug dem Referenzwert nähert.

Die Referenzwerte werden in einem diesem Vertrag beigefügten Protokoll über das Verfahren bei einem übermäßigen Defizit im einzelnen festgelegt.

(3) Erfüllt ein Mitgliedstaat keines oder nur eines dieser Kriterien, so erstellt die Kommission einen Bericht. In diesem Bericht wird berücksichtigt, ob das öffentliche Defizit die öffentlichen Ausgaben für Investitionen übertrifft; berücksichtigt werden ferner alle sonstigen einschlägigen Faktoren, einschließlich der mittelfristigen Wirtschafts- und Haushaltslage des Mitgliedstaats.

Die Kommission kann ferner einen Bericht erstellen, wenn sie ungeachtet der Erfüllung der Kriterien der Auffassung ist, daß in einem Mitgliedstaat die Gefahr eines übermäßigen Defizits besteht.

(4) Der Ausschuß nach Artikel 109 c gibt eine Stellungnahme zu dem Bericht der Kommission ab.

(5) Ist die Kommission der Auffassung, daß in einem Mitgliedstaat ein übermäßiges Defizit besteht oder sich ergeben könnte, so legt sie dem Rat eine Stellungnahme vor.

(6) Der Rat entscheidet mit qualifizierter Mehrheit auf Empfehlung der Kommission und unter Berücksichtigung der Bemerkungen, die der betreffende Mitgliedstaat gegebenenfalls abzugeben wünscht, nach Prüfung der Gesamtlage, ob ein übermäßiges Defizit besteht.

(7) Wird nach Absatz 6 ein übermäßiges Defizit festgestellt, so richtet der Rat an den betreffenden Mitgliedstaat Empfehlungen mit dem Ziel, dieser Lage innerhalb einer bestimmten Frist abzuhelfen. Vorbehaltlich des Absatzes 8 werden diese Empfehlungen nicht veröffentlicht.

(8) Stellt der Rat fest, daß seine Empfehlungen innerhalb der gesetzten Frist keine wirksamen Maßnahmen ausgelöst haben, so kann er seine Empfehlungen veröffentlichen.

(9) Falls ein Mitgliedstaat den Empfehlungen des Rates weiterhin nicht Folge leistet, kann der Rat beschließen, den Mitgliedstaat mit der Maßgabe in Verzug zu setzen, innerhalb einer bestimmten Frist Maßnahmen für den nach Auffassung des Rates zur Sanierung erforderlichen Defizitabbau zu treffen.

Der Rat kann in diesem Fall den betreffenden Mitgliedstaat ersuchen, nach einem konkreten Zeitplan Berichte vorzulegen, um die Anpassungsbemühungen des Mitgliedstaats überprüfen zu können.

(10) Das Recht auf Klageerhebung nach den Artikeln 169 und 170 kann im Rahmen der Absätze 1 bis 9 dieses Artikels nicht ausgeübt werden.

(11) Solange ein Mitgliedstaat einen Beschluß nach Absatz 9 nicht befolgt, kann der Rat beschließen, eine oder mehrere der nachstehenden Maßnahmen anzuwenden oder gegebenenfalls zu verschärfen, nämlich

- von dem betreffenden Mitgliedstaat verlangen, vor der Emission von Schuldverschreibungen und sonstigen Wertpapieren vom Rat näher zu bezeichnende zusätzliche Angaben zu veröffentlichen,
- die Europäische Investitionsbank ersuchen, ihre Darlehenspolitik gegenüber dem Mitgliedstaat zu überprüfen,
- von dem Mitgliedstaat verlangen, eine unverzinsliche Einlage in angemessener Höhe bei der Gemeinschaft zu hinterlegen, bis das übermäßige Defizit nach Ansicht des Rates korrigiert worden ist,
- Geldbußen in angemessener Höhe verhängen.

Der Präsident des Rates unterrichtet das Europäische Parlament von den Beschlüssen.

(12) Der Rat hebt einige oder sämtliche Entscheidungen nach den Absätzen 6 bis 9 und 11 so weit auf, wie das übermäßige Defizit in dem betreffenden Mitgliedstaat nach Ansicht des Rates korrigiert worden ist. Hat der Rat zuvor Empfehlungen veröffentlicht, so stellt er, sobald die Entscheidung nach Absatz 8 aufgehoben worden ist, in einer öffentlichen Erklärung fest, daß in dem betreffenden Mitgliedstaat kein übermäßiges Defizit mehr besteht.

(13) Die Beschlußfassung des Rates nach den Absätzen 7 bis 9 sowie 11 und 12 erfolgt auf Empfehlung der Kommission mit einer Mehrheit von zwei Dritteln der gemäß Artikel 148 Absatz 2 gewogenen Stimmen der Mitgliedstaaten mit Ausnahme der Stimmen des Vertreters des betroffenen Mitgliedstaats.

(14) Weitere Bestimmungen über die Durchführung des in diesem Artikel beschriebenen Verfahrens sind in dem diesem Vertrag beigefügten Protokoll über das Verfahren bei einem übermäßigen Defizit enthalten.

Der Rat verabschiedet einstimmig auf Vorschlag der Kommission und nach Anhörung des Europäischen Parlaments sowie der EZB die geeigneten Bestimmungen, die sodann das genannte Protokoll ablösen.

Der Rat beschließt vorbehaltlich der sonstigen Bestimmungen dieses Absatzes vor dem 1. Januar 1994 mit qualifizierter Mehrheit auf Vorschlag der Kommission und nach Anhörung des Europäischen Parlaments nähere Einzelheiten und Begriffsbestimmungen für die Durchführung des genannten Protokolls.

## Kapitel 2. Die Währungspolitik

### Artikel 105 [Ziele und Aufgaben des ESZB; Beteiligung der EZB]

(1) Das vorrangige Ziel des ESZB ist es, die Preisstabilität zu gewährleisten. Soweit dies ohne Beeinträchtigung des Zieles der Preisstabilität möglich ist, unterstützt das ESZB die allgemeine Wirtschaftspolitik in der Gemeinschaft, um zur Verwirklichung der in Artikel 2 festgelegten Ziele der Gemeinschaft beizutragen. Das ESZB handelt im Einklang mit dem Grundsatz einer offenen Marktwirtschaft mit freiem Wettbewerb, wodurch ein effizienter Einsatz der Ressourcen gefördert wird, und hält sich dabei an die in Artikel 3 a genannten Grundsätze.

(2) Die grundlegenden Aufgaben des ESZB bestehen darin,

– die Geldpolitik der Gemeinschaft festzulegen und auszuführen,

– Devisengeschäfte im Einklang mit Artikel 109 durchzuführen,

– die offiziellen Währungsreserven der Mitgliedstaaten zu halten und zu verwalten,

– das reibungslose Funktionieren der Zahlungssysteme zu fördern.

(3) Absatz 2 dritter Gedankenstrich berührt nicht die Haltung und Verwaltung von Arbeitsguthaben in Fremdwährungen durch die Regierungen der Mitgliedstaaten.

(4) Die EZB wird gehört

– zu allen Vorschlägen für Rechtsakte der Gemeinschaft im Zuständigkeitsbereich der EZB,

– von den nationalen Behörden zu allen Entwürfen für Rechtsvorschriften im Zuständigkeitsbereich der EZB, und zwar innerhalb der Grenzen und unter den Bedingungen, die der Rat nach dem Verfahren des Artikels 106 Absatz 6 festlegt.

Die EZB kann gegenüber den zuständigen Organen und Einrichtungen der Gemeinschaft und gegenüber den nationalen Behörden Stellungnahmen zu in ihren Zuständigkeitsbereich fallenden Fragen abgeben.

(5) Das ESZB trägt zur reibungslosen Durchführung der von den zuständigen Behörden auf dem Gebiet der Aufsicht über die Kreditinstitute und der Stabilität des Finanzsystems ergriffenen Maßnahmen bei.

(6) Der Rat kann durch einstimmigen Beschluß auf Vorschlag der Kommission nach Anhörung der EZB und nach Zustimmung des Europäischen Parlaments der EZB besondere Aufgaben im Zusammenhang mit der Aufsicht über Kreditinstitute und sonstige Finanzinstitute mit Ausnahme von Versicherungsunternehmen übertragen.

**Artikel 105 a [Noten- und Münzausgabe]**

(1) Die EZB hat das ausschließliche Recht, die Ausgabe von Banknoten innerhalb der Gemeinschaft zu genehmigen. Die EZB und die nationalen Zentralbanken sind zur Ausgabe von Banknoten berechtigt. Die von der EZB und den nationalen Zentralbanken ausgegebenen Banknoten sind die einzigen Banknoten, die in der Gemeinschaft als gesetzliches Zahlungsmittel gelten.

(2) Die Mitgliedstaaten haben das Recht zur Ausgabe von Münzen, wobei der Umfang dieser Ausgabe der Genehmigung durch die EZB bedarf. Der Rat kann nach dem Verfahren des Artikels 189 c und nach Anhörung der EZB Maßnahmen erlassen, um die Stückelung und die technischen Merkmale aller für den Umlauf bestimmten Münzen so

weit zu harmonisieren, wie dies für deren reibungslosen Umlauf innerhalb der Gemeinscaft erforderlich ist.

**Artikel 106 [Das ESZB]**

(1) Das ESZB besteht aus der EZB und den nationalen Zentralbanken.

(2) Die EZB besitzt Rechtspersönlichkeit.

(3) Das ESZB wird von den Beschlußorganen der EZB, nämlich dem EZB-Rat und dem Direktorium, geleitet.

(4) Die Satzung des ESZB ist in einem diesem Vertrag beigefügten Protokoll festgelegt.

(5) Der Rat kann die Artikel 5.1, 5.2, 5.3, 17, 18, 19.1, 22, 23, 24, 26, 32.2, 32.3, 32.4, 32.6, 33.1.a und 36 der Satzung des ESZB entweder mit qualifizierter Mehrheit auf Empfehlung der EZB nach Anhörung der Kommission oder einstimmig auf Vorschlag der Kommission nach Anhörung der EZB ändern. Die Zustimmung des Europäischen Parlaments ist dabei jeweils erforderlich.

(6) Der Rat erläßt mit qualifizierter Mehrheit entweder auf Vorschlag der Kommission und nach Anhörung des Europäischen Parlaments und der EZB oder auf Empfehlung der EZB und nach Anhörung des Europäischen Parlaments und der Kommission die in den Artikeln 4, 5.4, 19.2, 20, 28.1, 29.2, 30.4 und 34.3 der Satzung des ESZB genannten Bestimmungen.

**Artikel 107 [Unabhängigkeit von EZB und nationalen Zentralbanken]**

Bei der Wahrnehmung der ihnen durch diesen Vertrag und die Satzung des ESZB übertragenen Befugnisse, Aufgaben und Pflichten darf weder die EZB noch eine nationale Zentralbank noch ein Mitglied ihrer Beschlußorgane Weisungen von Organen oder Einrichtungen der Gemeinschaft, Regierungen der Mitgliedstaaten oder anderen Stellen einholen oder entgegennehmen. Die Organe und Einrichtungen der Gemeinschaft sowie die Regierungen der Mitgliedstaaten verpflichten sich, diesen Grundsatz zu beachten und nicht zu versuchen, die Mitglieder der Beschlußorgane der EZB oder der nationalen Zentralbanken bei der Wahrnehmung ihrer Aufgaben zu beeinflussen.

**Artikel 108 (Angleichung der nationalen Vorschriften]**

Jeder Mitgliedstaat stellt sicher, daß spätestens zum Zeitpunkt der Errichtung des ESZB seine innerstaatlichen Rechtsvorschriften einschließlich der Satzung seiner Zentralbank mit diesem Vertrag sowie mit der Satzung des ESZB im Einklang stehen.

**Artikel 108 a [Rechtsakte der EZB]**

(1) Zur Erfüllung der dem ESZB übertragenen Aufgaben werden von der EZB gemäß diesem Vertrag und unter den in der Satzung des ESZB vorgesehenen Bedingungen

– Verordnungen erlassen, insoweit dies für die Erfüllung der in Artikel 3.1 erster Gedankenstrich, Artikel 19.1, Artikel 22 oder Artikel 25.2 der Satzung des ESZB festgelegten Aufgaben erforderlich ist; sie erläßt Verordnungen ferner in den Fällen, die in den Rechtsakten des Rates nach Artikel 106 Absatz 6 vorgesehen werden,

– Entscheidungen erlassen, die zur Erfüllung der dem ESZB nach diesem Vertrag und der Satzung des ESZB übertragenen Aufgaben erforderlich sind,

– Empfehlungen und Stellungnahmen abgegeben.

(2) Die Verordnung hat allgemeine Geltung. Sie ist in allen ihren Teilen verbindlich und gilt unmittelbar in jedem Mitgliedstaat.

Die Empfehlungen und Stellungnahmen sind nicht verbindlich.

Die Entscheidung ist in allen ihren Teilen für diejenigen verbindlich, an die sie gerichtet ist.

Die Artikel 190, 191 und 192 des Vertrags gelten für die Verordnungen und Entscheidungen der EZB.

Die EZB kann die Veröffentlichung ihrer Entscheidungen, Empfehlungen und Stellungnahmen beschließen.

(3) Innerhalb der Grenzen und unter den Bedingungen, die der Rat nach dem Verfahren des Artikels 106 Absatz 6 festlegt, ist die EZB befugt, Unternehmen bei Nichteinhaltung der Verpflichtungen, die sich aus ihren Verordnungen und Entscheidungen ergeben, mit Geldbußen oder in regelmäßigen Abständen zu zahlenden Zwangsgeldern zu belegen.

**Artikel 109 [ECU-Wechselkurssystem; Verfahren bei Währungsabkommen mit Drittstaaten]**

(1) Abweichend von Artikel 228 kann der Rat einstimmig auf Empfehlung der EZB oder der Kommission und nach Anhörung der EZB in dem Bemühen, zu einem mit dem Ziel der Preisstabilität im Einklang stehenden Konsens zu gelangen, nach Anhörung des Europäischen

Parlaments gemäß den in Absatz 3 für die Festlegung von Modalitäten vorgesehenen Verfahren förmliche Vereinbarungen über ein Wechselkurssystem für die ECU gegenüber Drittlandswährungen treffen. Der Rat kann mit qualifizierter Mehrheit auf Empfehlung der EZB oder der Kommission und nach Anhörung der EZB in dem Bemühen, zu einem mit dem Ziel der Preisstabilität im Einklang stehenden Konsens zu gelangen, die ECU-Leitkurse innerhalb des Wechselkurssystems festlegen, ändern oder aufgeben. Der Präsident des Rates unterrichtet das Europäische Parlament von der Festlegung, Änderung oder Aufgabe der ECU-Leitkurse.

(2) Besteht gegenüber einer oder mehreren Drittlandswährungen kein Wechselkurssystem nach Absatz 1, so kann der Rat mit qualifizierter Mehrheit entweder auf Empfehlung der Kommission und nach Anhörung der EZB oder auf Empfehlung der EZB allgemeine Orientierungen für die Wechselkurspolitik gegenüber diesen Währungen aufstellen. Diese allgemeinen Orientierungen dürfen das vorrangige Ziel des ESZB, die Preisstabilität zu gewährleisten, nicht beeinträchtigen.

(3) Wenn von der Gemeinschaft mit einem oder mehreren Staaten oder internationalen Organisationen Vereinbarungen im Zusammenhang mit Währungsfragen oder Devisenregelungen auszuhandeln sind, beschließt der Rat abweichend von Artikel 228 mit qualifizierter Mehrheit auf Empfehlung der Kommission und nach Anhörung der EZB die Modalitäten für die Aushandlung und den Abschluß solcher Vereinbarungen. Mit diesen Modalitäten wird gewährleistet, daß die Gemeinschaft einen einheitlichen Standpunkt vertritt. Die Kommission wird an den Verhandlungen in vollem Umfang beteiligt.

Die nach diesem Absatz getroffenen Vereinbarungen sind für die Organe der Gemeinschaft, die EZB und die Mitgliedstaaten verbindlich.

(4) Vorbehaltlich des Absatzes 1 befindet der Rat auf Vorschlag der Kommission und nach Anhörung der EZB mit qualifizierter Mehrheit über den Standpunkt der Gemeinschaft auf internationaler Ebene zu Fragen, die von besonderer Bedeutung für die Wirtschafts- und Währungsunion sind, sowie einstimmig über ihre Vertretung unter Einhaltung der in den Artikeln 103 und 105 vorgesehenen Zuständigkeitsverteilung.

(5) Die Mitgliedstaaten haben das Recht, unbeschadet der Gemeinschaftszuständigkeit und der Gemeinschaftsvereinbarungen über die Wirtschafts- und Währungsunion in internationalen Gremien Verhandlungen zu führen und internationale Vereinbarungen zu treffen.

## Kapitel 3. Institutionelle Bestimmungen

### Artikel 109 a [Organe der EZB]

(1) Der EZB-Rat besteht aus den Mitgliedern des Direktoriums der EZB und den Präsidenten der nationalen Zentralbanken.

(2) a) Das Direktorium besteht aus dem Präsidenten, dem Vizepräsidenten und vier weiteren Mitgliedern.

b) Der Präsident, der Vizepräsident und die weiteren Mitglieder des Direktoriums werden von den Regierungen der Mitgliedstaaten auf der Ebene der Staats- und Regierungschefs auf Empfehlung des Rates, der hierzu das Europäische Parlament und den EZB-Rat anhört, aus dem Kreis der in Währungs- oder Bankfragen anerkannten und erfahrenen Persönlichkeiten einvernehmlich ausgewählt und ernannt.

Ihre Amtszeit beträgt acht Jahre; Wiederernennung ist nicht zulässig.

Nur Staatsangehörige der Mitgliedstaaten können Mitglieder des Direktoriums werden.

### Artikel 109 b [Zusammenarbeit mit Gemeinschaftsorganen]

(1) Der Präsident des Rates und ein Mitglied der Kommission können ohne Stimmrecht an den Sitzungen des EZB-Rates teilnehmen.

Der Präsident des Rates kann dem EZB-Rat einen Antrag zur Beratung vorlegen.

(2) Der Präsident der EZB wird zur Teilnahme an den Tagungen des Rates eingeladen, wenn dieser Fragen im Zusammenhang mit den Zielen und Aufgaben des ESZB erörtert.

(3) Die EZB unterbreitet dem Europäischen Parlament, dem Rat und der Kommission sowie auch dem Europäischen Rat einen Jahresbericht über die Tätigkeit des ESZB und die Währungspolitik im vergangenen und im laufenden Jahr. Der Präsident der EZB legt den Bericht dem Rat und dem Europäischen Parlament vor, das auf dieser Grundlage eine allgemeine Aussprache durchführen kann.

Der Präsident der EZB und die anderen Mitglieder des Direktoriums können auf Ersuchen des Europäischen Parlaments oder auf ihre Initiative hin von den zuständigen Ausschüssen des Europäischen Parlaments gehört werden.

### Artikel 109 c [Beratender Währungsausschuß]

(1) Um die Koordinierung der Politiken der Mitgliedstaaten in dem für das Funktionieren des Binnenmarkts erforderlichen Umfang zu fördern, wird ein Beratender Währungsausschuß eingesetzt.

Dieser hat die Aufgabe,

– die Währungs- und Finanzlage der Mitgliedstaaten und der Gemeinschaft sowie den allgemeinen Zahlungsverkehr der Mitgliedstaaten zu beobachten und dem Rat und der Kommission regelmäßig darüber Bericht zu erstatten,

– auf Ersuchen des Rates oder der Kommission oder von sich aus Stellungnahmen an diese Organe abzugeben,

– unbeschadet des Artikels 151 an der Vorbereitung der in Artikel 73 f, Artikel 73 g, Artikel 103 Absätze 2, 3, 4 und 5, Artikel 103 a, Artikel 104 a, Artikel 104 b, Artikel 104 c, Artikel 109 e Absatz 2, Artikel 109 f Absatz 6, Artikel 109 h, Artikel 109 i, Artikel 109 j Absatz 2 sowie Artikel 109 k Absatz 1 genannten Arbeiten des Rates mitzuwirken,

– mindestens einmal jährlich die Lage hinsichtlich des Kapitalverkehrs und der Freiheit des Zahlungsverkehrs, wie sie sich aus der Anwendung dieses Vertrags und der Maßnahmen des Rates ergeben, zu prüfen; die Prüfung erstreckt sich auf alle Maßnahmen im Zusammenhang mit dem Kapital- und Zahlungsverkehr; der Ausschuß erstattet der Kommission und dem Rat Bericht über das Ergebnis dieser Prüfung.

Jeder Mitgliedstaat sowie die Kommission ernennen zwei Mitglieder des Währungsausschusses.

(2) Mit Beginn der dritten Stufe wird ein Wirtschafts- und Finanzausschuß eingesetzt.

Der in Absatz 1 vorgesehene Währungsausschuß wird aufgelöst.

Der Wirtschafts- und Finanzausschuß hat die Aufgabe,

– auf Ersuchen des Rates oder der Kommission oder von sich aus Stellungnahmen an diese Organe abzugeben,

– die Wirtschafts- und Finanzlage der Mitgliedstaaten und der Gemeinschaft zu beobachten und dem Rat und der Kommission regelmäßig darüber Bericht zu erstatten, insbesondere über die finanziellen Beziehungen zu dritten Ländern und internationalen Einrichtungen,

– unbeschadet des Artikels 151 an der Vorbereitung der in Artikel 73 f, Artikel 73 g, Artikel 103 Absätze 2, 3, 4 und 5, Artikel 103 a, Artikel 104 a, Artikel 104 b, Artikel 104 c, Artikel 105 Absatz 6, Artikel 105 a Absatz 2, Artikel 106 Absätze 5 und 6, Artikel 109, Artikel 109 h, Artikel 109 i Absätze 2 und 3, Artikel 109 k Absatz 2, Artikel 109 l Absätze 4 und 5 genannten Arbeiten des Rates mitzuwirken und die sonstigen ihm vom Rat übertragenen Beratungsaufgaben und vorbereitenden Arbeiten auszuführen,

– mindestens einmal jährlich die Lage hinsichtlich des Kapitalverkehrs und der Freiheit des Zahlungsverkehrs, wie sie sich aus der Anwendung dieses Vertrags und der Maßnahmen des Rates ergeben, zu prüfen; die Prüfung erstreckt sich auf alle Maßnahmen im Zusammenhang mit dem Kapital- und Zahlungsverkehr; der Ausschuß erstattet der Kommission und dem Rat Bericht über das Ergebnis dieser Prüfung.

Jeder Mitgliedstaat sowie die Kommission und die EZB ernennen jeweils höchstens zwei Mitglieder des Ausschusses.

(3) Der Rat legt mit qualifizierter Mehrheit auf Vorschlag der Kommission und nach Anhörung der EZB und des in diesem Artikel genannten Ausschusses im einzelnen fest, wie sich der Wirtschafts- und Finanzausschuß zusammensetzt. Der Präsident des Rates unterrichtet das Europäische Parlament über diesen Beschluß.

(4) Sofern und solange es Mitgliedstaaten gibt, für die eine Ausnahmeregelung nach den Artikeln 109 k und 109 l gilt, hat der Ausschuß zusätzlich zu den in Absatz 2 beschriebenen Aufgaben die Währungs- und Finanzlage sowie den allgemeinen Zahlungsverkehr der betreffenden Mitgliedstaaten zu beobachten und dem Rat und der Kommission regelmäßig darüber Bericht zu erstatten.

### Artikel 109 d [Verfahren bei abweichender Wirtschafts- und Währungspolitik der Mitgliedstaaten]

Bei Fragen, die in den Geltungsbereich von Artikei 103 Absatz 4, Artikel 104 c mit Ausnahme von Absatz 14, Artikel 109, Artikel 109 j, Artikel 109 k und Artikel 109 l Absätze 4 und 5 fallen, kann der Rat oder ein Mitgliedstaat die Kommission ersuchen, je nach Zweckmäßigkeit eine Empfehlung oder einen Vorschlag zu unterbreiten. Die Kommission prüft dieses Ersuchen und unterbreitet dem Rat umgehend ihre Schlußfolgerungen.

## Kapitel 4. Übergangsbestimmungen

### Artikel 109 e [Erste Stufe der Wirtschafts- und Währungsunion]

(1) Die zweite Stufe für die Verwirklichung der Wirtschafts- und Währungsunion beginnt am 1. Januar 1994.

(2) Vor diesem Zeitpunkt wird

a) jeder Mitgliedstaat

– soweit erforderlich, geeignete Maßnahmen erlassen, um die Beachtung der Verbote sicherzustellen, die in Artikel 73 b – unbeschadet des Artikels 73 e – sowie Artikel 104 und Artikel 104a Absatz 1 niedergelegt sind,

– erforderlichenfalls im Hinblick auf die unter Buchstabe b vorgesehene Bewertung mehrjährige Programme festlegen, die die für die Verwirklichung der Wirtschafts- und Währungsunion notwendige dauerhafte Konvergenz, insbesondere hinsichtlich der Preisstabilität und gesunder öffentlicher Finanzen, gewährleisten sollen,

b) der Rat auf der Grundlage eines Berichts der Kommission die Fortschritte bei der Konvergenz im Wirtschafts- und Währungsbereich, insbesondere hinsichtlich der Preisstabilität und gesunder öffentlicher Finanzen, sowie bei der Umsetzung der gemeinschaftlichen Rechtsvorschriften über den Binnenmarkt bewerten.

(3) Artikel 104, Artikel 104 a Absatz 1, Artikel 104 b Absatz 1 und Artikel 104 c mit Ausnahme der Absätze 1, 9, 11 und 14 gelten ab Beginn der zweiten Stufe.

Artikel 103 a Absatz 2, Artikel 104 c Absätze 1, 9 und 11, Artikel 105, Artikel 105 a, Artikel 107, Artikel 109, Artikel 109 a, Artikel 109 b und Artikel 109 c Absätze 2 und 4 gelten ab Beginn der dritten Stufe.

(4) In der zweiten Stufe sind die Mitgliedstaaten bemüht, übermäßige öffentliche Defizite zu vermeiden.

(5) In der zweiten Stufe leitet jeder Mitgliedstaat, soweit angezeigt, nach Artikel 108 das Verfahren ein, mit dem die Unabhängigkeit seiner Zentralbank herbeigeführt wird.

**Artikel 109 f [Zweite Stufe; Europäisches Währungsinstitut]**

(1) Zu Beginn der zweiten Stufe wird ein Europäisches Währungsinstitut (im folgenden als "EWI" bezeichnet) errichtet und nimmt seine Tätigkeit auf; es besitzt Rechtspersönlichkeit und wird von einem Rat geleitet und verwaltet; dieser besteht aus einem Präsidenten und den Präsidenten der nationalen Zentralbanken, von denen einer zum Vizepräsidenten bestellt wird.

Der Präsident wird von den Regierungen der Mitgliedstaaten auf der Ebene der Staats- und Regierungschefs auf Empfehlung des Ausschusses der Präsidenten der Zentralbanken der Mitgliedstaaten (im folgenden als "Ausschuß der Präsidenten der Zentralbanken" bezeichnet) bzw. des Rates des EWI und nach Anhörung des Europäischen Parlaments und des Rates einvernehmlich ernannt. Der Präsident wird aus dem Kreis der in Währungs- oder Bankfragen anerkannten und erfahrenen Persönlichkeiten ausgewählt. Nur Staatsangehörige der Mitgliedstaaten können Präsident des EWI sein. Der Rat des EWI ernennt den Vizepräsidenten.

Die Satzung des EWI ist in einem diesem Vertrag beigefügten Protokoll festgelegt.

Der Ausschuß der Präsidenten der Zentralbanken wird mit Beginn der zweiten Stufe aufgelöst.

(2) Das EWI hat die Aufgabe,

– die Zusammenarbeit zwischen den nationalen Zentralbanken zu verstärken;

– die Koordinierung der Geldpolitiken der Mitgliedstaaten mit dem Ziel zu verstärken, die Preisstabilität aufrechtzuerhalten;

– das Funktionieren des Europäischen Währungssystems zu überwachen;

– Konsultationen zu Fragen durchzuführen, die in die Zuständigkeit der nationalen Zentralbanken fallen und die Stabilität der Finanzinstitute und -märkte berühren;

– die Aufgaben des Europäischen Fonds für währungspolitische Zusammenarbeit, der aufgelöst wird, zu übernehmen; die Einzelheiten der Auflösung werden in der Satzung des EWI festgelegt;

– die Verwendung der ECU zu erleichtern und deren Entwicklung einschließlich des reibungslosen Funktionierens des ECU-Verrechnungssystems zu überwachen.

(3) Bei der Vorbereitung der dritten Stufe hat das EWI die Aufgabe,

– die Instrumente und Verfahren zu entwickeln, die zur Durchführung einer einheitlichen Geld- und Währungspolitik in der dritten Stufe erforderlich sind,

– bei Bedarf die Harmonisierung der Bestimmungen und Gepflogenheiten auf dem Gebiet der Erhebung, Zusammenstellung und Weitergabe statistischer Daten in seinem Zuständigkeitsbereich zu fördern,

– die Regeln für die Geschäfte der nationalen Zentralbanken im Rahmen des ESZB auszuarbeiten,

– die Effizienz des grenzüberschreitenden Zahlungsverkehrs zu fördern,

– die technischen Vorarbeiten für die ECU-Banknoten zu überwachen.

Das EWI legt bis zum 31. Dezember 1996 in regulatorischer, organisatorischer und logistischer Hinsicht den Rahmen fest, den das ESZB zur Erfüllung seiner Aufgaben in der dritten Stufe benötigt. Dieser wird der EZB zum Zeitpunkt ihrer Errichtung zur Beschlußfassung unterbreitet.

(4) Das EWI kann mit der Mehrheit von zwei Dritteln der Mitglieder seines Rates

– Stellungnahmen oder Empfehlungen zu der allgemeinen Orientierung der Geld- und der Wechselkurspolitik der einzelnen Mitgliedstaaten sowie zu deren diesbezüglichen Maßnahmen abgeben,

– den Regierungen und dem Rat Stellungnahmen oder Empfehlungen zu Maßnahmen unterbreiten, die die interne oder externe Währungssituation in der Gemeinschaft und insbesondere das Funktionieren des Europäischen Währungssystems beeinflussen könnten,

– den Währungsbehörden der Mitgliedstaaten Empfehlungen zur Durchführung ihrer Währungspolitik geben.

(5) Das EWI kann einstimmig beschließen, seine Stellungnahmen und Empfehlungen zu veröffentlichen.

(6) Das EWI wird vom Rat zu allen Vorschlägen für Rechtsakte der Gemeinschaft in seinem Zuständigkeitsbereich angehört.

Innerhalb der Grenzen und unter den Bedingungen, die der Rat mit qualifizierter Mehrheit auf Vorschlag der Kommission und nach Anhörung des Europäischen Parlaments und des EWI

festlegt, wird das EWI von den Behörden der Mitgliedstaaten zu allen Entwürfen für Rechtsvorschriften in seinem Zuständigkeitsbereich angehört.

(7) Der Rat kann auf Vorschlag der Kommission und nach Anhörung des Europäischen Parlaments und des EWI diesem durch einstimmigen Beschluß weitere Aufgaben im Rahmen der Vorbereitung der dritten Stufe übertragen.

(8) In den Fällen, in denen dieser Vertrag eine beratende Funktion für die EZB vorsieht, ist vor der Errichtung der EZB unter dieser das EWI zu verstehen.

In den Fällen, in denen dieser Vertrag eine beratende Funktion für das EWI vorsieht, ist vor dem 1. Januar 1994 unter diesem der Ausschuß der Präsidenten der Zentralbanken zu verstehen.

(9) Für die Dauer der zweiten Stufe bezeichnet der Ausdruck "EZB" in den Artikeln 173, 175, 176, 177, 180 und 215 das EWI.

**Artikel 109 g [ECU-Währungskorb]**

Die Zusammensetzung des ECU-Währungskorbs wird nicht geändert.

Mit Beginn der dritten Stufe wird der Wert der ECU nach Artikel 109 l Absatz 4 unwiderruflich festgesetzt.

**Artikel 109 h [Zahlungsschwierigkeiten eines Mitgliedstaates]**

(1) Ist ein Mitgliedstaat hinsichtlich seiner Zahlungsbilanz von Schwierigkeiten betroffen oder ernstlich bedroht, die sich entweder aus einem Ungleichgewicht seiner Gesamtzahlungsbilanz oder aus der Art der ihm

zur Verfügung stehenden Devisen ergeben, und sind diese Schwierigkeiten geeignet, insbesondere das Funktionieren des Gemeinsamen Marktes oder die schrittweise Verwirklichung der gemeinsamen Handelspolitik zu gefährden, so prüft die Kommission unverzüglich die Lage dieses Staates sowie die Maßnahmen, die er getroffen hat oder unter Einsatz aller ihm zur Verfügung stehenden Mittel nach diesem Vertrag treffen kann. Die Kommission gibt die Maßnahmen an, die sie dem betreffenden Staat empfiehlt.

Erweisen sich die von einem Mitgliedstaat ergriffenen und die von der Kommission angeregten Maßnahmen als unzureichend, die aufgetretenen oder drohenden Schwierigkeiten zu beheben, so empfiehlt die Kommission dem Rat nach Anhörung des in Artikel 109 c bezeichneten Ausschusses einen gegenseitigen Beistand und die dafür geeigneten Methoden.

Die Kommission unterrichtet den Rat regelmäßig über die Lage und ihre Entwicklung.

(2) Der Rat gewährt den gegenseitigen Beistand mit qualifizierter Mehrheit; er erläßt Richtlinien oder Entscheidungen, welche die Bedingungen und Einzelheiten hierfür festlegen. Der gegenseitige Beistand kann insbesondere erfolgen

a) durch ein abgestimmtes Vorgehen bei anderen internationalen Organisationen, an die sich die Mitgliedstaaten wenden können;

b) durch Maßnahmen, die notwendig sind, um Verlagerungen von Handelsströmen zu vermeiden, falls der in Schwierigkeiten befindliche Staat mengenmäßige Beschränkungen gegenüber dritten Ländern beibehält oder wieder einführt;

c) durch Bereitstellung von Krediten in begrenzter Höhe seitens anderer Mitgliedstaaten; hierzu ist ihr Einverständnis erforderlich.

(3) Stimmt der Rat dem von der Kommission empfohlenen gegenseitigen Beistand nicht zu oder sind der gewährte Beistand und die getroffenen Maßnahmen unzureichend, so ermächtigt die Kommission den in Schwierigkeiten befindlichen Staat, Schutzmaßnahmen zu treffen, deren Bedingungen und Einzelheiten sie festlegt.

Der Rat kann mit qualifizierter Mehrheit diese Ermächtigung aufheben und die Bedingungen und Einzelheiten ändern.

(4) Unbeschadet des Artikels 109 k Absatz 6 endet die Geltungsdauer dieses Artikels zum Zeitpunkt des Beginns der dritten Stufe.

**Artikel 109 i [Nationale Schutzmaßnahmen bei Zahlungsbilanzkrise]**

(1) Gerät ein Mitgliedstaat in eine plötzliche Zahlungsbilanzkrise und wird eine Entscheidung im Sinne des Artikels 109 h Absatz 2 nicht

unverzüglich getroffen, so kann der betreffende Staat vorsorglich die erforderlichen Schutzmaßnahmen ergreifen. Sie dürfen nur ein Mindestmaß an Störungen im Funktionieren des Gemeinsamen Marktes hervorrufen und nicht über das zur Behebung der plötzlich aufgetretenen Schwierigkeiten unbedingt erforderliche Ausmaß hinausgehen.

(2) Die Kommission und die anderen Mitgliedstaaten werden über die Schutzmaßnahmen spätestens bei deren Inkrafttreten unterrichtet. Die Kommission kann dem Rat den gegenseitigen Beistand nach Artikel 109 h empfehlen.

(3) Nach Stellungnahme der Kommission und nach Anhörung des in Artikel 109 c bezeichneten Ausschusses kann der Rat mit qualifizierter Mehrheit entscheiden, daß der betreffende Staat diese Schutzmaßnahmen zu ändern, auszusetzen oder aufzuheben hat.

(4) Unbeschadet des Artikels 109 k Absatz 6 endet die Geltungsdauer dieses Artikels zum Zeitpunkt des Beginns der dritten Stufe.

**Artikel 109 j [Konvergenzkriterien; Einführung einer gemeinsamen Währung]**

(1) Die Kommission und das EWI berichten dem Rat, inwieweit die Mitgliedstaaten bei der Verwirklichung der Wirtschafts- und Währungsunion ihren Verpflichtungen bereits nachgekommen sind. In ihren Berichten wird auch die Frage geprüft, inwieweit die innerstaatlichen Rechtsvorschriften der einzelnen Mitgliedstaaten einschließlich der Satzung der jeweiligen nationalen Zentralbank mit Artikel 107 und Artikel 108 dieses Vertrags sowie der Satzung des ESZB vereinbar sind. Ferner wird darin geprüft, ob ein hoher Grad an dauerhafter Konvergenz erreicht ist; Maßstab hierfür ist, ob die einzelnen Mitgliedstaaten folgende Kriterien erfüllen:

– Erreichung eines hohen Grades an Preisstabilität, ersichtlich aus einer Inflationsrate, die der Inflationsrate jener – höchstens drei – Mitgliedstaaten nahe kommt, die auf dem Gebiet der Preisstabilität das beste Ergebnis erzielt haben;

– eine auf Dauer tragbare Finanzlage der öffentlichen Hand ersichtlich aus einer öffentlichen Haushaltslage ohne übermäßiges Defizit im Sinne des Artikels 104 c Absatz 6;

– Einhaltung der normalen Bandbreiten des Wechselkursmechanismus des Europäischen Währungssystems seit mindestens zwei Jahren ohne Abwertung gegenüber der Währung eines anderen Mitgliedstaats;

– Dauerhaftigkeit der von dem Mitgliedstaat erreichten Konvergenz und seiner Teilnahme am Wechselkursmechanismus des Europäischen

Währungssystems, die im Niveau der langfristigen Zinssätze zum Ausdruck kommt.

Die vier Kriterien in diesem Absatz sowie die jeweils erforderliche Dauer ihrer Einhaltung sind in einem diesem Vertrag beigefügten Protokoll näher festgelegt. Die Berichte der Kommission und des EWI berücksichtigen auch die Entwicklung der ECU, die Ergebnisse bei der Integration der Märkte, den Stand und die Entwicklung der Leistungsbilanzen, die Entwicklung bei den Lohnstückkosten und andere Preisindizes.

(2) Der Rat beurteilt auf der Grundlage dieser Berichte auf Empfehlung der Kommission mit qualifizierter Mehrheit,

– ob die einzelnen Mitgliedstaaten die notwendigen Voraussetzungen für die Einführung einer einheitlichen Währung erfüllen,

– ob eine Mehrheit der Mitgliedstaaten die notwendigen Voraussetzungen für die Einführung einer einheitlichen Währung erfüllt,

und empfiehlt seine Feststellungen dem Rat, der in der Zusammensetzung der Staats- und Regierungschefs tagt. Das Europäische Parlament wird angehört und leitet seine Stellungnahme dem Rat in der Zusammensetzung der Staats- und Regierungschefs zu.

(3) Unter gebührender Berücksichtigung der Berichte nach Absatz 1 sowie der Stellungnahme des Europäischen Parlaments nach Absatz 2 verfährt der Rat, der in der Zusammensetzung der Staats- und Regierungschefs tagt, spätestens am 31. Dezember 1996 mit qualifizierter Mehrheit wie folgt:

– er entscheidet auf der Grundlage der in Absatz 2 genannten Empfehlungen des Rates, ob eine Mehrheit der Mitgliedstaaten die notwendigen Voraussetzungen für die Einführung einer einheitlichen Währung erfüllt;

– er entscheidet, ob es für die Gemeinschaft zweckmäßig ist, in die dritte Stufe einzutreten;

sofern dies der Fall ist,

– bestimmt er den Zeitpunkt für den Beginn der dritten Stufe.

(4) Ist bis Ende 1997 der Zeitpunkt für den Beginn der dritten Stufe nicht festgelegt worden, so beginnt die dritte Stufe am 1. Januar 1999. Vor dem 1. Juli 1998 bestätigt der Rat, der in der Zusammensetzung der Staats- und Regierungschefs tagt, nach einer Wiederholung des in den Absätzen 1 und 2 – mit Ausnahme von Absatz 2 zweiter Gedankenstrich – vorgesehenen Verfahrens unter Berücksichtigung der Berichte nach Absatz 1 sowie der Stellungnahme des Europäischen Parlaments

mit qualifizierter Mehrheit auf der Grundlage der Empfehlungen des Rates nach Absatz 2, welche Mitgliedstaaten die notwendigen Voraussetzungen für die Einführung einer einheitlichen Währung erfüllen.

**Artikel 109 k [Mitgliedstaaten, für die eine Ausnahmeregelung gilt]**

(1) Falls der Zeitpunkt nach Artikel 109 j Absatz 3 bestimmt wurde, entscheidet der Rat auf der Grundlage der in Artikel 109 j Absatz 2 genannten Empfehlungen mit qualifizierter Mehrheit auf Empfehlung der Kommission, ob – und gegebenenfalls welchen – Mitgliedstaaten eine Ausnahmeregelung im Sinne des Absatzes 3 gewährt wird. Die betreffenden Mitgliedstaaten werden in diesem Vertrag als "Mitgliedstaaten, für die eine Ausnahmeregelung gilt" bezeichnet.

Falls der Rat nach Artikel 109 j Absatz 4 bestätigt hat, welche Mitgliedstaaten die notwendigen Voraussetzungen für die Einführung einer einheitlichen Währung erfüllen, wird den Mitgliedstaaten, die die Voraussetzungen nicht erfüllen, eine Ausnahmeregelung im Sinne des Absatzes 3 gewährt. Die betreffenden Mitgliedstaaten werden in diesem Vertrag ebenfalls als "Mitgliedstaaten, für die eine Ausnahmeregelung gilt" bezeichnet.

(2) Mindestens einmal alle zwei Jahre bzw. auf Antrag eines Mitgliedstaats, für den eine Ausnahmeregelung gilt, berichten die Kommission und die EZB dem Rat nach dem Verfahren des Artikels 109 j Absatz 1. Der Rat entscheidet nach Anhörung des Europäischen Parlaments und nach Aussprache im Rat, der in der Zusammensetzung der Staats- und Regierungschefs tagt, auf Vorschlag der Kommission mit qualifizierter Mehrheit, welche der Mitgliedstaaten, für die eine Ausnahmeregelung gilt, die auf den Kriterien des Artikels 109 j Absatz 1 beruhenden Voraussetzungen erfüllen, und hebt die Ausnahmeregelungen der betreffenden Mitgliedstaaten auf.

(3) Eine Ausnahmeregelung nach Absatz 1 hat zur Folge, daß die nachstehenden Artikel für den betreffenden Mitgliedstaat nicht gelten: Artikel 104 c Absätze 9 und 11, Artikel 105 Absätze 1, 2, 3 und 5, Artikel 105 a, Artikel 108 a, Artikel 109 sowie Artikel 109 a Absatz 2 Buchstabe b. Der Ausschluß des betreffenden Mitgliedstaats und seiner Zentralbank von den Rechten und Verpflichtungen im Rahmen des ESZB wird in Kapitel IX der Satzung des ESZB geregelt.

(4) In Artikel 105 Absätze 1, 2 und 3, Artikel 105 a, Artikel 108 a, Artikel 109 sowie Artikel 109 a Absatz 2 Buchstabe b bezeichnet der Ausdruck "Mitgliedstaaten" die Mitgliedstaaten, für die keine Ausnahmeregelung gilt.

(5) Das Stimmrecht der Mitgliedstaaten, für die eine Ausnahmeregelung gilt, ruht bei Beschlüssen des Rates gemäß den in Absatz 3 genann-

ten Artikeln. In diesem Fall gelten abweichend von Artikel 148 und Artikel 189 a Absatz 1 zwei Drittel der gemäß Artikel 148 Absatz 2 gewogenen Stimmen der Vertreter der Mitgliedstaaten, für die keine Ausnahmeregelung gilt, als qualifizierte Mehrheit; ist für die Änderung eines Rechtsakts Einstimmigkeit vorgeschrieben, so ist die Einstimmigkeit dieser Mitgliedstaaten erforderlich.

(6) Artikel 109 h und Artikel 109 i finden weiterhin auf Mitgliedstaaten Anwendung, für die eine Ausnahmeregelung gilt.

**Artikel 109 l [Unmittelbare Vorbereitung der dritten Stufe]**

(1) Unmittelbar nach dem gemäß Artikel 109 j Absatz 3 gefaßten Beschluß über den Zeitpunkt für den Beginn der dritten Stufe bzw. unmittelbar nach dem 1. Juli 1998

– verabschiedet der Rat die in Artikel 106 Absatz 6 genannten Bestimmungen;

– ernennen die Regierungen der Mitgliedstaaten, für die keine Ausnahmeregelung gilt, nach dem Verfahren des Artikels 50 der Satzung des ESZB den Präsidenten, den Vizepräsidenten und die weiteren Mitglieder des Direktoriums der EZB. Bestehen für Mitgliedstaaten Ausnahmeregelungen, so kann sich das Direktorium aus weniger Mitgliedern als in Artikel 11.1 der Satzung des ESZB vorgesehen zusammensetzen; auf keinen Fall darf es jedoch aus weniger als 4 Mitgliedern bestehen.

Unmittelbar nach Ernennung des Direktoriums werden das ESZB und die EZB errichtet und von diesen Vorkehrungen für die Aufnahme ihrer vollen Tätigkeit im Sinne dieses Vertrags und der Satzung des ESZB getroffen. Sie nehmen ihre Befugnisse ab dem ersten Tag der dritten Stufe in vollem Umfang wahr.

(2) Unmittelbar nach Errichtung der EZB übernimmt diese erforderlichenfalls die Aufgaben des EWI. Dieses wird nach Errichtung der EZB liquidiert; die entsprechenden Einzelheiten der Liquidation werden in der Satzung des EWI geregelt.

(3) Sofern und solange es Mitgliedstaaten gibt, für die eine Ausnahmeregelung gilt, wird unbeschadet des Artikels 106 Absatz 3 der in Artikel 45 der Satzung des ESZB bezeichnete Erweiterte Rat der EZB als drittes Beschlußorgan der EZB errichtet.

(4) Am ersten Tag der dritten Stufe nimmt der Rat aufgrund eines einstimmigen Beschlusses der Mitgliedstaaten, für die keine Ausnahmeregelung gilt, auf Vorschlag der Kommission und nach Anhörung der EZB die Umrechnungskurse, auf die ihre Währungen unwiderruflich festgelegt werden, sowie die unwiderruflich festen Kurse, zu denen

diese Währungen durch die ECU ersetzt werden, an und wird die ECU zu einer eigenständigen Währung. Diese Maßnahme ändert als solche nicht den Außenwert der ECU. Der Rat trifft ferner nach dem gleichen Verfahren alle sonstigen Maßnahmen, die für die rasche Einführung der ECU als einheitlicher Währung dieser Mitgliedstaaten erforderlich sind.

(5) Wird nach dem Verfahren des Artikels 109 k Absatz 2 beschlossen, eine Ausnahmeregelung aufzuheben, so legt der Rat aufgrund eines einstimmigen Beschlusses der Mitgliedstaaten, für die keine Ausnahmeregelung gilt, und des betreffenden Mitgliedstaats auf Vorschlag der Kommission und nach Anhörung der EZB den Kurs, zu dem dessen Währung durch die ECU ersetzt wird, fest und ergreift die sonstigen erforderlichen Maßnahmen zur Einführung der ECU als einheitlicher Währung in dem betreffenden Mitgliedstaat.

### Artikel 109 m [Nationale Wechselkurspolitik]

(1) Bis zum Beginn der dritten Stufe behandelt jeder Mitgliedstaat seine Wechselkurspolitik als eine Angelegenheit von gemeinsamem Interesse. Er berücksichtigt dabei die Erfahrungen, die bei der Zusammenarbeit im Rahmen des Europäischen Währungssystems (EWS) und bei der Entwicklung der ECU gesammelt worden sind, und respektiert die bestehenden Zuständigkeiten.

(2) Mit Beginn der dritten Stufe sind die Bestimmungen des Absatzes 1 auf die Wechselkurspolitik eines Mitgliedstaats, für den eine Ausnahmeregelung gilt, für die Dauer dieser Ausnahmeregelung sinngemäß anzuwenden.

## Titel VII. Gemeinsame Handelspolitik

### Artikel 110 [Leitlinien der gemeinsamen Handelspolitik]

Durch die Schaffung einer Zollunion beabsichtigen die Mitgliedstaaten, im gemeinsamen Interesse zur harmonischen Entwicklung des Welthandels, zur schrittweisen Beseitigung der Beschränkungen im internationalen Handelsverkehr und zum Abbau der Zollschranken beizutragen.

Bei der gemeinsamen Handelspolitik werden die günstigen Auswirkungen berücksichtigt, welche die Abschaffung der Zölle zwischen den Mitgliedstaaten auf die Steigerung der Wettbewerbsfähigkeit der Unternehmen dieser Staaten haben kann.

**Artikel 111** (Aufgehoben)

**Artikel 112 [Nationale Ausfuhrbeihilfen]**

(1) Unbeschadet der von den Mitgliedstaaten im Rahmen anderer internationaler Organisationen eingegangenen Verpflichtungen werden die Systeme der von den Mitgliedstaaten für die Ausfuhr nach dritten Ländern gewährten Beihilfen vor dem Ende der Übergangszeit schrittweise vereinheitlicht, soweit dies erforderlich ist, um eine Verfälschung des Wettbewerbs zwischen den Unternehmen der Gemeinschaft zu vermeiden.

Auf Vorschlag der Kommission erläßt der Rat die hierzu erforderlichen Richtlinien, und zwar bis zum Ende der zweiten Stufe einstimmig, danach mit qualifizierter Mehrheit.

(2) Die vorstehenden Bestimmungen gelten nicht für die Rückvergütung von Zöllen oder Abgaben gleicher Wirkung sowie von indirekten Abgaben, einschließlich der Umsatzsteuer, der Verbrauchsabgaben und der sonstigen indirekten Steuern bei der Ausfuhr einer Ware eines Mitgliedstaates nach einem dritten Land, soweit derartige Rückvergütungen nicht höher sind als die Belastungen, welche die ausgeführten Waren mittelbar oder unmittelbar treffen.

**Artikel 113 [Durchführung der gemeinsamen Handelspolitik]**

(1) Die gemeinsame Handelspolitik wird nach einheitlichen Grundsätzen gestaltet; dies gilt insbesondere für die Änderung von Zollsätzen, den Abschluß von Zoll- und Handelsabkommen, die Vereinheitlichung der Liberalisierungsmaßnahmen, die Ausfuhrpolitik und die handelspolitischen Schutzmaßnahmen, zum Beispiel im Fall von Dumping und Subventionen.

(2) Die Kommission unterbreitet dem Rat Vorschläge für die Durchführung der gemeinsamen Handelspolitik.

(3) Sind mit einem oder mehreren Staaten oder internationalen Organisationen Abkommen auszuhandeln, so legt die Kommission dem Rat Empfehlungen vor; dieser ermächtigt die Kommission zur Einleitung der erforderlichen Verhandlungen.

Die Kommission führt diese Verhandlungen im Benehmen mit einem zu ihrer Unterstützung vom Rat bestellten besonderen Ausschuß nach Maßgabe der Richtlinien, die ihr der Rat erteilen kann.

Die einschlägigen Bestimmungen des Artikels 228 finden Anwendung.

(4) Bei der Ausübung der ihm in diesem Artikel übertragenen Befugnisse beschließt der Rat mit qualifizierter Mehrheit.

**Artikel 114** (Aufgehoben)

# 4 EG-Vertrag

**Artikel 115 [Schutzmaßnahmen der Mitgliedstaaten]**

Um sicherzustellen, daß die Durchführung der von den Mitgliedstaaten im Einklang mit diesem Vertrag getroffenen handelspolitischen Maßnahmen nicht durch Verlagerungen von Handelsströmen verhindert wird, oder wenn Unterschiede zwischen diesen Maßnahmen zu wirtschaftlichen Schwierigkeiten in einem oder mehreren Staaten führen, empfiehlt die Kommission die Methoden für die erforderliche Zusammenarbeit der Mitgliedstaaten. Genügt dies nicht, so kann sie die Mitgliedstaaten ermächtigen, die notwendigen Schutzmaßnahmen zu treffen deren Bedingungen und Einzelheiten sie festlegt.

Im Dringlichkeitsfall ersuchen die Mitgliedstaaten die Kommission, die umgehend entscheidet, um die Ermächtigung, selbst die erforderlichen Maßnahmen zu treffen, und setzen sodann die anderen Mitgliedstaaten davon in Kenntnis. Die Kommission kann jederzeit entscheiden, daß die betreffenden Mitgliedstaaten diese Maßnahmen zu ändern oder aufzuheben haben.

Es sind mit Vorrang solche Maßnahmen zu wählen, die das Funktionieren des Gemeinsamen Marktes am wenigsten stören.

**Artikel 116** (Aufgehoben)

## Titel VIII. Sozialpolitik, allgemeine und berufliche Bildung und Jugend

### Kapitel 1. Sozialvorschriften

**Artikel 117 [Ziele der Sozialpolitik]**

Die Mitgliedstaaten sind sich über die Notwendigkeit einig, auf eine Verbesserung der Lebens- und Arbeitsbedingungen der Arbeitskräfte hinzuwirken und dadurch auf dem Wege des Fortschritts ihre Angleichung zu ermöglichen.

Sie sind der Auffassung, daß sich eine solche Entwicklung sowohl aus dem eine Abstimmung der Sozialordnungen begünstigenden Wirken des Gemeinsamen Marktes als auch aus den in diesem Vertrag vorgesehenen Verfahren sowie aus der Angleichung ihrer Rechts- und Verwaltungsvorschriften ergeben wird.

**Artikel 118 [Zusammenarbeit der Mitgliedstaaten]**

Unbeschadet der sonstigen Bestimmungen dieses Vertrags hat die Kommission entsprechend seinen allgemeinen Zielen die Aufgabe, eine enge Zusammenarbeit zwischen den Mitgliedstaaten in sozialen Fragen zu fördern, insbesondere auf dem Gebiet

- der Beschäftigung,
- des Arbeitsrechts und der Arbeitsbedingungen,
- der beruflichen Ausbildung und Fortbildung,
- der sozialen Sicherheit
- der Verhütung von Berufsunfällen undd Berufskrankheiten,
- des Gesundheitsschutzes bei der Arbeit,
- des Koalitionsrechts und der Kollektivverhandlungen zwischen Arbeitgebern und Arbeitnehmern.

Zu diesem Zweck wird die Kommission in enger Verbindung mit den Mitgliedstaaten durch Untersuchungen, Stellungnahmen und die Vorbereitung von Beratungen tätig, gleichviel ob es sich um innerstaatliche oder um internationalen Organisationen gestellte Probleme handelt.

Vor Abgabe der in diesem Artikel vorgesehenen Stellungnahme hört die Kommission den Wirtschafts- und Sozialausschuß.

**Artikel 118 a [Arbeitsschutz]**

(1) Die Mitgliedstaaten bemühen sich, die Verbesserung insbesondere der Arbeitsumwelt zu fördern, um die Sicherheit und die Gesundheit der Arbeitnehmer zu schützen und setzen sich die Harmonisierung der in diesem Bereich bestehenden Bedingungen bei gleichzeitigem Fortschritt zum Ziel.

(2) Als Beitrag zur Verwirklichung des Ziels gemäß Absatz 1 erläßt der Rat gemäß dem Verfahren des Artikels 189 c und nach Anhörung des Wirtschafts- und Sozialausschusses unter Berücksichtigung der in den einzelnen Mitgliedstaaten bestehenden Bedingungen und technischen Regelungen durch Richtlinien Mindestvorschriften, die schrittweise anzuwenden sind.

Diese Richtlinien sollen keine verwaltungsmäßigen, finanziellen oder rechtlichen Auflagen vorschreiben, die der Gründung und Entwicklung von Klein- und Mittelbetrieben entgegenstehen.

(3) Die aufgrund dieses Artikels erlassenen Bestimmungen hindern die einzelnen Mitgliedstaaten nicht daran, Maßnahmen zum verstärkten Schutz der Arbeitsbedingungen beizubehalten oder zu treffen, die mit diesem Vertrag vereinbar sind.

### Artikel 118 b [Beteiligung der Sozialpartner]

Die Kommission bemüht sich darum, den Dialog zwischen den Sozialpartnern auf europäischer Ebene zu entwickeln, der, wenn diese es für wünschenswert halten, zu vertraglichen Beziehungen führen kann.

### Artikel 119 [Grundsatz des gleichen Entgelts]

Jeder Mitgliedstaat wird während der ersten Stufe den Grundsatz des gleichen Entgelts für Männer und Frauen bei gleicher Arbeit anwenden und in der Folge beibehalten.

Unter "Entgelt" im Sinne dieses Artikels sind die üblichen Grund- oder Mindestlöhne und -gehälter sowie alle sonstigen Vergütungen zu verstehen, die der Arbeitgeber auf Grund des Dienstverhältnisses dem Arbeitnehmer mittelbar oder unmittelbar in bar oder in Sachleistungen zahlt.

Gleichheit des Arbeitsentgelts ohne Diskriminierung auf Grund des Geschlechts bedeutet,

a) daß das Entgelt für eine gleiche nach Akkord bezahlte Arbeit auf Grund der gleichen Maßeinheit festgesetzt wird;

b) daß für eine nach Zeit bezahlte Arbeit das Entgelt bei gleichem Arbeitsplatz gleich ist.

### Artikel 120 [Bezahlter Urlaub]

Die Mitgliedstaaten werden bestrebt sein, die bestehende Gleichwertigkeit der Ordnungen über die bezahlte Freizeit beizubehalten.

### Artikel 121 [Wahrnehmung von Ratsaufgaben durch die Kommission]

Nach Anhörung des Wirtschafts- und Sozialausschusses kann der Rat einstimmig der Kommission Aufgaben übertragen, welche die Durchführung gemeinsamer Maßnahmen insbesondere auf dem Gebiet der sozialen Sicherheit der in den Artikeln 48 bis 51 erwähnten aus- oder einwandernden Arbeitskräfte betreffen.

### Artikel 122 [Jahresbericht der Kommission]

Der Jahresbericht der Kommission an das Europäische Parlament hat stets ein besonderes Kapitel über die Entwicklung der sozialen Lage in der Gemeinschaft zu enthalten.

Das Europäische Parlament kann die Kommission auffordern, Berichte über besondere, die soziale Lage betreffende Fragen auszuarbeiten.

## Kapitel 2. Der Europäische Sozialfonds

### Artikel 123 [Ziele]

Um die Beschäftigungsmöglichkeiten der Arbeitskräfte im Binnenmarkt zu verbessern und damit zur Hebung der Lebenshaltung beizutragen, wird nach Maßgabe der folgenden Bestimmungen ein Europäischer Sozialfonds errichtet, dessen Ziel es ist, innerhalb der Gemeinschaft die berufliche Verwendbarkeit und die örtliche und berufliche Mobilität der Arbeitskräfte zu fördern sowie die Anpassung an die industriellen Wandlungsprozesse und an Veränderungen der Produktionssysteme insbesondere durch berufliche Bildung und Umschulung zu erleichtern.

### Artikel 124 [Verwaltung durch die Kommission]

Die Verwaltung des Fonds obliegt der Kommission.

Die Kommission wird hierbei von einem Ausschuß unterstützt, der aus Vertretern der Regierungen sowie der Arbeitgeber- und der Arbeitnehmerverbände besteht; den Vorsitz führt ein Mitglied der Kommission.

### Artikel 125 [Erlaß von Durchführungsbestimmungen]

Der Rat erläßt gemäß dem Verfahren des Artikels 189 c und nach Anhörung des Wirtschafts- und Sozialausschusses die den Europäischen Sozialfonds betreffenden Durchführungsbeschlüsse.

## Kapitel 3. Allgemeine und berufliche Bildung und Jugend

### Artikel 126 [Bildungspolitik]

(1) Die Gemeinschaft trägt zur Entwicklung einer qualitativ hochstehenden Bildung dadurch bei, daß sie die Zusammenarbeit zwischen den Mitgliedstaaten fördert und die Tätigkeit der Mitgliedstaaten unter strikter Beachtung der Verantwortung der Mitgliedstaaten für die Lehrinhalte und die Gestaltung des Bildungssystems sowie der Vielfalt ihrer Kulturen und Sprachen erforderlichenfalls unterstützt und ergänzt.

(2) Die Tätigkeit der Gemeinschaft hat folgende Ziele:

– Entwicklung der europäischen Dimension im Bildungswesen, insbesondere durch Erlernen und Verbreitung der Sprachen der Mitgliedstaaten;

– Förderung der Mobilität von Lernenden und Lehrenden, auch durch die Förderung der akademischen Anerkennung der Diplome und Studienzeiten;

– Förderung der Zusammenarbeit zwischen den Bildungseinrichtungen;

– Ausbau des Informations- und Erfahrungsaustausches über gemeinsame Probleme im Rahmen der Bildungssysteme der Mitgliedstaaten;

– Förderung des Ausbaus des Jugendaustausches und des Austausches sozialpädagogischer Betreuer;

– Förderung der Entwicklung der Fernlehre.

(3) Die Gemeinschaft und die Mitgliedstaaten fördern die Zusammenarbeit mit dritten Ländern und den für den Bildungsbereich zuständigen internationalen Organisationen, insbesondere dem Europarat.

(4) Als Beitrag zur Verwirklichung der Ziele dieses Artikels erläßt der Rat

– gemäß dem Verfahren des Artikels 189 b und nach Anhörung des Wirtschafts- und Sozialausschusses und des Ausschusses der Regionen Fördermaßnahmen unter Ausschluß jeglicher Harmonisierung der Rechts- und Verwaltungsvorschriften der Mitgliedstaaten;

– mit qualifizierter Mehrheit auf Vorschlag der Kommission Empfehlungen.

**Artikel 127 [Berufsbildungspolitik]**

(1) Die Gemeinschaft führt eine Politik der beruflichen Bildung, welche die Maßnahmen der Mitgliedstaaten unter strikter Beachtung der Verantwortung der Mitgliedstaaten für Inhalt und Gestaltung der beruflichen Bildung unterstützt und ergänzt.

(2) Die Tätigkeit der Gemeinschaft hat folgende Ziele:

– Erleichterung der Anpassung an die industriellen Wandlungsprozesse, insbesondere durch berufliche Bildung und Umschulung;

– Verbesserung der beruflichen Erstausbildung und Weiterbildung zur Erleichterung der beruflichen Eingliederung und Wiedereingliederung in den Arbeitsmarkt;

– Erleichterung der Aufnahme einer beruflichen Bildung sowie Förderung der Mobilität der Ausbilder und der in beruflicher Bildung befindlichen Personen, insbesondere der Jugendlichen;

– Förderung der Zusammenarbeit in Fragen der beruflichen Bildung zwischen Unterrichtsanstalten und Unternehmen;

– Ausbau des Informations- und Erfahrungsaustausches über gemeinsame Probleme im Rahmen der Berufsbildungssysteme der Mitgliedstaaten.

(3) Die Gemeinschaft und die Mitgliedstaaten fördern die Zusammenarbeit mit dritten Ländern und den für die berufliche Bildung zuständigen internationalen Organisationen.

(4) Der Rat erläßt gemäß dem Verfahren des Artikels 189 c und nach Anhörung des Wirtschafts- und Sozialausschusses Maßnahmen, die zur Verwirklichung der Ziele dieses Artikels beitragen, unter Ausschluß jeglicher Harmonisierung der Rechts- und Verwaltungsvorschriften der Mitgliedstaaten.

## Titel IX. Kultur

### Artikel 128 [Kulturpolitik]

(1) Die Gemeinschaft leistet einen Beitrag zur Entfaltung der Kulturen der Mitgliedstaaten unter Wahrung ihrer nationalen und regionalen Vielfalt sowie gleichzeitiger Hervorhebung des gemeinsamen kulturellen Erbes.

(2) Die Gemeinschaft fördert durch ihre Tätigkeit die Zusammenarbeit zwischen den Mitgliedstaaten und unterstützt und ergänzt erforderlichenfalls deren Tätigkeit in folgenden Bereichen:

– Verbesserung der Kenntnis und Verbreitung der Kultur und Geschichte der europäischen Völker,

– Erhaltung und Schutz des kulturellen Erbes von europäischer Bedeutung,

– nichtkommerzieller Kulturaustausch,

– künstlerisches und literarisches Schaffen, einschließlich im audiovisuellen Bereich.

(3) Die Gemeinschaft und die Mitgliedstaaten fördern die Zusammenarbeit mit dritten Ländern und den für den Kulturbereich zuständigen internationalen Organisationen, insbesondere mit dem Europarat.

(4) Die Gemeinschaft trägt den kulturellen Aspekten bei ihrer Tätigkeit aufgrund anderer Bestimmungen dieses Vertrags Rechnung.

(5) Als Beitrag zur Verwirklichung der Ziele dieses Artikels erläßt der Rat

– gemäß dem Verfahren des Artikels 189 b und nach Anhörung des Ausschusses der Regionen Fördermaßnahmen unter Ausschluß jeglicher Harmonisierung der Rechts- und Verwaltungsvorschriften der

Mitgliedstaaten. Der Rat beschließt im Rahmen des Verfahrens des Artikels 189 b einstimmig;

– einstimmig auf Vorschlag der Kommission Empfehlungen.

## Titel X. Gesundheitswesen

### Artikel 129 [Gesundheitspolitik]

(1) Die Gemeinschaft leistet durch Förderung der Zusammenarbeit zwischen den Mitgliedstaaten und erforderlichenfalls durch Unterstützung ihrer Tätigkeit einen Beitrag zur Sicherstellung eines hohen Gesundheitsschutzniveaus.

Die Tätigkeit der Gemeinschaft ist auf die Verhütung von Krankheiten, insbesondere der weitverbreiteten schwerwiegenden Krankheiten einschließlich der Drogenabhängigkeit, gerichtet; dabei werden die Erforschung der Ursachen und der Übertragung dieser Krankheiten sowie die Gesundheitsinformation und -erziehung gefördert.

Die Erfordernisse im Bereich des Gesundheitsschutzes sind Bestandteil der übrigen Politiken der Gemeinschaft.

(2) Die Mitgliedstaaten koordinieren untereinander im Benehmen mit der Kommission ihre Politiken und Programme in den in Absatz 1 genannten Bereichen. Die Kommission kann in enger Fühlungnahme mit den Mitgliedstaaten alle Initiativen ergreifen, die dieser Koordinierung förderlich sind.

(3) Die Gemeinschaft und die Mitgliedstaaten fördern die Zusammenarbeit mit dritten Ländern und den für das Gesundheitswesen zuständigen internationalen Organisationen.

(4) Als Beitrag zur Verwirklichung der Ziele dieses Artikels erläßt der Rat

– gemäß dem Verfahren des Artikels 189 b und nach Anhörung des Wirtschafts- und Sozialausschusses und des Ausschusses der Regionen Fördermaßnahmen unter Ausschluß jeglicher Harmonisierung der Rechts- und Verwaltungsvorschriften der Mitgliedstaaten;

– mit qualifizierter Mehrheit auf Vorschlag der Kommission Empfehlungen.

## Titel XI. Verbraucherschutz

### Artikel 129 a [Verbraucherschutz]

(1) Die Gemeinschaft leistet einen Beitrag zur Erreichung eines hohen Verbraucherschutzniveaus durch

a) Maßnahmen, die sie im Rahmen der Verwirklichung des Binnenmarkts nach Artikel 100 a erläßt;

b) spezifische Aktionen, welche die Politik der Mitgliedstaaten zum Schutz der Gesundheit, der Sicherheit und der wirtschaftlichen Interessen der Verbraucher und zur Sicherstellung einer angemessenen Information der Verbraucher unterstützen und ergänzen.

(2) Der Rat beschließt gemäß dem Verfahren des Artikels 189 b und nach Anhörung des Wirtschafts- und Sozialausschusses die spezifischen Aktionen im Sinne des Absatzes 1 Buchstabe b.

(3) Die nach Absatz 2 beschlossenen Aktionen hindern die einzelnen Mitgliedstaaten nicht daran, strengere Schutzmaßnahmen beizubehalten oder zu ergreifen. Diese Maßnahmen müssen mit diesem Vertrag vereinbar sein. Sie werden der Kommis sion notifiziert.

## Titel XII. Transeuropäische Netze

### Artikel 129 b [Verbindung der nationalen Versorgungsinfrastrukturen]

(1) Um einen Beitrag zur Verwirklichung der Ziele der Artikel 7 a und 130 a zu leisten und den Bürgern der Union, den Wirtschaftsbeteiligten sowie den regionalen und lokalen Gebietskörperschaften in vollem Umfang die Vorteile zugute kommen zu lassen, die sich aus der Schaffung eines Raumes ohne Binnengrenzen ergeben,- trägt die Gemeinschaft zum Auf- und Ausbau transeuropäischer Netze in den Bereichen der Verkehrs-, Telekommunikations- und Energieinfrastruktur bei.

(2) Die Tätigkeit der Gemeinschaft zielt im Rahmen eines Systems offener und wettbewerbsorientierter Märkte auf die Förderung des Verbunds und der Interoperabilität der einzelstaatlichen Netze sowie des Zugangs zu diesen Netzen ab. Sie trägt insbesondere der Notwendigkeit Rechnung, insulare, eingeschlossene und am Rande gelegene Gebiete mit den zentralen Gebieten der Gemeinschaft zu verbinden.

### Artikel 129 c [Durchführung]

(1) Zur Erreichung der Ziele des Artikels 129 b geht die Gemeinschaft wie folgt vor:

– Sie stellt eine Reihe von Leitlinien auf, in denen die Ziele, die Prioritäten und die Grundzüge der im Bereich der transeuropäischen Netze in Betracht gezogenen Aktionen erfaßt werden; in diesen Leitlinien werden Vorhaben von gemeinsamem Interesse ausgewiesen;
– sie führt jede Aktion durch, die sich gegebenenfalls als notwendig erweist, um die Interoperabilität der Netze zu gewährleisten, insbesondere im Bereich der Harmonisierung der technischen Normen;
– sie kann die finanziellen Anstrengungen der Mitgliedstaaten für von ihnen finanzierte Vorhaben von gemeinsamem Interesse, die im Rahmen der Leitlinien gemäß dem ersten Gedankenstrich ausgewiesen sind, insbesondere in Form von Durchführbarkeitsstudien, Anleihebürgschaften oder Zinszuschüssen unterstützen; die Gemeinschaft kann auch über den Kohäsionsfonds, der nach Artikel 130 d bis zum 31. Dezember 1993 zu errichten ist, zu spezifischen Verkehrsinfrastrukturvorhaben in den Mitgliedstaaten finanziell beitragen.

Die Gemeinschaft berücksichtigt bei ihren Maßnahmen die potentielle wirtschaftliche Lebensfähigkeit der Vorhaben.

(2) Die Mitgliedstaaten koordinieren untereinander in Verbindung mit der Kommission die einzelstaatlichen Politiken, die sich erheblich auf die Verwirklichung der Ziele des Artikels 129 b auswirken können. Die Kommission kann in enger Zusammenarbeit mit den Mitgliedstaaten alle Initiativen ergreifen, die dieser Koordinierung förderlich sind.

(3) Die Gemeinschaft kann beschließen, mit dritten Ländern zur Förderung von Vorhaben von gemeinsamem Interesse sowie zur Sicherstellung der Interoperabilität der Netze zusammenzuarbeiten.

**Artikel 129 d [Verfahren]**

Die Leitlinien nach Artikel 129 c Absatz 1 werden vom Rat gemäß dem Verfahren des Artikels 189 b und nach Anhörung des Wirtschafts- und Sozialausschusses und des Ausschusses der Regionen festgelegt.

Leitlinien und Vorhaben von gemeinsamem Interesse, die das Hoheitsgebiet eines Mitgliedstaats betreffen, bedürfen der Billigung des betroffenen Mitgliedstaats.

Der Rat erläßt gemäß dem Verfahren des Artikels 189 c und nach Anhörung des Wirtschafts- und Sozialausschusses und des Ausschusses der Regionen die übrigen Maßnahmen nach Artikel 129 c Absatz 1.

## Titel XIII. Industrie

### Artikel 130 [Industriepolitik]

(1) Die Gemeinschaft und die Mitgliedstaaten sorgen dafür, daß die notwendigen Voraussetzungen für die Wettbewerbsfähigkeit der Industrie der Gemeinschaft gewährleistet sind.

Zu diesem Zweck zielt ihre Tätigkeit entsprechend einem System offener und wettbewerbsorientierter Märkte auf folgendes ab:

- Erleichterung der Anpassung der Industrie an die strukturellen Veränderungen;
- Förderung eines für die Initiative und Weiterentwicklung der Unternehmen in der gesamten Gemeinschaft, insbesondere der kleinen und mittleren Unternehmen, günstigen Umfelds;
- Förderung eines für die Zusammenarbeit zwischen Unternehmen günstigen Umfelds;
- Förderung einer besseren Nutzung des industriellen Potentials der Politik in den Bereichen Innovation, Forschung und technologische Entwicklung.

(2) Die Mitgliedstaaten konsultieren einander in Verbindung mit der Kommission und koordinieren, soweit erforderlich, ihre Maßnahmen. Die Kommission kann alle Initiativen ergreifen, die dieser Koordinierung förderlich sind.

(3) Die Gemeinschaft trägt durch die Politik und die Maßnahmen, die sie aufgrund anderer Bestimmungen dieses Vertrags durchführt, zur Erreichung der Ziele des Absatzes 1 bei. Der Rat kann auf Vorschlag der Kommission und nach Anhörung des Europäischen Parlaments und des Wirtschafts- und Sozialausschusses einstimmig spezifische Maßnahmen zur Unterstützung der in den Mitgliedstaaten durchgeführten Maßnahmen im Hinblick auf die Verwirklichung der Ziele des Absatzes 1 beschließen.

Dieser Titel bietet keine Grundlage dafür, daß die Gemeinschaft irgendeine Maßnahme einführt, die zu Wettbewerbsverzerrungen führen könnte.

## Titel XIV. Wirtschaftlicher und sozialer Zusammenhalt

### Artikel 130 a [Harmonische Entwicklung der Gemeinschaft]

Die Gemeinschaft entwickelt und verfolgt weiterhin ihre Politik zur Stärkung ihres wirtschaftlichen und sozialen Zusammenhalts, um eine harmonische Entwicklung der Gemeinschaft als Ganzes zu fördern.

Die Gemeinschaft setzt sich insbesondere zum Ziel, die Unterschiede im Entwicklungsstand der verschiedenen Regionen und den Rückstand der am stärksten benachteiligten Gebiete, einschließlich der ländlichen Gebiete, zu verringern.

**Artikel 130 b [Instrumente]**

Die Mitgliedstaaten führen und koordinieren ihre Wirtschaftspolitik in der Weise, daß auch die in Artikel 130 a genannten Ziele erreicht werden. Die Festlegung und Durchführung der Politiken und Aktionen der Gemeinschaft sowie die Errichtung des Binnenmarkts berücksichtigen die Ziele des Artikels 130 a und tragen zu deren Verwirklichung bei. Die Gemeinschaft unterstützt auch diese Bemühungen durch die Politik, die sie mit Hilfe der Strukturfonds (Europäischer Ausrichtungs- und Garantiefonds für die Landwirtschaft – Abteilung Ausrichtung, Europäischer Sozialfonds, Europäischer Fonds für regionale Entwicklung), der Europäischen Investitionsbank und der sonstigen vorhandenen Finanzierungsinstrumente führt.

Die Kommission erstattet dem Europäischen Parlament, dem Rat, dem Wirtschafts- und Sozialausschuß und dem Ausschuß der Regionen alle drei Jahre Bericht über die Fortschritte bei der Verwirklichung des wirtschaftlichen und sozialen Zusammenhalts und über die Art und Weise, in der die in diesem Artikel vorgesehenen Mittel hierzu beigetragen haben. Diesem Bericht werden erforderlichenfalls entsprechende Vorschläge beigefügt.

Falls sich spezifische Aktionen außerhalb der Fonds und unbe-schadet der im Rahmen der anderen Politiken der Gemeinschaft beschlossenen Maßnahmen als erforderlich erweisen, so können sie vom Rat auf Vorschlag der Kommission und nach Anhörung des Europäischen Parlaments, des Wirtschafts- und Sozialausschusses und des Ausschusses der Regionen einstimmig beschlossen werden.

**Artikel 130 c [Europäischer Fonds für regionale Entwicklung]**

Aufgabe des Europäischen Fonds für regionale Entwicklung ist es, durch Beteiligung an der Entwicklung und an der strukturellen Anpassung der rückständigen Gebiete und an der Umstellung der Industriegebiete mit rückläufiger Entwicklung zum Ausgleich der wichtigsten regionalen Ungleichgewichte in der Gemeinschaft beizutragen.

**Artikel 130 d [Strukturfonds; Kohäsionsfonds]**

Unbeschadet des Artikels 130 e legt der Rat auf Vorschlag der Kommission und nach Zustimmung des Europäischen Parlaments sowie nach

Anhörung des Wirtschafts- und Sozialausschusses und des Ausschusses der Regionen einstimmig die Aufgaben, die vorrangigen Ziele und die Organisation der Strukturfonds fest, was ihre Neuordnung einschließen kann. Nach demselben Verfahren legt der Rat ferner die für die Fonds geltenden allgemeinen Regeln sowie die Bestimmungen fest, die zur Gewährleistung einer wirksamen Arbeitsweise und zur Koordinierung der Fonds sowohl untereinander als auch mit den anderen vorhandenen Finanzierungsinstrumenten erforderlich sind.

Der Rat errichtet nach demselben Verfahren vor dem 31. Dezember 1993 einen Kohäsionsfonds, durch den zu Vorhaben in den Bereichen Umwelt und transeuropäische Netze auf dem Gebiet der Verkehrsinfrastruktur finanziell beigetragen wird.

### Artikel 130 e [Verfahren]

Die den Europäischen Fonds für regionale Entwicklung betreffenden Durchführungsbeschlüsse werden vom Rat gemäß dem Verfahren des Artikels 189 c und nach Anhörung des Wirtschafts- und Sozialausschusses und des Ausschusses der Regionen gefaßt.

Für den Europäischen Ausrichtungs- und Garantiefonds für die Landwirtschaft, Abteilung Ausrichtung, und den Europäischen Sozialfonds sind die Artikel 43 bzw. 125 weiterhin anwendbar.

## Titel XV. Forschung und technologische Entwicklung

### Artikel 130 f [Wissenschaftliche und technische Grundlagen der Industrie]

(1) Die Gemeinschaft hat zum Ziel, die wissenschaftlichen und technologischen Grundlagen der Industrie der Gemeinschaft zu stärken und die Entwicklung ihrer internationalen Wettbewerbsfähigkeit zu fördern sowie alle Forschungsmaßnahmen zu unterstützen, die aufgrund anderer Kapitel dieses Vertrags für erforderlich gehalten werden.

(2) In diesem Sinne unterstützt sie in der gesamten Gemeinschaft die Unternehmen – einschließlich der kleinen und mittleren Unternehmen -, die Forschungszentren und die Hochschulen bei ihren Bemühungen auf dem Gebiet der Forschung und technologischen Entwicklung von hoher Qualität; sie fördert ihre Zusammenarbeitsbestrebungen, damit die Unternehmen vor allem die Möglichkeiten des Binnenmarkts voll nutzen können, und zwar insbesondere durch Öffnung des einzelstaatlichen öffentlichen Auftragswesens, Festlegung gemeinsamer Normen

und Beseitigung der dieser Zusammenarbeit entgegenstehenden rechtlichen und steuerlichen Hindernisse.

(3) Alle Maßnahmen der Gemeinschaft aufgrund dieses Vertrags auf dem Gebiet der Forschung und der technologischen Entwicklung, einschließlich der Demonstrationsvorhaben, werden nach Maßgabe dieses Titels beschlossen und durchgeführt.

**Artikel 130 g [Aktionen; Programme]**

Zur Erreichung dieser Ziele trifft die Gemeinschaft folgende Maßnahmen, welche die in den Mitgliedstaaten durchgeführten Aktionen ergänzen:

a) Durchführung von Programmen für Forschung, technologische Entwicklung und Demonstration unter Förderung der Zusammenarbeit mit und zwischen Unternehmen, Forschungszentren und Hochschulen;

b) Förderung der Zusammenarbeit mit dritten Ländern und internationalen Organisationen auf dem Gebiet der gemeinschaftlichen Forschung, technologischen Entwicklung und Demonstration;

c) Verbreitung und Auswertung der Ergebnisse der Tätigkeiten auf dem Gebiet der gemeinschaftlichen Forschung, technologischen Entwicklung und Demonstration;

d) Förderung der Ausbildung und der Mobilität der Forscher aus der Gemeinschaft.

**Artikel 130 h [Koordinierung nationaler Politiken]**

(1) Die Gemeinschaft und die Mitgliedstaaten koordinieren ihre Tätigkeiten auf dem Gebiet der Forschung und der technologischen Entwicklung, um die Kohärenz der einzelstaatlichen Politiken und der Politik der Gemeinschaft sicherzustellen.

(2) Die Kommission kann in enger Zusammenarbeit mit den Mitgliedstaaten alle Initiativen ergreifen, die der Koordinierung nach Absatz 1 förderlich sind.

**Artikel 130 i [Rahmenprogramm für Gemeinschaftsaktionen]**

(1) Der Rat stellt gemäß dem Verfahren des Artikels 189 b und nach Anhörung des Wirtschafts- und Sozialausschusses ein mehrjähriges Rahmenprogramm auf, in dem alle Aktionen der Gemeinschaft zusammengefaßt werden. Der Rat beschließt im Rahmen des Verfahrens des Artikels 189 b einstimmig.

In dem Rahmenprogramm werden
- die wissenschaftlichen und technologischen Ziele, die mit den Maßnahmen nach Artikel 130 g erreicht werden sollen, sowie die jeweiligen Prioritäten festgelegt;
- die Grundzüge dieser Maßnahmen angegeben;
- der Gesamthöchstbetrag und die Einzelheiten der finanziellen Beteiligung der Gemeinschaft am Rahmenprogramm sowie die jeweiligen Anteile der vorgesehenen Maßnahmen festgelegt.

(2) Das Rahmenprogramm wird je nach Entwicklung der Lage angepaßt oder ergänzt.

(3) Die Durchführung des Rahmenprogramms erfolgt durch spezifische Programme, die innerhalb einer jeden Aktion entwickelt werden. In jedem spezifischen Programm werden die Einzelheiten seiner Durchführung, seine Laufzeit und die für notwendig erachteten Mittel festgelegt. Die Summe der in den spezifischen Programmen für notwendig erachteten Beträge darf den für das Rahmenprogramm und für jede Aktion festgesetzten Gesamthöchstbetrag nicht überschreiten.

(4) Die spezifischen Programme werden vom Rat mit qualifizierter Mehrheit auf Vorschlag der Kommission und nach Anhörung des Europäischen Parlaments und des Wirtschafts- und Sozialausschusses beschlossen.

**Artikel 130 j [Durchführung]**

Zur Durchführung des mehrjährigen Rahmenprogramms legt der Rat folgendes fest:
- die Regeln für die Beteiligung der Unternehmen, der Forschungszentren und der Hochschulen;
- die Regeln für die Verbreitung der Forschungsergebnisse.

**Artikel 130 k [Zusatzprogramme]**

Bei der Durchführung des mehrjährigen Rahmenprogramms können Zusatzprogramme beschlossen werden, an denen nur bestimmte Mitgliedstaaten teilnehmen, die sie vorbehaltlich einer etwaigen Beteiligung der Gemeinschaft auch finanzieren.

Der Rat legt die Regeln für die Zusatzprogramme fest, insbesondere hinsichtlich der Verbreitung der Kenntnisse und des Zugangs anderer Mitgliedstaaten.

**Artikel 130 l [Beteiligung an nationalen Programmen]**

Die Gemeinschaft kann im Einvernehmen mit den betreffenden Mitgliedstaaten bei der Durchführung des mehrjährigen Rahmenprogramms eine Beteiligung an Forschungs- und Entwicklungsprogrammen mehrerer Mitgliedstaaten, einschließlich der Beteiligung an den zu ihrer Durchführung geschaffenen Strukturen, vorsehen.

### Artikel 130 m [Internationale Zusammenarbeit]

Die Gemeinschaft kann bei der Durchführung des mehrjährigen Rahmenprogramms eine Zusammenarbeit auf dem Gebiet der gemeinschaftlichen Forschung, technologischen Entwicklung und Demonstration mit dritten Ländern oder internationalen Organisationen vorsehen.

Die Einzelheiten dieser Zusammenarbeit können Gegenstand von Abkommen zwischen der Gemeinschaft und den betreffenden dritten Parteien sein, die nach Artikel 228 ausgehandelt und geschlossen werden.

### Artikel 130 n [Instrumente der Gemeinschaft]

Die Gemeinschaft kann gemeinsame Unternehmen gründen oder andere Strukturen schaffen, die für die ordnungsgemäße Durchführung der Programme für gemeinschaftliche Forschung, technologische Entwicklung und Demonstration erforderlich sind.

### Artikel 130 o [Erlaß von Durchführungsbestimmungen]

Der Rat legt auf Vorschlag der Kommission und nach Anhörung des Europäischen Parlaments und des Wirtschafts- und Sozialausschusses einstimmig die in Artikel 130 n vorgesehenen Bestimmungen fest.

Der Rat legt gemäß dem Verfahren des Artikels 189 c und nach Anhörung des Wirtschafts- und Sozialausschusses die in den Artikeln 130 j, 130 k und 130 l vorgesehenen Bestimmungen fest. Für die Verabschiedung der Zusatzprogramme ist die Zustimmung der daran beteiligten Mitgliedstaaten erforderlich.

### Artikel 130 p [Jahresbericht][1]

Zu Beginn jedes Jahres unterbreitet die Kommission dem Europäischen Parlament und dem Rat einen Bericht. Dieser Bericht erstreckt sich insbesondere auf die Tätigkeiten auf dem Gebiet der Forschung

1) Art. 130 q ist entfallen, ohne daß das Auswirkungen auf die Artikelzählung hat.

und technologischen Entwicklung und der Verbreitung der Ergebnisse dieser Tätigkeiten während des Vorjahrs sowie auf das Arbeitsprogramm des laufenden Jahres.

## Titel XVI. Umwelt

### Artikel 130 r [Ziele der Umweltpolitik; Schutzklauseln; internationale Kooperation]

(1) Die Umweltpolitik der Gemeinschaft trägt zur Verfolgung der nachstehenden Ziele bei:

– Erhaltung und Schutz der Umwelt sowie Verbesserung ihrer Qualität;

– Schutz der menschlichen Gesundheit;

– umsichtige und rationelle Verwendung der natürlichen Ressourcen;

– Förderung von Maßnahmen auf internationaler Ebene zur Bewältigung regionaler oder globaler Umweltprobleme.

(2) Die Umweltpolitik der Gemeinschaft zielt unter Berücksichtigung der unterschiedlichen Gegebenheiten in den einzelnen Regionen der Gemeinschaft auf ein hohes Schutzniveau ab. Sie beruht auf den Grundsätzen der Vorsorge und Vorbeugung, auf dem Grundsatz, Umweltbeeinträchtigungen mit Vorrang an ihrem Ursprung zu bekämpfen, sowie auf dem Verursacherprinzip. Die Erfordernisse des Umweltschutzes müssen bei der Festlegung und Durchführung anderer Gemeinschaftspolitiken einbezogen werden.

Im Hinblick hierauf umfassen die derartigen Erfordernissen entsprechenden Harmonisierungsmaßnahmen gegebenenfalls eine Schutzklausel, mit der die Mitgliedstaaten ermächtigt werden, aus nicht wirtschaftlich bedingten umweltpolitischen Gründen vorläufige Maßnahmen zu treffen, die einem gemeinschaftlichen Kontrollverfahren unterliegen.

(3) Bei der Erarbeitung ihrer Umweltpolitik berücksichtigt die Gemeinschaft

– die verfügbaren wissenschaftlichen und technischen Daten;

– die Umweltbedingungen in den einzelnen Regionen der Gemeinschaft;

– die Vorteile und die Belastung aufgrund des Tätigwerdens bzw. eines Nichttätigwerdens;

– die wirtschaftliche und soziale Entwicklung der Gemeinschaft insgesamt sowie die ausgewogene Entwicklung ihrer Regionen.

(4) Die Gemeinschaft und die Mitgliedstaaten arbeiten im Rahmen ihrer jeweiligen Befugnisse mit dritten Ländern und den zuständigen internationalen Organisationen zusammen. Die Einzelheiten der Zusammenarbeit der Gemeinschaft können Gegenstand von Abkommen zwischen dieser und den betreffenden dritten Parteien sein, die nach Artikel 228 ausgehandelt und geschlossen werden.

Unterabsatz 1 berührt nicht die Zuständigkeit der Mitgliedstaaten, in internationalen Gremien zu verhandeln und internationale Abkommen zu schließen.

**Artikel 130 s [Erlaß von Vorschriften]**

(1) Der Rat beschließt gemäß dem Verfahren des Artikels 189 c und nach Anhörung des Wirtschafts- und Sozialausschusses über das Tätigwerden der Gemeinschaft zur Erreichung der in Artikel 130 r genannten Ziele.

(2) Abweichend von dem Beschlußverfahren des Absatzes 1 und unbeschadet des Artikels 100 a erläßt der Rat auf Vorschlag der Kommission und nach Anhörung des Europäischen Parlaments und des Wirtschafts- und Sozialausschusses einstimmig

– Vorschriften überwiegend steuerlicher Art,

– Maßnahmen im Bereich der Raumordnung, der Bodennutzung – mit Ausnahme der Abfallbewirtschaftung und allgemeiner Maßnahmen – sowie der Bewirtschaftung der Wasserressourcen,

– Maßnahmen, welche die Wahl eines Mitgliedstaats zwischen verschiedenen Energiequellen und die allgemeine Struktur einer Energieversorgung erheblich berühren.

Der Rat kann nach dem Verfahren des Unterabsatzes 1 festlegen, in welchen der in diesem Absatz genannten Bereiche mit qualifizierter Mehrheit beschlossen wird.

(3) Der Rat beschließt gemäß dem Verfahren des Artikels 189 b und nach Anhörung des Wirtschafts- und Sozialausschusses in anderen Bereichen allgemeine Aktionsprogramme, in denen die vorrangigen Ziele festgelegt werden.

Der Rat legt nach Absatz 1 bzw. Absatz 2 die zur Durchführung dieser Programme erforderlichen Maßnahmen fest.

(4) Unbeschadet bestimmter Maßnahmen gemeinschaftlicher Art tragen die Mitgliedstaaten für die Finanzierung und Durchführung der Umweltpolitik Sorge.

(5) Sofern eine Maßnahme nach Absatz 1 mit unverhältnismäßig hohen Kosten für die Behörden eines Mitgliedstaats verbunden ist, sieht der Rat unbeschadet des Verursacherprinzips in dem Rechtsakt zur Annah-

me dieser Maßnahme geeignete Bestimmungen in folgender Form vor:

– vorübergehende Ausnahmeregelungen und/oder

– eine finanzielle Unterstützung aus dem Kohäsionsfonds, der nach Artikel 130 d bis zum 31. Dezember 1993 zu errichten ist.

**Artikel 130 t [Nationale Umweltschutzmaßnahmen]**

Die Schutzmaßnahmen, die aufgrund des Artikels 130 s getroffen werden, hindern die einzelnen Mitgliedstaaten nicht daran, verstärkte Schutzmaßnahmen beizubehalten oder zu ergreifen. Die betreffenden Maßnahmen müssen mit diesem Vertrag vereinbar sein. Sie werden der Kommission notifiziert.

## Titel XVII. Entwicklungszusammenarbeit

**Artikel 130 u [Ziele der Entwicklungspolitik]**

(1) Die Politik der Gemeinschaft auf dem Gebiet der Entwicklungszusammenarbeit, die eine Ergänzung der entsprechenden Politik der Mitgliedstaaten darstellt, fördert

– die nachhaltige wirtschaftliche und soziale Entwicklung der Entwicklungsländer, insbesondere der am meisten benachteiligten Entwicklungsländer;

– die harmonische, schrittweise Eingliederung der Entwicklungsländer in die Weltwirtschaft;

– die Bekämpfung der Armut in den Entwicklungsländern.

(2) Die Politik der Gemeinschaft in diesem Bereich trägt dazu bei, das allgemeine Ziel einer Fortentwicklung und Festigung der Demokratie und des Rechtsstaats sowie das Ziel der Wahrung der Menschenrechte und Grundfreiheiten zu verfolgen.

(3) Die Gemeinschaft und die Mitgliedstaaten kommen den im Rahmen der Vereinten Nationen und anderer zuständiger internationaler Organisationen gegebenen Zusagen nach und berücksichtigen die in diesem Rahmen gebilligten Zielsetzungen.

**Artikel 130 v [Berücksichtigung bei Politiken]**

Die Gemeinschaft berücksichtigt die Ziele des Artikels 130u bei den von ihr verfolgten Politiken, welche die Entwicklungsländer berühren können.

**Artikel 130 w [Durchführungsbestimmungen; AKP-Abkommen]**

(1) Unbeschadet der übrigen Bestimmungen dieses Vertrags erläßt der Rat nach dem Verfahren des Artikels 189 c die zur Verfolgung der Ziele des Artikels 130 u erforderlichen Maßnahmen. Diese Maßnahmen können die Form von Mehrjahresprogrammen annehmen.

(2) Die Europäische Investitionsbank trägt nach Maßgabe ihrer Satzung zur Durchführung der Maßnahmen im Sinne des Absatzes 1 bei.

(3) Dieser Artikel berührt nicht die Zusammenarbeit mit den Ländern Afrikas, des Karibischen Raumes und des Pazifischen Ozeans im Rahmen des AKP-EWG-Abkommens.

**Artikel 130 x [Hilfsprogramme]**

(1) Die Gemeinschaft und die Mitgliedstaaten koordinieren ihre Politik auf dem Gebiet der Entwicklungszusammenarbeit und stimmen ihre Hilfsprogramme, auch in internationalen Organisationen und auf internationalen Konferenzen, ab. Sie können gemeinsame Maßnahmen ergreifen. Die Mitgliedstaaten tragen erforderlichenfalls zur Durchführung der Hilfsprogramme der Gemeinschaft bei.

(2) Die Kommission kann alle Initiativen ergreifen, die der in Absatz 1 genannten Koordinierung förderlich sind.

**Artikel 130 y [Internationale Zusammenarbeit]**

Die Gemeinschaft und die Mitgliedstaaten arbeiten im Rahmen ihrer jeweiligen Befugnisse mit dritten Ländern und den zuständigen internationalen Organisationen zusammen. Die Einzelheiten der Zusammenarbeit der Gemeinschaft können Gegenstand von Abkommen zwischen dieser und den betreffenden dritten Parteien sein, die nach Artikel 228 ausgehandelt und geschlossen werden.

Absatz 1 berührt nicht die Zuständigkeit der Mitgliedstaaten, in internationalen Gremien zu verhandeln und internationale Abkommen zu schließen.

# Vierter Teil. Die Assoziierung der überseeischen Länder und Hoheitsgebiete

## Artikel 131 [Konstitutionelle Assoziierung]

Die Mitgliedstaaten kommen überein, die außereuropäischen Länder und Hoheitsgebiete, die mit Belgien, Dänemark, Frankreich, Italien, den Niederlanden und dem Vereinigte Königreich besondere Beziehungen unterhalten, der Gemeinschaft zu assoziieren. Diese Länder und Hoheitsgebiete, im folgenden als "Länder und Hoheitsgebiete" bezeichnet, sind im Anhang IV zu diesem Vertrag aufgeführt.

Ziel der Assoziierung ist die Förderung der wirtschaftlichen und sozialen Entwicklung der Länder und Hoheitsgebiete und die Herstellung enger Wirtschaftsbeziehungen zwischen ihnen und der gesamten Gemeinschaft.

Entsprechend den in der Präambel dieses Vertrags aufgestellten Grundsätzen soll die Assoziierung in erster Linie den Interessen der Einwohner dieser Länder und Hoheitsgebiete dienen und ihren Wohlstand fördern, um sie der von ihnen erstrebten wirtschaftlichen, sozialen und kulturellen Entwicklung entgegenzuführen.

## Artikel 132 [Gegenstand der Assoziierung]

Mit der Assoziierung werden folgende Zwecke verfolgt:

1. Die Mitgliedstaaten wenden auf ihren Handelsverkehr mit den Ländern und Hoheitsgebieten das System an, das sie auf Grund dieses Vertrags untereinander anwenden.

2. Jedes Land oder Hoheitsgebiet wendet auf seinen Handelsverkehr mit den Mitgliedstaaten und den anderen Ländern und Hoheitsgebieten das System an, das es auf den europäischen Staat anwendet, mit dem es besondere Beziehungen unterhält.

3. Die Mitgliedstaaten beteiligen sich an den Investitionen, welche die fortschreitende Entwicklung dieser Länder und Hoheitsgebiete erfordert.

4. Bei Ausschreibungen und Lieferungen für Investitionen, die von der Gemeinschaft finanziert werden, steht die Beteiligung zu gleichen Bedingungen allen natürlichen und juristischen Personen offen, welche die Staatsangehörigkeit der Mitgliedstaaten oder der Länder oder Hoheitsgebiete besitzen.

5. Soweit auf Grund des Artikels 136 nicht Sonderregelungen getroffen werden, gelten zwischen den Mitgliedstaaten und den Ländern und Hoheitsgebieten für das Niederlassungsrecht ihrer Staatsangehörigen

und Gesellschaften die Bestimmungen und Verfahrensregeln des Kapitels Niederlassungsfreiheit, und zwar unter Ausschluß jeder Diskriminienung.

**Artikel 133 [Regelung für Zölle]**

(1) Die Zölle bei der Einfuhr von Waren aus den Ländern und Hoheitsgebieten in die Mitgliedstaaten werden vollständig abgeschafft; dies geschieht nach Maßgabe der in diesem Vertrag vorgesehenen schrittweisen Abschaffung der Zölle zwischen den Mitgliedstaaten.

(2) In jedem Land und Hoheitsgebiet werden die Zölle bei der Einfuhr von Waren aus den Mitgliedstaaten und den anderen Ländern und Hoheitsgebieten nach Maßgabe der Artikel 12, 13, 14, 15 und 17 schrittweise abgeschafft.

(3) Die Länder und Hoheitsgebiete können jedoch Zölle erheben, die den Erfordernissen ihrer Entwicklung und Industrialisierung entsprechen oder als Finanzzölle der Finanzierung ihres Haushalts dienen.

Die in Unterabsatz 1 genannten Zölle werden schrittweise auf den Stand der Sätze gesenkt, die für die Einfuhr von Waren aus dem Mitgliedstaat gelten, mit dem das entsprechende Land oder Hoheitsgebiet besondere Beziehungen unterhält. Hinsichtlich dieser Herabsetzungen beziehen sich die Hundertsätze und die Zeitfolge, die in diesem Vertrag vorgesehen sind, auf den Unterschied zwischen den Zollsätzen für Waren aus dem Mitgliedstaat, der mit dem betreffenden Land oder Hoheitsgebiet besondere Beziehungen unterhält, und den Zollsätzen, die für die gleichen Waren bei ihrer Einfuhr aus den anderen Staaten der Gemeinschaft in das einführende Land oder Hoheitsgebiet gelten.

(4) Absatz (2) gilt nicht für die Länder und Hoheitsgebiete, die auf Grund besonderer internationaler Verpflichtungen bereits bei Inkrafttreten dieses Vertrags einen nichtdiskriminierenden Zolltarif anwenden.

(5) Die Festlegung oder Änderung der Zollsätze für Waren, die in die Länder und Hoheitsgebiete eingeführt werden, darf weder rechtlich noch tatsächlich zu einer mittelbaren oder unmittelbaren Diskriminierung zwischen den Einfuhren aus den einzelnen Mitgliedstaaten führen.

**Artikel 134 [Vorgehen bei Verkehrsverlagerungen]**

Ist die Höhe der Zollsätze, die bei der Einfuhr in ein Land oder Hoheitsgebiet für Waren aus einem dritten Land gelten, bei Anwendung des Artikels 133 Absatz (1) geeignet, Verkehrsverlagerungen zum Nachteil eines Mitgliedstaates hervorzurufen, so kann dieser die Kommission ersuchen, den anderen Mitgliedstaaten die erforderlichen Abhilfemaßnahmen vorzuschlagen.

**Artikel 135 [Abkommen über Arbeitskräfte]**

Vorbehaltlich der Bestimmungen über die Volksgesundheit und die öffentliche Sicherheit und Ordnung wird die Freizügigkeit der Arbeitskräfte aus den Ländern und Hoheitsgebieten in den Mitgliedstaaten und der Arbeitskräfte aus den Mitgliedstaaten in den Ländern und Hoheitsgebieten durch später zu schließende Abkommen geregelt; diese bedürfen der einstimmigen Billigung aller Mitgliedstaaten.

**Artikel 136 [Assoziierungbeschlüsse]**

(1) Für einen ersten Zeitabschnitt von fünf Jahren nach Inkrafttreten dieses Vertrags werden in einem dem Vertrag beigefügten Durchführungsabkommen die Einzelheiten und das Verfahren für die Assoziierung der Länder und Hoheitsgebiete an die Gemeinschaft festgelegt.

(2) Vor Ablauf der Geltungsdauer des in Absatz (1) genannten Abkommens legt der Rat auf Grund der erzielten Ergebnisse und der Grundsätze dieses Vertrags die Bestimmungen für einen neuen Zeitabschnitt einstimmig fest.

**Artikel 136 a [Grönland]**

Die Artikel 131 bis 136 sind auf Grönland anwendbar, vorbehaltlich der spezifischen Bestimmungen für Grönland in dem Protokoll über die Sonderregelung für Grönland im Anhang zu diesem Vertrag.

# Fünfter Teil. Die Organe der Gemeinschaft

## Titel I. Vorschriften über die Organe

### Kapitel 1. Die Organe

#### Abschnitt 1. Das Europäische Parlament

**Artikel 137 [Das Europäische Parlament]**

Das Europäische Parlament besteht aus Vertretern der Völker der in der Gemeinschaft zusammengeschlossenen Staaten; es übt die Befugnisse aus, die ihm nach diesem Vertrag zustehen.

## 4 EG-Vertrag

### Artikel 138 [Direktwahl]

(1)[1]

(2)[2]

(3) Das Europäische Parlament arbeitet Entwürfe für allgemeine unmittelbare Wahlen nach einem einheitlichen Verfahren in allen Mitgliedstaaten aus.
Der Rat erläßt nach Zustimmung des Europäischen Parlaments, die mit der Mehrheit seiner Mitglieder erteilt wird, einstimmig die entsprechenden Bestimmungen und empfiehlt sie den Mitgliedstaaten zur Annahme gemäß ihren verfassungsrechtlichen Vorschriften.

### Artikel 138 a [Parteien]

Politische Parteien auf europäischer Ebene sind wichtig als Faktor der Integration in der Union. Sie tragen dazu bei, ein europäisches Bewußtsein herauszubilden und den politischen Willen der Bürger der Union zum Ausdruck zu bringen.

### Artikel 138 b [Mitwirkung am Rechtsetzungsverfahren]

Das Europäische Parlament ist an dem Prozeß, der zur Annahme der Gemeinschaftsakte führt, in dem in diesem Vertrag vorgesehenen Um-

---

1) Ersetzt durch Art. 1 des Aktes zur Einführung allgemeiner unmittelbarer Wahlen der Abgeordneten des Europäischen Parlaments (abgedruckt unter Nr. **10**): " Die Abgeordneten der Völker der in der Gemeinschaft vereinigten Staaten in dem Europäischen Parlament werden in allgemeiner, unmittelbarer Wahl gewählt." Für die Bundesrepublik Deutschland: Gesetz über die Wahl der Abgeordneten desEuropäischen Parlaments aus der Bundesreublik Deutschland v. 16. Juni 1978, BGBl. 1987 I, S. 709.

2) Ersetzt durch Art. 2 des Aktes zur Einführung allgemeiner unmittelbarer Wahlen der Abgeordneten des Europäischen Parlaments (abgedruckt unter Nr. **10**) "Die Zahl der in jedem Mitgliedstaat gewählten Abgeordneten wird wie folgt festgesetzt:

| | |
|---|---|
| Belgien | 24 |
| Dänemark | 16 |
| Deutschland | 81 |
| Griechenland | 24 |
| Spanien | 60 |
| Frankreich | 81 |
| Irland | 15 |
| Italien | 81 |
| Luxemburg | 6 |
| Niederlande | 25 |
| Portugal | 24 |
| Vereinigtes Königreich | 81" |

fang durch die Ausübung seiner Befugnisse im Rahmen der Verfahren der Artikel 189 b und 189 c sowie durch die Erteilung seiner Zustimmung oder die Abgabe von Stellungnahmen beteiligt.

Das Europäische Parlament kann mit der Mehrheit seiner Mitglieder die Kommission auffordern, geeignete Vorschläge zu Fragen zu unterbreiten, die nach seiner Auffassung die Ausarbeitung eines Gemeinschaftsakts zur Durchführung dieses Vertrags erfordern.

**Artikel 138 c [Untersuchungsauschuß]**

Das Europäische Parlament kann bei der Erfüllung seiner Aufgaben auf Antrag eines Viertels seiner Mitglieder die Einsetzung eines nichtständigen Untersuchungsausschusses beschließen, der unbeschadet der Befugnisse, die anderen Organen oder Institutionen durch diesen Vertrag übertragen sind, behauptete Verstöße gegen das Gemeinschaftsrecht oder Mißstände bei der Anwendung desselben prüft; dies gilt nicht, wenn ein Gericht mit den behaupteten Sachverhalten befaßt ist, solange das Gerichtsverfahren nicht abgeschlossen ist.

Mit der Vorlage seines Berichts hört der nichtständige Untersuchungsausschuß auf zu bestehen.

Die Einzelheiten der Ausübung des Untersuchungsrechts werden vom Europäischen Parlament, vom Rat und von der Kommission im gegenseitigen Einvernehmen festgelegt.

**Artikel 138 d [Petitionsrecht]**

Jeder Bürger der Union sowie jede natürliche oder juristische Person mit Wohnort oder satzungsmäßigem Sitz in einem Mitgliedstaat kann allein oder zusammen mit anderen Bürgern oder Personen in Angelegenheiten, die in die Tätigkeitsbereiche der Gemeinschaft fallen und die ihn oder sie unmittelbar betreffen, eine Petition an das Europäische Parlament richten.

**Artikel 138 e [Bürgerbeauftragter]**

(1) Das Europäische Parlament ernennt einen Bürgerbeauftragten, der befugt ist, Beschwerden von jedem Bürger der Union oder von jeder natürlichen oder juristischen Person mit Wohnort oder satzungsmäßigem Sitz in einem Mitgliedstaat über Mißstände bei der Tätigkeit der Organe oder Institutionen der Gemeinschaft, mit Ausnahme des Gerichtshofs und des Gerichts erster Instanz in Ausübung ihrer Rechtsprechungsbefugnisse, entgegenzunehmen.

Der Bürgerbeauftragte führt im Rahmen seines Auftrags von sich aus oder aufgrund von Beschwerden, die ihm unmittelbar oder über ein

Mitglied des Europäischen Parlaments zugehen, Untersuchungen durch, die er für gerechtfertigt hält; dies gilt nicht, wenn die behaupteten Sachverhalte Gegenstand eines Gerichtsverfahrens sind oder waren. Hat der Bürgerbeauftragte einen Mißstand festgestellt, so befaßt er das betreffende Organ, das über eine Frist von drei Monaten verfügt, um ihm seine Stellungnahme zu übermitteln. Der Bürgerbeauftragte legt anschließend dem Europäischen Parlament und dem betreffenden Organ einen Bericht vor. Der Beschwerdeführer wird über das Ergebnis dieser Untersuchungen unterrichtet.

Der Bürgerbeauftragte legt dem Europäischen Parlament jährlich einen Bericht über die Ergebnisse seiner Untersuchungen vor.

(2) Der Bürgerbeauftragte wird nach jeder Wahl des Europäischen Parlaments für die Dauer der Wahlperiode ernannt. Wiederernennung ist zulässig.

Der Bürgerbeauftragte kann auf Antrag des Europäischen Parlaments vom Gerichtshof seines Amtes enthoben werden, wenn er die Voraussetzungen für die Ausübung seines Amtes nicht mehr erfüllt oder eine schwere Verfehlung begangen hat.

(3) Der Bürgerbeauftragte übt sein Amt in völliger Unabhängigkeit aus. Er darf bei der Erfüllung seiner Pflichten von keiner Stelle Anweisungen anfordern oder entgegennehmen. Der Bürgerbeauftragte darf während seiner Amtszeit keine andere entgeltliche oder unentgeltliche Berufstätigkeit ausüben.

(4) Das Europäische Parlament legt nach Stellungnahme der Kommission und nach mit qualifizierter Mehrheit erteilter Zustimmung des Rates die Regelungen und allgemeinen Bedingungen für die Ausübung der Aufgaben des Bürgerbeauftragten fest.

**Artikel 139 [Sitzungsperiode]**

Das Europäische Parlament hält jährlich eine Sitzungsperiode ab. Es tritt, ohne daß es einer Einberufung bedarf, am zweiten Dienstag des Monats März zusammen.

Das Europäische Parlament kann auf Antrag der Mehrheit seiner Mitglieder sowie auf Antrag des Rates oder der Kommission zu einer außerordentlichen Sitzungsperiode zusammentreten.

**Artikel 140 [Präsident; Anfragen; Anhörung]**

Das Europäische Parlament wählt aus seiner Mitte seinen Präsidenten und sein Präsidium.

Die Mitglieder der Kommission können an allen Sitzungen teilnehmen und müssen auf ihren Antrag im Namen der Kommission jederzeit gehört werden.

Die Kommission antwortet mündlich oder schriftlich auf die ihr vom seinem Europäischen Parlament oder von Mitgliedern gestellten Fragen.

Der Rat wird nach Maßgabe seiner Geschäftsordnung von dem Europäischen Parlament jederzeit gehört.

**Artikel 141 [Abstimmungen]**

Soweit dieser Vertrag nichts anderes bestimmt, beschließt das Europäische Parlament mit der absoluten Mehrheit der abgegebenen Stimmen.

Die Geschäftsordnung legt die Beschlußfähigkeit fest.

**Artikel 142 [Geschäftsordnung]**

Das Europäische Parlament gibt sich seine Geschäftsordnung; hierzu sind die Stimmen der Mehrheit seiner Mitglieder erforderlich.

Die Verhandlungsniederschriften des Europäischen Parlaments werden nach den Bestimmungen dieser Geschäftsordnung veröffentlicht.

**Artikel 143 [Erörterung des Gesamtberichts]**

Das Europäische Parlament erörtert in öffentlicher Sitzung den jährlichen Gesamtbericht, der ihm von der Kommission vorgelegt wird.

**Artikel 144 [Mißtrauensvotum]**

Wird wegen der Tätigkeit der Kommission ein Mißtrauensantrag eingebracht, so darf das Europäische Parlament nicht vor Ablauf von drei Tagen nach seiner Einbringung und nur in offener Abstimmung darüber entscheiden.

Wird der Mißtrauensantrag mit der Mehrheit von zwei Dritteln der abgegebenen Stimmen und mit der Mehrheit der Mitglieder des Europäischen Parlaments angenommen, so müssen die Mitglieder der Kommission geschlossen ihr Amt niederlegen. Sie führen die laufenden Geschäfte bis zur Ernennung ihrer Nachfolger gemäß Artikel 158 weiter. In diesem Fall endet die Amtszeit der als Nachfolger ernannten Mitglieder der Kommission zu dem Zeitpunkt, zu dem die Amtszeit der geschlossen zur Amtsniederlegung verpflichteten Mitglieder der Kommission geendet hätte.

## Abschnitt 2. Der Rat

### Artikel 145[1] [Aufgaben]

Zur Verwirklichung der Ziele und nach Maßgabe dieses Vertrags

– sorgt der Rat für die Abstimmung der Wirtschaftspolitik der Mitgliedstaaten;

– besitzt der Rat eine Entscheidungsbefugnis;

– überträgt der Rat der Kommission in den von ihm angenommenen Rechtsakten die Befugnisse zur Durchführung der Vorschriften, die er erläßt. Der Rat kann bestimmte Modalitäten für die Ausübung dieser Befugnisse festlegen. Er kann sich in spezifischen Fällen außerdem vorbehalten, Durchführungsbefugnisse selbst auszuüben. Die obengenannten Modalitäten müssen den Grundsätzen und Regeln entsprechen, die der Rat auf Vorschlag der Kommission und nach Stellungnahme des Europäischen Parlaments vorher einstimmig festgelegt hat.

### Artikel 146 [Zusammensetzung; Präsidentschaft]

(1) Der Rat besteht aus je einem Vertreter jedes Mitgliedstaats auf Ministerebene, der befugt ist, für die Regierung des Mitgliedstaats verbindlich zu handeln.

(2) Der Vorsitz im Rat wird von den Mitgliedstaaten nacheinander für je sechs Monate wahrgenommen, und zwar in folgender Reihenfolge der Mitgliedstaaten:

– während einer ersten Periode von sechs Jahren: Belgien, Dänemark, Deutschland, Griechenland, Spanien, Frankreich, Irland, Italien, Luxemburg, Niederlande, Portugal, Vereinigtes Königreich;

– während der folgenden Periode von sechs Jahren: Dänemark, Belgien, Griechenland, Deutschland, Frankreich, Spanien, Italien, Irland, Niederlande, Luxemburg, Vereinigtes Königreich, Portugal.

### Artikel 147 [Einberufung]

Der Rat wird von seinem Präsidenten aus eigenem Entschluß oder auf Antrag eines seiner Mitglieder oder der Kommission einberufen.

### Artikel 148 [Beschlußfassung; Mehrheiten]

(1) Soweit in diesem Vertrag nichts anderes bestimmt ist, beschließt der Rat mit der Mehrheit seiner Mitglieder.

---

1) Vgl. Art. 1 und 8 Fusionsvertrag (abgedruckt unter Nr. 8)

(2) Ist zu einem Beschluß des Rates die qualifizierte Mehrheit erforderlich, so werden die Stimmen der Mitglieder wie folgt gewogen:

| | |
|---|---|
| Belgien | 5 |
| Dänemark | 3 |
| Deutschland | 10 |
| Griechenland | 5 |
| Spanien | 8 |
| Frankreich | 10 |
| Irland | 3 |
| Italien | 10 |
| Luxemburg | 2 |
| Niederlande | 5 |
| Portugal | 5 |
| Vereinigtes Königreich | 10 |

Beschlüsse kommen zustande mit einer Mindeststimmenzahl von

– vierundfünfzig Stimmen in den Fällen, in denen die Beschlüsse nach diesem Vertrag auf Vorschlag der Kommission zu fassen sind;

– vierundfünfzig Stimmen, welche die Zustimmung von mindestens acht Mitgliedern umfassen, in allen anderen Fällen.

(3) Die Stimmenthaltung von anwesenden oder vertretenen Mitgliedern steht dem Zustandekommen von Beschlüssen des Rates, zu denen Einstimmigkeit erforderlich ist, nicht entgegen.

**Artikel 149[1]**

(Aufgehoben)

**Artikel 150 [Übertragung des Stimmrechts]**

Jedes Mitglied kann sich das Stimmrecht höchstens eines anderen Mitglieds übertragen lassen.

**Artikel 151 [Ausschuß der Ständigen Vertreter]**

(1) Ein Ausschuß, der sich aus den Ständigen Vertretern der Mitgliedstaaten zusammensetzt, hat die Aufgabe, die Arbeiten des Rates vorzubereiten und die ihm vom Rat übertragenen Aufträge auszuführen.

(2) Der Rat wird von einem Generalsekretariat unterstützt, das einem Generalsekretär untersteht. Der Generalsekretär wird vom Rat durch einstimmigen Beschluß ernannt.

---

1) Vgl. jetzt Art. 189 a - 189 c

Der Rat entscheidet über die Organisation des Generalsekretariats.

(3) Der Rat gibt sich eine Geschäftsordnung.

**Artikel 152 [Vorschläge der Kommission]**

Der Rat kann die Kommission auffordern, die nach seiner Ansicht zur Verwirklichung der gemeinsamen Ziele geeigneten Untersuchungen vorzunehmen und ihm entsprechende Vorschläge zu unterbreiten.

**Artikel 153 [Ausschüsse]**

Der Rat regelt nach Stellungnahme der Kommission die rechtliche Stellung der in diesem Vertrag vorgesehenen Ausschüsse.

**Artikel 154 [Gehälter]**

Der Rat setzt mit qualifizierter Mehrheit die Gehälter, Vergütungen und Ruhegehälter für den Präsidenten und die Mitglieder der Kommission sowie für den Präsidenten, die Richter, die Generalanwälte und den Kanzler des Gerichtshofs fest. Er setzt mit derselben Mehrheit alle sonstigen als Entgelt gezahlten Vergütungen fest.

## Abschnitt 3. Die Kommission

**Artikel 155[1] [Aufgaben und Befugnisse]**

Um das ordnungsgemäße Funktionieren und die Entwicklung des Gemeinsamen Marktes zu gewährleisten, erfüllt die Kommission folgende Aufgaben:

– für die Anwendung dieses Vertrags sowie der von den Organen auf Grund dieses Vertrags getroffenen Bestimmungen Sorge zu tragen;

– Empfehlungen oder Stellungnahmen auf den in diesem Vertrag bezeichneten Gebieten abzugeben, soweit der Vertrag dies ausdrücklich vorsieht oder soweit sie es für notwendig erachtet;

– nach Maßgabe dieses Vertrags in eigener Zuständigkeit Entscheidungen zu treffen und am Zustandekommen der Handlungen des Rates und des Europäischen Parlaments mitzuwirken;

– die Befugnisse auszuüben, die ihr der Rat zur Durchführung der von ihm erlassenen Vorschriften überträgt.

---

1) Vgl. Art. 9 Fusionsvertrag (abgedruckt unter Nr. **8**)

**Artikel 156 [Gesamtbericht]**

Die Kommission veröffentlicht jährlich, und zwar spätestens einen Monat vor Beginn der Sitzungsperiode des Europäischen Parlaments, einen Gesamtbericht über die Tätigkeit der Gemeinschaft.

**Artikel 157 [Zusammensetzung; Unabhängigkeit der Mitglieder]**

(1) Die Kommission besteht aus siebzehn Mitgliedern, die aufgrund ihrer allgemeinen Befähigung ausgewählt werden und volle Gewähr für ihre Unabhängigkeit bieten müssen.

Die Zahl der Mitglieder der Kommission kann vom Rat einstimmig geändert werden.

Nur Staatsangehörige der Mitgliedstaaten können Mitglieder der Kommission sein.

Der Kommission muß mindestens ein Staatsangehöriger jedes Mitgliedstaats angehören, jedoch dürfen nicht mehr als zwei Mitglieder der Kommission dieselbe Staatsangehörigkeit besitzen.

(2) Die Mitglieder der Kommission üben ihre Tätigkeit in voller Unabhängigkeit zum allgemeinen Wohl der Gemeinschaft aus.

Sie dürfen bei der Erfüllung ihrer Pflichten Anweisungen von einer Regierung oder einer anderen Stelle weder anfordern noch entgegennehmen. Sie haben jede Handlung zu unterlassen, die mit ihren Aufgaben unvereinbar ist. Jeder Mitgliedstaat verpflichtet sich, diesen Grundsatz zu achten und nicht zu versuchen, die Mitglieder der Kommission bei der Erfüllung ihrer Aufgaben zu beeinflussen.

Die Mitglieder der Kommission dürfen während ihrer Amtszeit keine andere entgeltliche oder unentgeltliche Berufstätigkeit ausüben. Bei der Aufnahme ihrer Tätigkeit übernehmen sie die feierliche Verpflichtung, während der Ausübung und nach Ablauf ihrer Amtstätigkeit die sich aus ihrem Amt ergebenden Pflichten zu erfüllen, insbesondere die Pflicht, bei der Annahme gewisser Tätigkeiten oder Vorteile nach Ablauf dieser Tätigkeit ehrenhaft und zurückhaltend zu sein. Werden diese Pflichten verletzt, so kann der Gerichtshof auf Antrag des Rates oder der Kommission das Mitglied je nach Lage des Falles gemäß Artikel 160 seines Amtes entheben oder ihm seine Ruhegehaltsansprüche oder andere an ihrer Stelle gewährte Vergünstigungen aberkennen.

**Artikel 158 [Ernennung der Mitglieder und des Präsidenten]**

(1) Die Mitglieder der Kommission werden, gegebenenfalls vorbehaltlich des Artikels 144, nach dem Verfahren des Absatzes 2 für eine Amtszeit von fünf Jahren ernannt. Wiederernennung ist zulässig.

(2) Die Regierungen der Mitgliedstaaten benennen nach Anhörung des Europäischen Parlaments im gegenseitigen Einvernehmen die Persönlichkeit, die sie zum Kommissionspräsidenten zu ernennen beabsichtigen.

Die Regierungen der Mitgliedstaaten benennen in Konsultation mit dem benannten Präsidenten die übrigen Persönlichkeiten, die sie zu Mitgliedern der Kommission zu ernennen beabsichtigen.

Der Präsident und die übrigen Mitglieder der Kommission, die auf diese Weise benannt worden sind, stellen sich als Kollegium einem Zustimmungsvotum des Europäischen Parlaments. Nach Zustimmung des Europäischen Parlaments werden der Präsident und die übrigen Mitglieder der Kommission von den Regierungen der Mitgliedstaaten im gegenseitigen Einvernehmen ernannt.

(3) Die Absätze 1 und 2 finden erstmals auf den Präsidenten und die übrigen Mitglieder der Kommission Anwendung, deren Amtszeit am 7. Januar 1995 beginnt.

Der Präsident und die übrigen Mitglieder der Kommission, deren Amtszeit am 7. Januar 1993 beginnt, werden von den Regierungen der Mitgliedstaaten im gegenseitigen Einvernehmen ernannt. Ihre Amtszeit endet am 6. Januar 1995.

### Artikel 159 [Beendigung des Amtes]

Abgesehen von den regelmäßigen Neubesetzungen und von Todesfällen endet das Amt eines Mitglieds der Kommission durch Rücktritt oder Amtsenthebung.

Für das ausscheidende Mitglied wird für die verbleibende Amtszeit von den Regierungen der Mitgliedstaaten im gegenseitigen Einvernehmen ein neues Mitglied ernannt. Der Rat kann einstimmig entscheiden, für diese Zeit einen Nachfolger nicht zu ernennen.

Bei Rücktritt, Amtsenthebung oder Tod des Präsidenten wird für die verbleibende Amtszeit ein Nachfolger ernannt. Für die Ersetzung findet das Verfahren des Artikels 158 Absatz 2 Anwendung.

Außer im Fall der Amtsenthebung nach Artikel 160 bleiben die Mitglieder der Kommission bis zur Neubesetzung ihres Sitzes im Amt.

### Artikel 160 [Amtsenthebung]

Jedes Mitglied der Kommission, das die Voraussetzungen für die Ausübung seines Amtes nicht mehr erfüllt oder eine schwere Verfehlung begangen hat, kann auf Antrag des Rates oder der Kommission durch den Gerichtshof seines Amtes enthoben werden.

### Artikel 161 [Vizepräsidenten]

Die Kommission kann aus ihrer Mitte einen oder zwei Vizepräsidenten ernennen.

### Artikel 162 [Zusammenarbeit mit dem Rat; Geschäftsordnung]

(1) Der Rat und die Kommission ziehen einander zu Rate und regeln einvernehmlich die Art und Weise ihrer Zusammenarbeit.

(2) Die Kommission gibt sich eine Geschäftsordnung, um ihr ordnungsgemäßes Arbeiten und das ihrer Dienststellen nach Maßgabe dieses Vertrags zu gewährleisten. Sie sorgt für die Veröffentlichung dieser Geschäftsordnung.

### Artikel 163 [Beschlußfassung]

Die Beschlüsse der Kommission werden mit der Mehrheit der in Artikel 157 bestimmten Anzahl ihrer Mitglieder gefaßt.

Die Kommission kann nur dann wirksam tagen, wenn die in ihrer Geschäftsordnung festgesetzte Anzahl von Mitgliedern anwesend ist.

## Abschnitt 4. Der Gerichtshof

### Artikel 164[1] [Wahrung des Rechts]

Der Gerichtshof sichert die Wahrung des Rechts bei der Auslegung und Anwendung dieses Vertrags.

### Artikel 165 [Zahl der Richter; Vollsitzungen; Kammern]

Der Gerichtshof besteht aus dreizehn Richtern.

Der Gerichtshof tagt in Vollsitzungen. Er kann jedoch aus seiner Mitte Kammern mit je drei oder fünf Richtern bilden, die bestimmte vorbereitende Aufgaben erledigen oder bestimmte Gruppen von Rechtssachen entscheiden; hierfür gelten die Vorschriften einer besonderen Regelung.

Der Gerichtshof tagt in Vollsitzungen, wenn ein Mitgliedstaat oder ein Organ der Gemeinschaft als Partei des Verfahrens dies verlangt.

---

1) Vgl. Art. 3, 4 des Abkommens über gemeinsame Organe für die Europäischen Gemeinschaften (abgedruckt unter Nr. **7**).

Auf Antrag des Gerichtshofs kann der Rat einstimmig die Zahl der Richter erhöhen und die erforderlichen Anpassungen der Absätze 2 und 3 und des Artikels 167 Absatz 2 vornehmen.

**Artikel 166 [Zahl der Generalanwälte; Schlußanträge]**

Der Gerichtshof wird von sechs Generalanwälten unterstützt.

Der Generalanwalt hat in völliger Unparteilichkeit und Unabhängigkeit begründete Schlußanträge zu den dem Gerichtshof unterbreiteten Rechtssachen öffentlich zu stellen, um den Gerichtshof bei der Erfüllung seiner in Artikel 164 bestimmten Aufgabe zu unterstützen.

Auf Antrag des Gerichtshofs kann der Rat einstimmig die Anzahl der Generalanwälte erhöhen und die erforderlichen Anpassungen des Artikels 167 Absatz (3) vornehmen.

**Artikel 167 [Qualifikation; Ernennung; Amtsperiode]**

(1) Zu Richtern und Generalanwälten sind Persönlichkeiten auszuwählen, die jede Gewähr für Unabhängigkeit bieten und in ihrem Staat die für die höchsten richterlichen Ämter erforderlichen Voraussetzungen erfüllen oder Juristen von anerkannt hervorragender Befähigung sind; sie werden von den Regierungen der Mitgliedstaaten im gegenseitigen Einvernehmen auf sechs Jahre ernannt.

(2) Alle drei Jahre findet eine teilweise Neubesetzung der Richterstellen statt. Sie betrifft abwechselnd je sieben und sechs Richter.

(3) Alle drei Jahre findet eine teilweise Neubesetzung der Stellen der Generalanwälte statt. Sie betrifft jedesmal drei Generalanwälte.

(4) Die Wiederernennung ausscheidender Richter und Generalanwälte ist zulässig.

(5) Die Richter wählen aus ihrer Mitte den Präsidenten des Gerichtshofs für die Dauer von drei Jahren. Wiederwahl ist zulässig.

**Artikel 168 [Der Kanzler des Gerichtshofs]**

Der Gerichtshof ernennt seine Kanzler und bestimmt dessen Stellung.

**Artikel 168 a[1] [Das Gericht erster Instanz]**

(1) Dem Gerichtshof wird ein Gericht beigeordnet, das für Entscheidungen über einzelne, nach Absatz 2 festgelegte Gruppen von Klagen

---

1) Vgl. Beschluß zur Errichtung eines Gerichts erster Instanz der Europäischen Gemeinschaften (abgedruckt unter Nr. **14**)

im ersten Rechtszug zuständig ist und gegen dessen Entscheidungen ein auf Rechtsfragen beschränktes Rechtsmittel beim Gerichtshof nach Maßgabe der Satzung eingelegt werden kann. Das Gericht erster Instanz ist nicht für Vorabentscheidungen nach Artikel 177 zuständig.

(2) Auf Antrag des Gerichtshofs und nach Anhörung des Europäischen Parlaments und der Kommission legt der Rat einstimmig die Gruppen von Klagen im Sinne des Absatzes 1 und die Zusammensetzung des Gerichts erster Instanz fest und beschließt die Anpassungen und ergänzenden Bestimmungen, die in bezug auf die Satzung des Gerichtshofs notwendig werden. Wenn der Rat nichts anderes beschließt, finden die den Gerichtshof betreffenden Bestimmungen dieses Vertrags und insbesondere die Bestimmungen des Protokolls über die Satzung des Gerichtshofs auf das Gericht erster Instanz Anwendung.

(3) Zu Mitgliedern des Gerichts erster Instanz sind Personen auszuwählen, die jede Gewähr für Unabhängigkeit bieten und über die Befähigung zur Ausübung richterlicher Tätigkeiten verfügen; sie werden von den Regierungen der Mitgliedstaaten im gegenseitigen Einvernehmen für sechs Jahre ernannt. Alle drei Jahre wird das Gericht teilweise neu besetzt. Die Wiederernennung ausscheidender Mitglieder ist zulässig.

(4) Das Gericht erster Instanz erläßt seine Verfahrensordnung[1] im Einvernehmen mit dem Gerichtshof. Sie bedarf der einstimmigen Genehmigung des Rates.

### Artikel 169 [Vertragsverletzungsklage der Kommission; Vorverfahren]

Hat nach Auffassung der Kommission ein Mitgliedstaat gegen eine Verpflichtung aus diesem Vertrag verstoßen, so gibt sie eine mit Gründen versehene Stellungnahme hierzu ab; sie hat dem Staat zuvor Gelegenheit zur Äußerung zu geben.

Kommt der Staat dieser Stellungnahme innerhalb der von der Kommission gesetzten Frist nicht nach, so kann die Kommission den Gerichtshof anrufen.

### Artikel 170 [Vertragsverletzungsklage der Mitgliedstaaten]

Jeder Mitgliedstaat kann den Gerichtshof anrufen, wenn er der Auffassung ist, daß ein anderer Mitgliedstaat gegen eine Verpflichtung aus diesem Vertrag verstoßen hat.

Bevor ein Mitgliedstaat wegen einer angeblichen Verletzung der Verpflichtungen aus diesem Vertrag gegen einen anderen Staat Klage erhebt, muß er die Kommission damit befassen.

---

1) Abgedruckt unter Nr. **15**

Die Kommission erläßt eine mit Gründen versehene Stellungnahme; sie gibt den beteiligten Staaten zuvor Gelegenheit zu schriftlicher und mündlicher Äußerung in einem kontradiktorischen Verfahren.

Gibt die Kommission binnen drei Monaten nach dem Zeitpunkt, in dem ein entsprechender Antrag gestellt wurde, keine Stellungnahme ab, so kann ungeachtet des Fehlens der Stellungnahme vor dem Gerichtshof geklagt werden.

**Artikel 171 [Handlungspflicht verurteilter Mitgliedstaaten; Durchsetzung]**

(1) Stellt der Gerichtshof fest, daß ein Mitgliedstaat gegen eine Verpflichtung aus diesem Vertrag verstoßen hat, so hat dieser Staat die Maßnahmen zu ergreifen, die sich aus dem Urteil des Gerichtshofs ergeben.

(2) Hat nach Auffassung der Kommission der betreffende Mitgliedstaat diese Maßnahmen nicht ergriffen, so gibt sie, nachdem sie ihm Gelegenheit zur Äußerung gegeben hat, eine mit Gründen versehene Stellungnahme ab, in der sie aufführt, in welchen Punkten der betreffende Mitgliedstaat dem Urteil des Gerichtshofs nicht nachgekommen ist.

Hat der betreffende Mitgliedstaat die Maßnahmen, die sich aus dem Urteil des Gerichtshofs ergeben, nicht innerhalb der von der Kommission gesetzten Frist getroffen, so kann die Kommission den Gerichtshof anrufen. Hierbei benennt sie die Höhe des von dem betreffenden Mitgliedstaat zu zahlenden Pauschalbetrags oder Zwangsgelds, die sie den Umständen nach für angemessen hält.

Stellt der Gerichtshof fest, daß der betreffende Mitgliedstaat seinem Urteil nicht nachgekommen ist, so kann er die Zahlung eines Pauschalbetrags oder Zwangsgelds verhängen.

Dieses Verfahren läßt den Artikel 170 unberührt.

**Artikel 172 [Besondere Zuständigkeit bei Zwangsmaßnahmen]**

Aufgrund dieses Vertrags vom Europäischen Parlament und vom Rat gemeinsam sowie vom Rat erlassene Verordnungen können hinsichtlich der darin vorgesehenen Zwangsmaßnahmen dem Gerichtshof eine Zuständigkeit übertragen, welche die Befugnis zu unbeschränkter Ermessensnachprüfung und zur Änderung oder Verhängung solcher Maßnahmen umfaßt.

**Artikel 173 [Nichtigkeitsklage gegen Handlungen der Gemeinschaftsorgane; Individualklage]**

Der Gerichtshof überwacht die Rechtmäßigkeit der gemeinsamen Handlungen des Europäischen Parlaments und des Rates sowie der

Handlungen des Rates, der Kommission und der EZB, soweit es sich nicht um Empfehlungen oder Stellungnahmen handelt, und der Handlungen des Europäischen Parlaments mit Rechtswirkung gegenüber Dritten.Zu diesem Zweck ist der Gerichtshof für Klagen zuständig, die ein Mitgliedstaat, der Rat oder die Kommission wegen Unzuständigkeit, Verletzung wesentlicher Formvorschriften, Verletzung dieses Vertrags oder einer bei seiner Durchführung anzuwendenden Rechtsnorm oder wegen Ermessensmißbrauchs erhebt.Der Gerichtshof ist unter den gleichen Voraussetzungen zuständig für Klagen des Europäischen Parlaments und der EZB, die auf die Wahrung ihrer Rechte abzielen.

Jede natürliche oder juristische Person kann unter den gleichen Voraussetzungen gegen die an sie ergangenen Entscheidungen sowie gegen diejenigen Entscheidungen Klage erheben, die, obwohl sie als Verordnung oder als eine an eine andere Person gerichtete Entscheidung ergangen sind, sie unmittelbar und individuell betreffen.

Die in diesem Artikel vorgesehenen Klagen sind binnen zwei Monaten zu erheben; diese Frist läuft je nach Lage des Falles von der Bekanntgabe der betreffenden Handlung, ihrer Mitteilung an den Kläger oder in Ermangelung dessen von dem Zeitpunkt an, zu dem der Kläger von dieser Handlung Kenntnis erlangt hat.

### Artikel 174 [Erklärung der Nichtigkeit]

Ist die Klage begründet, so erklärt der Gerichtshof die angefochtene Handlung für nichtig.

Erklärt der Gerichtshof eine Verordnung für nichtig, so bezeichnet er, falls er dies für notwendig hält, diejenigen ihrer Wirkungen, die als fortgeltend zu betrachten sind.

### Artikel 175 [Klage wegen Untätigkeit von Gemeinschaftsorganen; Individualklage]

Unterläßt es das Europäische Parlament, der Rat oder die Kommission unter Verletzung dieses Vertrags, einen Beschluß zu fassen, so können die Mitgliedstaaten und die anderen Organe der Gemeinschaft beim Gerichtshof Klage auf Feststellung dieser Vertragsverletzung erheben.Diese Klage ist nur zulässig, wenn das in Frage stehende Organ zuvor aufgefordert worden ist, tätig zu werden. Hat es binnen zwei Monaten nach dieser Aufforderung nicht Stellung genommen, so kann die Klage innerhalb einer weiteren Frist von zwei Monaten erhoben werden.

Jede natürliche oder juristische Person kann nach Maßgabe der Absätze 1 und 2 vor dem Gerichtshof Beschwerde darüber führen, daß ein

Organ der Gemeinschaft es unterlassen hat, einen anderen Akt als eine Empfehlung oder eine Stellungnahme an sie zu richten.

Der Gerichtshof ist unter den gleichen Voraussetzungen zuständig für Klagen, die von der EZB in ihrem Zuständigkeitsbereich erhoben oder gegen sie angestrengt werden.

**Artikel 176 [Verpflichtung aus Nichtigkeits- bzw. Untätigkeitsurteil]**

Das oder die Organe, denen das für nichtig erklärte Handeln zur Last fällt oder deren Untätigkeit als vertragswidrig erklärt worden ist, haben die sich aus dem Urteil des Gerichtshofs ergebenden Maßnahmen zu ergreifen.

Diese Verpflichtung besteht unbeschadet der Verpflichtungen, die sich aus der Anwendung des Artikels 215 Absatz 2 ergeben.

Dieser Artikel gilt auch für die EZB.

**Artikel 177 [Vorabentscheidungsverfahren]**

Der Gerichtshof entscheidet im Weg der Vorabentscheidung

a) über die Auslegung dieses Vertrags,

b) über die Gültigkeit und die Auslegung der Handlungen der

Organe der Gemeinschaft und der EZB,

c) über die Auslegung der Satzungen der durch den Rat geschaffenen Einrichtungen, soweit diese Satzungen dies vorsehen.

Wird eine derartige Frage einem Gericht eines Mitgliedstaats gestellt und hält dieses Gericht eine Entscheidung darüber zum Erlaß seines Urteils für erforderlich, so kann es diese Frage dem Gerichtshof zur Entscheidung vorlegen.

Wird eine derartige Frage in einem schwebenden Verfahren bei einem einzelstaatlichen Gericht gestellt, dessen Entscheidungen selbst nicht mehr mit Rechtsmitteln des innerstaatlichen Rechts angefochten werden können, so ist dieses Gericht zur Anrufung des Gerichtshofs verpflichtet.

**Artikel 178 [Verfahren bei Schadensersatzklagen]**

Der Gerichtshof ist für Streitsachen über den in Artikel 215 Absatz (2) vorgesehenen Schadenersatz zuständig.

**Artikel 179 [Beamtenrechtliche Streitigkeiten]**

Der Gerichtshof ist für alle Streitsachen zwischen der Gemeinschaft und deren Bediensteten innerhalb der Grenzen und nach Maßgabe der

Bedingungen zuständig, die im Statut der Beamten festgelegt sind oder sich aus den Beschäftigungsbedingungen für die Bediensteten ergeben.

### Artikel 180 [Besondere Zuständigkeit betreffend EIB, ESZB und EZB]

Der Gerichtshof ist nach Maßgabe der folgenden Bestimmungen zuständig in Streitsachen über

a) die Erfüllung der Verpflichtungen der Mitgliedstaaten aus der Satzung der Europäischen Investitionsbank. Der Verwaltungsrat der Bank besitzt hierbei die der Kommission in Artikel 169 übertragenen Befugnisse;

b) die Beschlüsse des Rates der Gouverneure der Europäischen Investitionsbank. Jeder Mitgliedstaat, die Kommission und der Verwaltungsrat der Bank können hierzu nach Maßgabe des Artikels 173 Klage erheben;

c) die Beschlüsse des Verwaltungsrats der Europäischen Investitionsbank. Diese können nach Maßgabe des Artikels 173 nur von Mitgliedstaaten oder der Kommission und lediglich wegen Verletzung der Formvorschriften des Artikels 21 Absätze 2 und 5 bis 7 der Satzung der Investitionsbank angefochten werden;

d) die Erfüllung der sich aus diesem Vertrag und der Satzung des ESZB ergebenden Verpflichtungen durch die nationalen Zentralbanken. Der Rat der EZB besitzt hierbei gegenüber den nationalen Zentralbanken die Befugnisse, die der Kommission in Artikel 169 gegenüber den Mitgliedstaaten eingeräumt werden. Stellt der Gerichtshof fest, daß eine nationale Zentralbank gegen eine Verpflichtung aus diesem Vertrag verstoßen hat, so hat diese Bank die Maßnahmen zu ergreifen, die sich aus dem Urteil des Gerichtshofs ergeben.

### Artikel 181 [Vereinbarte Zuständigkeit]

Der Gerichtshof ist für Entscheidungen auf Grund einer Schiedsklausel zuständig, die in einem von der Gemeinschaft oder für ihre Rechnung abgeschlossenen öffentlich-rechtlichen oder privatrechtlichen Vertrag enthalten ist.

### Artikel 182 [Vereinbarte Zuständigkeit; Mitgliedstaaten]

Der Gerichtshof ist für jede mit dem Gegenstand dieses Vertrags in Zusammenhang stehende Streitigkeit zwischen Mitgliedstaaten zuständig, wenn diese bei ihm auf Grund eines Schiedsvertrags anhängig gemacht wird.

### Artikel 183 [Zuständigkeitsabgrenzung zu den nationalen Gerichten]

Soweit keine Zuständigkeit des Gerichtshofs auf Grund dieses Vertrags besteht, sind Streitsachen, bei denen die Gemeinschaft Partei ist, der Zuständigkeit der einzelstaatlichen Gerichte nicht entzogen.

### Artikel 184 [Inzidente Kontrolle von Verordnungen]

Ungeachtet des Ablaufs der in Artikel 173 Absatz 5 genannten Frist kann jede Partei in einem Rechtsstreit, bei dem es auf die Geltung einer vom Europäischen Parlament und vom Rat gemeinsam erlassenen Verordnung oder einer Verordnung des Rates, der Kommission oder der EZB ankommt, vor dem Gerichtshof die Unanwendbarkeit dieser Verordnung aus den in Artikel 173 Absatz 2 genannten Gründen geltend machen.

### Artikel 185 [Ausschluß der aufschiebenden Wirkung; Aussetzung des Vollzugs]

Klagen bei dem Gerichtshof haben keine aufschiebende Wirkung. Der Gerichtshof kann jedoch, wenn er es den Umständen nach für nötig hält, die Durchführung der angefochtenen Handlung aussetzen.

### Artikel 186 [Vorläufiger Rechtsschutz]

Der Gerichtshof kann in den bei ihm anhängigen Sachen die erforderlichen einstweiligen Anordnugen treffen.

### Artikel 187 [Vollstreckung]

Die Urteile des Gerichtshofes sind gemäß Artikel 192 vollstreckbar.

### Artikel 188[1] [Verfahrensrecht]

(1) Die Satzung des Gerichtshofes wird in einem besonderen Protokoll festgelegt.

Der Gerichtshof erläßt seine Verfahrensordnung. Sie bedarf der einstimmigen Genehmigung des Rates.

(2) Der Rat kann auf Antrag des Gerichtshofes und nach Anhörung der Kommission und des Europäischen Parlaments einstimmig die Bestimmungen des Titels III der Satzung ändern.

---

1) Vgl. die Satzung, Verfahrensordnung und Zusätzliche Verfahrensordnung des Gerichtshofs der Europäischen Gemeinschaften (abgedruckt unter Nrn. **11**, **12**, **13**).

## Abschnitt 5. Der Rechnungshof

### Artikel 188 a [Rechnungsprüfung]

Der Rechnungshof nimmt die Rechnungsprüfung wahr.

### Artikel 188 b [Zusammensetzung, Mitglieder]

(1) Der Rechnungshof besteht aus zwölf Mitgliedern.

(2) Zu Mitgliedern des Rechnungshofs sind Persönlichkeiten auszuwählen, die in ihren Ländern Rechnungsprüfungsorganen angehören oder angehört haben oder die für dieses Amt besonders geeignet sind. Sie müssen jede Gewähr für Unabhängigkeit bieten.

(3) Die Mitglieder des Rechnungshofs werden vom Rat nach Anhörung des Europäischen Parlaments einstimmig auf sechs Jahre ernannt.

Vier Mitglieder des Rechnungshofs, die durch Los bestimmt werden, erhalten jedoch bei der ersten Ernennung ein auf vier Jahre begrenztes Mandat.

Die Mitglieder des Rechnungshofs können wiederernannt wer-

Sie wählen aus ihrer Mitte den Präsidenten des Rechnungshofs für drei Jahre. Wiederwahl ist zulässig.

(4) Die Mitglieder des Rechnunghofs üben ihre Tätigkeit in voller Unabhängigkeit zum allgemeinen Wohl der Gemeinschaft aus.

Sie dürfen bei der Erfüllung ihrer Pflichten Anweisungen von einer Regierung oder einer anderen Stelle weder anfordern noch entgegennehmen. Sie haben jede Handlung zu unterlassen, die mit ihren Aufgaben unvereinbar ist.

(5) Die Mitglieder des Rechnungshofs dürfen während ihrer Amtszeit keine andere entgeltliche oder unentgeltliche Berufstätigkeit ausüben. Bei der Aufnahme ihrer Tätigkeit übernehmen sie die feierliche Verpflichtung, während der Ausübung und nach Ablauf ihrer Amtstätigkeit die sich aus ihrem Amt ergebenden Pflichten zu erfüllen, insbesondere die Pflicht, bei der Annahme gewisser Tätigkeiten oder Vorteile nach Ablauf dieser Tätigkeit ehrenhaft und zurückhaltend zu sein.

(6) Abgesehen von regelmäßigen Neubesetzungen und von Todesfällen endet das Amt eines Mitglieds des Rechnungshofs durch Rücktritt oder durch Amtsenthebung durch den Gerichtshof gemäß Absatz 7.

Für das ausscheidende Mitglied wird für die verbleibende Amtszeit ein Nachfolger ernannt.

Außer im Fall der Amtsenthebung bleiben die Mitglieder des Rechnungshofs bis zur Neubesetzung ihres Sitzes im Amt.

(7) Ein Mitglied des Rechnungshofs kann nur dann seines Amtes enthoben oder seiner Ruhegehaltsansprüche oder anderer an ihrer Stelle gewährter Vergünstigungen für verlustig erklärt werden, wenn der Gerichtshof auf Antrag des Rechnungshofs feststellt, daß es nicht mehr die erforderlichen Voraussetzungen erfüllt oder den sich aus seinem Amt ergebenden Verpflichtungen nicht mehr nachkommt.

(8) Der Rat setzt mit qualifizierter Mehrheit die Beschäftigungsbedingungen für den Präsidenten und die Mitglieder des Rechnungshofs, insbesondere die Gehälter, Vergütungen und Ruhegehälter. Er setzt mit derselben Mehrheit alle sonstigen als Entgelt gezahlten Vergütungen fest.

(9) Die für die Richter des Gerichtshofs geltenden Bestimmungen des Protokolls über die Vorrechte und Befreiungen der Europäischen Gemeinschaften gelten auch für die Mitglieder des Rechnungshofs.

**Artikel 188 c [Prüfung; Jahresbericht]**

(1) Der Rechnungshof prüft die Rechnung über alle Einnahmen und Ausgaben der Gemeinschaft. Er prüft ebenfalls die Rechnung über alle Einnahmen und Ausgaben jeder von der Gemeinschaft geschaffenen Einrichtung, soweit der Gründungsakt dies nicht ausschließt.

Der Rechnungshof legt dem Europäischen Parlament und dem Rat eine Erklärung über die Zuverlässigkeit der Rechnungsführung sowie die Rechtmäßigkeit und Ordnungsmäßigkeit der zugrundeliegenden Vorgänge vor.

(2) Der Rechnungshof prüft die Rechtmäßigkeit und Ordnungsmäßigkeit der Einnahmen und Ausgaben und überzeugt sich von der Wirtschaftlichkeit der Haushaltsführung.

Die Prüfung der Einnahmen erfolgt anhand der Feststellungen und der Zahlungen der Einnahmen an die Gemeinschaft.

Die Prüfung der Ausgaben erfolgt anhand der Mittelbindungen und der Zahlungen.

Diese Prüfungen können vor Abschluß der Rechnung des betreffenden Haushaltsjahrs durchgeführt werden.

(3) Die Prüfung wird anhand der Rechnungsunterlagen und erforderlichenfalls an Ort und Stelle bei den anderen Organen der Gemeinschaft und in den Mitgliedstaaten durchgeführt. Die Prüfung in den Mitgliedstaaten erfolgt in Verbindung mit den einzelstaatlichen Rechnungsprüfungsorganen oder, wenn diese nicht über die erforderliche Zuständigkeit verfügen, mit den zuständigen einzelstaatlichen Dienststellen. Diese Organe oder Dienststellen teilen dem Rechnungshof mit, ob sie an der Prüfung teilzunehmen beabsichtigen.

Die anderen Organe der Gemeinschaft und die einzelstaatlichen Rechnungsprüfungsorgane oder, wenn diese nicht über die erforderliche Zuständigkeit verfügen, die zuständigen einzelstaatlichen Dienststellen übermitteln dem Rechnungshof auf seinen Antrag jede für die Erfüllung seiner Aufgabe erforderliche Unterlage oder Information.

(4) Der Rechnungshof erstattet nach Abschluß eines jeden Haushaltsjahrs einen Jahresbericht. Dieser Bericht wird den anderen Organen der Gemeinschaft vorgelegt und im Amtsblatt der Europäischen Gemeinschaften zusammen mit den Antworten dieser Organe auf die Bemerkungen des Rechnungshofs veröffentlicht.

Der Rechnungshof kann ferner jederzeit seine Bemerkungen zu besonderen Fragen vorlegen, insbesondere in Form von Sonderberichten, und auf Antrag eines der anderen Organe der Gemeinschaft Stellungnahmen abgeben.

Er nimmt seine jährlichen Berichte, Sonderberichte oder Stellungnahmen mit der Mehrheit seiner Mitglieder an.

Er unterstützt das Europäische Parlament und den Rat bei der Kontrolle der Ausführung des Haushaltsplans.

## Kapitel 2. Gemeinsame Vorschriften für mehrere Organe

### Artikel 189 [Rechtsakte der Gemeinschaft]

Zur Erfüllung ihrer Aufgaben und nach Maßgabe dieses Vertrags erlassen das Europäische Parlament und der Rat gemeinsam, der Rat und die Kommission Verordnungen, Richtlinien und Entscheidungen, sprechen Empfehlungen aus oder geben Stellungnahmen ab.

Die Verordnung hat allgemeine Geltung. Sie ist in allen ihren Teilen verbindlich und gilt unmittelbar in jedem Mitgliedstaat.

Die Richtlinie ist für jeden Mitgliedstaat, an den sie gerichtet wird, hinsichtlich des zu erreichenden Zieles verbindlich, überläßt jedoch den innerstaatlichen Stellen die Wahl der Form und der Mittel.

Die Entscheidung ist in allen ihren Teilen für diejenigen verbindlich, die sie bezeichnet.

Die Empfehlungen und Stellungnahmen sind nicht verbindlich.

### Artikel 189 a [Verfahren auf Vorschlag der Kommission]

(1) Wird der Rat kraft dieses Vertrags auf Vorschlag der Kommission tätig, so kann er vorbehaltlich des Artikels 189 b Absätze 4 und 5 Änderungen dieses Vorschlags nur einstimmig beschließen.

(2) Solange ein Beschluß des Rates nicht ergangen ist, kann die Kommission ihren Vorschlag jederzeit im Verlauf der Verfahren zur Annahme eines Rechtsakts der Gemeinschaft ändern.

**Artikel 189 b [Mitentscheidungsverfahren; Vermittlungsausschuß]**

(1) Wird in diesem Vertrag hinsichtlich der Annahme eines Rechtsakts auf diesen Artikel Bezug genommen, so gilt das nachstehende Verfahren.

(2) Die Kommission unterbreitet dem Europäischen Parlament und dem Rat einen Vorschlag.

Der Rat legt mit qualifizierter Mehrheit und nach Stellungnahme des Europäischen Parlaments einen gemeinsamen Standpunkt fest. Dieser gemeinsame Standpunkt wird dem Europäischen Parlament zugeleitet. Der Rat unterrichtet das Europäische Parlament in allen Einzelheiten über die Gründe, aus denen er seinen gemeinsamen Standpunkt festgelegt hat. Die Kommission unterrichtet das Europäische Parlament in allen Einzelheiten über ihren Standpunkt.

Hat das Europäische Parlament binnen drei Monaten nach der Übermittlung

a) den gemeinsamen Standpunkt gebilligt, so erläßt der Rat den betreffenden Rechtsakt endgültig entsprechend diesem gemeinsamen Standpunkt;

b) nicht Stellung genommen, so erläßt der Rat den betreffenden Rechtsakt entsprechend seinem gemeinsamen Standpunkt;

c) mit der absoluten Mehrheit seiner Mitglieder die Absicht geäußert, den gemeinsamen Standpunkt abzulehnen, so unterrichtet es den Rat unverzüglich hiervon. Der Rat kann den in Absatz 4 genannten Vermittlungsausschuß einberufen, um seinen Standpunkt ausführlicher darzulegen. Daraufhin bestätigt das Europäische Parlament mit der absoluten Mehrheit seiner Mitglieder die Ablehnung des gemeinsamen Standpunkts, womit der vorgeschlagene Rechtsakt als nicht angenommen gilt, oder es schlägt nach Buchstabe d Abänderungen vor;

d) mit der absoluten Mehrheit seiner Mitglieder Abänderungen an dem gemeinsamen Standpunkt vorgeschlagen, so wird die abgeänderte Fassung dem Rat und der Kommission zugeleitet; die Kommission gibt eine Stellungnahme zu diesen Abänderungen ab.

(3) Billigt der Rat mit qualifizierter Mehrheit binnen drei Monaten nach Eingang der Abänderungen des Europäischen Parlaments alle diese Abänderungen, so ändert er seinen gemeinsamen Standpunkt entsprechend und erläßt den betreffenden Rechtsakt; über Abänderungen, zu denen die Kommission eine ablehnende Stellungnahme abgegeben hat,

beschließt der Rat jedoch einstimmig. Erläßt der Rat den betreffenden Rechtsakt nicht, so beruft der Präsident des Rates im Einvernehmen mit dem Präsidenten des Europäischen Parlaments unverzüglich den Vermittlungsausschuß ein.

(4) Der Vermittlungsausschuß, der aus den Mitgliedern des Rates oder deren Vertretern und ebenso vielen Vertretern des Europäischen Parlaments besteht, hat die Aufgabe, mit der qualifizierten Mehrheit der Mitglieder des Rates oder deren Vertretern und der Mehrheit der Vertreter des Europäischen Parlaments eine Einigung über einen gemeinsamen Entwurf zu erzielen. Die Kommission nimmt an den Arbeiten des Vermittlungsausschusses teil und ergreift alle erforderlichen Initiativen, um auf eine Annäherung der Standpunkte des Europäischen Parlaments und des Rates hinzuwirken.

(5) Billigt der Vermittlungsausschuß binnen sechs Wochen nach seiner Einberufung einen gemeinsamen Entwurf, so verfügen das Europäische Parlament und der Rat ab dieser Billigung über eine Frist von sechs Wochen, um den betreffenden Rechtsakt entsprechend dem gemeinsamen Entwurf zu erlassen, wobei im Europäischen Parlament die absolute Mehrheit der abgegebenen Stimmen und im Rat die qualifizierte Mehrheit erforderlich ist. Nimmt eines der beiden Organe den vorgeschlagenen Rechtsakt nicht an, so gilt er als nicht angenommen.

(6) Billigt der Vermittlungsausschuß keinen gemeinsamen Entwurf, so gilt der vorgeschlagene Rechtsakt als nicht angenommen, sofern nicht der Rat binnen sechs Wochen nach Ablauf der dem Vermittlungsausschuß gesetzten Frist mit qualifizierter Mehrheit den gemeinsamen Standpunkt, den er vor Eröffnung des Vermittlungsverfahrens gebilligt hatte, gegebenenfalls mit vom Europäischen Parlament vorgeschlagenen Abänderungen bestätigt. In diesem Fall ist der betreffende Rechtsakt endgültig erlassen, sofern nicht das Europäische Parlament die Vorlage binnen sechs Wochen nach dem Zeitpunkt der Bestätigung durch den Rat mit der absoluten Mehrheit seiner Mitglieder ablehnt; der vorgeschlagene Rechtsakt gilt dann als nicht angenommen.

(7) Die in diesem Artikel genannten Fristen von drei Monaten bzw. sechs Wochen können im gegenseitigen Einvernehmen zwischen dem Europäischen Parlament und dem Rat um höchstens einen Monat bzw. zwei Wochen verlängert werden. Die in Absatz 2 genannte Dreimonatsfrist verlängert sich im Fall der Anwendbarkeit des Absatzes 2 Buchstabe c automatisch um zwei Monate.

(8) Der Anwendungsbereich des in diesem Artikel beschriebenen Verfahrens kann nach dem Verfahren des Artikels N Absatz 2 des Vertrags über die Europäische Union auf der Grundlage eines dem Rat von der Kommission spätestens 1996 zu unterbreitenden Berichts erweitert werden.

## 4 EG-Vertrag

### Artikel 189 c [Verfahren der Zusammenarbeit]

Wird in diesem Vertrag hinsichtlich der Annahme eines Rechtsakts auf diesen Artikel Bezug genommen, so gilt folgendes Verfahren:

a) Der Rat legt mit qualifzierter Mehrheit auf Vorschlag der Kommission und nach Stellungnahme des Europäischen Parlaments einen gemeinsamen Standpunkt fest.

b) der gemeinsame Standpunkt des Rates wird dem Europäischen Parlament zugeleitet. Der Rat und die Kommission unterrichten das Europäische Parlament in allen Einzelheiten über die Gründe, aus denen der Rat seinen gemeinsamen Standpunkt festgelegt hat, sowie über den Standpunkt der Kommission.

Hat das Europäische Parlament diesen gemeinsamen Standpunkt binnen drei Monaten nach der Übermittlung gebilligt oder hat es sich innerhalb dieser Frist nicht geäußert, so erläßt der Rat den betreffenden Rechtsakt endgültig entsprechend dem gemeinsamen Standpunkt.

c) Das Europäische Parlament kann innerhalb der unter Buchstabe b vorgesehenen Dreimonatsfrist mit der absoluten Mehrheit seiner Mitglieder Abänderungen an dem gemeinsamen Standpunkt des Rates vorschlagen. Es kann ferner den gemeinsamen Standpunkt des Rates mit der gleichen Mehrheit ablehnen. Das Ergebnis der Beratungen wird dem Rat und der Kommission zugeleitet.

Hat das Europäische Parlament den gemeinsamen Standpunkt des Rates abgelehnt, so kann der Rat in zweiter Lesung nur einstimmig beschließen.

d) Die Kommission überprüft innerhalb einer Frist von einem Monat den Vorschlag, aufgrund dessen der Rat seinen gemeinsamen Standpunkt festgelegt hat, unter Berücksichtigung der vom Europäischen Parlament vorgeschlagenen Abänderungen.

Die Kommission übermittelt dem Rat zusammen mit dem von ihr überprüften Vorschlag die von ihr nicht übernommenen Abänderungen des Europäischen Parlaments und nimmt dazu Stellung. Der Rat kann diese Abänderungen einstimmig annehmen.

e) Der Rat verabschiedet mit qualifizierter Mehrheit den von der Kommission überprüften Vorschlag.

Der Rat kann den von der Kommission überprüften Vorschlag nur einstimmig ändern.

f) In den unter den Buchstaben c, d und e genannten Fällen muß der Rat binnen drei Monaten beschließen. Ergeht innerhalb dieser Frist kein Beschluß, so gilt der Vorschlag der Kommission als nicht angenommen.

g) Die unter den Buchstaben b und f genannten Fristen können im gegenseitigen Einvernehmen zwischen dem Europäischen Parlament und dem Rat um höchstens einen Monat verlängert werden.

**Artikel 190 [Begründungspflicht]**

Die Verordnungen, Richtlinien und Entscheidungen, die vom Europäischen Parlament und vom Rat gemeinsam oder vom Rat oder von der Kommission angenommen werden, sind mit Gründen zu versehen und nehmen auf die Vorschläge oder Stellungnahmen Bezug, die nach diesem Vertrag eingeholt werden müssen.

**Artikel 191 [Publikation; Inkrafttreten]**

(1) Die nach dem Verfahren des Artikels 189 b angenommenen Verordnungen, Richtlinien und Entscheidungen werden vom Präsidenten des Europäischen Parlaments und vom Präsidenten des Rates unterzeichnet und im Amtsblatt der Gemeinschaft veröffentlicht. Sie treten zu dem durch sie festgelegten Zeitpunkt oder andernfalls am zwanzigsten Tag nach ihrer Veröffentlichung in Kraft.

(2) Die Verordnungen des Rates und der Kommission sowie die an alle Mitgliedstaaten gerichteten Richtlinien dieser Organe werden im Amtsblatt der Gemeinschaft veröffentlicht. Sie treten zu dem durch sie festgelegten Zeitpunkt oder andernfalls am zwanzigsten Tag nach ihrer Veröffentlichung in Kraft.

(3) Die anderen Richtlinien sowie die Entscheidungen werden denjenigen, für die sie bestimmt sind, bekanntgegeben und werden durch diese Bekanntgabe wirksam.

**Artikel 192 [Vollstreckung von Entscheidungen; Rechtsschutz]**

Die Entscheidungen des Rates oder der Kommission, die eine Zahlung auferlegen, sind vollstreckbare Titel; dies gilt nicht gegenüber Staaten.

Die Zwangsvollstreckung erfolgt nach den Vorschriften des Zivilprozeßrechts des Staates, in dessen Hoheitsgebiet sie stattfindet. Die Vollstreckungsklausel wird nach einer Prüfung, die sich lediglich auf die Echtheit des Titels erstrecken darf, von der staatlichen Behörde erteilt, welche die Regierung jedes Mitgliedstaates zu diesem Zweck bestimmt und der Kommission und dem Gerichtshof benennt.

Sind diese Formvorschriften auf Antrag der die Vollstreckung betreibenden Partei erfüllt, so kann diese die Zwangsvollstreckung nach innerstaatlichem Recht betreiben, indem sie die zuständige Stelle unmittelbar anruft.

Die Zwangsvollstreckung kann nur durch eine Entscheidung des Gerichtshofes ausgesetzt werden. Für die Prüfung der Ordnungsmäßigkeit der Vollstreckungsmaßnahmen sind jedoch die einzelstaatlichen Rechtsprechungsorgane zuständig.

## Kapitel 3. Der Wirtschafts- und Sozialausschuß

### Artikel 193 [Aufgabe und Zusammensetzung]

Es wird ein Wirtschafts- und Sozialausschuß mit beratender Aufgabe errichtet.

Der Ausschuß besteht aus Vertretern der verschiedenen Gruppen des wirtschaftlichen und sozialen Lebens, insbesondere der Erzeuger, der Landwirte, der Verkehrsunternehmer, der Arbeitnehmer, der Kaufleute und Handwerker, der freien Berufe und der Allgemeinheit.

### Artikel 194 [Mitgliederzahl; Ernennung]

Die Zahl der Mitglieder des Wirtschafts- und Sozialausschusses wird wie folgt festgesetzt:

| | |
|---|---|
| Belgien | 12 |
| Dänemark | 9 |
| Deutschland | 24 |
| Griechenland | 12 |
| Spanien | 21 |
| Frankreich | 24 |
| Irland | 9 |
| Italien | 24 |
| Luxemburg | 6 |
| Niederlande | 12 |
| Portugal | 12 |
| Vereinigtes Königreich | 24 |

Die Mitglieder des Ausschusses werden vom Rat durch einstimmigen Beschluß auf vier Jahre ernannt. Wiederernennung ist zulässig.
Die Mitglieder des Ausschusses sind an keine Weisungen gebunden. Sie üben ihre Tätigkeit in voller Unabhängigkeit zum allgemeinen Wohl der Gemeinschaft aus.
Der Rat setzt mit qualifizierter Mehrheit die Vergütungen für die Mitglieder des Ausschusses fest.

**Artikel 195 [Nominierungs- und Auswahlverfahren]**

(1) Zur Ernennung der Mitglieder des Ausschusses legt jeder Mitgliedstaat dem Rat eine Liste vor, die doppelt so viel Kandidaten enthält wie seinen Staatsangehörigen Sitze zugewiesen sind.

Die Zusammensetzung des Ausschusses muß der Notwendigkeit Rechnung tragen, den verschiedenen Gruppen des wirtschaftlichen und sozialen Lebens eine angemessene Vertretung zu sichern.

(2) Der Rat hört die Kommission. Er kann die Meinung der maßgeblichen europäischen Organisationen der verschiedenen Zweige des Wirtschafts- und Soziallebens einholen, die an der Tätigkeit der Gemeinschaft interessiert sind.

**Artikel 196 [Wahl des Präsidenten; Verfahren]**

Der Ausschuß wählt aus seiner Mitte seinen Präsidenten und sein Präsidium auf zwei Jahre.

Er gibt sich eine Geschäftsordnung.

Der Ausschuß wird von seinem Präsidenten auf Antrag des Rates oder der Kommission einberufen. Er kann auch von sich aus zusammentreten.

**Artikel 197 [Errichtung von Unterorganen]**

Der Ausschuß umfaßt fachliche Gruppen für die Hauptsachgebiete dieses Vertrags.

Er enthält insbesondere je eine fachliche Gruppe für die Landwirtschaft und für den Verkehr; auf diese finden die Sonderbestimmungen der Titel über die Landwirtschaft und den Verkehr Anwendung.

Die fachlichen Gruppen werden im Rahmen des allgemeinen Zuständigkeitsbereichs des Ausschusses tätig. Sie können nicht unabhängig vom Ausschuß gehört werden.

Innerhalb des Ausschusses können ferner Unterausschüsse eingesetzt werden; diese haben über bestimmte Fragen oder auf bestimmten Gebieten Entwürfe von Stellungnahmen zur Beratung im Ausschuß auszuarbeiten.

Die Geschäftsordnung bestimmt die Art und Weise der Zusammensetzung und regelt die Zuständigkeit der fachlichen Gruppen und Unterausschüsse.

**Artikel 198 [Anhörung; Stellungnahme]**

Der Ausschuß muß vom Rat oder der Kommission in den in diesem Vertrag vorgesehenen Fällen gehört werden. Er kann von diesen Organen in allen Fällen gehört werden, in denen diese es für zweckmäßig erachten. Er kann von sich aus eine Stellungnahme in den Fällen abgeben, in denen er dies für zweckmäßig erachtet.

Wenn der Rat oder die Kommission es für notwendig erachten, setzen sie dem Ausschuß für die Vorlage seiner Stellungnahme eine Frist; diese beträgt mindestens einen Monat, vom Eingang der Mitteilung beim Präsidenten des Ausschusses an gerechnet. Nach Ablauf der Frist kann das Fehlen einer Stellungnahme unberücksichtigt bleiben.

Die Stellungnahmen des Ausschusses und der zuständigen fachlichen Gruppe sowie ein Bericht über die Beratungen werden dem Rat und der Kommission übermittelt.

## Kapitel 4. Der Ausschuß der Regionen

### Artikel 198 a [Mitglieder; Unabhängigkeit]

Es wird ein beratender Ausschuß aus Vertretern der regionalen und lokalen Gebietskörperschaften, nachstehend "Ausschuß der Regionen" genannt, errichtet.

Die Zahl der Mitglieder des Ausschusses der Regionen wird wie folgt festgesetzt:

| | |
|---|---|
| Belgien | 12 |
| Dänemark | 9 |
| Deutschland | 24 |
| Griechenland | 12 |
| Spanien | 21 |
| Frankreich | 24 |
| Irland | 9 |
| Italien | 24 |
| Luxemburg | 6 |
| Niederlande | 12 |
| Portugal | 12 |
| Vereinigtes Königreich | 24 |

Die Mitglieder des Ausschusses sowie eine gleiche Anzahl von Stellvertretern werden vom Rat auf Vorschlag der jeweiligen Mitgliedstaaten durch einstimmigen Beschluß auf vier Jahre ernannt. Wiederernennung ist zulässig.

Die Mitglieder des Ausschusses sind an keine Weisungen gebunden. Sie üben ihre Tätigkeit in voller Unabhängigkeit zum allgemeinen Wohl der Gemeinschaft aus.

### Artikel 198 b [Präsident; Geschäftsordnung; Einberufung]

Der Ausschuß der Regionen wählt aus seiner Mitte seinen Präsidenten und sein Präsidium auf zwei Jahre.

Er gibt sich eine Geschäftsordnung und legt sie dem Rat zur Genehmigung vor; der Rat beschließt einstimmig.

Der Ausschuß wird von seinem Präsidenten auf Antrag des Rates oder der Kommission einberufen. Er kann auch von sich aus zusammentreten.

### Arlikel 198 c [Anhörung; Stellungnahme]

Der Ausschuß der Regionen wird vom Rat oder von der Kommission in den in diesem Vertrag vorgesehenen Fällen und in allen anderen Fällen gehört, in denen eines dieser beiden Organe dies für zweckmäßig erachtet.

Wenn der Rat oder die Kommission es für notwendig erachten, setzen sie dem Ausschuß für die Vorlage seiner Stellungnahme eine Frist; diese beträgt mindestens einen Monat, vom Eingang der diesbezüglichen Mitteilung beim Präsidenten des Ausschusses an gerechnet. Nach Ablauf der Frist kann das Fehlen einer Stellungnahme unberücksichtigt bleiben.

Wird der Wirtschafts- und Sozialausschuß nach Artikel 198 gehört, so wird der Ausschuß der Regionen vom Rat oder von der Kommission über dieses Ersuchen um Stellungnahme unterrichtet. Der Ausschuß der Regionen kann, wenn er der Auffassung ist, daß spezifische regionale Interessen berührt werden, eine entsprechende Stellungnahme abgeben.

Er kann, wenn er dies für zweckdienlich erachtet, von sich aus eine Stellungnahme abgeben.

Die Stellungnahme des Ausschusses sowie ein Bericht über die Beratungen werden dem Rat und der Kommission übermittelt.

## Kapitel 5. Die Europäische Investitionsbank

### Artikel 198 d [Rechtspersönlichkeit; Mitglieder; Satzung]

Die Europäische Investitionsbank besitzt Rechtspersönlichkeit.

Mitglieder der Europäischen Investitionsbank sind die Mitgliedstaaten.

Die Satzung der Europäischen Investitionsbank ist diesem Vertrag als Protokoll beigefügt.

### Artikel 198 e [Entwicklung des Gemeinsamen Marktes; Programme; Strukturfonds]

(1) Aufgabe der Europäischen Investitionsbank ist es, zu einer ausgewogenen und reibungslosen Entwicklung des Gemeinsamen Marktes im Interesse der Gemeinschaft beizutragen; hierbei bedient sie sich des Kapitalmarkts sowie ihrer eigenen Mittel. In diesem Sinne erleichtert sie ohne Verfolgung eines Erwerbszwecks durch Gewährung von Darlehen und Bürgschaften die Finanzierung der nachstehend bezeichneten Vorhaben in allen Wirtschaftszweigen:

a) Vorhaben zur Erschließung der weniger entwickelten Gebiete;

b) Vorhaben zur Modernisierung oder Umstellung von Unternehmen oder zur Schaffung neuer Arbeitsmöglichkeiten, die sich aus der schrittweisen Errichtung des Gemeinsamen Marktes ergeben und wegen ihres Umfangs oder ihrer Art mit den in den einzelnen Mitgliedstaaten vorhandenen Mitteln nicht vollständig finanziert werden können;

c) Vorhaben von gemeinsamem Interesse für mehrere Mitgliedstaaten, die wegen ihres Umfangs oder ihrer Art mit den in den einzelnen Mitgliedstaaten vorhandenen Mitteln nicht vollständig finanziert werden können.

(2) In Erfüllung ihrer Aufgabe erleichtert die Bank die Finanzierung von Investitionsprogrammen in Verbindung mit der Unterstützung aus den Strukturfonds und anderen Finanzierungsinstrumenten der Gemeinschaft.

## Titel II. Finanzvorschriften

### Artikel 199 [Haushalt der Gemeinschaft]

Alle Einnahmen und Ausgaben der Gemeinschaft einschließlich derjenigen des Europäischen Sozialfonds werden für jedes Haushaltsjahr veranschlagt und in den Haushaltsplan eingesetzt.

Die für die Organe anfallenden Verwaltungsausgaben im Zusammenhang mit den die Gemeinsame Außen- und Sicherheitspolitik und die Zusammenarbeit in den Bereichen Justiz und Inneres betreffenden Bestimmungen des Vertrags über die Europäische Union gehen zu Lasten des Haushalts. Die aufgrund der Durchführung dieser Bestimmungen entstehenden operativen Ausgaben können unter den in diesen Bestimmungen vorgesehenen Voraussetzungen dem Haushalt angelastet werden.

Der Haushaltsplan ist in Einnahmen und Ausgaben auszugleichen.

**Artikel 200**

(Aufgehoben)

**Artikel 201 [Eigenmittel]**

Der Haushalt wird unbeschadet der sonstigen Einnahmen vollständig aus Eigenmitteln finanziert.

Der Rat legt auf Vorschlag der Kommission und nach Anhörung des Europäschen Parlaments einstimmig die Bestimmungen über das System der Eigenmittel der Gemeinschaft fest und empfiehlt sie den Mitgliedstaaten zur Annahme gemäß ihren verfassungsrechtlichen Vorschriften.

**Artikel 201 a [Haushaltsdisziplin]**

Damit die Haushaltsdisziplin gewährleistet wird, unterbreitet die Kommission keine Vorschläge für Rechtsakte der Gemeinschaft, ändert nicht ihre Vorschläge und erläßt keine Durchführungsmaßnahme, die erhebliche Auswirkungen auf den Haushaltsplan haben könnte, ohne die Gewähr zu bieten, daß der betreffende Vorschlag bzw. die betreffende Maßnahme im Rahmen der Eigenmittel der Gemeinschaft finanziert werden kann, die sich aufgrund der vom Rat nach Artikel 201 festgelegten Bestimmungen ergeben.

**Artikel 202 [Ausgabenbewilligung]**

Die in den Haushaltsplan eingesetzten Ausgaben werden für ein Haushaltsjahr bewilligt, soweit die gemäß Artikel 209 festgelegte Haushaltsordnung nicht etwas anderes bestimmt.

Nach Maßgabe der auf Grund des Artikels 209 erlassenen Vorschriften dürfen die nicht für Personalausgaben vorgesehenen Mittel, die bis zum Ende der Durchführungszeit eines Haushaltsplans nicht verbraucht worden sind, lediglich auf das nächste Haushaltsjahr übertragen werden.

Die vorgesehenen Mittel werden nach Kapiteln gegliedert, in denen die Ausgaben nach Art oder Bestimmung zusammengefaßt sind; soweit erforderlich, werden die Kapitel nach der gemäß Artikel 209 festgelegten Haushaltsordnung unterteilt.

Die Ausgaben des Europäischen Parlaments, des Rates, der Kommission und des Gerichtshofs werden unbeschadet einer besonderen Regelung für bestimmte gemeinsame Ausgaben in gesonderten Teilen des Haushaltsplans aufgeführt.

**Artikel 203 [Haushaltsverfahren]**

(1) Das Haushaltsjahr beginnt am 1. Januar und endet am 31. Dezember.

(2) Jedes Organ der Gemeinschaft stellt vor dem 1. Juli einen Haushaltsvoranschag für seine Ausgaben auf. Die Kommission faßt diese Voranschläge in einem Vorentwurf für den Haushaltsplan zusammen. Sie fügt eine Stellungnahme bei, die abweichende Voranschläge enthalten kann.

Dieser Vorentwurf umfaßt den Ansatz der Einnahmen und den Ansatz der Ausgaben.

(3) Die Kommission legt dem Rat den Vorentwurf des Haushaltsplans spätestens am 1. September des Jahres vor, das dem entsprechenden Haushaltsjahr vorausgeht.

Der Rat setzt sich mit der Kommission und gegebenenfalls den anderen beteiligten Organen ins Benehmen, wenn er von dem Vorentwurf abweichen will.

Der Rat stellt den Entwurf des Haushaltsplans mit qualifizierter Mehrheit auf und leitet ihn dem Europäischen Parlament zu.

(4) Der Entwurf des Haushaltsplans ist dem Europäischen Parlament spätestens am 5. Oktober des Jahres vorzulegen, das dem entsprechenden Haushaltsjahr vorausgeht.

Das Europäische Parlament ist berechtigt, den Entwurf des Haushaltsplans mit der Mehrheit der Stimmen seiner Mitglieder abzuändern und mit der absoluten Mehrheit der abgegebenen Stimmen dem Rat Änderungen dieses Entwurfs in bezug auf die Ausgaben vorzuschlagen, die sich zwingend aus dem Vertrag oder den auf Grund des Vertrages erlassenen Rechtsakten ergeben.

Hat das Europäische Parlament binnen fünfundvierzig Tagen nach Vorlage des Entwurfs des Haushaltsplans seine Zustimmung erteilt, so ist der Haushaltsplan endgültig festgestellt. Hat es innerhalb dieser Frist den Entwurf des Haushaltsplans weder abgeändert noch Änderungen dazu vorgeschlagen, so gilt der Haushaltsplan als endgültig festgestellt.

Hat das Europäische Parlament innerhalb dieser Frist Abänderungen vorgenommen oder Änderungen vorgeschlagen, so wird der Entwurf des Haushaltsplans mit den entsprechenden Abänderungen oder Änderungsvorschlägen dem Rat zugeleitet.

(5) Nachdem der Rat über den Entwurf des Haushaltsplans mit der Kommission und gegebenenfalls mit den anderen beteiligten Organenberaten hat, beschließt er unter folgenden Bedingungen:

a) Der Rat kann mit qualifizierter Mehrheit jede der vom Europäischen Parlament vorgenommenen Abänderungen ändern;

b) hinsichtlich der Änderungsvorschläge:

– Führt eine vom Europäischen Parlament vorgeschlagene Änderung nicht zu einer Erhöhung des Gesamtbetrags der Ausgaben eines Organs, und zwar insbesondere deswegen, weil die daraus erwachsende Erhöhung der Ausgaben ausdrücklich durch eine oder mehrere vorgeschlagene Änderungen ausgeglichen wird, die eine entsprechende Senkung der Ausgaben bewirken, so kann der Rat diesen Änderungsvorschlag mit qualifizierter Mehrheit ablehnen. Ergeht kein Ablehnungsbeschluß, so ist der Änderungsvorschlag angenommen;

– führt eine vom Europäischen Parlament vorgeschlagene Änderung zu einer Erhöhung des Gesamtbetrags der Ausgaben eines Organs, so kann der Rat mit qualifizierter Mehrheit diesen Änderungsvorschlag annehmen. Ergeht kein Annahmebeschluß, so ist der Änderungsvorschlag abgelehnt;

– hat der Rat nach einem der beiden vorstehenden Unterabsätze einen Änderungsvorschlag abgelehnt, so kann er mit qualifizierter Mehrheit entweder den im Entwurf des Haushaltsplans stehenden Betrag beibehalten oder einen anderen Betrag festsetzen.

Der Entwurf des Haushaltsplans wird nach Maßgabe der vom Rat angenommenen Änderungsvorschläge geändert.

Hat der Rat binnen fünfzehn Tagen nach Vorlage des Entwurfs des Haushaltsplans keine der vom Europäischen Parlament vorgenommenen Abänderungen geändert und sind die Änderungsvorschläge des Europäischen Parlaments angenommen worden, so gilt der Haushaltsplan als endgültig festgestellt. Der Rat teilt dem Europäischen Parlament mit, daß er keine der Abänderungen geändert hat und daß die Änderungsvorschläge angenommmen worden sind.

Hat der Rat innerhalb dieser Frist eine oder mehrere der vom Europäischen Parlament vorgenommenen Abänderungen geändert oder sind die Änderungsvorschläge des Europäischen Parlaments abgelehnt oder geändert worden, so wird der geänderte Entwurf des Haushaltsplans erneut dem Europäischen Parlament zugeleitet. Der Rat legt dem Europäischen Parlament das Ergebnis seiner Beratungen dar.

(6) Das Europäische Parlament, das über das Ergebnis der Behandlung seiner Änderungsvorschläge unterrichtet ist, kann binnen fünfzehn Tagen nach Vorlage des Entwurfs des Haushaltsplans mit der Mehrheit der Stimmen seiner Mitglieder und mit drei Fünfteln der abgegebenen Stimmen die vom Rat an den Abänderungen des Europäischen Parlaments vorgenommenen Änderungen ändern oder ablehnen und stellt

demzufolge den Haushaltsplan fest. Hat das Europäische Parlament innerhalb dieser Frist keinen Beschluß gefaßt, so gilt der Haushaltsplan als endgültig festgestellt.

(7) Nach Abschluß des Verfahrens dieses Artikels stellt der Präsident des Europäischen Parlaments fest, daß der Haushaltsplan endgültig festgestellt ist.

(8) Das Europäische Parlament kann jedoch mit der Mehrheit der Stimmen seiner Mitglieder und mit zwei Dritteln der abgegebenen Stimmen aus wichtigen Gründen den Entwurf des Haushaltsplans ablehnen und die Vorlage eines neuen Entwurfs verlangen.

(9) Für alle Ausgaben, die sich nicht zwingend aus dem Vertrag oder den auf Grund des Vertrages erlassenen Rechtsakten ergeben, wird jedes Jahr ein Höchstsatz festgelegt, um den die gleichartigen Ausgaben des laufenden Haushaltsjahres erhöht werden können.

Die Kommission stellt nach Anhörung des Ausschusses für Wirtschaftspolitik diesen Höchstsatz fest, der sich aus

– der Entwicklung des in Volumen ausgedrückten Bruttosozialprodukts in der Gemeinschaft,

– der durchschnittlichen Veränderung der Haushaltspläne der Mitgliedstaaten und

– der Entwicklung der Lebenshaltungskosten während des letzten Haushaltsjahres

ergibt.

Der Höchstsatz wird vor dem 1. Mai allen Organen der Gemeinschaft mitgeteilt. Diese haben ihn bei dem Haushaltsverfahren vorbehaltlich der Vorschriften der Unterabsätze 4 und 5 einzuhalten.

Liegt bei den Ausgaben, die sich nicht zwingend aus dem Vertrag oder den auf Grund des Vertrages erlassenen Rechtsakten ergeben, der Erhöhungssatz, der aus dem vom Rat aufgestellten Entwurf des Haushaltsplans hervorgeht, über der Hälfte des Höchstsatzes, so kann das Europäische Parlament in Ausübung seines Abänderungsrechts den Gesamtbetrag dieser Ausgaben noch bis zur Hälfte des Höchstsatzes erhöhen.

Ist das Europäische Parlament, der Rat oder die Kommission der Ansicht, daß die Tätigkeiten der Gemeinschaften eine Überschreitung des nach dem Verfahren dieses Absatzes aufgestellten Satzes erforderlich machen, so kann in Übereinstimmung zwischen dem Rat und dem Europäischen Parlament ein neuer Satz festgelegt werden; der Rat entscheidet mit qualifizierter Mehrheit, das Europäische Parlament mit der Mehrheit der Stimmen seiner Mitglieder und mit drei Fünfteln der abgegebenen Stimmen.

(10) Jedes Organ übt die ihm durch diesen Artikel übertragenen Befugnisse unter Beachtung der Vorschriften des Vertrages und der auf Grund des Vertrages erlassenen Rechtsakte aus, namentlich der Vorschriften, die die eigenen Mittel der Gemeinschaften und den Ausgleich von Einnahmen und Ausgaben betreffen.

**Artikel 203 a [Verfahren bis 1975]**

Abweichend von Artikel 203 gelten für die Haushaltspläne der Haushaltsjahre vor dem Haushaltsjahr 1975 folgende Vorschriften:

(1) Das Haushaltsjahr beginnt am 1. Januar und endet am 31. Dezember.

(2) Jedes Organ der Gemeinschaft stellt vor dem 1. Juli einen Haushaltsvoranschlag für seine Ausgaben auf. Die Kommission faßt diese Voranschläge in einem Vorentwurf für den Haushaltsplan zusammen. Sie fügt eine Stellungnahme bei, die abweichende Voranschläge enthalten kann.

Dieser Vorentwurf umfaßt den Ansatz der Einnahmen und den Ansatz der Ausgaben.

(3) Die Kommission legt dem Rat den Vorentwurf des Haushaltsplans spätestens am 1. September des Jahres vor, das dem entsprechenden Haushaltsjahr vorausgeht.

Der Rat setzt sich mit der Kommission und gegebenenfalls den anderen beteiligten Organen ins Benehmen, wenn er von dem Vorentwurf abweichen will.

Der Rat stellt den Entwurf des Haushaltsplans mit qualifizierter Mehrheit auf und leitet ihn dem Europäischen Parlament zu.

(4) Der Entwurf des Haushaltsplans ist dem Europäischen Parlament spätestens am 5. Oktober des Jahres vorzulegen, das dem entsprechenden Haushaltsjahr vorausgeht.

Das Europäische Parlament ist berechtigt, dem Rat Änderungen des Entwurfs des Haushaltsplans vorzuschlagen.

Hat das Europäische Parlament binnen fünfundvierzig Tagen nach Vorlage des Entwurfs des Haushaltsplans seine Zustimmung erteilt oder keine Änderung des Entwurfs vorgeschlagen, so gilt der Haushaltsplan als endgültig festgestellt.

Hat das Europäische Parlament innerhalb dieser Frist Änderungen vorgeschlagen, so wird der Entwurf des Haushaltsplans mit den entsprechenden Änderungsvorschlägen dem Rat zugeleitet.

(5) Nachdem der Rat über diesen Entwurf des Haushaltsplans mit der Kommission und gegebenenfalls mit den anderen beteiligten Organen beraten hat, stellt er den Haushaltsplan binnen dreißig Tagen nach Vorlage des genannten Entwurfs gemäß den nachstehenden Vorschriften fest.

Führt eine vom Europäischen Parlament vorgeschlagene Änderung nicht zu einer Erhöhung des Gesamtbetrags der Ausgaben eines Organs, und zwar insbesondere deswegen, weil die sich daraus ergebende Erhöhung der Ausgaben ausdrücklich durch eine oder mehrere vorgeschlagene Änderungen ausgeglichen wird, die eine entsprechende Senkung der Ausgaben zur Folge haben, so kann der Rat diesen Änderungsvorschlag mit qualifizierter Mehrheit ablehnen. Ergeht kein Ablehnungsbeschluß, so ist der Änderungsvorschlag angenommen.

Führt eine vom Europäischen Parlament vorgeschlagene Änderung zu einer Erhöhung des Gesamtbetrags der Ausgaben eines Organs, so muß der Rat zur Annahme dieses Änderungsvorschlags mit qualifizierter Mehrheit entscheiden.

Hat der Rat einen Änderungsvorschlag nach Unterabsatz 2 abgelehnt oder nach Unterabsatz 3 nicht angenommen, so kann er mit qualifizierter Mehrheit entweder den im Entwurf des Haushaltsplans stehenden Betrag beibehalten oder einen anderen Betrag festsetzen.

(6) Nach Abschluß des Verfahrens dieses Artikels stellt der Präsident des Rates fest, daß der Haushaltsplan endgültig festgestellt ist.

(7) Jedes Organ übt die ihm durch diesen Artikel übertragenen Befugnisse unter Beachtung der Vorschriften des Vertrags und der aufgrund des Vertrags erlassenen Rechtsakte aus, namentlich der Vorschriften, die die eigenen Mittel der Gemeinschaften und den Ausgleich von Einnahmen und Ausgaben betreffen.

### Artikel 204 [Nothaushalt]

Ist zu Beginn eines Haushaltsjahres der Haushaltsplan noch nicht verabschiedet, so können nach der gemäß Artikel 209 festgelegten Haushaltsordnung für jedes Kapitel oder jede sonstige Untergliederung monatliche Ausgaben bis zur Höhe eines Zwölftels der im abgelaufenen Haushaltsplan bereitgestellten Mittel vorgenommen werden; die Kommission darf jedoch monatlich höchstens über ein Zwölftel der Mittel verfügen, die in dem in Vorbereitung befindlichen Entwurf des Haushaltsplans vorgesehen sind.

Der Rat kann mit qualifizierter Mehrheit unter Beachtung der sonstigen Bestimmungen des Absatzes (1) Ausgaben genehmigen, die über dieses Zwölftel hinausgehen.

Betrifft dieser Beschluß Ausgaben, die sich nicht zwingend aus dem Vertrag oder den auf Grund des Vertrages erlassenen Rechtsakten ergeben, so leitet der Rat ihn unverzüglich dem Europäischen Parlament zu; das Europäische Parlament kann binnen dreißig Tagen mit der Mehrheit der Stimmen seiner Mitglieder und mit drei Fünfteln der abgegebenen Stimmen einen abweichenden Beschluß über diese Ausgaben hinsichtlich des Teils fassen, der über das in Absatz (1) genannte Zwölftel hinausgeht. Dieser Teil des Ratsbeschlusses ist bis zu einer Entscheidung des Europäischen Parlaments ausgesetzt. Hat das Europäische Parlament nicht innerhalb der genannten Fristen anders als der Rat entschieden, so gilt der Beschluß des Rates als endgültig erlassen.

In den Beschlüssen der Absätze (2) und (3) werden die zur Durchführung dieses Artikels erforderlichen Maßnahmen betreffend die Mittel vorgesehen.

**Artikel 205 [Ausführung durch die Kommission]**

Die Kommission führt den Haushaltsplan nach der gemäß Artikel 209 festgelegten Haushaltsordnung in eigener Verantwortung im Rahmen der zugewiesenen Mittel entsprechend den Grundsätzen der Wirtschaftlichkeit der Haushaltsführung aus.

Die Beteiligung der einzelnen Organe bei der Vornahme ihrer Ausgaben wird in der Haushaltsordnung im einzelnen geregelt.

Die Kommission kann nach der gemäß Artikel 209 festgelegten Haushaltsordnung Mittel von Kapitel zu Kapitel oder von Untergliederung zu Untergliederung übertragen.

**Artikel 205 a [Jahresrechnung]**

Die Kommission legt dem Rat und dem Europäischen Parlament jährlich die Rechnung des abgelaufenen Haushaltsjahres für die Rechnungsvorgänge des Haushaltsplans vor. Sie übermittelt ihnen ferner eine Übersicht über das Vermögen und die Schulden der Gemeinschaft.

**Artikel 206 [Entlastung der Kommission]**

(1) Auf Empfehlung des Rates, der mit qualifizierter Mehrheit beschließt, erteilt das Europäische Parlament der Kommission Entlastung zur Ausführung des Haushaltsplans. Zu diesem Zweck prüft es nach dem Rat die in Artikel 205 a genannte Rechnung und Übersicht sowie den Jahresbericht des Rechnungshofs zusammen mit den Antworten der kontrollierten Organe auf dessen Bemerkungen und die einschlägigen Sonderberichte des Rechnungshofs.

(2) Das Europäische Parlament kann vor der Entlastung der Kommission sowie auch zu anderen Zwecken im Zusammenhang mit der Ausübung seiner Haushaltsbefugnisse die Kommission auffordern, Auskunft über die Vornahme der Ausgaben oder die Arbeitsweise der Finanzkontrollsysteme zu erteilen. Die Kommission legt dem Europäischen Parlament auf dessen Ersuchen alle notwendigen Informationen vor.

(3) Die Kommission trifft alle zweckdienlichen Maßnahmen, um den Bemerkungen in den Entlastungsbeschlüssen und anderen Bemerkungen des Europäischen Parlaments zur Vornahme der Ausgaben sowie den Erläuterungen, die den Entlastungsempfehlungen des Rates beigefügt sind, nachzukommen.

Auf Ersuchen des Europäischen Parlaments oder des Rates erstattet die Kommission Bericht über die Maßnahmen, die aufgrund dieser Bemerkungen und Erläuterungen getroffen wurden, insbesondere über die Weisungen, die den für die Ausführung des Haushaltsplans zuständigen Dienststellen erteilt worden sind. Diese Berichte sind auch dem Rechnungshof zuzuleiten.

**Artikel 206 a**

(Aufgehoben)[1]

**Artikel 206 b**

(Aufgehoben)[2]

**Artikel 207 [Rechnungseinheit]**

Der Haushaltsplan wird in der Rechnungseinheit aufgestellt, die in der gemäß Artikel 209 festgelegten Haushaltsordnung bestimmt wird.

Die Mitgliedstaaten stellen der Gemeinschaft die in Artikel 200 Absatz (1) vorgesehenen Finanzbeiträge in ihrer Landeswährung zur Verfügung.[3]

Die einstweilen nicht benötigten Mittel aus diesen Beiträgen werden bei den Schatzämtern der Mitgliedstaaten oder den von diesen bezeichneten Stellen hinterlegt. Während der Hinterlegungszeit behalten diese

---

1) Vgl. jetzt Art. 188 a ff.
2) Vgl. jetzt Art. 206
3) Art. 207 wurde trotz der Aufhebung des Art. 200 durch den Unionsvertrag nicht geändert.

Mittel den am Tag der Hinterlegung geltenden Pariwert gegenüber der in Absatz (1) genannten Rechnungseinheit.

Diese einstweilen nicht benötigten Mittel können zu Bedingungen angelegt werden, welche die Kommission mit dem betreffenden Mitgliedstaat vereinbart.

Die gemäß Artikel 209 festgelegte Haushaltsordnung bezeichnet die technischen Bedingungen für die Durchführung der Finanzgeschäfte des Europäischen Sozialfonds.

**Artikel 208 [Guthaben der Kommission]**

Die Kommission kann vorbehaltlich der Unterrichtung der zuständigen Behörden der betreffenden Mitgliedstaaten ihre Guthaben in der Währung eines dieser Staaten in die Währung eines anderen Mitgliedstaates transferieren, soweit dies erforderlich ist, um diese Guthaben für die in diesem Vertrag vorgesehenen Zwecke zu verwenden. Besitzt die Kommission verfügbare oder flüssige Guthaben in der benötigten Währung, so vermeidet sie soweit möglich derartige Transferierungen.

Die Kommission verkehrt mit jedem Mitgliedstaat über die von diesem bezeichnete Behörde. Bei der Durchführung ihrer Finanzgeschäfte nimmt sie die Notenbank des betreffenden Mitgliedstaates oder ein anderes von diesem genehmigtes Finanzinstitut in Anspruch.

**Artikel 209 [Haushaltsordnung; Bereitstellung der Eigenmittel]**

Der Rat legt einstimmig auf Vorschlag der Kommission und nach Anhörung des Europäischen Parlaments und Stellungnahme des Rechnungshofs folgendes fest:

a) die Haushaltsordnung, in der insbesondere die Aufstellung und Ausführung des Haushaltsplans sowie die Rechnungslegung und Rechnungsprüfung im einzelnen geregelt werden;

b) die Einzelheiten und das Verfahren, nach denen die Haushaltseinnahmen, die in der Regelung über die Eigenmittel der Gemeinschaft vorgesehen sind, der Kommission zur Verfügung gestellt werden, sowie die Maßnahmen, die zu treffen sind, um gegebenenfalls die erforderlichen Kassenmittel bereitzustellen;

c) die Vorschriften über die Verantwortung der Finanzkontrolleure, der anweisungsbefugten Personen und der Rechnungsführer sowie die entsprechenden Kontrollmaßnahmen.

**Artikel 209 a [Bekämpfung von Betrügereien]**

Zur Bekämpfung von Betrügereien, die sich gegen die finanziellen Interessen der Gemeinschaft richten, ergreifen die Mitgliedstaaten die gleichen Maßnahmen, die sie auch zur Bekämpfung von Betrügereien ergreifen, die sich gegen ihre eigenen finanziellen Interessen richten.

Die Mitgliedstaaten koordinieren unbeschadet der sonstigen Vertragsbestimmungen ihre Tätigkeit zum Schutz der finanziellen Interessen der Gemeinschaft vor Betrügereien. Sie sorgen zu diesem Zweck mit Unterstützung der Kommission für eine enge, regelmäßige Zusammenarbeit zwischen den zuständigen Dienststellen ihrer Behörden.

## Sechster Teil. Allgemeine und Schlußbestimmungen

### Artikel 210 [Völkerrechtsfähigkeit der Gemeinschaft]

Die Gemeinschaft besitzt Rechtspersönlichkeit.

### Artikel 211 [Rechts- und Geschäftsfähigkeit in den Mitgliedstaaten]

Die Gemeinschaft besitzt in jedem Mitgliedstaat die weitestgehende Rechts- und Geschäftsfähigkeit, die juristischen Personen nach dessen Rechtsvorschriften zuerkannt ist; sie kann insbesondere bewegliches und unbewegliches Vermögen erwerben und veräußern sowie vor Gericht stehen. Zu diesem Zweck wird sie von der Kommission vertreten.

### Artikel 212

(Aufgehoben)

### Artikel 213 [Auskunfts- und Nachprüfungsrecht der Kommission]

Zur Erfüllung der ihr übertragenen Aufgaben kann die Kommission alle erforderlichen Auskünfte einholen und alle erforderlichen Nachprüfungen vornehmen; der Rahmen und die nähere Maßgabe hierfür werden vom Rat gemäß den Bestimmungen dieses Vertrags festgelegt.

### Artikel 214 [Verschwiegenheitspflicht]

Die Mitglieder der Organe der Gemeinschaft, die Mitglieder der Ausschüsse sowie die Beamten und sonstigen Bediensteten der Gemeinschaft sind verpflichtet, auch nach Beendigung ihrer Amtstätigkeit Auskünfte, die ihrem Wesen nach unter das Berufsgeheimnis fallen, nicht preiszugeben; dies gilt insbesondere für Auskünfte über Unternehmen sowie deren Geschäftsbeziehungen oder Kostenelemente.

**Artikel 215 [Vertragliche und außervertragliche Haftung der Gemeinschaft und ihrer Bediensteten]**

(1) Die vertragliche Haftung der Gemeinschaft bestimmt sich nach dem Recht, das auf den betreffenden Vertrag anzuwenden ist.

(2) Im Bereich der außervertraglichen Haftung ersetzt die Gemeinschaft den durch ihre Organe oder Bediensteten in Ausübung ihrer Amtstätigkeit verursachten Schaden nach den allgemeinen Rechtsgrundsätzen, die den Rechtsordnungen der Mitgliedstaaten gemeinsam sind.

(3) Absatz 2 gilt in gleicher Weise für den durch die EZB oder ihre Bediensteten in Ausübung ihrer Amtstätigkeit verursachten Schaden.

(4) Die persönliche Haftung der Bediensteten gegenüber der Gemeinschaft bestimmt sich nach den Vorschriften ihres Statuts oder der für sie geltenden Beschäftigungsbedingungen.

**Artikel 216 [Sitz der Gemeinschaftsorgane]**

Der Sitz der Organe der Gemeinschaft wird im Einvernehmen zwischen den Regierungen der Mitgliedstaaten bestimmt.

**Artikel 217 [Amtssprachen]**

Die Regelung der Sprachenfrage für die Organe der Gemeinschaft wird unbeschadet der Verfahrensordnung des Gerichtshofs vom Rat einstimmig getroffen.

**Artikel 218**

(Aufgehoben)

**Artikel 219 [Beilegung gemeinschaftrechtlicher Streitigkeiten]**

Die Mitgliedstaaten verpflichten sich, Streitigkeiten über die Auslegung oder Anwendung dieses Vertrags nicht anders als hierin vorgesehen zu regeln.

**Artikel 220 [Ergänzende Abkommen der Mitgliedstaaten]**

Soweit erforderlich, leiten die Mitgliedstaaten untereinander Verhandlungen ein, um zugunsten ihrer Staatsangehörigen folgendes sicherzustellen:

– den Schutz der Personen sowie den Genuß und den Schutz der Rechte zu den Bedingungen, die jeder Staat seinen eigenen Angehörigen einräumt;

– die Beseitigung der Doppelbesteuerung innerhalb der Gemeinschaft;

– die gegenseitige Anerkennung der Gesellschaften im Sinne des Artikels 58 Absatz (2), die Beibehaltung der Rechtspersönlichkeit bei Verlegung des Sitzes von einem Staat in einen anderen und die Möglichkeit der Verschmelzung von Gesellschaften, die den Rechtsvorschriften verschiedener Mitgliedstaaten unterstehen;

– die Vereinfachung der Förmlichkeiten für die gegenseitige Anerkennung und Vollstreckung richterlicher Entscheidungen und Schiedssprüche.

**Artikel 221 [Verbot der Diskriminierung bei Beteiligung an Gesellschaftskapital]**

Unbeschadet der sonstigen Bestimmungen dieses Vertrags stellen die Mitgliedstaaten binnen drei Jahren nach seinem Inkrafttreten die Staatsangehörigen der anderen Mitgliedstaaten hinsichtlich ihrer Beteiligung am Kapital von Gesellschaften im Sinne des Artikels 58 den eigenen Staatsangehörigen gleich.

**Artikel 222 [Eigentum]**

Dieser Vertrag läßt die Eigentumsordnung in den verschiedenen Mitgliedstaaten unberührt.

**Artikel 223 [Sicherheitsinteressen der Mitgliedstaaten]**

(1) Die Vorschriften dieses Vertrags stehen folgenden Bestimmungen nicht entgegen:

a) Ein Mitgliedstaat ist nicht verpflichtet, Auskünfte zu erteilen, deren Preisgabe seines Erachtens seinen wesentlichen Sicherheitsinteressen widerspricht;

b) jeder Mitgliedstaat kann die Maßnahmen ergreifen, die seines Erachtens für die Wahrung seiner wesentlichen Sicherheitsinteressen erforderlich sind, soweit sie die Erzeugung von Waffen, Munition und Kriegsmaterial oder den Handel damit betreffen; diese Maßnahmen dürfen auf dem Gemeinsamen Markt die Wettbewerbsbedingungen hinsichtlich der nicht eigens für militärische Zwecke bestimmten Waren nicht beeinträchtigen.

(2) Während des ersten Jahres nach Inkrafttreten dieses Vertrags legt der Rat einstimmig die Liste der Waren fest, auf welche Absatz (1) Buchstabe b) Anwendung findet.

(3) Der Rat kann diese Liste einstimmig auf Vorschlag der Kommission ändern.

**Artikel 224 [Innerstaatliche und internationale Krisen]**

Die Mitgliedstaaten setzen sich miteinander ins Benehmen, um durch gemeinsames Vorgehen zu verhindern, daß das Funktionieren des Gemeinsamen Marktes durch Maßnahmen beeinträchtigt wird, die ein Mitgliedstaat bei einer schwerwiegenden innerstaatlichen Störung der öffentlichen Ordnung, im Kriegsfall, bei einer ernsten, eine Kriegsgefahr darstellenden internationalen Spannung oder in Erfüllung der Verpflichtungen trifft, die er im Hinblick auf die Aufrechterhaltung des Friedens und der internationalen Sicherheit übernommen hat.

**Artikel 225 [Vorgehen bei Wettbewerbsverfälschungen]**

Werden auf dem Gemeinsamen Markt die Wettbewerbsbedingungen durch Maßnahmen auf Grund der Artikel 223 und 224 verfälscht, so prüft die Kommission gemeinsam mit dem beteiligten Staat, wie diese Maßnahmen den Vorschriften dieses Vertrags angepaßt werden können.

In Abweichung von dem in den Artikeln 169 und 170 vorgesehenen Verfahren kann die Kommission oder ein Mitgliedstaat den Gerichtshof unmittelbar anrufen, wenn die Kommission oder der Staat der Auffassung ist, daß ein anderer Mitgliedstaat die in den Artikeln 223 und 224 vorgesehenen Befugnisse mißbraucht. Der Gerichtshof entscheidet unter Ausschluß der Öffentlichkeit.

**Artikel 226 [Wirtschaftliche Schwierigkeiten eines Mitgliedstaates in der Übergangszeit]**

(1) Während der Übergangszeit kann ein Mitgliedstaat bei Schwierigkeiten, welche einen Wirtschaftszweig erheblich und 4voraussichtlich anhaltend treffen oder welche die wirtschaftliche Lage eines bestimmten Gebietes beträchtlich verschlechtern können, die Genehmigung zur Anwendung von Schutzmaßnahmen beantragen, um die Lage wieder auszugleichen oder den betreffenden Wirtschaftszweig an die Wirtschaft des Gemeinsamen Marktes anzupassen.

(2) Auf Antrag des betreffenden Staates bestimmt die Kommission unverzüglich in einem Dringlichkeitsverfahren die ihres Erachtens erforderlichen Schutzmaßnahmen und legt gleichzeitig die Bedingungen und Einzelheiten ihrer Anwendung fest.

(3) Die nach Absatz (2) genehmigten Maßnahmen können von den Vorschriften dieses Vertrags abweichen, soweit und solange dies unbedingt erforderlich ist, um die in Absatz (1) genannten Ziele zu erreichen. Es sind mit Vorrang solche Maßnahmen zu wählen, die das Funktionieren des Gemeinsamen Marktes am wenigsten stören.

# 4 EG-Vertrag

**Artikel 227 [Räumlicher Geltungsbereich]**

(1) Dieser Vertrag gilt für das Königreich Belgien, das Königreich Dänemark, die Bundesrepublik Deutschland, die Republik Griechenland, das Königreich Spanien, die Französische Republik, Irland, die Italienische Republik, das Großherzogtum Luxemburg, das Königreich der Niederlande, die Portugiesische Republik und das Vereinigte Königreich Großbritannien und Nordirland.

(2) Für die französischen überseeischen Departements gelten mit Inkrafttreten dieses Vertrags seine besonderen und allgemeinen Bestimmungen über

- den freien Warenverkehr,
- die Landwirtschaft, mit Ausnahme des Artikels 40 Absatz 4,
- den freien Dienstleistungsverkehr,
- die Wettbewerbsregeln,
- die in den Artikeln 109 h, 109 i und 226 vorgesehenen Schutzmaßnahmen,
- die Organe.

Die Bedingungen für die Anwendung der anderen Bestimmungen dieses Vertrags werden binnen zwei Jahren nach seinem Inkrafttreten durch einstimmige Entscheidungen des Rates auf Vorschlag der Kommission beschlossen.

Die Organe der Gemeinschaft sorgen im Rahmen der in diesem Vertrag, insbesondere in Artikel 226, vorgesehenen Verfahren für die wirtschaftliche und soziale Entwicklung dieser Gebiete.

(3) Für die in Anhang IV zu diesem Vertrag aufgeführten überseeischen Länder und Hoheitsgebiete gilt das besondere Assoziierungssystem, das im Vierten Teil dieses Vertrags festgelegt ist.

Dieser Vertrag findet keine Anwendung auf die überseeischen Länder und Hoheitsgebiete, die besondere Beziehungen zum Vereinigten Königreich Großbritannien und Nordirland unterhalten und die in dem genannten Anhang nicht aufgeführt sind.

(4) Dieser Vertrag findet auf die europäischen Hoheitsgebiete Anwendung, deren auswärtige Beziehungen ein Mitgliedstaat wahrnimmt.

(5) Abweichend von den Absätzen 1 bis 4 gilt:

a) Dieser Vertrag findet auf die Färöer keine Anwendung.

b) Dieser Vertrag findet auf die Hoheitszonen des Vereinigten Königreichs Großbritannien und Nordirland auf Zypern keine Anwendung.

c) Dieser Vertrag findet auf die Kanalinseln und die Insel Man nur insoweit Anwendung, als dies erforderlich ist, um die Anwendung der

Regelung sicherzustellen, die in dem am 22. Januar 1972 unterzeichneten Vertrag über den Beitritt neuer Mitgliedstaaten zur Europäischen Gemeinschaft und zur Europäischen Atomgemeinschaft für diese Inseln vorgesehen ist.

**Artikel 228 [Verfahren bei Abschluß völkerrechtlicher Verträge; Gutachten des Gerichtshofes]**

(1) Soweit dieser Vertrag den Abschluß von Abkommen zwischen der Gemeinschaft und einem oder mehreren Staaten oder internationalen Organisationen vorsieht, legt die Kommission dem Rat Empfehlungen vor; dieser ermächtigt die Kommission zur Einleitung der erforderlichen Verhandlungen. Die Kommission führt diese Verhandlungen im Benehmen mit den zu ihrer Unterstützung vom Rat bestellten besonderen Ausschüssen nach Maßgabe der Richtlinien, die ihr der Rat erteilen kann. Bei der Ausübung der ihm in diesem Absatz übertragenen Zuständigkeiten beschließt der Rat, außer in den Fällen des Absatzes 2 Satz 2, in denen er einstimmig beschließt, mit qualifizierter Mehrheit.

(2) Vorbehaltlich der Zuständigkeiten, welche die Kommission auf diesem Gebiet besitzt, werden die Abkommen vom Rat mit qualifizierter Mehrheit auf Vorschlag der Kommission geschlossen. Der Rat beschließt einstimmig, wenn das Abkommen einen Bereich betrifft, in dem für die Annahme interner Vorschriften die Einstimmigkeit erforderlich ist, sowie im Fall der in Artikel 238 genannten Abkommen.

(3) Mit Ausnahme der Abkommen im Sinne des Artikels 113 Absatz 3 schließt der Rat die Abkommen nach Anhörung des Europäischen Parlaments, und zwar auch in den Fällen, in denen das Abkommen einen Bereich betrifft, bei dem für die Annahme interner Vorschriften das Verfahren des Artikels 189 b oder des Artikels 189 c anzuwenden ist. Das Europäische Parlament gibt seine Stellungnahme innerhalb einer Frist ab, die der Rat entsprechend der Dringlichkeit festlegen kann. Ergeht innerhalb dieser Frist keine Stellungnahme, so kann der Rat einen Beschluß fassen.

Abweichend von Unterabsatz 1 bedarf der Abschluß von Abkommen im Sinne des Artikels 238 sowie sonstiger Abkommen, die durch Einführung von Zusammenarbeitsverfahren einen besonderen institutionellen Rahmen schaffen, von Abkommen mit erheblichen finanziellen Folgen für die Gemeinschaft und von Abkommen, die eine Änderung eines nach dem Verfahren des Artikels 189 b angenommenen Rechtsakts bedingen, der Zustimmung des Europäischen Parlaments.

Der Rat und das Europäische Parlament können in dringenden Fällen eine Frist für die Zustimmung vereinbaren.

(4) Abweichend von Absatz 2 kann der Rat die Kommission bei Abschluß eines Abkommens ermächtigen, Änderungen, die nach jenem Abkommen im Weg eines vereinfachten Verfahrens oder durch ein durch das Abkommen geschaffenes Organ anzunehmen sind, im Namen der Gemeinschaft zu billigen; der Rat kann diese Ermächtigung gegebenenfalls mit besonderen Bedingungen verbinden.

(5) Beabsichtigt der Rat, ein Abkommen zu schließen, das Änderungen dieses Vertrags bedingt, so sind diese Änderungen zuvor nach dem Verfahren des Artikels N des Vertrags über die Europäische Union anzunehmen.

(6) Der Rat, die Kommission oder ein Mitgliedstaat kann ein Gutachten des Gerichtshofs über die Vereinbarkeit eines geplanten Abkommens mit diesem Vertrag einholen. Ist dieses Gutachten ablehnend, so kann das Abkommen nur nach Maßgabe des Artikels N des Vertrags über die Europäische Union in Kraft treten.

(7) Die nach Maßgabe dieses Artikels geschlossenen Abkommen sind für die Organe der Gemeinschaft und für die Mitgliedstaaten verbindlich.

**Artikel 228 a [Verfahren bei Embargomaßnahmen]**

Ist in gemeinsamen Standpunkten oder gemeinsamen Aktionen, die nach den Bestimmungen des Vertrags über die Europäische Union betreffend die Gemeinsame Außen- und Sicherheitspolitik angenommen worden sind, ein Tätigwerden der Gemeinschaft vorgesehen, um die Wirtschaftsbeziehungen zu einem oder mehreren dritten Ländern auszusetzen, einzuschränken oder vollständig einzustellen, so trifft der Rat die erforderlichen Sofortmaßnahmen; der Rat beschließt auf Vorschlag der Kommission mit qualifizierter Mehrheit.

**Artikel 229 [Vereinte Nationen; internationale Organisationen]**

Die Kommission unterhält alle zweckdienlichen Beziehungen zu den Organen der Vereinten Nationen, ihrer Fachorganisationen und des Allgemeinen Zoll- und Handelsabkommens.

Sie unterhält ferner, soweit zweckdienlich, Beziehungen zu allen internationalen Organsationen.

**Artikel 230 [Europarat]**

Die Gemeinschaft führt jede zweckdienliche Zusammenarbeit mit dem Europarat herbei.

**Artikel 231 [OECD]**

Die Gemeinschaft führt ein enges Zusammenwirken mit der Organisation für Wirtschaftliche Zusammenarbeit und Entwicklung herbei; die Einzelheiten werden im gegenseitigen Einvernehmen festgelegt.

**Artikel 232 [EGKS-Vertrag; EAG-Vertrag]**

(1) Dieser Vertrag ändert nicht die Bestimmungen des Vertrags über die Gründung der Europäischen Gemeinschaft für Kohle und Stahl, insbesondere hinsichtlich der Rechte und Pflichten der Mitgliedstaaten, der Befugnisse der Organe dieser Gemeinschaft und der Vorschriften des genannten Vertrags für das Funktionieren des Gemeinsamen Marktes für Kohle und Stahl.

(2) Dieser Vertrag beeinträchtigt nicht die Vorschriften des Vertrags zur Gründung der Europäischen Atomgemeinschaft.

**Artikel 233 [Benelux-Union]**

Dieser Vertrag steht dem Bestehen und der Durchführung der regionalen Zusammenschlüsse zwischen Belgien und Luxemburg sowie zwischen Belgien, Luxemburg und den Niederlanden nicht entgegen, soweit die Ziele dieser Zusammenschlüsse durch Anwendung dieses Vertrags nicht erreicht sind.

**Artikel 234 [Völkerrechtliche Verträge der Mitgliedstaaten]**

Die Rechte und Pflichten aus Übereinkünften, die vor Inkrafttreten dieses Vertrags zwischen einem oder mehreren Mitgliedstaaten einerseits und einem oder mehreren dritten Ländern andererseits geschlossen wurden, werden durch diesen Vertrag nicht berührt.

Soweit diese Übereinkünfte mit diesem Vertrag nicht vereinbar sind, wenden der oder die betreffenden Mitgliedstaaten alle geeigneten Mittel an, um die festgestellten Unvereinbarkeiten zu beheben. Erforderlichenfalls leisten die Mitgliedstaaten zu diesem Zweck einander Hilfe; sie nehmen gegebenenfalls eine gemeinsame Haltung ein.

Bei Anwendung der in Absatz (1) bezeichneten Übereinkünfte tragen die Mitgliedstaaten dem Umstand Rechnung, daß die in diesem Vertrag von jedem Mitgliedstaat gewährten Vorteile Bestandteil der Errichtung der Gemeinschaft sind und daher in untrennbarem Zusammenhang stehen mit der Schaffung gemeinsamer Organe, der Übertragung von Zuständigkeiten auf diese und der Gewährung der gleichen Vorteile durch alle anderen Mitgliedstaaten.

**Artikel 235 [Vorschriften zur Verwirklichung der Ziele des Gemeinsamen Marktes]**

Erscheint ein Tätigwerden der Gemeinschaft erforderlich, um im Rahmen des Gemeinsamen Marktes eines ihrer Ziele zu verwirklichen, und sind in diesem Vertrag die hierfür erforderlichen Befugnisse nicht vorgesehen, so erläßt der Rat einstimmig auf Vorschlag der Kommission und nach Anhörung des Europäischen Parlaments die geeigneten Vorschriften.

**Artikel 236**

(Aufgehoben)[1]

**Artikel 237**

(Aufgehoben)[2]

**Artikel 238 [Assoziierungsabkommen]**

Die Gemeinschaft kann mit einem oder mehreren Staaten oder einer oder mehreren internationalen Organisationen Abkommen schließen, die eine Assoziierung mit gegenseitigen Rechten und Pflichten, gemeinsamem Vorgehen und besonderen Verfahren herstellen.

**Artikel 239 [Protokolle]**

Die diesem Vertrag im gegenseitigen Einvernehmen der Mitgliedstaaten beigefügten Protokolle sind Bestandteil dieses Vertrags.

**Artikel 240 [Unbegrenzte Geltungsdauer]**

Dieser Vertrag gilt auf unbegrenzte Zeit.

## Einsetzung der Organe

**Artikel 241 [Erstes Zusammentreten des Rates]**

Der Rat tritt binnen einem Monat nach Inkrafttreten dieses Vertrags zusammen.

---

1) Vgl. jetzt Art. N des Unionsvertrages (abgedruckt unter Nr. **1**)
2) Vgl. jetzt Art. O des Unionsvertrages (abgedruckt unter Nr. **1**)

**Artikel 242 [Errichtung des Wirtschafts- und Sozialausschusses]**

Der Rat trifft alle zweckdienlichen Maßnahmen, um binnen drei Monaten nach seinem ersten Zusammentreten den Wirtschafts- und Sozialausschuß einzusetzen.

**Artikel 243 [Erstes Zusammentreten des Europäischen Parlaments]**

Das Europäische Parlament tritt binnen zwei Monaten nach der ersten Sitzung des Rates auf Einberufung durch dessen Präsidenten zusammen, um sein Präsidium zu wählen und seine Geschäftsordnung auszuarbeiten. Bis zur Wahl des Präsidiums führt der Alterspräsident den Vorsitz.

**Artikel 244 [Aufnahme der Tätigkeit des Gerichtshofs]**

Der Gerichtshof nimmt seine Tätigkeit mit Ernennung seiner Mitglieder auf. Die Ernennung des ersten Präsidenten erfolgt nach dem für die Ernennung der Mitglieder geltenden Verfahren für die Dauer von drei Jahren.

Der Gerichtshof legt binnen drei Monaten nach Aufnahme seiner Tätigkeit seine Verfahrensordnung fest.

Der Gerichtshof kann nicht vor der Veröffentlichung der Verfahrensordnung angerufen werden. Die Fristen für die Klageerhebung laufen erst von diesem Zeitpunkt an.

Der Präsident des Gerichtshofs übt von seiner Ernennung an die ihm durch diesen Vertrag übertragenen Befugnisse aus.

**Artikel 245 [Aufnahme der Tätigkeit der Kommission]**

Mit Ernennung ihrer Mitglieder nimmt die Kommission ihre Tätigkeit auf und übernimmt gleichzeitig die ihr in diesem Vertrag übertragenen Aufgaben.

Mit Aufnahme ihrer Tätigkeit leitet die Kommission die Untersuchungen ein und stellt die Verbindungen her, die für die Erstellung einer Übersicht über die wirtschaftliche Lage der Gemeinschaft erforderlich sind.

**Artikel 246 [Übergangsregelungen für Haushalts- und Personalrecht]**

(1) Das erste Haushaltsjahr beginnt mit dem Inkrafttreten dieses Vertrags und endet am 31. Dezember desselben Jahres. Tritt der Vertrag in der zweiten Jahreshälfte in Kraft, so endet das Haushaltsjahr am

31. Dezember des folgenden Jahres.

(2) Bis zur Aufstellung des Haushaltsplans für das erste Haushaltsjahr zahlen die Mitgliedstaaten der Gemeinschaft unverzinsliche Vorschüsse; diese werden von den Finanzbeiträgen für die Durchführung dieses Haushaltsplans abgezogen.

(3) Bis zur Aufstellung des Statuts der Beamten und der für die sonstigen Bediensteten der Gemeinschaft geltenden Beschäftigungsbedingungen gemäß Artikel 212 stellt jedes Organ das erforderliche Personal ein und schließt zu diesem Zweck befristete Verträge.
Jedes Organ prüft gemeinsam mit dem Rat die mit der Anzahl, der Vergütung und der Verteilung der Stellen zusammenhängenden Fragen.

## Schlußbestimmungen

### Artikel 247 [Ratifizierung durch die Mitgliedstaaten; Inkrafttreten]

Dieser Vertrag bedarf der Ratifizierung durch die Hohen Vertragsparteien gemäß ihren verfassungsrechtlichen Vorschriften. Die Ratifikationsurkunden werden bei der Regierung der Italienischen Republik hinterlegt.

Dieser Vertrag tritt am ersten Tag des auf die Hinterlegung der letzten Ratifikationsurkunde folgenden Monats in Kraft. Findet diese Hinterlegung weniger als fünfzehn Tage vor Beginn des folgenden Monats statt, so tritt der Vertrag am ersten Tag des zweiten Monats nach dieser Hinterlegung in Kraft.

### Artikel 248 [Authentische Sprachen]

Dieser Vertrag ist in einer Urschrift in deutscher, französischer, italienischer und niederländischer Sprache abgefaßt, wobei jeder Wortlaut gleichermaßen verbindlich ist; er wird im Archiv der Regierung der Italienischen Republik hinterlegt; diese übermittelt der Regierung jedes anderen Unterzeichnerstaates eine beglaubigte Abschrift.

ZU URKUND DESSEN haben die unterzeichneten Bevollmächtigten ihre Unterschriften unter diesen Vertrag gesetzt.

GESCHEHEN zu Rom am fünfundzwanzigsten März neunzehnhundertsiebenundfünfzig.

(Unterschriften der Bevollmächtigten).

# Anhänge

## Anhang I

Listen A bis G zu den Artikeln 19 und 20 des Vertrags

(Nicht abgedruckt)

## Anhang II

Liste zu Artikel 38 dieses Vertrags

(Nicht abgedruckt)

## Anhang III

Liste der unsichtbaren Transaktionen zu Artikel 73 h dieses Vertrags

(Nicht abgedruckt)

## Anhang IV[1]

Überseeische Länder und Hoheitsgebiete, auf welche der Vierte Teil dieses Vertrags Anwendung findet[1]

---

1) Heute gilt stattdessen die Liste in Anhang I des Beschlusses des Rates vom 27. Juli 1991 über die Assoziation der überseeischen Länder und Gebiete mit der Europäischen Wirtschaftsgemeinschaft (ABl. 1991 L 236/66):

1. Länder, die besondere Beziehungen zum Königreich Dänemark unterhalten: Grönland.
2. Überseeische Gebiete der Französischen Republik:
   - Neukaledonien und Nebengebiete,
   - Französisch-Polynesien,
   - Französische Süd- und Antarktis-Gebiete,
   - Wallis und Futuna.
3. Gebietskörperschaften der Französischen Republik:
   - Mayotte,
   - Saint-Pierre-et-Miquelon.
4. Nichteuropäische Länder des Königreichs der Niederlande:
   - Aruba,
   - Niederländische Antillen:
     - Bonaire,
     - Curaçao,
     - Saba,
     - St. Eustatius,
     - Sint Maarten.

5. Überseeische Länder und Gebiete, die besondere Beziehungen zum Vereinigten Königreich Großbritannien und Nordirland unterhalten:
   - Anguilla,
   - Kaimaninseln,
   - Falklandinseln,
   - Südliche Sandwich-Inseln und Nebengebiete
   - Montserrat,
   - Pitcairn,
   - St. Helena und Nebengebiete,
   - Britisches Antarktis-Territorium,
   - Britische Territorien im Indischen Ozean,
   - Turks- und Caicos-Inseln,
   - Britische Jungferninseln.

## 5. Protokolle zum EG-Vertrag[1]

Vom 7. Februar 1992

(Bulletin der Bundesregierung Nr.16 vom 12. Februar 1992, S.179)

### 5.1. Protokoll betreffend den Erwerb von Immobilien in Dänemark

DIE HOHEN VERTRAGSPARTEIEN -

VON DEM WUNSCH GELEITET, gewisse besondere Probleme betreffend Dänemark zu regeln -

SIND über folgende Bestimmung ÜBEREINGEKOMMEN, die dem Vertrag zur Gründung der Europäischen Gemeinschaft beigefügt wird:

Ungeachtet des Vertrags kann Dänemark seine geltenden Rechtsvorschriften für den Erwerb von Zweitwohnungen beibehalten.

### 5.2. Protokoll zu Artikel 119 des Vertrags zur Gründung der Europäischen Gemeinschaft

DIE HOHEN VERTRAGSPARTEIEN -

SIND über folgende Bestimmung ÜBEREINGEKOMMEN, die dem Vertrag zur Gründung der Europäischen Gemeinschaft beigefügt wird:

---

1) Von den Protokollen zum Vertrag zur Gründung der Europäischen Wirtschaftsgemeinschaft vom 25.3.1957 wird nur das Protokoll über den innerdeutschen Handel unter **5.18** abgedruckt. Die unter **5.1** bis **5.16** abgedruckten Protokolle wurden nach der Schlußakte der Konferenz von Maastricht dem EG-Vertrag, das unter **5.17** abgedruckte Protokoll dem Unionsvertrag und dem EG-Vertrag beigefügt.

Im Sinne des Artikels 119 gelten Leistungen aufgrund eines betrieblichen Systems der sozialen Sicherheit nicht als Entgelt, sofern und soweit sie auf Beschäftigungszeiten vor dem 17. Mai 1990 zurückgeführt werden können, außer im Fall von Arbeitnehmern oder deren anspruchsberechtigten Angehörigen, die vor diesem Zeitpunkt eine Klage bei Gericht oder ein gleichwertiges Verfahren nach geltendem einzelstaatlichen Recht anhängig gemacht haben.

## 5.3. Protokoll über die Satzung des Europäischen Systems der Zentralbanken und der Europäischen Zentralbank

DIE HOHEN VERTRAGSPARTEIEN -

IN DEM WUNSCH, die in Artikel 4a des Vertrags zur Gründung der Europäischen Gemeinschaft vorgesehene Satzung des Europäischen Systems der Zentralbanken und der Europäischen Zentralbank festzulegen,

SIND über folgende Bestimmungen ÜBEREINGEKOMMEN, die dem Vertrag zur Gründung der Europäischen Gemeinschaft beigefügt sind:

### Kapitel I. Errichtung des ESZB

#### Artikel 1 Das Europäische System der Zentralbanken

1.1. Das Europäische System der Zentralbanken ("ESZB") und die Europäische Zentralbank ("EZB") werden gemäß Artikel 4a dieses Vertrags errichtet; sie nehmen ihre Aufgaben und ihre Tätigkeit nach Maßgabe dieses Vertrags und dieser Satzung wahr.

1.2. Das ESZB besteht nach Artikel 106 Absatz 1 dieses Vertrags aus der EZB und den Zentralbanken der Mitgliedstaaten ("nationale Zentralbanken"). Das Luxemburgische Währungsinstitut wird die Zentralbank Luxemburgs sein.

### Kapitel II. Ziele und Aufgaben des ESZB

#### Artikel 2 Ziele

Nach Artikel 105 Absatz 1 dieses Vertrags ist es das vorrangige Ziel des ESZB, die Preisstabilität zu gewährleisten. Soweit dies ohne Beeinträchtigung des Zieles der Preisstabilität möglich ist, unterstützt das ESZB die allgemeine Wirtschaftspolitik in der Gemeinschaft, um zur

Verwirklichung der in Artikel 2 dieses Vertrags festgelegten Ziele der Gemeinschaft beizutragen. Das ESZB handelt im Einklang mit dem Grundsatz einer offenen Marktwirtschaft mit freiem Wettbewerb, wodurch ein effizienter Einsatz der Ressourcen gefördert wird, und hält sich dabei an die in Artikel 3a dieses Vertrags genannten Grundsätze.

**Artikel 3 Aufgaben**

3.1. Nach Artikel 105 Absatz 2 dieses Vertrags bestehen die grundlegenden Aufgaben des ESZB darin,

- die Geldpolitik der Gemeinschaft festzulegen und auszuführen,
- Devisengeschäfte im Einklang mit Artikel 109 dieses Vertrags durchzuführen,
- die offiziellen Währungsreserven der Mitgliedstaaten zu halten und zu verwalten,
- das reibungslose Funktionieren der Zahlungssysteme zu fördern.

3.2. Nach Artikel 105 Absatz 3 dieses Vertrags berührt Artikel 3.1 dritter Gedankenstrich nicht die Haltung und Verwaltung von Arbeitsguthaben in Fremdwährungen durch die Regierungen der Mitgliedstaaten.

3.3. Das ESZB trägt nach Artikel 105 Absatz 5 dieses Vertrags zur reibungslosen Durchführung der von den zuständigen Behörden auf dem Gebiet der Aufsicht über die Kreditinstitute und der Stabilität des Finanzsystems ergriffenen Maßnahmen bei.

**Artikel 4 Beratende Funktionen**

Nach Artikel 105 Absatz 4 dieses Vertrags

a) wird die EZB gehört

- zu allen Vorschlägen für Rechtsakte der Gemeinschaft im Zuständigkeitsbereich der EZB;
- von den nationalen Behörden zu allen Entwürfen für Rechtsvorschriften im Zuständigkeitsbereich der EZB, und zwar innerhalb der Grenzen und unter den Bedingungen, die der Rat nach dem Verfahren des Artikels 42 festlegt;

b) kann die EZB gegenüber den zuständigen Organen und Einrichtungen der Gemeinschaft und gegenüber den nationalen Behörden Stellungnahmen zu in ihren Zuständigkeitsbereich fallenden Fragen abgeben.

# 5 Protokolle EG-Vertrag

**Artikel 5 Erhebung von statistischen Daten**

5.1. Zur Wahrnehmung der Aufgaben des ESZB holt die EZB mit Unterstützung der nationalen Zentralbanken die erforderlichen statistischen Daten entweder von den zuständigen nationalen Behörden oder unmittelbar von den Wirtschaftssubjekten ein. Zu diesem Zweck arbeitet sie mit den Organen und Einrichtungen der Gemeinschaft und den zuständigen Behörden der Mitgliedstaaten oder dritter Länder sowie mit internationalen Organisationen zusammen.

5.2. Die in Artikel 5.1 bezeichneten Aufgaben werden so weit wie möglich von den nationalen Zentralbanken ausgeführt.

5.3. Soweit erforderlich fördert die EZB die Harmonisierung der Bestimmungen und Gepflogenheiten auf dem Gebiet der Erhebung, Zusammenstellung und Weitergabe von statistischen Daten in den in ihre Zuständigkeit fallenden Bereichen.

5.4. Der Kreis der berichtspflichtigen natürlichen und juristischen Personen, die Bestimmungen über die Vertraulichkeit sowie die geeigneten Vorkehrungen zu ihrer Durchsetzung werden vom Rat nach dem Verfahren des Artikels 42 festgelegt.

**Artikel 6 Internationale Zusammenarbeit**

6.1. Im Bereich der internationalen Zusammenarbeit, die die dem ESZB übertragenen Aufgaben betrifft, entscheidet die EZB, wie das ESZB vertreten wird.

6.2. Die EZB und, soweit diese zustimmt, die nationalen Zentralbanken sind befugt, sich an internationalen Währungseinrichtungen zu beteiligen.

6.3. Die Artikel 6.1 und 6.2 finden unbeschadet des Artikels 109 Absatz 4 dieses Vertrags Anwendung.

**Kapitel III. Organisation des ESZB**

**Artikel 7 Unabhängigkeit**

Nach Artikel 107 dieses Vertrags darf bei der Wahrnehmung der ihnen durch diesen Vertrag und diese Satzung übertragenen Befugnisse, Aufgaben und Pflichten weder die EZB noch eine nationale Zentralbank noch ein Mitglied ihrer Beschlußorgane Weisungen von Organen oder Einrichtungen der Gemeinschaft, Regierungen der Mitgliedstaaten oder anderen Stellen einholen oder entgegennehmen. Die Organe und Einrichtungen der Gemeinschaft sowie die Regierungen der Mitgliedstaaten verpflichten sich, diesen Grundsatz zu beachten und nicht zu versuchen, die Mitglieder der Beschlußorgane der EZB oder der nationalen Zentralbanken bei der Wahrnehmung ihrer Aufgaben zu beeinflussen.

**Artikel 8 Allgemeiner Grundsatz**

Das ESZB wird von den Beschlußorganen der EZB geleitet.

**Artikel 9 Die Europäische Zentralbank**

9.1. Die EZB, die nach Artikel 106 Absatz 2 dieses Vertrags mit Rechtspersönlichkeit ausgestattet ist, besitzt in jedem Mitgliedstaat die weitestgehende Rechts- und Geschäftsfähigkeit, die juristischen Personen nach dessen Rechtsvorschriften zuerkannt ist; sie kann insbesondere bewegliches und unbewegliches Vermögen erwerben und veräußern sowie vor Gericht stehen.

9.2. Die EZB stellt sicher, daß die dem ESZB nach Artikel 105 Absätze 2, 3 und 5 dieses Vertrags übertragenen Aufgaben entweder durch ihre eigene Tätigkeit nach Maßgabe dieser Satzung oder durch die nationalen Zentralbanken nach den Artikeln 12.1 und 14 erfüllt werden.

9.3. Die Beschlußorgane der EZB sind nach Artikel 106 Absatz 3 dieses Vertrags der EZB-Rat und das Direktorium.

**Artikel 10 Der EZB-Rat**

10.1. Nach Artikel 109 a Absatz 1 dieses Vertrags besteht der EZB-Rat aus den Mitgliedern des Direktoriums der EZB und den Präsidenten der nationalen Zentralbanken.

10.2. Vorbehaltlich des Artikels 10.3 sind nur die persönlich anwesenden Mitglieder des EZB-Rates stimmberechtigt. Abweichend von dieser Bestimmung kann in der in Artikel 12.3 genannten Geschäftsordnung vorgesehen werden, daß Mitglieder des EZB-Rates im Wege einer Telekonferenz an der Abstimmung teilnehmen können. In der Geschäftsordnung wird ferner vorgesehen, daß ein für längere Zeit an der Stimmabgabe verhindertes Mitglied einen Stellvertreter als Mitglied des EZB-Rates benennen kann.

Vorbehaltlich der Artikel 10.3 und 11.3 hat jedes Mitglied des EZB-Rates eine Stimme. Soweit in dieser Satzung nichts anderes bestimmt ist, beschließt der EZB-Rat mit einfacher Mehrheit. Bei Stimmengleichheit gibt die Stimme des Präsidenten den Ausschlag.

Der EZB-Rat ist beschlußfähig, wenn mindestens zwei Drittel seiner Mitglieder an der Abstimmung teilnehmen. Ist der EZB-Rat nicht beschlußfähig, so kann der Präsident eine außerordentliche Sitzung einberufen, bei der für die Beschlußfähigkeit die Mindestteilnahmequote nicht erforderlich ist.

10.3. Für alle Beschlüsse im Rahmen der Artikel 28, 29, 30, 32, 33 und 51 werden die Stimmen im EZB-Rat nach den Anteilen der nationalen Zentralbanken am gezeichneten Kapital der EZB gewogen. Die Stimmen der Mitglieder des Direktoriums werden mit Null gewogen. Ein Beschluß, der die qualifizierte Mehrheit der Stimmen erfordert, gilt als angenommen, wenn die abgegebenen Ja-Stimmen mindestens zwei Drittel des gezeichneten Kapitals der EZB und mindestens die Hälfte der Anteilseigner vertreten. Bei Verhinderung eines Präsidenten einer nationalen Zentralbank kann dieser einen Stellvertreter zur Abgabe seiner gewogenen Stimme benennen.

10.4. Die Aussprachen in den Ratssitzungen sind vertraulich. Der EZB-Rat kann beschließen, das Ergebnis seiner Beratungen zu veröffentlichen.

10.5. Der EZB-Rat tritt mindestens zehnmal im Jahr zusammen.

**Artikel 11 Das Direktorium**

11.1. Nach Artikel 109 a Absatz 2 Buchstabe a dieses Vertrags besteht das Direktorium aus dem Präsidenten, dem Vizepräsidenten und vier weiteren Mitgliedern.

Die Mitglieder erfüllen ihre Pflichten hauptamtlich. Ein Mitglied darf weder entgeltlich noch unentgeltlich einer anderen Beschäftigung nachgehen, es sei denn, der EZB-Rat erteilt hierzu ausnahmsweise seine Zustimmung.

11.2. Nach Artikel 109 a Absatz 2 Buchstabe b dieses Vertrags werden der Präsident, der Vizepräsident und die weiteren Mitglieder des Direktoriums von den Regierungen der Mitgliedstaaten auf der Ebene der Staats- und Regierungschefs auf Empfehlung des Rates, der hierzu das Europäische Parlament und den EZB-Rat anhört, aus dem Kreis der in Währungs- oder Bankfragen anerkannten und erfahrenen Persönlichkeiten einvernehmlich ausgewählt und ernannt.

Ihre Amtszeit beträgt acht Jahre; Wiederernennung ist nicht zulässig.

Nur Staatsangehörige der Mitgliedstaaten können Mitglieder des Direktoriums sein.

11.3. Die Beschäftigungsbedingungen für die Mitglieder des Direktoriums, insbesondere ihre Gehälter und Ruhegehälter sowie andere Leistungen der sozialen Sicherheit, sind Gegenstand von Verträgen mit der EZB und werden vom EZB-Rat auf Vorschlag eines Ausschusses festgelegt, der aus drei vom EZB-Rat und drei vom Rat ernannten Mitgliedern besteht. Die Mitglieder des Direktoriums haben in den in diesem Absatz bezeichneten Angelegenheiten kein Stimmrecht.

11.4. Ein Mitglied des Direktoriums, das die Voraussetzungen für die Ausübung seines Amtes nicht mehr erfüllt oder eine schwere Verfehlung begangen hat, kann auf Antrag des EZB-Rates oder des Direktoriums durch den Gerichtshof seines Amtes enthoben werden.

11.5. Jedes persönlich anwesende Mitglied des Direktoriums ist berechtigt, an Abstimmungen teilzunehmen, und hat zu diesem Zweck eine Stimme. Soweit nichts anderes bestimmt ist, beschließt das Direktorium mit der einfachen Mehrheit der abgegebenen Stimmen. Bei Stimmengleichheit gibt die Stimme des Präsidenten den Ausschlag. Die Abstimmungsmodalitäten werden in der in Artikel 12.3 bezeichneten Geschäftsordnung geregelt.

11.6. Das Direktorium führt die laufenden Geschäfte der EZB.

11.7. Freiwerdende Sitze im Direktorium sind durch Ernennung eines neuen Mitglieds nach Artikel 11.2 zu besetzen.

**Artikel 12 Aufgaben der Beschlußorgane**

12.1. Der EZB-Rat erläßt die Leitlinien und Entscheidungen, die notwendig sind, um die Erfüllung der dem ESZB nach diesem Vertrag und dieser Satzung übertragenen Aufgaben zu gewährleisten. Der EZB Rat legt die Geldpolitik der Gemeinschaft fest, gegebenenfalls einschließlich von Entscheidungen in bezug auf geldpolitische Zwischenziele, Leitzinssätze und die Bereitstellung von Zentralbankgeld im ESZB, und erläßt die für ihre Ausführung notwendigen Leitlinien.

Das Direktorium führt die Geldpolitik gemäß den Leitlinien und Entscheidungen des EZB-Rates aus. Es erteilt hierzu den nationalen Zentralbanken die erforderlichen Weisungen. Ferner können dem Direktorium durch Beschluß des EZB-Rates bestimmte Befugnisse übertragen werden.

Unbeschadet dieses Artikels nimmt die EZB die nationalen Zentralbanken zur Durchführung von Geschäften, die zu den Aufgaben des ESZB gehören, in Anspruch, soweit dies möglich und sachgerecht erscheint.

12.2. Die Vorbereitung der Sitzungen des EZB-Rates obliegt dem Direktorium.

12.3. Der EZB-Rat beschließt eine Geschäftsordnung, die die interne Organisation der EZB und ihrer Beschlußorgane regelt.

12.4. Der EZB-Rat nimmt die in Artikel 4 genannten beratenden Funktionen wahr.

12.5. Der EZB-Rat trifft die Entscheidungen nach Artikel 6.

**Artikel 13 Der Präsident**

13.1. Den Vorsitz im EZB-Rat und im Direktorium der EZB führt der Präsident oder, bei seiner Verhinderung, der Vizepräsident.

13.2. Unbeschadet des Artikels 39 vertritt der Präsident oder eine von ihm benannte Person die EZB nach außen.

**Artikel 14 Nationale Zentralbanken**

14.1. Nach Artikel 108 dieses Vertrags stellt jeder Mitgliedstaat sicher, daß spätestens zum Zeitpunkt der Errichtung des ESZB seine innerstaatlichen Rechtsvorschriften einschließlich der Satzung seiner Zentralbank mit diesem Vertrag und dieser Satzung im Einklang stehen.

14.2. In den Satzungen der nationalen Zentralbanken ist insbesondere vorzusehen, daß die Amtszeit des Präsidenten der jeweiligen nationalen Zentralbank mindestens fünf Jahre beträgt.

Der Präsident einer nationalen Zentralbank kann aus seinem Amt nur entlassen werden, wenn er die Voraussetzungen für die Ausübung seines Amtes nicht mehr erfüllt oder eine schwere Verfehlung begangen hat. Gegen eine entsprechende Entscheidung kann der betreffende Präsident einer nationalen Zentralbank oder der EZB-Rat wegen Verletzung dieses Vertrags oder einer bei seiner Durchführung anzuwendenden Rechtsnorm den Gerichtshof anrufen. Solche Klagen sind binnen zwei Monaten zu erheben; diese Frist läuft je nach Lage des Falles von der Bekanntgabe der betreffenden Entscheidung, ihrer Mitteilung an den Kläger oder in Ermangelung dessen von dem Zeitpunkt an, zu dem der Kläger von dieser Entscheidung Kenntnis erlangt hat.

14.3. Die nationalen Zentralbanken sind integraler Bestandteil des ESZB und handeln gemäß den Leitlinien und Weisungen der EZB. Der EZB-Rat trifft die notwendigen Maßnahmen, um die Einhaltung der Leitlinien und Weisungen der EZB sicherzustellen, und kann verlangen, daß ihm hierzu alle erforderlichen Informationen zur Verfügung gestellt werden.

14.4. Die nationalen Zentralbanken können andere als die in dieser Satzung bezeichneten Aufgaben wahrnehmen, es sei denn, der EZB-Rat stellt mit Zweidrittelmehrheit der abgegebenen Stimmen fest, daß diese Aufgaben nicht mit den Zielen und Aufgaben des ESZB vereinbar sind. Derartige Aufgaben werden von den nationalen Zentralbanken in eigener Verantwortung und auf eigene Rechnung wahrgenommen und gelten nicht als Aufgaben des ESZB.

**Artikel 15 Berichtspflichten**

15.1. Die EZB erstellt und veröffentlicht mindestens vierteljährlich Berichte über die Tätigkeit des ESZB.

15.2. Ein konsolidierter Ausweis des ESZB wird wöchentlich veröffentlicht.

15.3. Nach Artikel 109 b Absatz 3 dieses Vertrags unterbreitet die EZB dem Europäischen Parlament, dem Rat und der Kommission sowie auch dem Europäischen Rat einen Jahresbericht über die Tätigkeit des ESZB und die Geld- und Währungspolitik im vergangenen und im laufenden Jahr.

15.4. Die in diesem Artikel bezeichneten Berichte und Ausweise werden Interessenten kostenlos zur Verfügung gestellt.

**Artikel 16 Banknoten**

Nach Artikel 105 a Absatz 1 dieses Vertrags hat der EZB-Rat das ausschließliche Recht, die Ausgabe von Banknoten innerhalb der Gemeinschaft zu genehmigen. Die EZB und die nationalen Zentralbanken sind zur Ausgabe von Banknoten berechtigt. Die von der EZB und den nationalen Zentralbanken ausgegebenen Banknoten sind die einzigen Noten, die in der Gemeinschaft als gesetzliches Zahlungsmittel gelten.

Die EZB berücksichtigt so weit wie möglich die Gepflogenheiten bei der Ausgabe und der Gestaltung von Banknoten.

## Kapitel IV. Währungspolitische Aufgaben und Operationen des ESZB

**Artikel 17 Konten bei der EZB und den nationalen Zentralbanken**

Zur Durchführung ihrer Geschäfte können die EZB und die nationalen Zentralbanken für Kreditinstitute, öffentliche Stellen und andere Marktteilnehmer Konten eröffnen und Vermögenswerte, einschließlich Schuldbuchforderungen, als Sicherheit hereinnehmen.

**Artikel 18 Offenmarkt- und Kreditgeschäfte**

18.1. Zur Erreichung der Ziele des ESZB und zur Erfüllung seiner Aufgaben können die EZB und die nationalen Zentralbanken

– auf den Finanzmärkten tätig werden, indem sie auf Gemeinschafts- oder Drittlandswährungen lautende Forderungen und börsengängige Wertpapiere sowie Edelmetalle endgültig (per Kasse oder Termin) oder im Rahmen von Rückkaufsvereinbarungen kaufen und verkaufen oder entsprechende Darlehensgeschäfte tätigen;

– Kreditgeschäfte mit Kreditinstituten und anderen Marktteilnehmern abschließen, wobei für die Darlehen ausreichende Sicherheiten zu stellen sind.

18.2. Die EZB stellt allgemeine Grundsätze für ihre eigenen Offenmarkt- und Kreditgeschäfte und die der nationalen Zentralbanken auf; hierzu gehören auch die Grundsätze für die Bekanntmachung der Bedingungen, zu denen sie bereit sind, derartige Geschäfte abzuschließen.

**Artikel 19 Mindestreserven**

19.1. Vorbehaltlich des Artikels 2 kann die EZB zur Verwirklichung der geldpolitischen Ziele verlangen, daß die in den Mitgliedstaaten niedergelassenen Kreditinstitute Mindestreserven auf Konten bei der EZB und den nationalen Zentralbanken unterhalten. Verordnungen über die Berechnung und Bestimmung des Mindestreservesolls können vom EZB-Rat erlassen werden. Bei Nichteinhaltung kann die EZB Strafzinsen erheben und sonstige Sanktionen mit vergleichbarer Wirkung verhängen.

19.2. Zum Zwecke der Anwendung dieses Artikels legt der Rat nach dem Verfahren des Artikels 42 die Basis für die Mindestreserven und die höchstzulässigen Relationen zwischen diesen Mindestreserven und ihrer Basis sowie die angemessenen Sanktionen fest, die bei Nichteinhaltung anzuwenden sind.

**Artikel 20 Sonstige geldpolitische Instrumente**

Der EZB-Rat kann mit der Mehrheit von zwei Dritteln der abgegebenen Stimmen über die Anwendung anderer Instrumente der Geldpolitik entscheiden, die er bei Beachtung des Artikels 2 für zweckmäßig hält.

Der Rat legt nach dem Verfahren des Artikels 42 den Anwendungsbereich solcher Instrumente fest, wenn sie Verpflichtungen für Dritte mit sich bringen.

**Artikel 21 Geschäfte mit öffentlichen Stellen**

21.1. Nach Artikel 104 dieses Vertrags sind Überziehungs- oder andere Kreditfazilitäten bei der EZB oder den nationalen Zentralbanken für Organe oder Einrichtungen der Gemeinschaft, Zentralregierungen, regionale oder lokale Gebietskörperschaften oder andere öffentlich-rechtliche Körperschaften, sonstige Einrichtungen des öffentlichen Rechts oder öffentliche Unternehmen der Mitgliedstaaten ebenso verboten wie der unmittelbare Erwerb von Schuldtiteln von diesen durch die EZB oder die nationalen Zentralbanken.

21.2. Die EZB und die nationalen Zentralbanken können als Fiskalagent für die in Artikel 21.1 bezeichneten Stellen tätig werden.

21.3. Die Bestimmungen dieses Artikels gelten nicht für Kreditinstitute in öffentlichem Eigentum; diese werden von der jeweiligen nationalen Zentralbank und der EZB, was die Bereitstellung von Zentralbankgeld betrifft, wie private Kreditinstitute behandelt.

**Artikel 22 Verrechnungs- und Zahlungssysteme**

Die EZB und die nationalen Zentralbanken können Einrichtungen zur Verfügung stellen und die EZB kann Verordnungen erlassen, um effiziente und zuverlässige Verrechnungs- und Zahlungssysteme innerhalb der Gemeinschaft und im Verkehr mit dritten Ländern zu gewährleisten.

**Artikel 23 Geschäfte mit dritten Ländern und internationalen Organisationen**

Die EZB und die nationalen Zentralbanken sind befugt,

– mit Zentralbanken und Finanzinstituten in dritten Ländern und, soweit zweckdienlich, mit internationalen Organisationen Beziehungen aufzunehmen;

– alle Arten von Devisen und Edelmetalle per Kasse und per Termin zu kaufen und zu verkaufen; der Begriff "Devisen" schließt Wertpapiere und alle sonstigen Vermögenswerte, die auf beliebige Währungen oder Rechnungseinheiten lauten, unabhängig von deren Ausgestaltung ein;

– die in diesem Artikel bezeichneten Vermögenswerte zu halten und zu verwalten;

– alle Arten von Bankgeschäften, einschließlich der Aufnahme und Gewährung von Krediten, im Verkehr mit dritten Ländern sowie internationalen Organisationen zu tätigen.

**Artikel 24 Sonstige Geschäfte**

Die EZB und die nationalen Zentralbanken sind befugt, außer den mit ihren Aufgaben verbundenen Geschäften auch Geschäfte für ihren eigenen Betrieb und für ihre Bediensteten zu tätigen.

## Kapitel V. Aufsicht

### Artikel 25 Aufsicht

25.1. Die EZB kann den Rat, die Kommission und die zuständigen Behörden der Mitgliedstaaten in Fragen des Geltungsbereichs und der Anwendung der Rechtsvorschriften der Gemeinschaft hinsichtlich der Aufsicht über die Kreditinstitute sowie die Stabilität des Finanzsystems beraten und von diesen konsultiert werden.

25.2. Aufgrund von Beschlüssen des Rates nach Artikel 105 Absatz 6 dieses Vertrags kann die EZB besondere Aufgaben im Zusammenhang mit der Aufsicht über die Kreditinstitute und sonstige Finanzinstitute mit Ausnahme von Versicherungsunternehmen wahrnehmen.

## Kapitel VI. Finanzvorschriften des ESZB

### Artikel 26 Jahresabschlüsse

26.1. Das Geschäftsjahr der EZB und der nationalen Zentralbanken beginnt am 1. Januar und endet am 31. Dezember.

26.2. Der Jahresabschluß der EZB wird vom Direktorium nach den vom EZB-Rat aufgestellten Grundsätzen erstellt. Der Jahresabschluß wird vom EZB-Rat festgestellt und sodann veröffentlicht.

26.3. Für Analyse- und Geschäftsführungszwecke erstellt das Direktorium eine konsolidierte Bilanz des ESZB, in der die zum ESZB gehörenden Aktiva und Passiva der nationalen Zentralbanken ausgewiesen werden.

26.4. Zur Anwendung dieses Artikels erläßt der EZB-Rat die notwendigen Vorschriften für die Standardisierung der buchmäßigen Erfassung und der Meldung der Geschäfte der nationalen Zentralbanken.

### Artikel 27 Rechnungsprüfung

27.1. Die Jahresabschlüsse der EZB und der nationalen Zentralbanken werden von unabhängigen externen Rechnungsprüfern, die vom EZB-Rat empfohlen und vom Rat anerkannt wurden, geprüft. Die Rechnungsprüfer sind befugt, alle Bücher und Konten der EZB und der nationalen Zentralbanken zu prüfen und alle Auskünfte über deren Geschäfte zu verlangen.

27.2. Artikel 188 c dieses Vertrags ist nur auf eine Prüfung der Effizienz der Verwaltung der EZB anwendbar.

**Artikel 28 Kapital der EZB**

28.1. Das Kapital der EZB bei der Aufnahme ihrer Tätigkeit beträgt 5 Milliarden ECU. Das Kapital kann durch einen Beschluß des EZB-Rates mit der in Artikel 10.3 vorgesehenen qualifizierten Mehrheit innerhalb der Grenzen und unter den Bedingungen, die der Rat nach dem Verfahren des Artikels 42 festlegt, erhöht werden.

28.2. Die nationalen Zentralbanken sind alleinige Zeichner und Inhaber des Kapitals der EZB. Die Zeichnung des Kapitals erfolgt nach dem gemäß Artikel 29 festgelegten Schlüssel.

28.3. Der EZB-Rat bestimmt mit der in Artikel 10.3 vorgesehenen qualifizierten Mehrheit, in welcher Höhe und welcher Form das Kapital einzuzahlen ist.

28.4. Vorbehaltlich des Artikels 28.5 können die Anteile der nationalen Zentralbanken am gezeichneten Kapital der EZB nicht übertragen, verpfändet oder gepfändet werden.

28.5. Im Falle einer Anpassung des in Artikel 29 bezeichneten Schlüssels sorgen die nationalen Zentralbanken durch Übertragungen von Kapitalanteilen untereinander dafür, daß die Verteilung der Kapitalanteile dem angepaßten Schlüssel entspricht. Die Bedingungen für derartige Übertragungen werden vom EZB-Rat festgelegt.

**Artikel 29 Schlüssel für die Kapitalzeichnung**

29.1. Nach Errichtung des ESZB und der EZB gemäß dem Verfahren des Artikels 109 l Absatz 1 dieses Vertrags wird der Schlüssel für die Zeichnung des Kapitals der EZB festgelegt. In diesem Schlüssel erhält jede nationale Zentralbank einen Gewichtsanteil, der der Summe folgender Prozentsätze entspricht:

– 50 % des Anteils des jeweiligen Mitgliedstaats an der Bevölkerung der Gemeinschaft im vorletzten Jahr vor der Errichtung des ESZB;

– 50 % des Anteils des jeweiligen Mitgliedstaats am Bruttoinlandsprodukt der Gemeinschaft zu Marktpreisen in den fünf Jahren vor dem vorletzten Jahr vor der Errichtung des ESZB.

Die Prozentsätze werden zum nächsten Vielfachen von 0,05 Prozentpunkten aufgerundet.

29.2. Die zur Anwendung dieses Artikels zu verwendenden statistischen Daten werden von der Kommission nach den Regeln bereitgestellt, die der Rat nach dem Verfahren des Artikels 42 festlegt.

29.3. Die den nationalen Zentralbanken zugeteilten Gewichtsanteile werden nach Errichtung des ESZB alle fünf Jahre unter sinngemäßer

Anwendung der Bestimmungen des Artikels 29.1 angepaßt. Der neue Schlüssel gilt jeweils vom ersten Tag des folgenden Jahres an.

29.4. Der EZB-Rat trifft alle weiteren Maßnahmen, die zur Anwendung dieses Artikels erforderlich sind.

**Artikel 30 Übertragung von Währungsreserven auf die EZB**

30.1. Unbeschadet des Artikels 28 wird die EZB von den nationalen Zentralbanken mit Währungsreserven, die jedoch nicht aus Währungen der Mitgliedstaaten, ECU, IWF-Reservepositionen und SZR gebildet werden dürfen, bis zu einem Gegenwert von 50 Milliarden ECU ausgestattet. Der EZB-Rat entscheidet über den von der EZB nach ihrer Errichtung einzufordernden Teil sowie die zu späteren Zeitpunkten einzufordernden Beträge. Die EZB hat das uneingeschränkte Recht, die ihr übertragenen Währungsreserven zu halten und zu verwalten sowie für die in dieser Satzung genannten Zwecke zu verwenden.

30.2. Die Beiträge der einzelnen nationalen Zentralbanken werden entsprechend ihrem jeweiligen Anteil am gezeichneten Kapital der EZB bestimmt.

30.3. Die EZB schreibt jeder nationalen Zentralbank eine ihrem Beitrag entsprechende Forderung gut. Der EZB-Rat entscheidet über die Denominierung und Verzinsung dieser Forderungen.

30.4. Die EZB kann nach Artikel 30.2 über den in Artikel 30.1 festgelegten Betrag hinaus innerhalb der Grenzen und unter den Bedingungen, die der Rat nach dem Verfahren des Artikels 42 festlegt, die Einzahlung weiterer Währungsreserven fordern.

30.5. Die EZB kann IWF-Reservepositionen und SZR halten und verwalten sowie die Zusammenlegung solcher Aktiva vorsehen.

30.6. Der EZB-Rat trifft alle weiteren Maßnahmen, die zur Anwendung dieses Artikels erforderlich sind.

**Artikel 31 Währungsreserven der nationalen Zentralbanken**

31.1. Die nationalen Zentralbanken sind befugt, zur Erfüllung ihrer Verpflichtungen gegenüber internationalen Organisationen nach Artikel 23 Geschäfte abzuschließen.

31.2. Alle sonstigen Geschäfte mit den Währungsreserven, die den nationalen Zentralbanken nach den in Artikel 30 genannten Übertragungen verbleiben, sowie von Mitgliedstaaten ausgeführte Transaktionen mit ihren Arbeitsguthaben in Fremdwährungen bedürfen oberhalb eines bestimmten im Rahmen des Artikels 31.3 festzulegenden Betrags der Zustimmung der EZB, damit Übereinstimmung mit der Wechselkurs- und der Währungspolitik der Gemeinschaft gewährleistet ist.

31.3. Der EZB-Rat erläßt Richtlinien mit dem Ziel, derartige Geschäfte zu erleichtern.

**Artikel 32 Verteilung der monetären Einkünfte der nationalen Zentralbanken**

32.1. Die Einkünfte, die den nationalen Zentralbanken aus der Erfüllung der währungspolitischen Aufgaben des ESZB zufließen (im folgenden als "monetäre Einkünfte" bezeichnet), werden am Ende eines jeden Geschäftsjahrs nach diesem Artikel verteilt.

32.2. Vorbehaltlich des Artikels 32.3 entspricht der Betrag der monetären Einkünfte einer jeden nationalen Zentralbank ihren jährlichen Einkünften aus Vermögenswerten, die sie als Gegenposten zum Bargeldumlauf und zu ihren Verbindlichkeiten aus Einlagen der Kreditinstitute hält. Diese Vermögenswerte werden von den nationalen Zentralbanken gemäß den vom EZB-Rat zu erlassenden Richtlinien gesondert erfaßt.

32.3. Wenn nach dem Übergang zur dritten Stufe die Bilanzstrukturen der nationalen Zentralbanken nach Auffassung des EZB-Rates die Anwendung des Artikels 32.2 nicht gestatten, kann der EZB-Rat mit qualifizierter Mehrheit beschließen, daß die monetären Einkünfte für einen Zeitraum von höchstens fünf Jahren abweichend von Artikel 32.2 nach einem anderen Verfahren bemessen werden.

32.4. Der Betrag der monetären Einkünfte einer jeden nationalen Zentralbank vermindert sich um den Betrag etwaiger Zinsen, die von dieser Zentralbank auf ihre Verbindlichkeiten aus Einlagen der Kreditinstitute nach Artikel 19 gezahlt werden.

Der EZB-Rat kann beschließen, daß die nationalen Zentralbanken für Kosten in Verbindung mit der Ausgabe von Banknoten oder unter außergewöhnlichen Umständen für spezifische Verluste aus für das ESZB unternommenen währungspolitischen Operationen entschädigt werden. Die Entschädigung erfolgt in einer Form, die der EZB-Rat für angemessen hält; diese Beträge können mit den monetären Einkünften der nationalen Zentralbanken verrechnet werden.

32.5. Die Summe der monetären Einkünfte der nationalen Zentralbanken wird vorbehaltlich etwaiger Beschlüsse des EZB-Rates nach Artikel 33.2 unter den nationalen Zentralbanken entsprechend ihren eingezahlten Anteilen am Kapital der EZB verteilt.

32.6. Die Verrechnung und den Ausgleich der Salden aus der Verteilung der monetären Einkünfte nimmt die EZB gemäß den Richtlinien des EZB-Rates vor.

32.7. Der EZB-Rat trifft alle weiteren Maßnahmen, die zur Anwendung dieses Artikels erforderlich sind.

### Artikel 33 Verteilung der Nettogewinne und Verluste der EZB

33.1. Der Nettogewinn der EZB wird in der folgenden Reihenfolge verteilt:

a) Ein vom EZB-Rat zu bestimmender Betrag, der 20 % des Nettogewinns nicht übersteigen darf, wird dem allgemeinen Reservefonds bis zu einer Obergrenze von 100 % des Kapitals zugeführt;

b) der verbleibende Nettogewinn wird an die Anteilseigner der EZB entsprechend ihren eingezahlten Anteilen ausgeschüttet.

33.2. Falls die EZB einen Verlust erwirtschaftet, kann der Fehlbetrag aus dem allgemeinen Reservefonds der EZB und erforderlichenfalls nach einem entsprechenden Beschluß des EZB-Rates aus den monetären Einkünften des betreffenden Geschäftsjahrs im Verhältnis und bis in Höhe der Beträge gezahlt werden, die nach Artikel 32.5 an die nationalen Zentralbanken verteilt werden.

## Kapitel VII. Allgemeine Bestimmungen

### Artikel 34 Rechtsakte

34.1. Nach Artikel 108 a dieses Vertrags werden von der EZB

– Verordnungen erlassen, insoweit dies für die Erfüllung der in Artikel 3.1 erster Gedankenstrich, Artikel 19.1, Artikel 22 oder Artikel 25.2 festgelegten Aufgaben erforderlich ist; sie erläßt Verordnungen ferner in den Fällen, die in den Rechtsakten des Rates nach Artikel 42 vorgesehen werden,

– die Entscheidungen erlassen, die zur Erfüllung der dem ESZB nach diesem Vertrag und dieser Satzung übertragenen Aufgaben erforderlich sind,

– Empfehlungen und Stellungnahmen abgegeben.

34.2. Eine Verordnung hat allgemeine Geltung. Sie ist in allen ihren Teilen verbindlich und gilt unmittelbar in jedem Mitgliedstaat. Empfehlungen und Stellungnahmen sind nicht verbindlich.

Eine Entscheidung ist in allen ihren Teilen für diejenigen verbindlich, an die sie gerichtet ist.

Die Artikel 190, 191 und 192 dieses Vertrags gelten für die Verordnungen und Entscheidungen der EZB.

Die EZB kann die Veröffentlichung ihrer Entscheidungen, Empfehlungen und Stellungnahmen beschließen.

34.3. Innerhalb der Grenzen und unter den Bedingungen, die der Rat nach dem Verfahren des Artikels 42 festlegt, ist die EZB befugt, Unternehmen bei Nichteinhaltung der Verpflichtungen, die sich aus ihren Verordnungen und Entscheidungen ergeben, mit Geldbußen oder in regelmäßigen Abständen zu zahlenden Strafgeldern zu belegen.

**Artikel 35 Gerichtliche Kontrolle und damit verbundene Angelegenheiten**

35.1. Die Handlungen und Unterlassungen der EZB unterliegen in den Fällen und unter den Bedingungen, die in diesem Vertrag vorgesehen sind, der Überprüfung und Auslegung durch den Gerichtshof. Die EZB ist in den Fällen und unter den Bedingungen, die in diesem Vertrag vorgesehen sind, klageberechtigt.

35.2. Über Rechtsstreitigkeiten zwischen der EZB einerseits und ihren Gläubigern, Schuldnern oder dritten Personen andererseits entscheiden die zuständigen Gerichte der einzelnen Staaten vorbehaltlich der Zuständigkeiten, die dem Gerichtshof zuerkannt sind.

35.3. Die EZB unterliegt der Haftungsregelung des Artikels 215 dieses Vertrags. Die Haftung der nationalen Zentralbanken richtet sich nach dem jeweiligen innerstaatlichen Recht.

35.4. Der Gerichtshof ist für Entscheidungen aufgrund einer Schiedsklausel zuständig, die in einem von der EZB oder für ihre Rechnung abgeschlossenen öffentlich-rechtlichen oder privatrechtlichen Vertrag enthalten ist.

35.5. Für einen Beschluß der EZB, den Gerichtshof anzurufen, ist der EZB-Rat zuständig.

35.6. Der Gerichtshof ist für Streitsachen zuständig, die die Erfüllung der Verpflichtungen aus dieser Satzung durch eine nationale Zentralbank betreffen. Ist die EZB der Auffassung, daß eine nationale Zentralbank einer Verpflichtung aus dieser Satzung nicht nachgekommen ist, so legt sie in der betreffenden Sache eine mit Gründen versehene Stellungnahme vor, nachdem sie der nationalen Zentralbank Gelegenheit zur Vorlage von Bemerkungen gegeben hat. Entspricht die nationale Zentralbank nicht innerhalb der von der EZB gesetzten Frist deren Stellungnahme, so kann die EZB den Gerichtshof anrufen.

**Artikel 36 Personal**

36.1. Der EZB-Rat legt auf Vorschlag des Direktoriums die Beschäftigungsbedingungen für das Personal der EZB fest.

36.2. Der Gerichtshof ist für alle Streitsachen zwischen der EZB und deren Bediensteten innerhalb der Grenzen und unter den Bedingungen zuständig, die sich aus den Beschäftigungsbedingungen ergeben.

**Artikel 37 Sitz**

Vor Ende 1992 beschließen die Regierungen der Mitgliedstaaten auf der Ebene der Staats- und Regierungschefs im gegenseitigen Einvernehmen über den Sitz der EZB.

**Artikel 38 Geheimhaltung**

38.1. Die Mitglieder der Leitungsgremien und des Personals der EZB und der nationalen Zentralbanken dürfen auch nach Beendigung ihres Dienstverhältnisses keine der Geheimhaltungspflicht unterliegenden Informationen weitergeben.

38.2. Auf Personen mit Zugang zu Daten, die unter Gemeinschaftsvorschriften fallen, die eine Verpflichtung zur Geheimhaltung vorsehen, finden diese Gemeinschaftsvorschriften Anwendung.

**Artikel 39 Unterschriftsberechtigte**

Die EZB wird Dritten gegenüber durch den Präsidenten oder zwei Direktoriumsmitglieder oder durch die Unterschriften zweier vom Präsidenten zur Zeichnung im Namen der EZB gehörig ermächtigter Bediensteter der EZB rechtswirksam verpflichtet.

**Artikel 40 Vorrechte und Befreiungen**

Die EZB genießt im Hoheitsgebiet der Mitgliedstaaten die zur Erfüllung ihrer Aufgabe erforderlichen Vorrechte und Befreiungen nach Maßgabe des Protokolls über die Vorrechte und Befreiungen der Europäischen Gemeinschaften im Anhang zum Vertrag zur Einsetzung eines gemeinsamen Rates und einer gemeinsamen Kommission der Europäischen Gemeinschaften.

**Kapitel VIII. Änderung der Satzung und ergänzende Rechtsvorschriften**

**Artikel 41 Vereinfachtes Änderungsverfahren**

41.1. Nach Artikel 106 Absatz 5 dieses Vertrags kann der Rat die Artikel 5.1, 5.2, 5.3, 17, 18, 19.1, 22, 23, 24, 26, 32.2, 32.3, 32.4, 32.6, 33.1.a und 36 dieser Satzung entweder mit qualifizierter Mehrheit auf Empfehlung der EZB nach Anhörung der Kommission oder einstimmig auf

Vorschlag der Kommission nach Anhörung der EZB ändern. Die Zustimmung des Europäischen Parlaments ist dabei jeweils erforderlich.

41.2. Eine Empfehlung der EZB nach diesem Artikel erfordert einen einstimmigen Beschluß des EZB-Rates.

### Artikel 42 Ergänzend#e Rechtsvorschriften

Nach Artikel 106 Absatz 6 dieses Vertrags erläßt der Rat unmittelbar nach dem Beschluß über den Zeitpunkt für den Beginn der dritten Stufe mit qualifizierter Mehrheit entweder auf Vorschlag der Kommission nach Anhörung des Europäischen Parlaments und der EZB oder auf Empfehlung der EZB nach Anhörung des Europäischen Parlaments und der Kommission die in den Artikeln 4, 5.4, 19.2, 20, 28.1, 29.2, 30.4 und 34.3 dieser Satzung genannten Bestimmungen.

## Kapitel IX. Übergangsbestimmungen und sonstige Bestimmungen für das ESZB

### Artikel 43 Allgemeine Bestimmungen

43.1. Eine Ausnahmeregelung nach Artikel 109 k Absatz 1 dieses Vertrags bewirkt, daß folgende Artikel dieser Satzung für den betreffenden Mitgliedstaat keinerlei Rechte oder Verpflichtungen entstehen lassen: Artikel 3, 6, 9.2, 12.1, 14.3, 16, 18, 19, 20, 22, 23, 26.2, 27, 30, 31, 32, 33, 34, 50 und 52.

43.2. Die Zentralbanken der Mitgliedstaaten, für die eine Ausnahmeregelung nach Artikel 109 k Absatz 1 dieses Vertrags gilt, behalten ihre währungspolitischen Befugnisse nach innerstaatlichem Recht.

43.3. In den Artikeln 3, 11.2, 19, 34.2 und 50 bezeichnet der Ausdruck "Mitgliedstaaten" gemäß Artikel 109 k Absatz 4 dieses Vertrags die "Mitgliedstaaten, für die keine Ausnahmeregelung gilt".

43.4. In den Artikeln 9.2, 10.1, 10.3, 12.1, 16, 17, 18, 22, 23, 27, 30, 31, 32, 33.2 und 52 dieser Satzung ist der Ausdruck "nationale Zentralbanken" im Sinne von "Zentralbanken der Mitgliedstaaten, für die keine Ausnahmeregelung gilt" zu verstehen.

43.5. In den Artikeln 10.3 und 33.1 bezeichnet der Ausdruck "Anteilseigner" die "Zentralbanken der Mitgliedstaaten, für die keine Ausnahmeregelung gilt".

43.6. In den Artikeln 10.3 und 30.2 ist der Ausdruck "gezeichnetes Kapital der EZB" im Sinne von "Kapital der EZB, das von den Zentralbanken der Mitgliedstaaten gezeichnet wurde, für die keine Ausnahmeregelung gilt" zu verstehen.

## 5 Protokolle EG-Vertrag

**Artikel 44 Vorübergehende Aufgaben der EZB**

Die EZB übernimmt diejenigen Aufgaben des EWI, die infolge der für einen oder mehrere Mitgliedstaaten geltenden Ausnahmeregelungen in der dritten Stufe noch erfüllt werden müssen.

Bei der Vorbereitung der Aufhebung der Ausnahmeregelungen nach Artikel 109 k dieses Vertrags nimmt die EZB eine beratende Funktion wahr.

**Artikel 45 Der Erweiterte Rat der EZB**

45.1. Unbeschadet des Artikels 106 Absatz 3 dieses Vertrags wird der Erweiterte Rat als drittes Beschlußorgan der EZB eingesetzt.

45.2. Der Erweiterte Rat besteht aus dem Präsidenten und dem Vizepräsidenten der EZB sowie den Präsidenten der nationalen Zentralbanken. Die weiteren Mitglieder des Direktoriums können an den Sitzungen des Erweiterten Rates teilnehmen, besitzen aber kein Stimmrecht.

45.3. Die Verantwortlichkeiten des Erweiterten Rates sind in Artikel 47 dieser Satzung vollständig aufgeführt.

**Artikel 46 Geschäftsordnung des Erweiterten Rates**

46.1. Der Präsident oder bei seiner Verhinderung der Vizepräsident der EZB führt den Vorsitz im Erweiterten Rat der EZB.

46.2. Der Präsident des Rates und ein Mitglied der Kommission können an den Sitzungen des Erweiterten Rates teilnehmen, besitzen aber kein Stimmrecht.

46.3. Der Präsident bereitet die Sitzungen des Erweiterten Rates vor.

46.4. Abweichend von Artikel 12.3 gibt sich der Erweiterte Rat eine Geschäftsordnung.

46.5. Das Sekretariat des Erweiterten Rates wird von der EZB gestellt.

**Artikel 47 Verantwortlichkeiten des Erweiterten Rates**

47.1. Der Erweiterte Rat
- nimmt die in Artikel 44 aufgeführten Aufgaben wahr,
- wirkt bei der Erfüllung der Beratungsfunktionen nach den Artikeln 4 und 25.1 mit.

47.2. Der Erweiterte Rat wirkt auch mit bei
- der Erhebung der statistischen Daten im Sinne von Artikel 5

- den Berichtstätigkeiten der EZB im Sinne von Artikel 15;
- der Festlegung der erforderlichen Regeln für die Anwendung von Artikel 26 gemäß Artikel 26.4;
- allen sonstigen erforderlichen Maßnahmen zur Anwendung von Artikel 29 gemäß Artikel 29.4;
- der Festlegung der Beschäftigungsbedingungen für das Personal der EZB gemäß Artikel 36.

47.3. Der Erweiterte Rat trägt zu den Vorarbeiten bei, die erforderlich sind, um für die Währungen der Mitgliedstaaten, für die eine Ausnahmeregelung gilt, die Wechselkurse gegenüber den Währungen oder der einheitlichen Währung der Mitgliedstaaten, für die keine Ausnahmeregelung gilt, gemäß Artikel 109 l Absatz 5 dieses Vertrags unwiderruflich festzulegen.

47.4. Der Erweiterte Rat wird vom Präsidenten der EZB über die Beschlüsse des EZB-Rates unterrichtet.

**Artikel 48 Übergangsbestimmungen für das Kapital der EZB**

Nach Artikel 29.1 wird jeder nationalen Zentralbank ein Gewichtsanteil in dem Schlüssel für die Zeichnung des Kapitals der EZB zugeteilt. Abweichend von Artikel 28.3 zahlen Zentralbanken von Mitgliedstaaten, für die eine Ausnahmeregelung gilt, das von ihnen gezeichnete Kapital nicht ein, es sei denn, daß der Erweiterte Rat mit der Mehrheit von mindestens zwei Dritteln des gezeichneten Kapitals der EZB und zumindest der Hälfte der Anteilseigner beschließt, daß als Beitrag zu den Betriebskosten der EZB ein Mindestprozentsatz eingezahlt werden muß.

**Artikel 49 Zurückgestellte Einzahlung von Kapital, Reserven und Rückstellungen der EZB**

49.1. Die Zentralbank eines Mitgliedstaats, dessen Ausnahmeregelung aufgehoben wurde, zahlt den von ihr gezeichneten Anteil am Kapital der EZB im selben Verhältnis wie die Zentralbanken von anderen Mitgliedstaaten ein, für die keine Ausnahmeregelung gilt, und überträgt der EZB Währungsreserven gemäß Artikel 30.1. Die Höhe der Übertragungen bestimmt sich durch Multiplikation des in ECU zum jeweiligen Wechselkurs ausgedrückten Wertes der Währungsreserven, die der EZB schon gemäß Artikel 30.1 übertragen wurden, mit dem Faktor, der das Verhältnis zwischen der Anzahl der von der betreffenden nationalen Zentralbank gezeichneten Anteile und der Anzahl der von den anderen nationalen Zentralbanken bereits eingezahlten Anteile ausdrückt.

49.2. Zusätzlich zu der Einzahlung nach Artikel 49.1 leistet die betreffende Zentralbank einen Beitrag zu den Reserven der EZB und zu den diesen Reserven gleichwertigen Rückstellungen sowie zu dem Betrag, der gemäß dem Saldo der Gewinn- und Verlustrechnung zum 31. Dezember des Jahres vor der Aufhebung der Ausnahmeregelung noch für die Reserven und Rückstellungen bereitzustellen ist. Die Höhe des zu leistenden Beitrags bestimmt sich durch Multiplikation des in der genehmigten Bilanz der EZB ausgewiesenen Betrags der Reserven im Sinne der obigen Definition mit dem Faktor, der das Verhältnis zwischen der Anzahl der von der betreffenden Zentralbank gezeichneten Anteile und der Anzahl der von den anderen Zentralbanken bereits eingezahlten Anteile ausdrückt.

**Artikel 50 Erstmalige Ernennung der Mitglieder des Direktoriums**

Bei der Einsetzung des Direktoriums der EZB werden der Präsident, der Vizepräsident und die weiteren Mitglieder des Direktoriums auf Empfehlung des Rates und nach Anhörung des Europäischen Parlaments und des Rates des EWI von den Regierungen der Mitgliedstaaten auf der Ebene der Staats- und Regierungschefs einvernehmlich ernannt. Der Präsident des Direktoriums wird für acht Jahre ernannt. Abweichend von Artikel 11.2 werden der Vizepräsident für vier Jahre und die weiteren Mitglieder des Direktoriums für eine Amtszeit zwischen 5 und 8 Jahren ernannt. Wiederernennung ist in keinem Falle zulässig. Die Anzahl der Mitglieder des Direktoriums kann geringer sein als in Artikel 11.1 vorgesehen, darf jedoch auf keinen Fall weniger als vier betragen.

**Artikel 51 Abweichung von Artikel 32**

51.1. Stellt der EZB-Rat nach dem Beginn der dritten Stufe fest, daß die Anwendung von Artikel 32 für den relativen Stand der Einkünfte der nationalen Zentralbanken wesentliche Änderungen zur Folge hat, so wird der Betrag der nach Artikel 32 zu verteilenden Einkünfte nach einem einheitlichen Prozentsatz gekürzt, der im ersten Geschäftsjahr nach dem Beginn der dritten Stufe 60 % nicht übersteigen darf und in jedem darauffolgenden Geschäftsjahr um mindestens 12 Prozentpunkte verringert wird.

51.2. Artikel 51.1 ist für höchstens fünf Geschäftsjahre nach dem Beginn der dritten Stufe anwendbar.

**Artikel 52 Umtausch von auf Gemeinschaftswährungen lautenden Banknoten**

Im Anschluß an die unwiderrufliche Festlegung der Wechselkurse ergreift der EZB-Rat die erforderlichen Maßnahmen, um sicherzustellen, daß Banknoten, die auf Währungen mit unwiderruflich festgelegten Wechselkursen lauten, von den nationalen Zentralbanken zu ihrer jeweiligen Parität umgetauscht werden.

**Artikel 53 Anwendbarkeit der Übergangsbestimmungen**

Sofern und solange es Mitgliedstaaten gibt, für die eine Ausnahmeregelung gilt, sind die Artikel 43 bis 48 anwendbar.

## 5.4. Protokoll über die Satzung des Europäischen Währungsinstituts

DIE HOHEN VERTRAGSPARTEIEN –

IN DEM WUNSCH, die Satzung des Europäischen Währungsinstituts festzulegen -

SIND über folgende Bestimmungen ÜBEREINGEKOMMEN, die dem Vertrag zur Gründung der Europäischen Gemeinschaft beigefügt sind:

**Artikel 1 Errichtung und Name**

1.1. Das Europäische Währungsinstitut ("EWI") wird nach Artikel 109 f dieses Vertrags errichtet; es nimmt seine Aufgaben und seine Tätigkeit nach Maßgabe dieses Vertrags und dieser Satzung wahr.

1.2. Mitglieder des EWI sind die Zentralbanken der Mitgliedstaaten ("nationale Zentralbanken"). Das Luxemburgische Währungsinstitut gilt im Sinne dieser Satzung als die Zentralbank Luxemburgs.

1.3. Der Ausschuß der Präsidenten der Zentralbanken und der Europäische Fonds für währungspolitische Zusammenarbeit ("EFWZ") werden nach Artikel 109 f dieses Vertrags aufgelöst. Sämtliche Aktiva und Passiva des EFWZ gehen automatisch auf das EWI über.

**Artikel 2 Ziele**

Das EWI trägt zur Schaffung der für den Übergang zur dritten Stufe der Wirtschafts- und Währungsunion erforderlichen Voraussetzungen insbesondere dadurch bei, daß es

– die Koordinierung der Geldpolitiken mit dem Ziel verstärkt, Preisstabilität sicherzustellen;

– die Vorarbeiten leistet, die für die Errichtung des Europäischen Systems der Zentralbanken ("ESZB") und die Verfolgung einer einheitlichen Währungspolitik und die Schaffung einer einheitlichen Währung in der dritten Stufe erforderlich sind;

– die Entwicklung der ECU überwacht.

**Artikel 3 Allgemeine Grundsätze**

3.1. Das EWI erfüllt die ihm durch diesen Vertrag und diese Satzung übertragenen Aufgaben unbeschadet der Verantwortlichkeit der für die Geldpolitik in den einzelnen Mitgliedstaaten zuständigen Behörden.

3.2. Das EWI übt seine Tätigkeiten im Einklang mit den Zielen und Grundsätzen aus, die in Artikel 2 der Satzung des ESZB festgelegt sind.

**Artikel 4 Vorrangige Aufgaben**

4.1. Das EWI hat nach Artikel 109 f Absatz 2 dieses Vertrags die Aufgabe,

– die Zusammenarbeit zwischen den nationalen Zentralbanken zu verstärken,

– die Koordinierung der Geldpolitiken der Mitgliedstaaten mit dem Ziel zu verstärken, die Preisstabilität sicherzustellen,

– das Funktionieren des europäischen Währungssystems ("EWS") zu überwachen,

– Konsultationen zu Fragen durchzuführen, die in die Zuständigkeit der nationalen Zentralbanken fallen und die Stabilität der Finanzinstitute und -märkte berühren,

– die Aufgaben des EFWZ zu übernehmen; insbesondere erfüllt es die in den Artikeln 6.1 bis 6.3 genannten Aufgaben,

– die Verwendung der ECU zu erleichtern und deren Entwicklung einschließlich des reibungslosen Funktionierens des ECU-Verrechnungssystems zu überwachen.

Das EWI hat ferner folgende Funktionen:

– Es führt regelmäßige Konsultationen über den geldpolitischen Kurs und die Anwendung geldpolitischer Instrumente durch;

– es wird in der Regel im Kontext des gemeinsamen Rahmens für die Vorabkoordinierung gehört, bevor die nationalen Währungsbehörden geldpolitische Beschlüsse fassen.

4.2. Das EWI legt bis zum 31. Dezember 1996 in regulatorischer, organisatorischer und logistischer Hinsicht den Rahmen fest, den das ESZB zur Erfüllung seiner Aufgaben unter Beachtung des Grundsatzes einer offenen Marktwirtschaft mit freiem Wettbewerb in der dritten Stufe benötigt. Dieser Rahmen wird der EZB vom Rat des EWI zum Zeitpunkt ihrer Errichtung zur Beschlußfassung unterbreitet.

In Einklang mit Artikel 109 f Absatz 3 dieses Vertrags gehören zu den diesbezüglichen Tätigkeiten des EWI insbesondere

- die Entwicklung der Instrumente und Verfahren, die zur Durchführung einer einheitlichen Währungspolitik in der dritten Stufe erforderlich sind,
- soweit erforderlich die Förderung der Harmonisierung der Bestimmungen und Gepflogenheiten auf dem Gebiet der Erhebung, Zusammenstellung und Weitergabe statistischer Daten in den in seine Zuständigkeit fallenden Bereichen,
- die Ausarbeitung der Regeln für die Geschäfte der nationalen Zentralbanken im Rahmen des ESZB,
- die Förderung der Effizienz des grenzüberschreitenden Zahlungsverkehrs,
- die Überwachung der technischen Vorarbeiten für die ECU-Banknoten.

**Artikel 5 Beratende Funktionen**

5.1. Der Rat des EWI kann nach Artikel 109 f Absatz 4 dieses Vertrags Stellungnahmen oder Empfehlungen zu der allgemeinen Orientierung der Geld- und der Wechselkurspolitik sowie zu den diesbezüglichen Maßnahmen in den einzelnen Mitgliedstaaten abgeben. Er kann den Regierungen und dem Rat Stellungnahmen oder Empfehlungen zu Maßnahmen unterbreiten, die die interne oder externe Währungssituation in der Gemeinschaft und insbesondere das Funktionieren des EWS beeinflussen könnten.

5.2. Der Rat des EWI kann ferner den Währungsbehörden der Mitgliedstaaten Empfehlungen zur Durchführung ihrer Währungspolitik geben.

5.3. Das EWI wird nach Artikel 109 f Absatz 6 dieses Vertrags vom Rat zu allen Vorschlägen für Rechtsakte der Gemeinschaft in seinem Zuständigkeitsbereich angehört.

Innerhalb der Grenzen und unter den Bedingungen, die der Rat mit qualifizierter Mehrheit auf Vorschlag der Kommission und nach Anhörung des Europäischen Parlaments sowie des EWI festlegt, wird das EWI von den Behörden der Mitgliedstaaten zu allen Entwürfen für Rechtsvorschriften in seinem Zuständigkeitsbereich insbesondere im Hinblick auf Artikel 4.2 angehört.

5.4. Nach Artikel 109 f Absatz 5 dieses Vertrags kann das EWI beschließen, seine Stellungnahmen und Empfehlungen zu veröffentlichen.

**Artikel 6 Operationelle und technische Aufgaben**

6.1. Dem EWI obliegt

– die Multilateralisierung der aus den Interventionen der nationalen Zentralbanken in Gemeinschaftswährungen entstehenden Salden und die Multilateralisierung des innergemeinschaftlichen Saldenausgleichs;

– die Verwaltung des im Abkommen vom 13. März 1979 zwischen den Zentralbanken der Mitgliedstaaten der

Europäischen Wirtschaftsgemeinschaft über die Funktionsweise des Europäischen Währungssystems (im folgenden als "EWS-Abkommen" bezeichnet) vorgesehenen Systems der sehr kurzfristigen Finanzierung sowie des Systems des kurzfristigen Währungsbeistands, das in der geänderten Fassung des Abkommens vom 9. Februar 1970 zwischen den Zentralbanken der Mitgliedstaaten der Europäischen Wirtschaftsgemeinschaft vorgesehen ist;

– die Erfüllung der Aufgaben nach Artikel 11 der Verordnung (EWG) Nr. 1969/88 des Rates vom 24. Juni 1988 zur Einführung eines einheitlichen Systems des mittelfristigen finanziellen Beistands zur Stützung der Zahlungsbilanzen der Mitgliedstaaten.

6.2. Das EWI kann von den nationalen Zentralbanken Währungsreserven entgegennehmen und zum Zwecke der Durchführung des EWS-Abkommens ECU als Gegenwert für diese Reserveaktiva ausgeben. Diese ECU können vom EWI und den nationalen Zentralbanken zum Saldenausgleich und für Geschäfte zwischen den Zentralbanken und dem EWI verwendet werden. Das EWI trifft die erforderlichen Verwaltungsmaßnahmen zur Durchführung dieser Bestimmung.

6.3. Das EWI kann den Währungsbehörden dritter Länder sowie internationalen Währungseinrichtungen den Status eines "sonstigen Halters" von ECU verleihen und die Bedingungen festlegen, zu denen ECU von sonstigen Haltern erworben, verwahrt oder verwendet werden können.

6.4. Das EWI ist befugt, auf Ersuchen nationaler Zentralbanken als deren Agent Währungsreserven zu halten und zu verwalten. Gewinne und Verluste bei diesen Reserven gehen zugunsten bzw. zu Lasten der nationalen Zentralbank, die die Reserven einlegt. Das EWI erfüllt diese Aufgabe auf der Grundlage bilateraler Verträge gemäß den Vorschriften, die in einer Entscheidung des EWI festgelegt sind. Diese Vorschriften stellen sicher, daß die Geschäfte mit diesen Reserven die Währungs- und die Wechselkurspolitik der zuständigen Währungsbehörden der

Mitgliedstaaten nicht beeinträchtigen und den Zielen des EWI und dem reibungslosen Funktionieren des Wechselkursmechanismus des EWS entsprechen.

**Artikel 7 Sonstige Aufgaben**

7.1. Das EWI legt dem Rat alljährlich einen Bericht über den Stand der Vorbereitung der dritten Stufe vor. Diese Berichte enthalten eine Bewertung der Fortschritte auf dem Wege zur Konvergenz innerhalb der Gemeinschaft und behandeln insbesondere die Anpassung der geldpolitischen Instrumente und die Vorbereitung der für die Durchführung einer einheitlichen Währungspolitik in der dritten Stufe erforderlichen Verfahren sowie die rechtlichen Voraussetzungen, denen die nationalen Zentralbanken genügen müssen, um in das ESZB einbezogen zu werden.

7.2. Aufgrund von Beschlüssen des Rates nach Artikel 109 f Absatz 7 dieses Vertrags kann das EWI weitere Aufgaben im Rahmen der Vorbereitung der dritten Stufe wahrnehmen.

**Artikel 8 Unabhängigkeit**

Die Mitglieder des Rates des EWI, die die Vertreter ihrer Institutionen sind, handeln bei der Ausübung ihrer Tätigkeit in eigener Verantwortung. Bei der Wahrnehmung der ihm durch diesen Vertrag und diese Satzung übertragenen Befugnisse, Aufgaben und Pflichten darf der Rat des EWI keinerlei Weisungen von Organen oder Einrichtungen der Gemeinschaft oder von Regierungen der Mitgliedstaaten einholen oder entgegennehmen. Die Organe und Einrichtungen der Gemeinschaft sowie die Regierungen der Mitgliedstaaten verpflichten sich, diesen Grundsatz zu beachten und nicht zu versuchen, den Rat des EWI bei der Wahrnehmung seiner Aufgaben zu beeinflussen.

**Artikel 9 Verwaltung**

9.1. Das EWI wird nach Artikel 109 f Absatz 1 dieses Vertrages vom Rat des EWI geleitet und verwaltet.

9.2. Der Rat des EWI besteht aus dem Präsidenten sowie den Präsidenten der nationalen Zentralbanken, von denen einer zum Vizepräsidenten bestellt wird. Ist ein Präsident einer nationalen Zentralbank an der Teilnahme an einer Sitzung verhindert, so kann er einen anderen Vertreter seiner Institution benennen.

9.3. Der Präsident wird auf Empfehlung des Ausschusses der Präsidenten der Zentralbanken bzw. des Rates der EWI nach Anhörung des Europäischen Parlaments und des Rates von den Regierungen der

Mitgliedstaaten auf der Ebene der Staats- und Regierungschefs einvernehmlich ernannt. Der Präsident wird aus dem Kreis der in Währungs- oder Bankfragen anerkannten und erfahrenen Persönlichkeiten ausgewählt. Nur Staatsangehörige der Mitgliedstaaten können Präsident des EWI sein. Der Rat des EWI ernennt den Vizepräsidenten. Der Präsident und der Vizepräsident werden für eine Amtszeit von drei Jahren ernannt.

9.4. Der Präsident erfüllt seine Pflichten hauptamtlich. Er darf weder entgeltlich noch unentgeltlich einer anderen Beschäftigung nachgehen, es sei denn, der Rat des EWI erteilt hierzu ausnahmsweise seine Zustimmung.

9.5. Der Präsident

– bereitet die Sitzungen des Rates des EWI vor und führt bei diesen Sitzungen den Vorsitz;

– vertritt unbeschadet des Artikels 22 die Auffassungen des EWI nach außen;

– ist verantwortlich für die laufende Verwaltung des EWI.

Bei Verhinderung des Präsidenten werden seine Aufgaben vom Vizepräsidenten wahrgenommen.

9.6. Die Beschäftigungsbedingungen für den Präsidenten, insbesondere sein Gehalt und sein Ruhegehalt sowie andere Leistungen der sozialen Sicherheit, sind Gegenstand eines Vertrags mit dem EWI und werden vom Rat des EWI auf Vorschlag eines Ausschusses festgelegt, der aus drei vom Ausschuß der Präsidenten der Zentralbanken bzw. vom Rat des EWI sowie drei vom Rat ernannten Mitgliedern besteht. Der Präsident hat in Angelegenheiten des Satzes 1 kein Stimmrecht.

9.7 Ein Präsident, der die Voraussetzungen für die Ausübung seines Amtes nicht mehr erfüllt oder eine schwere Verfehlung begangen hat, kann auf Antrag des Rates des EWI durch den Gerichtshof seines Amtes enthoben werden.

9.8. Der Rat des EWI beschließt die Geschäftsordnung des EWI.

**Artikel 10 Sitzungen des Rates des EWI und Abstimmungsverfahren**

10.1. Der Rat des EWI tritt mindestens zehnmal im Jahr zusammen. Die Aussprachen in den Ratssitzungen sind vertraulich. Der Rat des EWI kann einstimmig beschließen, das Ergebnis seiner Beratungen zu veröffentlichen.

10.2. Jedes Mitglied des Rates des EWI bzw. sein Stellvertreter hat eine Stimme.

10.3. Sofern in dieser Satzung nichts anderes bestimmt ist, faßt der Rat des EWI seine Beschlüsse mit der einfachen Mehrheit seiner Mitglieder.

10.4. Für Beschlüsse im Zusammenhang mit den Artikeln 4.2, 5.4, 6.2 und 6.3 ist Einstimmigkeit der Mitglieder des Rates des EWI erforderlich.

Für die Annahme von Stellungnahmen und Empfehlungen gemäß den Artikeln 5.1 und 5.2, von Entscheidungen gemäß den Artikeln 6.4, 16 und 23.6 sowie der Leitlinien nach Artikel 15.3 ist eine qualifizierte Mehrheit von zwei Dritteln der Mitglieder des Rates des EWI erforderlich.

**Artikel 11 Interinstitutionelle Zusammenarbeit und Berichtspflichten**

11.1. Der Präsident des Rates und ein Mitglied der Kommission können an den Sitzungen des Rates des EWI teilnehmen, besitzen aber kein Stimmrecht.

11.2. Der Präsident des EWI wird zur Teilnahme an den Tagungen des Rates eingeladen, wenn dieser Fragen im Zusammenhang mit den Zielen und Aufgaben des EWI erörtert.

11.3. Das EWI erstellt zu einem in der Geschäftsordnung festzulegenden Zeitpunkt einen Jahresbericht über seine Tätigkeit sowie über die Währungs- und Finanzlage in der Gemeinschaft. Der Jahresbericht wird zusammen mit dem Jahresabschluß des EWI dem Europäischen Parlament, dem Rat und der Kommission sowie auch dem Europäischen Rat vorgelegt.

Der Präsident des EWI kann auf Ersuchen des Europäischen Parlaments oder auf seine Initiative hin von den zuständigen Ausschüssen des Europäischen Parlaments gehört werden.

11.4. Die vom EWI veröffentlichten Berichte werden Interessenten kostenlos zur Verfügung gestellt.

**Artikel 12 Währungsbezeichnung**

Die Geschäftsvorgänge des EWI werden in ECU ausgedrückt.

**Artikel 13 Sitz**

Vor Ende 1992 beschließen die Regierungen der Mitgliedstaaten auf der Ebene der Staats- und Regierungschefs im gegenseitigen Einvernehmen über den Sitz des EWI.

**Artikel 14 Rechtsfähigkeit**

Das EWI, das nach Artikel 109 f Absatz 1 dieses Vertrags mit Rechtspersönlichkeit ausgestattet ist, besitzt in jedem Mitgliedstaat die weitestgehende Rechts- und Geschäftsfähigkeit, die juristischen Personen nach dessen Rechtsvorschriften zuerkannt ist. Es kann insbesondere bewegliches und unbewegliches Vermögen erwerben und veräußern sowie vor Gericht stehen.

**Artikel 15 Rechtsakte**

15.1. Zur Erfüllung seiner Aufgaben kann das EWI nach Maßgabe dieser Satzung

- Stellungnahmen abgeben;
- Empfehlungen aussprechen;
- Leitlinien verabschieden und Entscheidungen erlassen, die jeweils an die nationalen Zentralbanken gerichtet sind.

15.2. Die Stellungnahmen und Empfehlungen des EWI sind nicht verbindlich.

15.3. Der Rat des EWI kann Leitlinien verabschieden, in denen die Verfahren für die Verwirklichung der Bedingungen festgelegt werden, die erforderlich sind, damit das ESZB in der dritten Stufe seine Aufgaben erfüllen kann. Die Leitlinien des EWI sind nicht verbindlich; sie werden der EZB zur Beschlußfassung vorgelegt.

15.4. Unbeschadet des Artikels 3.1 ist eine Entscheidung des EWI in allen ihren Teilen für diejenigen verbindlich, an die sie gerichtet ist. Die Artikel 190 und 191 dieses Vertrags sind auf diese Entscheidungen anwendbar.

**Artikel 16 Finanzmittel**

16.1. Das EWI wird mit Eigenmitteln ausgestattet. Der Rat des EWI legt den Umfang der Eigenmittel so fest, daß die Einkünfte erzielt werden können, die zur Deckung der bei der Erfüllung der Aufgaben des EWI anfallenden Ausgaben für erforderlich gehalten werden.

16.2. Die nach Artikel 16.1 festgelegten Mittel des EWI werden aus Beiträgen der nationalen Zentralbanken nach dem in Artikel 29.1 der Satzung des ESZB vorgesehenen Schlüssel aufgebracht und bei der Errichtung des EWI eingezahlt. Die für die Festlegung des Schlüssels benötigten statistischen Angaben werden von der Kommission nach Maßgabe der Bestimmungen zur Verfügung gestellt, die der Rat auf Vorschlag der Kommission und nach Anhörung des Europäischen Parlaments, des Ausschusses der Präsidenten der Zentralbanken sowie des in Artikel 109 c dieses Vertrags bezeichneten Ausschusses mit qualifizierter Mehrheit beschließt.

16.3. Der Rat des EWI legt fest, in welcher Form die Beiträge einzuzahlen sind.

**Artikel 17 Jahresabschlüsse und Rechnungsprüfung**

17.1. Das Haushaltsjahr des EWI beginnt am 1. Januar und endet am 31. Dezember.

17.2. Der Rat des EWI beschließt vor Beginn eines jeden Haushaltsjahres den Jahreshaushaltsplan.

17.3. Der Jahresabschluß wird nach den vom Rat des EWI aufgestellten Grundsätzen erstellt. Der Jahresabschluß wird vom Rat des EWI festgestellt und sodann veröffentlicht.

17.4. Der Jahresabschluß wird von unabhängigen externen Rechnungsprüfern, die vom Rat des EWI anerkannt wurden, geprüft. Die Rechnungsprüfer sind befugt, alle Bücher und Konten des EWI zu prüfen und alle Auskünfte über dessen Geschäfte zu verlangen.

Artikel 188 b dieses Vertrags ist nur auf eine Prüfung der operationellen Effizienz der Finanzverwaltung des EWI anwendbar.

17.5. Ein Überschuß des EWI wird in der folgenden Reihenfolge verteilt:

a) Ein vom Rat des EWI zu bestimmender Betrag wird dem allgemeinen Reservefonds des EWI zugeführt;

b) ein verbleibender Überschuß wird nach dem in Artikel 16.2 genannten Schlüssel an die nationalen Zentralbanken ausgeschüttet.

17.6. Falls das EWI einen Verlust erwirtschaftet, wird der Fehlbetrag aus dem allgemeinen Reservefonds des EWI gezahlt. Ein noch verbleibender Fehlbetrag wird durch Beiträge der nationalen Zentralbanken nach dem in Artikel 16.2 genannten Schlüssel ausgeglichen.

**Artikel 18 Personal**

18.1. Der Rat des EWI legt die Beschäftigungsbedingungen für das Personal des EWI fest.

18.2. Der Europäische Gerichtshof ist für alle Streitsachen zwischen dem EWI und seinen Bediensteten innerhalb der Grenzen und unter den Bedingungen zuständig, die sich aus den Beschäftigungsbedingungen ergeben.

**Artikel 19 Gerichtliche Kontrolle und damit verbundene Angelegenheiten**

19.1. Die Handlungen und Unterlassungen des EWI unterliegen in den Fällen und unter Bedingungen, die in diesem Vertrag vorgesehen sind, der Überprüfung und Auslegung durch den Gerichtshof. Das EWI ist in den Fällen und unter den Bedingungen, die in diesem Vertrag vorgesehen sind, klageberechtigt.

19.2. Über Rechtsstreitigkeiten zwischen dem EWI einerseits und seinen Gläubigern, Schuldnern oder dritten Personen andererseits entscheiden die zuständigen Gerichte der einzelnen Mitgliedstaaten vorbehaltlich der Zuständigkeiten, die dem Gerichtshof zuerkannt sind.

19.3. Das EWI unterliegt der Haftungsregelung des Artikels 215 dieses Vertrags.

19.4. Der Gerichtshof ist für Entscheidungen aufgrund einer Schiedsklausel zuständig, die in einem vom EWI oder für seine Rechnung abgeschlossenen öffentlich-rechtlichen oder privatrechtlichen Vertrag enthalten ist.

19.5. Für einen Beschluß des EWI, den Gerichtshof anzurufen, ist der Rat des EWI zuständig.

**Artikel 20 Geheimhaltung**

20.1. Die Mitglieder des Rates und des Personals des EWI dürfen auch nach Beendigung ihres Dienstverhältnisses keine der Geheimhaltungspflicht unterliegenden Informationen weitergeben.

20.2. Auf Personen mit Zugang zu Daten, die unter Gemeinschaftsvorschriften fallen, die eine Verpflichtung zur Geheimhaltung vorsehen, finden diese Gemeinschaftsvorschriften Anwendung.

**Artikel 21 Vorrechte und Befreiungen**

Das EWI genießt im Hoheitsgebiet der Mitgliedstaaten die zur Erfüllung seiner Aufgabe erforderlichen Vorrechte und Befreiungen nach Maßgabe des Protokolls über die Vorrechte und Befreiungen der Europäischen Gemeinschaften im Anhang zum Vertrag zur Einsetzung eines gemeinsamen Rates und einer gemeinsamen Kommission der Europäischen Gemeinschaften.

**Artikel 22 Unterschriftsberechtigte**

Das EWI wird Dritten gegenüber durch den Präsidenten oder den Vizepräsidenten oder durch die Unterschriften zweier vom Präsidenten zur Zeichnung im Namen des EWI gehörig ermächtigter Bediensteter des EWI rechtswirksam verpflichtet.

**Artikel 23 Liquidation des EWI**

23.1. Nach Artikel 109 l dieses Vertrags wird das EWI bei Errichtung der EZB liquidiert. Alle Vermögenswerte und Verbindlichkeiten des EWI gehen dann automatisch auf die EZB über. Letztere liquidiert das

EWI gemäß diesem Artikel. Die Liquidation muß bei Beginn der dritten Stufe abgeschlossen sein.

23.2. Der in Artikel 17 des EWS-Abkommens vorgesehene Mechanismus für die Schaffung von ECU gegen Einbringung von Gold und US-Dollars wird am ersten Tag der dritten Stufe nach Artikel 20 des genannten Abkommens abgewickelt.

23.3. Sämtliche Forderungen und Verbindlichkeiten aufgrund des Systems der sehr kurzfristigen Finanzierung und des Systems des kurzfristigen Währungsbeistands gemäß den in Artikel 6.1 genannten Abkommen werden bis zum ersten Tag der dritten Stufe ausgeglichen.

23.4. Alle verbleibenden Vermögenswerte des EWI werden veräußert, und alle verbleibenden Verbindlichkeiten des EWI werden ausgeglichen.

23.5. Der Erlös aus der Liquidation gemäß Artikel 23.4 wird an die nationalen Zentralbanken nach dem in Artikel 16.2 genannten Schlüssel verteilt.

23.6. Der Rat des EWI kann die für die Anwendung der Artikel 23.4 und 23.5 erforderlichen Maßnahmen erlassen.

23.7. Mit Errichtung der EZB legt der Präsident des EWI sein Amt nieder.

## 5.5. Protokoll über das Verfahren bei einem übermäßigen Defizit

DIE HOHEN VERTRAGSPARTEIEN -

IN DEM WUNSCH, die Einzelheiten des in Artikel 104 c des Vertrags zur Gründung der Europäischen Gemeinschaft genannten Verfahrens bei einem übermäßigen Defizit festzulegen –

SIND über folgende Bestimmungen ÜBEREINGEKOMMEN, die dem Vertrag zur Gründung der Europäischen Gemeinschaft beigefügt sind:

### Artikel 1

Die in Artikel 104 c Absatz 2 dieses Vertrags genannten Referenzwerte sind:

– 3 % für das Verhältnis zwischen dem geplanten oder tatsäch-lichen öffentlichen Defizit und dem Bruttoinlandsprodukt zu Marktpreisen,

– 60 % für das Verhältnis zwischen dem öffentlichen Schuldenstand und dem Bruttoinlandsprodukt zu Marktpreisen.

**Artikel 2**

In Artikel 104 c dieses Vertrags und in diesem Protokoll bedeutet

– "öffentlich" zum Staat, d. h. zum Zentralstaat (Zentralregierung), zu regionalen oder lokalen Gebietskörperschaften oder Sozialversicherungseinrichtungen gehörig, mit Ausnahme von kommerziellen Transaktionen, im Sinne des Europäischen Systems volkswirtschaftlicher Gesamtrechnungen;

– "Defizit" der Nettofinanzierungssaldo im Sinne des Europäischen Systems volkswirtschaftlicher Gesamtrechnungen;

– "Investitionen" die Brutto-Anlageinvestitionen im Sinne des Europäischen Systems volkswirtschaftlicher Gesamtrechnungen;

– "Schuldenstand" den Brutto-Gesamtschuldenstand zum Nominalwert am Jahresende nach Konsolidierung innerhalb und zwischen den einzelnen Bereichen des Staatssektors im Sinne des ersten Gedankenstrichs.

**Artikel 3**

Um die Wirksamkeit des Verfahrens bei einem übermäßigen Defizit zu gewährleisten, sind die Regierungen der Mitgliedstaaten im Rahmen dieses Verfahrens für die Defizite des Staatssektors im Sinne von Artikel 2 erster Gedankenstrich verantwortlich. Die Mitgliedstaaten gewährleisten, daß die innerstaatlichen Verfahren im Haushaltsbereich sie in die Lage versetzen, ihre sich aus diesem Vertrag ergebenden Verpflichtungen in diesem Bereich zu erfüllen. Die Mitgliedstaaten müssen ihre geplanten und tatsächlichen Defizite und die Höhe ihres Schuldenstands der Kommission unverzüglich und regelmäßig mitteilen.

**Artikel 4**

Die zur Anwendung dieses Protokolls erforderlichen statistischen Daten werden von der Kommission zur Verfügung gestellt.

## 5.6. Protokoll über die Konvergenzkriterien nach Artikel 109 j des Vertrags zur Gründung der Europäischen Gemeinschaft

DIE HOHEN VERTRAGSPARTEIEN -

IN DEM WUNSCH, die in Artikel 109 j Absatz 1 des Vertrags zur Gründung der Europäischen Gemeinschaft aufgeführten Konvergenzkriterien, welche die Gemeinschaft bei der Beschlußfassung über den Eintritt in die dritte Stufe der Wirtschafts- und Währungsunion leiten sollen, näher festzulegen -

SIND über folgende Bestimmungen ÜBEREINGEKOMMEN, die dem Vertrag zur Gründung der Europäischen Gemeinschaft beigefügt sind:

### Artikel 1

Das in Artikel 109 j Absatz 1 erster Gedankenstrich dieses Vertrags genannte Kriterium der Preisstabilität bedeutet, daß ein Mitgliedstaat eine anhaltende Preisstabilität und eine während des letzten Jahres vor der Prüfung gemessene durchschnittliche Inflationsrate aufweisen muß, die um nicht mehr als 1½ Prozentpunkte über der Inflationsrate jener – höchstens drei – Mitgliedstaaten liegt, die auf dem Gebiet der Preisstabilität das beste Ergebnis erzielt haben. Die Inflation wird anhand des Verbraucherpreisindexes auf vergleichbarer Grundlage unter Berücksichtigung der unterschiedlichen Definitionen in den einzelnen Mitgliedstaaten gemessen.

### Artikel 2

Das in Artikel 109 j Absatz 1 zweiter Gedankenstrich dieses Vertrags genannte Kriterium der Finanzlage der öffentlichen Hand bedeutet, daß zum Zeitpunkt der Prüfung keine Ratsentscheidung nach Artikel 104 c Absatz 6 dieses Vertrags vorliegt, wonach in dem betreffenden Mitgliedstaat ein übermäßiges Defizit besteht.

### Artikel 3

Das in Artikel 109 j Absatz 1 dritter Gedankenstrich dieses Vertrags genannte Kriterium der Teilnahme am Wechselkursmechanismus des Europäischen Währungssystems bedeutet, daß ein Mitgliedstaat die im Rahmen des Wechselkursmechanismus des Europäischen Währungssystems vorgesehenen normalen Bandbreiten zumindest in den letzten zwei Jahren vor der Prüfung ohne starke Spannungen eingehalten haben muß. Insbesondere darf er den bilateralen Leitkurs seiner Währung innerhalb des gleichen Zeitraums gegenüber der Währung eines anderen Mitgliedstaats nicht von sich aus abgewertet haben.

**Artikel 4**

Das in Artikel 109 j Absatz 1 vierter Gedankenstrich dieses Vertrags genannte Kriterium der Konvergenz der Zinssätze bedeutet, daß im Verlauf von einem Jahr vor der Prüfung in einem Mitgliedstaat der durchschnittliche langfristige Nominalzinssatz um nicht mehr als 2 Prozentpunkte über dem entsprechenden Satz in jenen – höchstens drei – Mitgliedstaaten liegt, die auf dem Gebiet der Preisstabilität das beste Ergebnis erzielt haben. Die Zinssätze werden anhand langfristiger Staatsschuldverschreibungen oder vergleichbarer Wertpapiere unter Berücksichtigung der unterschiedlichen Definitionen in den einzelnen Mitgliedstaaten gemessen.

**Artikel 5**

Die zur Anwendung dieses Protokolls erforderlichen statistischen Daten werden von der Kommission zur Verfügung gestellt.

**Artikel 6**

Der Rat erläßt auf Vorschlag der Kommission und nach Anhörung des Europäischen Parlaments und des EWI bzw. der EZB sowie des in Artikel 109 c genannten Ausschusses einstimmig geeignete Vorschriften zur Festlegung der Einzelheiten der in Artikel 109 j dieses Vertrags genannten Konvergenzkriterien, die dann an die Stelle dieses Protokolls treten.

## 5.7. Protokoll zur Änderung des Protokolls über die Vorrechte und Befreiungen der Europäischen Gemeinschaften

DIE HOHEN VERTRAGSPARTEIEN -

IN DER ERWÄGUNG, daß die Europäische Zentralbank und das Europäische Währungsinstitut nach Artikel 40 der Satzung des Europäischen Systems der Zentralbanken und der Europäischen Zentralbank und nach Artikel 21 der Satzung des Europäischen Währungsinstituts im Hoheitsgebiet der Mitgliedstaaten die zur Erfüllung ihrer Aufgabe erforderlichen Vorrechte und Befreiungen genießen sollen -

SIND über folgende Bestimmungen ÜBEREINGEKOMMEN, die dem Vertrag zur Gründung der Europäischen Gemeinschaft beigefügt sind:

**Einziger Artikel**

Das Protokoll über die Vorrechte und Befreiungen der Europäischen Gemeinschaften[1] im Anhang zum Vertrag zur Einsetzung eines gemeinsamen Rates und einer gemeinsamen Kommission der Europäischen Gemeinschaften wird durch folgende Bestimmungen ergänzt:

"Artikel 23

Dieses Protokoll gilt auch für die Europäische Zentralbank, die Mitglieder ihrer Beschlußorgane und ihre Bediensteten; die Bestimmungen des Protokolls über die Satzung des Europäischen Systems der Zentralbanken und der Europäischen Zentralbank bleiben hiervon unberührt.

Die Europäische Zentralbank ist außerdem von allen Steuern und sonstigen Abgaben anläßlich der Erhöhungen ihres Kapitals sowie von den verschiedenen Förmlichkeiten befreit, die hiermit in dem Staat, in dem sie ihren Sitz hat, verbunden sind. Ferner unterliegt die Tätigkeit der Bank und ihrer Beschlußorgane, soweit sie nach Maßgabe der Satzung des Europäischen Systems der Zentralbanken und der Europäischen Zentralbank ausgeübt wird, nicht der Umsatzsteuer.

Die vorstehenden Bestimmungen gelten auch für das Europäische Währungsinstitut. Bei seiner Auflösung oder Liquidation werden keine Abgaben erhoben."

## 5.8. Protokoll betreffend Dänemark

DIE HOHEN VERTRAGSPARTEIEN –

IN DEM WUNSCH, gewisse besondere Probleme betreffend Dänemark zu regeln –

SIND über folgende Bestimmungen ÜBEREINGEKOMMEN, die dem Vertrag zur Gründung der Europäischen Gemeinschaft beigefügt sind:

Artikel 14 des Protokolls über die Satzung des Europäischen Systems der Zentralbanken und der Europäischen Zentralbank berührt nicht das Recht der Nationalbank Dänemarks, ihre derzeitigen Aufgaben

---

1) Abgedruckt unter Nr. **9**

hinsichtlich der nicht der Gemeinschaft angehörenden Teile des Königreichs Dänemark wahrzunehmen.

## 5.9. Protokoll betreffend Portugal

DIE HOHEN VERTRAGSPARTEIEN -

IN DEM WUNSCH, gewisse besondere Probleme betreffend Portugal zu regeln -

SIND über folgende Bestimmungen ÜBEREINGEKOMMEN, die dem Vertrag zur Gründung der Europäischen Gemeinschaft beigefügt sind:

1. Portugal wird hiermit ermächtigt, die den Autonomen Regionen Azoren und Madeira eingeräumte Möglichkeit beizubehalten, die zinsfreie Kreditfazilität des Banco de Portugal zu den im geltenden portugiesischen Recht festgelegten Bedingungen in Anspruch zu nehmen.

2. Portugal verpflichtet sich, nach Kräften darauf hinzuwirken, die vorgenannte Regelung so bald wie möglich zu beenden.

## 5.10. Protokoll über den Übergang zur dritten Stufe der Wirtschafts- und Währungsunion

DIE HOHEN VERTRAGSPARTEIEN

erklären mit der Unterzeichnung der neuen Vertragsbestimmungen über die Wirtschafts- und Währungsunion die Unumkehrbarkeit des Übergangs der Gemeinschaft zur dritten Stufe der Wirtschafts- und Währungsunion.

Alle Mitgliedstaaten respektieren daher unabhängig davon, ob sie die notwendigen Voraussetzungen für die Einführung einer einheitlichen Währung erfüllen, den Willen der Gemeinschaft, rasch in die dritte Stufe einzutreten, und daher behindert kein Mitgliedstaat den Eintritt in die dritte Stufe.

Falls der Zeitpunkt für den Beginn der dritten Stufe Ende 1997 noch nicht festgelegt ist, beschleunigen die betreffenden Mitgliedstaaten, die Gemeinschaftsorgane und die sonstigen beteiligten Gremien im Lauf

des Jahres 1998 alle vorbereitenden Arbeiten, damit die Gemeinschaft am 1. Januar 1999 unwiderruflich in die dritte Stufe eintreten kann und die EZB und das ESZB zu diesem Zeitpunkt ihre Tätigkeit in vollem Umfang aufnehmen können.
Dieses Protokoll wird dem Vertrag zur Gründung der Europäischen Gemeinschaft beigefügt.

## 5.11. Protokoll über einige Bestimmungen betreffend das Vereinigte Königreich Großbritannien und Nordirland

DIE HOHEN VERTRAGSPARTEIEN -

IN DER ERKENNTNIS, daß das Vereinigte Königreich nicht gezwungen oder verpflichtet ist, ohne einen gesonderten diesbezüglichen Beschluß seiner Regierung und seines Parlaments in die dritte Stufe der Wirtschafts- und Währungsunion einzutreten,
IN ANBETRACHT der Gepflogenheit der Regierung des Vereinigten Königreichs, ihren Kreditbedarf durch Verkauf von Schuldtiteln an den Privatsektor zu decken –

SIND über folgende Bestimmungen ÜBEREINGEKOMMEN, die dem Vertrag zur Gründung der Europäischen Gemeinschaft beigefügt sind:

1. Das Vereinigte Königreich notifiziert dem Rat, ob es den Übergang zur dritten Stufe beabsichtigt, bevor der Rat die Beurteilung nach Artikel 109 j Absatz 2 dieses Vertrags vornimmt.

Sofern das Vereinigte Königreich dem Rat nicht notifiziert, daß es zur dritten Stufe überzugehen beabsichtigt, ist es dazu nicht verpflichtet.

Wird kein Zeitpunkt für den Beginn der dritten Stufe nach Artikel 109 j Absatz 3 dieses Vertrags festgelegt, so kann das Vereinigte Königreich seine Absicht, zur dritten Stufe überzugehen, vor dem 1. Januar 1998 notifizieren.

2. Die Nummern 3 bis 9 gelten für den Fall, daß das Vereinigte Königreich dem Rat notifiziert, daß es nicht beabsichtigt, zur dritten Stufe überzugehen.

3. Das Vereinigte Königreich wird nicht zu der Mehrheit der Mitgliedstaaten gezählt, welche die notwendigen Voraussetzungen nach Artikel 109 j Absatz 2 zweiter Gedankenstrich und Absatz 3 erster Gedankenstrich dieses Vertrags erfüllen.

4. Das Vereinigte Königreich behält seine Befugnisse auf dem Gebiet der Währungspolitik nach seinem innerstaatlichen Recht.

5. Die Artikel 3 a Absatz 2, 104 c Absätze 1, 9 und 11, 105 Absätze 1 bis 5, 105 a, 107, 108, 108 a, 109, 109 a Absätze 1 und 2 Buchstabe b und 109 l Absätze 4 und 5 dieses Vertrags gelten nicht für das Vereinigte Königreich. In diesen Bestimmungen enthaltene Bezugnahmen auf die Gemeinschaft oder die Mitgliedstaaten betreffen nicht das Vereinigte Königreich, und Bezugnahmen auf die nationalen Zentralbanken betreffen nicht die Bank of England.

6. Die Artikel 109 e Absatz 4, 109 h und 109 i dieses Vertrags gelten auch weiterhin für das Vereinigte Königreich. Artikel 109 c Absatz 4 und Artikel 109 m werden so auf das Vereinigte Königreich angewandt, als gelte für dieses eine Ausnahmeregelung.

7. Das Stimmrecht des Vereinigten Königreichs in bezug auf die Rechtsakte des Rates, auf die in den unter Nummer 5 dieses Protokolls aufgeführten Artikeln Bezug genommen wird, wird ausgesetzt. Zu diesem Zweck bleiben die gewogenen Stimmen des Vereinigten Königreichs bei der Berechnung einer qualifizierten Mehrheit nach Artikel 109 k Absatz 5 dieses Vertrags unberücksichtigt.

Das Vereinigte Kanigreich ist ferner nicht berechtigt, sich an der Ernennung des Präsidenten, des Vizepräsidenten und der weiteren Mitglieder des Direktoriums der EZB nach den Artikeln 109 a Absatz 2 Buchstabe b und 109 l Absatz 1 dieses Vertrags zu beteiligen.

8. Die Artikel 3, 4, 6, 7, 9.2, 10.1, 10.3, 11.2, 12.1, 14, 16, 18, 19, 20, 22, 23, 26, 27, 30, 31, 32, 33, 34, 50 und 52 des Protokolls über die Satzung des Europäischen Systems der Zentralbanken und der Europäischen Zentralbank ("die Satzung") gelten nicht für das Vereinigte Königreich.

In diesen Artikeln enthaltene Bezugnahmen auf die Gemeinschaft oder die Mitgliedstaaten betreffen nicht das Vereinigte Königreich, und Bezugnahmen auf die nationalen Zentralbanken oder die Anteilseigner betreffen nicht die Bank of England.

In den Artikeln 10.3 und 30.2 der Satzung enthaltene Bezugnahmen auf das "gezeichnete Kapital der EZB" betreffen nicht das von der Bank of England gezeichnete Kapital.

9. Artikel 109 l Absatz 3 dieses Vertrags und die Artikel 44 bis 48 der Satzung gelten unabhängig davon, ob es Mitgliedstaaten gibt, für die eine Ausnahmeregelung gilt, vorbehaltlich folgender Änderungen:

a) Bezugnahmen in Artikel 44 auf die Aufgaben der EZB und des EWI schließen auch die Aufgaben ein, die im Fall einer etwaigen Entscheidung des Vereinigten Königreichs, nicht zur dritten Stufe überzugehen, in der dritten Stufe noch erfüllt werden müssen.

b) Zusätzlich zu den Aufgaben nach Artikel 47 berät die EZB ferner bei der Vorbereitung von Beschlüssen des Rates betreffend das Vereinigte Königreich nach Nummer 10 Buchstaben a und c dieses Protokolls und wirkt an deren Ausarbeitung mit.

c) Die Bank of England zahlt das von ihr gezeichnete Kapital der EZB als Beitrag zu den EZB-Betriebskosten auf derselben Grundlage ein wie die nationalen Zentralbanken der Mitgliedstaaten, für die eine Ausnahmeregelung gilt.

10. Geht das Vereinigte Königreich nicht zur dritten Stufe über, so kann es seine Notifikation nach Beginn dieser Stufe jederzeit ändern. In diesem Fall gilt folgendes:

a) Das Vereinigte Königreich hat das Recht, zur dritten Stufe überzugehen, sofern es die notwendigen Voraussetzungen erfüllt. Der Rat entscheidet auf Antrag des Vereinigten Königreichs unter den Bedingungen und nach dem Verfahren des Artikels 109 k Absatz 2 dieses Vertrags, ob das Vereinigte Konigreich die notwendigen Voraussetzungen erfüllt.

b) Die Bank of England zahlt das von ihr gezeichnete Kapital ein, überträgt der EZB Währungsreserven und leistet ihren Beitrag zu den Reserven der EZB auf derselben Grundlage wie die nationalen Zentralbanken der Mitgliedstaaten, deren Ausnahmeregelung aufgehoben worden ist.

c) Der Rat faßt unter den Bedingungen und nach dem Verfahren des Artikels 109 l Absatz 5 dieses Vertrags alle weiteren Beschlüsse, die erforderlich sind, um dem Vereinigten Königreich den Übergang zur dritten Stufe zu ermöglichen.

Geht das Vereinigte Königreich nach den Bestimmungen dieser Nummer zur dritten Stufe über, so treten die Nummern 3 bis 9 dieses Protokolls außer Kraft.

11. Unbeschadet des Artikels 104 und des Artikels 109 e Absatz 3 dieses Vertrags sowie des Artikels 21.1 der Satzung kann die Regierung des Vereinigten Königreichs ihre "Ways and Means"-Fazilität bei der Bank of England beibehalten, sofern und solange das Vereinigte Königreich nicht zur dritten Stufe übergeht.

## 5.12. Protokoll über einige Bestimmungen betreffend Dänemark

DIE HOHEN VERTRAGSPARTEIEN -

IN DEM WUNSCH, einige derzeit bestehende Sonderprobleme im Einklang mit den allgemeinen Zielen des Vertrags zur Gründung der

Europäischen Gemeinschaft zu regeln,

MIT RÜCKSICHT DARAUF, daß die dänische Verfassung Bestimmungen enthält, die vor der Teilnahme Dänemarks an der dritten Stufe der Wirtschafts- und Währungsunion in Dänemark eine Volksabstimmung erfordern könnten –

SIND über folgende Bestimmungen ÜBEREINGEKOMMEN, die dem Vertrag zur Gründung der Europäischen Gemeinschaft beigefügt sind:

1. Die dänische Regierung notifiziert dem Rat ihren Standpunkt bezüglich der Teilnahme an der dritten Stufe, bevor der Rat seine Beurteilung nach Artikel 109 j Absatz 2 dieses Vertrags vornimmt.

2. Falls notifiziert wird, daß Dänemark nicht an der dritten Stufe teilnehmen wird, gilt für Dänemark eine Freistellung. Die Freistellung hat zur Folge, daß alle eine Ausnahmeregelung betreffenden Artikel und Bestimmungen dieses Vertrags und der Satzung des ESZB auf Dänemark Anwendung finden.

3. In diesem Fall wird Dänemark nicht zu der Mehrheit der Mitgliedstaaten gezählt, welche die notwendigen Voraussetzungen nach Artikel 109 j Absatz 2 zweiter Gedankenstrich und Absatz 3 erster Gedankenstrich dieses Vertrags erfüllen.

4. Zur Aufhebung der Freistellung wird das Verfahren nach Artikel 109 k Absatz 2 nur dann eingeleitet, wenn Dänemark einen entsprechenden Antrag stellt.

5. Nach Aufhebung der Freistellung ist dieses Protokoll nicht mehr anwendbar.

## 5.13. Protokoll betreffend Frankreich

DIE HOHEN VERTRAGSPARTEIEN -

IN DEM WUNSCH, einen besonderen Punkt im Zusammenhang mit Frankreich zu berücksichtigen –

SIND über folgende Bestimmungen ÜBEREINGEKOMMEN, die dem Vertrag zur Gründung der Europäischen Gemeinschaft beigefügt sind:

Frankreich behält das Recht, nach Maßgabe seiner innerstaatlichen Rechtsvorschriften in seinen Übersee-Territorien Geldzeichen auszugeben, und ist allein befugt, die Parität des CFP-Franc festzusetzen.

## 5.14. Protokoll über die Sozialpolitik

DIE HOHEN VERTRAGSPARTEIEN -

IN ANBETRACHT DESSEN, daß elf Mitgliedstaaten, nämlich das Königreich Belgien, das Königreich Dänemark, die Bundesrepublik Deutschland, die Griechische Republik, das Königreich Spanien, die Französische Republik, Irland, die Italienische Republik, das Großherzogtum Luxemburg, das Königreich der Niederlande und die Portugiesische Republik, auf dem durch die Sozialcharta von 1989 vorgezeichneten Weg weitergehen wollen; daß sie zu diesem Zweck untereinander ein Abkommen beschlossen haben; daß dieses Abkommen diesem Protokoll beigefügt ist; daß durch dieses Protokoll und das genannte Abkommen dieser Vertrag, insbesondere die Bestimmungen, welche die Sozialpolitik betreffen und Bestandteil des gemeinschaftlichen Besitzstands sind, nicht berührt wird –

1. kommen überein, diese elf Mitgliedstaaten zu ermächtigen, die Organe, Verfahren und Mechanismen des Vertrags in Anspruch zu nehmen, um die erforderlichen Rechtsakte und Beschlüsse zur Umsetzung des genannten Abkommens untereinander anzunehmen und anzuwenden, soweit sie betroffen sind.

2. Das Vereinigte Königreich Großbritannien und Nordirland ist nicht beteiligt, wenn der Rat über die Vorschläge, welche die Kommission aufgrund dieses Protokolls und des genannten Abkommens unterbreitet, berät und diese annimmt.

Abweichend von Artikel 148 Absatz 2 des Vertrags kommen die Rechtsakte des Rates nach diesem Protokoll, die mit qualifizierter Mehrheit anzunehmen sind, mit einer Mindeststimmenzahl von vierundvierzig Stimmen zustande. Einstimmig anzunehmende Rechtsakte des Rates sowie solche Rechtsakte, die eine Änderung des Kommissionsvorschlags bedeuten, bedürfen der Stimmen aller Mitglieder des Rates mit Ausnahme des Vereinigten Königreichs Großbritannien und Nordirland.

Rechtsakte des Rates und finanzielle Folgen mit Ausnahme von Verwaltungskosten für die Organe gelten nicht für das Vereinigte Königreich Großbritannien und Nordirland.

3. Dieses Protokoll wird dem Vertrag zur Gründung der Europäischen Gemeinschaft beigefügt.

### Abkommen zwischen den Mitgliedstaaten der Europäischen Gemeinschaft mit Ausnahme des Vereinigten Königreichs Großbritannien und Nordirland über die Sozialpolitik

Die unterzeichneten elf HOHEN VERTRAGSPARTEIEN, nämlich das Königreich Belgien, das Königreich Dänemark, die Bundesrepublik

## 5 Protokolle EG-Vertrag

Deutschland, die Griechische Republik, das Königreich Spanien, die Französische Republik, Irland, die Italienische Republik, das Großherzogtum Luxemburg, das Königreich der Niederlande und die Portugiesische Republik, (im folgenden als "Mitgliedstaaten" bezeichnet) –

IN DEM WUNSCH, die Sozialcharta von 1989 ausgehend vom gemeinschaftlichen Besitzstand umzusetzen,

IN ANBETRACHT des Protokolls über die Sozialpolitik –

SIND wie folgt ÜBEREINGEKOMMEN:

**Artikel 1 [Ziele, Mittel]**

Die Gemeinschaft und die Mitgliedstaaten haben folgende Ziele: die Förderung der Beschäftigung, die Verbesserung der Lebens- und Arbeitsbedingungen, einen angemessenen sozialen Schutz, den sozialen Dialog, die Entwicklung des Arbeitskräftepotentials im Hinblick auf ein dauerhaft hohes Beschäftigungsniveau und die Bekämpfung von Ausgrenzungen. Zu diesem Zweck führen die Gemeinschaft und die Mitgliedstaaten Maßnahmen durch, die der Vielfalt der einzelstaatlichen Gepflogenheiten, insbesondere in den vertraglichen Beziehungen, sowie der Notwendigkeit, die Wettbewerbsfähigkeit der Wirtschaft der Gemeinschaft zu erhalten, Rechnung tragen.

**Artikel 2 [Vorgehen]**

(1) Zur Verwirklichung der Ziele des Artikels 1 unterstützt und ergänzt die Gemeinschaft die Tätigkeit der Mitgliedstaaten auf folgenden Gebieten:

– Verbesserung insbesondere der Arbeitsumwelt zum Schutz der Gesundheit und der Sicherheit der Arbeitnehmer,

– Arbeitsbedingungen,

– Unterrichtung und Anhörung der Arbeitnehmer,

– Chancengleichheit von Männern und Frauen auf dem Arbeitsmarkt und Gleichbehandlung am Arbeitsplatz,

– berufliche Eingliederung der aus dem Arbeitsmarkt ausgegrenzten Personen unbeschadet des Artikels 127 des Vertrags zur Gründung der Europäischen Gemeinschaft (im folgenden als "Vertrag" bezeichnet).

(2) Zu diesem Zweck kann der Rat unter Berücksichtigung der in den einzelnen Mitgliedstaaten bestehenden Bedingungen und technischen Regelungen durch Richtlinien Mindestvorschriften erlassen, die schrittweise anzuwenden sind. Diese Richtlinien sollen keine verwaltungsmäßigen, finanziellen oder rechtlichen Auflagen vorschreiben, die der

Gründung und Entwicklung von kleinen und mittleren Unternehmen entgegenstehen.

Der Rat beschließt gemäß dem Verfahren des Artikels 189 c des Vertrags nach Anhörung des Wirtschafts- und Sozialausschusses.

(3) In folgenden Bereichen beschließt der Rat dagegen einstimmig auf Vorschlag der Kommission nach Anhörung des Europäischen Parlaments und des Wirtschafts- und Sozialausschusses:

- soziale Sicherheit und sozialer Schutz der Arbeitnehmer,
- Schutz der Arbeitnehmer bei Beendigung des Arbeitsvertrags,
- Vertretung und kollektive Wahrnehmung der Arbeitnehmer- und Arbeitgeberinteressen, einschließlich der Mitbestimmung, vorbehaltlich des Absatzes 6,
- Beschäftigungsbedingungen der Staatsangehörigen dritter Länder, die sich rechtmäßig im Gebiet der Gemeinschaft aufhalten,
- finanzielle Beiträge zur Förderung der Beschäftigung und zur Schaffung von Arbeitsplätzen, und zwar unbeschadet der Bestimmungen über den Sozialfonds.

(4) Ein Mitgliedstaat kann den Sozialpartnern auf deren gemeinsamen Antrag die Durchführung von aufgrund der Absätze 2 und 3 angenommenen Richtlinien übertragen.

In diesem Fall vergewissert sich der Mitgliedstaat, daß die Sozialpartner spätestens zu dem Zeitpunkt, zu dem eine Richtlinie nach Artikel 189 umgesetzt sein muß, im Weg einer Vereinbarung die erforderlichen Vorkehrungen getroffen haben; dabei hat der Mitgliedstaat alle erforderlichen Maßnahmen zu treffen, um jederzeit gewährleisten zu können, daß die durch diese Richtlinie vorgeschriebenen Ergebnisse erzielt werden.

(5) Die aufgrund dieses Artikels erlassenen Bestimmungen hindern einen Mitgliedstaat nicht daran, strengere Schutzmaßnahmen beizubehalten oder zu treffen, die mit dem Vertrag vereinbar sind.

(6) Dieser Artikel gilt nicht für das Arbeitsentgelt, das Koalitionsrecht, das Streikrecht sowie das Aussperrungsrecht.

### Artikel 3 [Aufgabe der Kommission, Sozialpartner]

(1) Die Kommission hat die Aufgabe, die Anhörung der Sozialpartner auf Gemeinschaftsebene zu fördern, und erläßt alle zweckdienlichen Maßnahmen, um den Dialog zwischen den Sozialpartnern zu erleichtern, wobei sie für Ausgewogenheit bei der Unterstützung der Parteien sorgt.

(2) Zu diesem Zweck hört die Kommission vor Unterbreitung von Vorschlägen im Bereich der Sozialpolitik die Sozialpartner zu der Frage, wie eine Gemeinschaftsaktion gegebenenfalls ausgerichtet werden sollte.

(3) Hält die Kommission nach dieser Anhörung eine Gemeinschaftsmaßnahme für zweckmäßig, so hört sie die Sozialpartner zum Inhalt des in Aussicht genommenen Vorschlags. Die Sozialpartner übermitteln der Kommission eine Stellungnahme oder gegebenenfalls eine Empfehlung.

(4) Bei dieser Anhörung können die Sozialpartner der Kommission mitteilen, daß sie den Prozeß nach Artikel 4 in Gang setzen wollen. Die Dauer des Verfahrens darf höchstens neun Monate betragen, sofern die betroffenen Sozialpartner und die Kommission nicht gemeinsam eine Verlängerung beschließen.

**Artikel 4 [Dialog der Sozialpartner]**

(1) Der Dialog zwischen den Sozialpartnern auf Gemeinschaftsebene kann, falls sie es wünschen, zur Herstellung vertraglicher Beziehungen, einschließlich des Abschlusses von Vereinbarungen, führen.

(2) Die Durchführung der auf Gemeinschaftsebene geschlossenen Vereinbarungen erfolgt entweder nach den jeweiligen Verfahren und Gepflogenheiten der Sozialpartner und der Mitgliedstaaten oder – in den durch Artikel 2 erfaßten Bereichen – auf gemeinsamen Antrag der Unterzeichnerparteien durch einen Beschluß des Rates auf Vorschlag der Kommission.

Sofern nicht die betreffende Vereinbarung eine oder mehrere Bestimmungen betreffend einen der in Artikel 2 Absatz 3 genannten Bereiche enthält und somit ein einstimmiger Beschluß erforderlich ist, beschließt der Rat mit qualifizierter Mehrheit.

**Artikel 5 [Beteiligung der Kommission]**

Unbeschadet der anderen Bestimmungen des Vertrags fördert die Kommission im Hinblick auf die Erreichung der Ziele des Artikels 1 die Zusammenarbeit zwischen den Mitgliedstaaten und erleichtert die Abstimmung ihres Vorgehens in den durch dieses Abkommen erfaßten Bereichen der Sozialpolitik.

**Artikel 6 [Gleiches Entgelt für Männer und Frauen]**

(1) Jeder Mitgliedstaat stellt die Anwendung des Grundsatzes des gleichen Entgelts für Männer und Frauen bei gleicher Arbeit sicher.

(2) Unter “Entgelt” im Sinne dieses Artikels sind die üblichen Grund- oder Mindestlöhne und -gehälter sowie alle sonstigen Vergütungen zu verstehen, die der Arbeitgeber aufgrund des Dienstverhältnisses dem Arbeitnehmer unmittelbar oder mittelbar in bar oder in Sachleistungen zahlt.

Gleichheit des Arbeitsentgelts ohne Diskriminierung aufgrund des Geschlechts bedeutet,

a) daß das Entgelt für eine gleiche nach Akkord bezahlte Arbeit aufgrund der gleichen Maßeinheit festgesetzt wird,

b) daß für eine nach Zeit bezahlte Arbeit das Entgelt bei gleichem Arbeitsplatz gleich ist.

(3) Dieser Artikel hindert einen Mitgliedstaat nicht daran, zur Erleichterung der Berufstätigkeit der Frauen oder zur Verhinderung bzw. zum Ausgleich von Benachteiligungen in ihrer beruflichen Laufbahn spezifische Vergünstigungen beizubehalten oder zu beschließen.

**Artikel 7 [Bericht der Kommission]**

Die Kommission erstellt jährlich einen Bericht über den Stand der Verwirklichung der in Artikel 1 genannten Ziele sowie über die demographische Lage in der Gemeinschaft. Sie übermittelt diesen Bericht dem Europäischen Parlament, dem Rat und dem Wirtschafts- und Sozialausschuß.

Das Europäische Parlament kann die Kommission um Berichte zu Einzelproblemen ersuchen, welche die soziale Lage betreffen.

## Erklärungen

**1. Erklärung zu Artikel 2 Absatz 2**

Die elf Hohen Vertragsparteien stellen fest, daß in den Erörterungen über Artikel 2 Absatz 2 dieses Abkommens Einvernehmen darüber bestand, daß die Gemeinschaft beim Erlaß von Mindestvorschriften zum Schutze der Sicherheit und der Gesundheit der Arbeitnehmer nicht beabsichtigt, Arbeitnehmer kleiner und mittlerer Unternehmen in einer den Umständen nach nicht gerechtfertigten Weise zu benachteiligen.

**2. Erklärung zu Artikel 4 Absatz 2**

Die elf Hohen Vertragsparteien erklären, daß die erste der Durchführungsvorschriften zu den Vereinbarungen zwischen den Sozialpartnern auf Gemeinschaftsebene nach Artikel 4 Absatz 2 die Erarbeitung des

Inhalts dieser Vereinbarungen durch Tarifverhandlungen gemäß den Regeln eines jeden Mitgliedstaats betrifft und daß diese Vorschrift mithin weder eine Verpflichtung der Mitgliedstaaten, diese Vereinbarungen unmittelbar anzuwenden oder diesbezügliche Umsetzungsregeln zu erarbeiten, noch eine Verpflichtung beinhaltet, zur Erleichterung ihrer Anwendung die geltenden innerstaatlichen Vorschriften zu ändern.

## 5.15. Protokoll über den wirtschaftlichen und sozialen Zusammenhalt

DIE HOHEN VERTRAGSPARTEIEN -

EINGEDENK dessen, daß sich die Union zum Ziel gesetzt hat, den wirtschaftlichen und sozialen Fortschritt unter anderem durch Stärkung des wirtschaftlichen und sozialen Zusammenhalts zu fördern;

UNTER HINWEIS darauf, daß in Artikel 2 des Vertrags zur Gründung der Europäischen Gemeinschaft auch die Aufgabe der Förderung des wirtschaftlichen und sozialen Zusammenhalts und der Solidarität zwischen den Mitgliedstaaten erwähnt ist und daß die Stärkung des wirtschaftlichen und sozialen Zusammenhalts zu den in Artikel 3 dieses Vertrags aufgeführten Tätigkeiten der Gemeinschaft gehört;

UNTER HINWEIS darauf, daß der Dritte Teil Titel XIV über den wirtschaftlichen und sozialen Zusammenhalt insgesamt die Rechtsgrundlage für die Konsolidierung und Weiterentwicklung der Gemeinschaftstätigkeit im Bereich des wirtschaftlichen und sozialen Zusammenhalts, einschließlich der Schaffung eines neuen Fonds, darstellt;

UNTER HINWEIS darauf, daß im Dritten Teil in den Titeln XII über transeuropäische Netze und XVI über die Umwelt in Aussicht genommen ist, vor dem 31. Dezember 1993 einen Kohäsionsfonds zu schaffen;

IN DER ÜBERZEUGUNG, daß Fortschritte auf dem Weg zur Wirtschafts- und Währungsunion zum Wirtschaftswachstum aller Mitgliedstaaten beitragen werden;

IN ANBETRACHT dessen, daß sich die Strukturfonds der Gemeinschaft zwischen 1987 und 1993 real verdoppeln, was hohe Transferleistungen, insbesondere gemessen am BIP der weniger wohlhabenden Mitgliedstaaten, zur Folge hat;

IN ANBETRACHT dessen, daß die EIB erhebliche und noch steigende Beträge zugunsten der ärmeren Gebiete ausleiht;

IN ANBETRACHT des Wunsches nach größerer Flexibilität bei den Regelungen für die Zuweisungen aus den Strukturfonds;

IN ANBETRACHT des Wunsches nach einer Differenzierung der Höhe der Gemeinschaftsbeteiligung an den Programmen und Vorhaben in bestimmten Ländern;

ANGESICHTS des Vorschlags, dem relativen Wohlstand der Mitgliedstaaten im Rahmen des Systems der eigenen Mittel stärker Rechnung zu tragen –

BEKRÄFTIGEN, daß die Förderung des sozialen und wirtschaftlichen Zusammenhalts für die umfassende Entwicklung und den dauerhaften Erfolg der Gemeinschaft wesentlich ist, und unterstreichen die Bedeutung, die der Aufnahme des wirtschaftlichen und sozialen Zusammenhalts in die Artikel 2 und 3 dieses Vertrags zukommt;

BEKRÄFTIGEN ihre Überzeugung, daß die Strukturfonds bei der Erreichung der Gemeinschaftsziele hinsichtlich des Zusammenhalts weiterhin eine gewichtige Rolle zu spielen haben;

BEKRÄFTIGEN ihre Überzeugung, daß die EIB weiterhin den Großteil ihrer Mittel für die Förderung des wirtschaftlichen und sozialen Zusammenhalts einsetzen sollte, und erklären sich bereit, den Kapitalbedarf der EIB zu überprüfen, sobald dies für diesen Zweck notwendig ist;

BEKRÄFTIGEN die Notwendigkeit einer gründlichen Überprüfung der Tätigkeit und Wirksamkeit der Strukturfonds im Jahr 1992 und die Notwendigkeit, bei dieser Gelegenheit erneut zu prüfen, welchen Umfang dieser Fonds in Anbetracht der Gemeinschaftsaufgaben im Bereich des wirtschaftlichen und sozialen Zusammenhalts haben sollte;

VEREINBAREN, daß der vor dem 31. Dezember 1993 zu schaffende Kohäsionsfonds finanzielle Beiträge der Gemeinschaft für Vorhaben in den Bereichen Umwelt und transeuropäische Netze in Mitgliedstaaten mit einem Pro-Kopf-BSP von weniger als 90 v. H. des Gemeinschaftsdurchschnitts bereitstellt, die ein Programm zur Erfüllung der in Artikel 104 c dieses Vertrags genannten Bedingungen der wirtschaftlichen Konvergenz vorweisen;

BEKUNDEN ihre Absicht, ein größeres Maß an Flexibilität bei der Zuweisung von Finanzmitteln aus den Strukturfonds für besondere Bedürfnisse vorzusehen, die nicht von den derzeitigen Strukturfonds abgedeckt werden;

BEKUNDEN ihre Bereitschaft, die Höhe der Gemeinschaftsbeteiligung an Programmen und Vorhaben im Rahmen der Strukturfonds zu differenzieren, um einen übermäßigen Anstieg der Haushaltsausgaben in den weniger wohlhabenden Mitgliedstaaten zu vermeiden;

ERKENNEN AN, daß die Fortschritte im Hinblick auf den wirtschaftlichen und sozialen Zusammenhalt laufend überwacht werden müssen, und bekunden ihre Bereitschaft, alle dazu erforderlichen Maßnahmen zu prüfen;

ERKLÄREN ihre Absicht, der Beitragskapazität der einzelnen Mitgliedstaaten im Rahmen des Systems der Eigenmittel stärker Rechnung zu tragen und zu prüfen, wie für die weniger wohlhabenden Mitgliedstaaten regressive Elemente im derzeitigen System der Eigenmittel korrigiert werden können;

KOMMEN ÜBEREIN, dieses Protokoll dem Vertrag zur Gründung der Europäischen Gemeinschaft beizufügen.

## 5.16. Protokoll betreffend den Wirtschafts- und Sozialausschuß und den Ausschuß der Regionen

DIE HOHEN VERTRAGSPARTEIEN –

SIND über folgende Bestimmung ÜBEREINGEKOMMEN, die dem Vertrag zur Gründung der Europäischen Gemeinschaft beigefügt wird:

Der Wirtschafts- und Sozialausschuß und der Ausschuß der Regionen verfügen über einen gemeinsamen organisatorischen Unterbau.

## 5.17. Protokoll zum Vertrag über die Europäische Union und zu den Verträgen zur Gründung der Europäischen Gemeinschaften

DIE HOHEN VERTRAGSPARTEIEN -

SIND über folgende Bestimmung ÜBEREINGEKOMMEN, die dem Vertrag über die Europäische Union und den Verträgen zur Gründung der Europäischen Gemeinschaften beigefügt wird:

Der Vertrag über die Europäische Union, die Verträge zur Gründung der Europäischen Gemeinschaften sowie die Verträge und Akte zur Änderung oder Ergänzung der genannten Verträge berühren nicht die Anwendung des Artikels 40.3.3 der irischen Verfassung in Irland.

## 5.18. Protokoll über den innerdeutschen Handel und die damit zusammenhängenden Fragen

Vom 25. März 1957

(BGBl. II S. 984)

DIE HOHEN VERTRAGSPARTEIEN -

UNTER BERÜCKSICHTIGUNG der zur Zeit infolge der Teilung Deutschlands gegebenen Verhältnisse -

SIND über folgende Bestimmungen ÜBEREINGEKOMMEN, die diesem Vertrag als Anhang beigefügt sind:

(1) Da der Handel zwischen den deutschen Gebieten innerhalb des Geltungsbereichs des Grundgesetzes für die Bundesrepublik Deutschland und den deutschen Gebieten außerhalb dieses Geltungsbereichs Bestandteil des innerdeutschen Handels ist, erfordert die Anwendung dieses Vertrags in Deutschland keinerlei Änderung des bestehenden Systems dieses Handels.

(2) Jeder Mitgliedstaat unterrichtet die anderen Mitgliedstaaten und die Kommission über die Abkommen, die den Handelsverkehr mit den außerhalb des Geltungsbereichs des Grundgesetzes für die Bundesrepublik Deutschland gelegenen deutschen Gebieten betreffen, sowie über die zu ihrer Ausführung ergehenden Vorschriften. Er achtet darauf, daß diese Ausführung nicht im Gegensatz zu den Grundsätzen des Gemeinsamen Marktes steht, und trifft insbesondere geeignete Vorkehrungen, um Schädigungen innerhalb der Volkswirtschaften der anderen Mitgliedstaaten zu vermeiden.

(3) Jeder Mitgliedstaat kann geeignete Maßnahmen treffen, um zu verhindern, daß sich für ihn aus dem Handel eines anderen Mitgliedstaates mit den deutschen Gebieten außerhalb des Geltungsbereichs des Grundgesetzes für die Bundesrepublik Deutschland Schwierigkeiten ergeben.

GESCHEHEN zu Rom am fünfundzwanzigsten März neunzehnhundertsiebenundfünfzig.

(Unterschriften der Bevollmächtigten)

# 6. Einheitliche Europäische Akte

Vom 28. Februar 1986 (ABl. L 169/1)
in der Fassung des Unionsvertrages vom 7. Februar 1992

Seine Majestät der König der Belgier
Ihre Majestät die Königin von Dänemark
Der Präsident der Bundesrepublik Deutschand
Der Präsident der Griechischen Republik
Seine Majestät der König von Spanien
Der Präsident der Französischen Republik
Der Präsident Irlands
Der Präsident der Italienischen Republik
Seine Königliche Hoheit der Großherzog von Luxemburg
Ihre Majestät die Königin der Niederlande
Der Präsident der Portugiesischen Republik
Ihre Majestät die Königin des Vereinigten Königsreichs Großbritannien und Nordirland

VON DEM WILLEN GELEITET, das von den Verträgen zur Gründung der Europäischen Gemeinschaften ausgehende Werk weiterzuführen und die Gesamtheit der Beziehungen zwischen deren Staaten gemäß der Feierlichen Deklaration von Stuttgart vom 19.Juni 1983 in eine Europaische Union umzuwandeln,

GEWILLT, diese Europäische Union auf der Grundlage der nach ihren eigenen Regeln funktionierenden Gemeinschaften einerseits und der Europäischen Zusammenarbeit zwischen den Unterzeichnerstaaten in der Außenpolitik andererseits zu verwirklichen und diese Union mit den erforderlichen Aktionsmitteln auszustatten,

ENTSCHLOSSEN, gemeinsam für die Demokratie einzutreten, wobei sie sich auf die in den Verfassungen und Gesetzen der Mitgliedstaaten, in der Europäischen Konvention zum Schutze der Menschenrechte und Grundfreiheiten und der Europäischen Sozialcharta anerkannten Grundrechte, insbesondere Freiheit, Gleichheit und soziale Gerechtigkeit, stützen,

IN DER ÜBERZEUGUNG, daß der Europagedanke, die Ereignisse in den Bereichen der wirtschaftlichen Integration und der politischen Zusammenarbeit wie auch die Notwendigkeit neuer Entwicklungen dem Wunsch der demokratischen Völker Europas entsprechen, für die das in allgemeiner Wahl gewählte Europäische Parlament ein unerläßliches Ausdrucksmittel ist,

IN DEM BEWUSSTSEIN der Verantwortung Europas, sich darum zu bemühen, immer mehr mit einer Stimme zu sprechen und geschlossen und solidarisch zu handeln, um seine gemeinsamen Interessen und seine Unabhängigkeit wirkungsvoller zu verteidigen, sowie ganz besonders für die Grundsätze der Demokratie und die Wahrung des Rechts und der Menschenrechte, denen sie sich verpflichtet fühlen, einzutreten, um gemäß der Verpflichtung, die sie im Rahmen der Charta der Vereinten Nationen eingegangen sind, gemeinsam ihren eigenen Beitrag zur Wahrung des Weltfriedens und der internationalen Sicherheit zu leisten,

IN DEM FESTEN WILLEN, durch die Vertiefung der gemeinsamen Politiken und die Verfolgung neuer Ziele die wirtschaftliche und soziale Lage zu verbessern und das Funktionieren der Gemeinschaften in der Weise zu verbessern, daß die Organe die Möglichkeit erhalten, ihre Befugnisse unter Bedingungen auszuüben, die dem gemeinschaftlichen Interesse am dienlichsten sind,

IN DER ERWÄGUNG, daß die Staats- und Regierungschefs auf ihrer Pariser Konferenz vom 19. bis 21. Oktober 1972 das Ziel einer schrittweisen Verwirklichung der Wirtschafts- und Währungsunion gebilligt haben,

GESTÜTZT auf den Anhang zu den Schlußfolgerungen des Vorsitzes des Europäischen Rates von Bremen vom 6. und 7. Juli 1978 sowie die Entschließung des Europäischen Rates von Brüssel vom 5. Dezember 1978 über die Errichtung des Europäischen Währungssystems (EWS) und damit zusammenhängende Fragen, und in der Erwägung, daß die Gemeinschaft und die Zentralbanken der Mitgliedstaaten auf der Grundlage dieser Entschließung eine Reihe von Maßnahmen zur Durchführung der währungspolitischen Zusammenarbeit getroffen haben,

HABEN BESCHLOSSEN, diese Akte zu erstellen, und haben zu diesem Zweck als Bevollmächtigte ernannt:

(Bevollmächtigte)

DIESE SIND nach Austausch ihrer als gut und gehörig befundenen Vollmachten wie folgt ÜBEREINGEKOMMEN:

## Titel I. Gemeinsame Bestimmungen

### Artikel 1 [Europäische Gemeinschaften]

Die Europäischen Gemeinschaften und die Europäische Politische Zusammenarbeit verfolgen das Ziel, gemeinsam zu konkreten Fortschritten auf dem Wege zur Europäischen Union beizutragen.

Die Europäischen Gemeinschaften beruhen auf den Verträgen zur Gründung der Europäischen Gemeinschaft für Kohle und Stahl, der Europäischen Wirtschaftsgemeinschaft und der Europäischen Atomgemeinschaft sowie auf den nachfolgenden Verträgen und Akten zur Änderung oder Ergänzung dieser Verträge.

Die Europäische Politische Zusammenarbeit wird durch Titel III geregelt. Die Bestimmungen dieses Titels bestätigen und ergänzen die in den Berichten von Luxemburg (1970), Kopenhagen (1973) und London (1981) sowie in der Feierlichen Deklaration zur Europäischen Union (1983) vereinbarten Verfahren und die Praktiken, die sich nach und nach zwischen den Mitgliedstaaten herausgebildet haben.

### Artikel 2

(Aufgehoben)

### Artikel 3 [Organe]

Die von nun an wie nachstehend bezeichneten Organe der Europäischen Gemeinschaften üben ihre Befugnisse und Zuständigkeiten unter den Bedingungen und im Hinblick auf die Ziele aus, die in den Verträgen zur Gründung der Europäischen Gemeinschaften und den nachfolgenden Verträgen und Akten zur Änderung oder Ergänzung dieser Verträge sowie in Titel II vorgesehen sind.

## Titel II. Bestimmungen zur Änderung der Verträge zur Gründung der Europäischen Gemeinschaften

### Artikel 4 bis 29[1]

---

1) Die Bestimmungen in Titel II werden bereits bei den Änderungen und Ergänzungen des EWGV berücksichtigt.

## Titel III. Vertragsbestimmungen über die Europäische Zusammenarbeit in der Außenpolitik

### Artikel 30[1]

## Titel IV. Allgemeine und Schlußbestimmungen

### Artikel 31 [Zuständigkeit des EuGH]

Die Bestimmungen des Vertrages über die Gründung der Europäischen Gemeinschaft für Kohle und Stahl, des Vertrages zur Gründung der Europäischen Wirtschaftsgemeinschaft und des Vertrages zur Gründung der Europäischen Atomgemeinschaft betreffend die Zuständigkeit des Gerichtshofes der Europäischen Gemeinschaften und die Ausübung dieser Zuständigkeit gelten nur für die Bestimmungen des Titels II und für Artikel 32, und zwar unter den gleichen Bedingungen wie für die Bestimmungen der genannten Verträge.

### Artikel 32 [Verhältnis zu den Gemeinschaftsverträgen]

Vorbehaltlich des Artikels 3 Absatz 1, des Titels II und des Artikels 31 werden die Verträge zur Gründung der Europäischen Gemeinschaften sowie die nachfolgenden Verträge und Akte zur Änderung oder Ergänzung dieser Verträge durch die vorliegende Akte in keiner Weise berührt.

### Artikel 33 [Inkrafttreten]

(1) Diese Akte bedarf der Ratifizierung durch die Hohen Vertragsparteien gemäß ihren verfassungsrechtlichen Vorschriften. Die Ratifikationsurkunden werden bei der Regierung der Italienischen Republik hinterlegt.

(2) Diese Akte tritt am ersten Tag des auf die Hinterlegung der letzten Ratifikationsurkunde folgenden Monats in Kraft.

### Artikel 34 [Authentische Sprachen]

Diese Akte ist in einer Urschrift in dänischer, deutscher, englischer, französischer, griechischer, irischer, italienischer, niederländischer, portugiesischer und spanischer Sprache abgefaßt, wobei jeder Wortlaut gleichermaßen verbindlich ist; sie wird im Archiv der Regierung der

1) Aufgehoben, vgl. jetzt Art. J Unionsvertrag

Italienischen Republik hinterlegt; diese übermittelt der Regierung jedes anderen Unterzeichnerstaates eine beglaubigte Abschrift.

## Schlußakte

Die Konferenz der Vertreter der Regierungen der Mitgliedstaaten, die für den 9. September 1985 nach Luxemburg einberufen wurde, ihre Beratungen in Luxemburg und Brüssel fortgesetzt hat, hat den folgenden Text beschlossen:

### I.

### Einheitliche Europäische Akte

### II.

Bei der Unterzeichnung dieses Textes hat die Konferenz diefolgenden, dieser Schlußakte beigefügten Erklärungenangenommen:

1. Erklärung zu den Durchführungsbefugnissen der Kommission
2. Erklärung betreffend den Gerichtshof
3. Erklärung zu Artikel 8 a des EWG-Vertrags
4. Erklärung zu Artikel 100 a des EWG-Vertrags
5. Erklärung zu Artikel 100 b des EWG-Vertrags
6. Allgemeine Erklärung zu den Artikeln 13 bis 19 der Einheitlichen Europäischen Akte
7. Erklärung zu Artikel 118 a Absatz 2 des EWG-Vertrags
8. Erklärung zu Artikel 130 d des EWG-Vertrags
9. Erklärung zu Artikel 130 r des EWG-Vertrags
10. Erklärung der Hohen Vertragsparteien zu Titel III der Einheitliche Europäischen Akte
11. Erklärung zu Artikel 30 Nummer 10 Buchstabe g) der Einheitlichen Europäischen Akte.

Die Konferenz hat ferner die folgenden, dieser Schlußakte beigefügten Erklärungen zur Kenntnis genommen:

1. Erklärung des Vorsitzes zu der Frist, innerhalb welcher der Rat in erster Lesung Stellung nimmt (Artikel 149 Absatz 2 des EWG-Vertrags)

2. Politische Erklärung der Regierungen der Mitgliedstaaten zur Freizügigkeit

3. Erklärung der Regierung der Griechischen Republik zu Artikel 8 a des EWG-Vertrags

4. Erklärung der Kommission zu Artikel 28 des EWG-Vertrags

5. Erklärung der Regierung von Irland zu Artikel 57 Absatz 2 des EWG-Vertrags

6. Erklärung der Regierung der Portugiesischen Republik

zu Artikel 59 Absatz 2 und Artikel 84 des EWG-Vertrags

7. Erklärung der Regierung des Königreichs Dänemark zu Artikel 100 a des EWG-Vertrags

8. Erklärung des Vorsitzes und der Kommission zu den währungspolitischen Befugnissen der Gemeinschaft

9. Erklärung der Regierung des Königreichs Dänemark zur Europäischen Politischen Zusammenarbeit.

Geschehen zu Luxemburg am siebzehnten Februar neunzehnhundertsechsundachtzig und in Den Haag am achtundzwanzigsten Februar neunzehnhundertsechsundachtzig.

(Bevollmächtigte)

## Erklärung zu den Durchführungsbefugnissen der Kommission

Die Konferenz ersucht die Gremien der Gemeinschaft, vor Inkrafttreten der Akte die Grundsätze und Regeln festzulegen, anhand deren die Durchführungsbefugnisse der Kommission in jedem einzelnen Fall zu definieren sind.

In diesem Zusammenhang ersucht die Konferenz den Rat, für die Ausübung der der Kommission im Rahmen des Artikels 100 a des EWG-Vertrags übertragenen Durchführungsbefugnisse insbesondere dem Verfahren des Beratenden Ausschusses einen maßgeblichen Platz entsprechend der Schnelligkeit und Wirksamkeit des Entscheidungsprozesses einzuräumen.

## Erklärung betreffend den Gerichtshof

Die Konferenz kommt überein, daß Artikel 32 d Absatz 1 des EGKS-Vertrags, Artikel 168 a Absatz 1 des EWG-Vertrags und Artikel 140 a

Absatz 1 des EAG-Vertrags etwaigen Übertragungen gerichtlicher Zuständigkeiten nicht vorgreift, die im Rahmen von Abkommen zwischen den Mitgliedstaaten vorgesehen werden könnten.

## Erklärung zu Artikel 8 a des EWG-Vertrags

Die Konferenz möchte mit Artikel 8 a den festen politischen Willen zum Ausdruck bringen, vor dem 1. Januar 1993 die Beschlüsse zu fassen, die zur Verwirklichung des in diesem Artikel beschriebenen Binnenmarktes erforderlich sind, und zwar insbesondere die Beschlüsse, die zur Ausführung des von der Kommission in dem Weißbuch über den Binnenmarkt aufgestellten Programms notwendig sind.

Die Festsetzung des Termins "31. Dezember 1992" bringt keine automatische rechtliche Wirkung mit sich.

## Erklärung zu Artikel 100 a des EWG-Vertrags

Die Kommission wird bei ihren Vorschlägen nach Artikel 100 a Absatz 1 der Rechtsform der Richtlinie den Vorzug geben, wenn die Angleichung in einem oder mehreren Mitgliedstaaten eine Änderung gesetzlicher Vorschriften erfordert.

## Erklärung zu Artikel 100 b des EWG-Vertrags

Die Konferenz ist der Ansicht, daß Artikel 8 c des EWG-Vertrags aufgrund seiner allgemeinen Tragweite auch für von der Kommission nach Artikel 100 b vorzulegende Vorschläge gilt.

## Allgemeine Erklärung zu den Artikeln 13 bis 19 der Einheitlichen Europäischen Akte

Diese Bestimmungen berühren in keiner Weise das Recht der Mitgliedstaaten, diejenigen Maßnahmen zu ergreifen, die sie zur Kontrolle der Einwanderung aus dritten Ländern sowie zur Bekämpfung von Terrorismus, Kriminalität, Drogenhandel und unerlaubtem Handel mit Kunstwerken und Antiquitäten für erforderlich halten.

## Erklärung zu Artikel 118 a Absatz 2 des EWG-Vertrags

Die Konferenz stellt fest, daß bei der Beratung von Artikel 118 a Absatz 2 des EWG-Vertrags Einvernehmen darüber bestand, daß die Gemeinschaft nicht beabsichtigt, bei der Festlegung von Mindestvorschriften zum Schutze der Sicherheit und der Gesundheit der Arbeitnehmer die

Arbeitnehmer in Klein- und Mittelbetrieben in sachlich nicht begründeter Weise schlechterzustellen.

## Erklärung zu Artikel 130 d des EWG-Vertrags

Die Konferenz verweist in diesem Zusammenhang auf die Schlußfolgerungen des Europäischen Rates vom März 1984 in Brüssel, die wie folgt lauten:

"Im Rahmen der finanziellen Möglichkeiten wird eine signifikante reale Aufstockung der unter Berücksichtigung der IMP für die Interventionen der Fonds bereitgestellten Finanzmittel vorgenommen."

## Erklärung zu Artikel 130 r des EWG-Vertrags

Absatz 1 dritter Gedankenstrich

Die Konferenz stellt fest, daß die Tätigkeit der Gemeinschaft auf dem Gebiet des Umweltschutzes sich nicht störend auf die einzelstaatliche Politik der Nutzung der Energieressourcen auswirken darf.

Absatz 5 Unterabsatz 2

Die Konferenz ist der Ansicht, daß Artikel 130 r Absatz 5 Unterabsatz 2 die sich aus dem AETR-Urteil des Gerichtshofes ergebenden Grundsätze nicht berührt.

## Erklärung der Hohen Vertragsparteien zu Titel III der Einheitlichen Europäischen Akte

Die Hohen Vertragsparteien des Titels III über die Europäische Politische Zusammenarbeit bekräftigen ihre offene Haltung gegenüber anderen europäischen Ländern mit den gleichen Idealen und Zielen. Sie kommen insbesondere überein, die Verbindungen zu den Mitgliedstaaten des Europarates und anderen demokratischen Ländern Europas, mit denen sie freundschaftliche Beziehungen unterhalten und eng zusammenarbeiten, zu stärken.

## Erklärung zu Artikel 30 Nummer 10 Buchstabe g) der Einheitlichen Europäischen Akte

Die Konferenz ist der Ansicht, daß der Beschluß der Vertreter der Regierungen der Mitgliedstaaten vom 8. April 1965 über die vorläufige Unterbringung bestimmter Organe und Dienststellen der Gemeinschaften durch Artikel 30 Nummer 10 Buchstabe g) nicht berührt wird.

## Erklärung des Vorsitzes zu der Frist, innerhalb welcher der Rat in erster Lesung Stellung nimmt (Artikel 149 Absatz 2 des EWG-Vertrags)

Was die Erklärung des Europäischen Rates von Mailand anbelangt, wonach der Rat nach Möglichkeiten suchen soll, seine Beschlußfassungsverfahren zu verbessern, so hat der Vorsitz die Absicht geäußert, die betreffenden Arbeiten so bald wie möglich zu einem Abschluß zu bringen.

## Politische Erklärung der Regierungen der Mitgliedstaaten zur Freizügigkeit

Zur Förderung der Freizügigkeit arbeiten die Mitgliedstaaten unbeschadet der Befugnisse der Gemeinschaft zusammen, und zwar insbesondere hinsichtlich der Einreise, der Bewegungsfreiheit und des Aufenthalts von Staatsangehörigen dritter Länder. Außerdem arbeiten sie bei der Bekämpfung von Terrorismus, Kriminalität, Drogenhandel und unerlaubtem Handel mit Kunstwerken und Antiquitäten zusammen.

## Erklärung der Regierung der Griechischen Republik zu Artikel 8 a des EWG-Vertrags

Griechenland ist der Ansicht, daß die Entwicklung gemeinschaftlicher Politiken und Aktionen und die Annahme von Maßnahmen auf der Grundlage von Artikel 70 Absatz 1 und Artikel 84 so erfolgen müssen, daß empfindliche Sektoren der Wirtschaft der Mitgliedstaaten nicht beeinträchtigt werden.

## Erklärung der Kommission zu Artikel 28 des EWG-Vertrags

Bezüglich ihrer internen Verfahren sorgt die Kommission dafür, daß die sich aus der Änderung von Artikel 28 des EWG-Vertrags ergebenden Verhinderungen nicht zu Verzögerungen bei der Beantwortung dringender Anträge auf Änderung oder Aussetzung der Sitze des Gemeinsemen Zolltarifs führen.

## Erklärung der Regierung von Irland zu Artikel 57 Absatz 2 des EWG-Vertrags

Irland bestätigt sein Einverständnis mit einer Beschlußfassung mit qualifizierter Mehrheit gemäß Artikel 57 Absatz 2, möchte aber daran erinnern, daß das Versicherungsgewerbe in Irland einen besonders empfindlichen Bereich darstellt und daß zum Schutz der Versicherungsnehmer sowie zum Schutz Dritter besondere Vereinbarungen getroffen werden mußten. In bezug auf die Harmonisierung der Rechtsvorschriften für das Versicherungswesen geht die irische Regierung davon aus, daß sie mit einer verständnisvollen Haltung der Kommission und der übrigen Mitgliedstaaten der Gemeinschaft rechnen kann, falls Irland sich zu einem späteren Zeitpunkt in einer Situation befinden sollte, in der die irische Regierung es für erforderlich halten würde, hinsichtlich der Stellung des Versicherungsgewerbes in Irland besondere Vorkehrungen zu treffen.

## Erklärung der Regierung der Portugiesischen Republik zu Artikel 59 Absatz 2 und Artikel 84 des EWG-Vertrags

Portugal vertritt die Auffassung, daß der Übergang von der einstimmigen Beschlußfassung zur Beschlußfassung mit qualifizierter Mehrheit in Artikel 59 Absatz 2 und Artikel 84, der in den Verhandlungen über den Beitritt Portugals zur Gemeinschaft nicht berücksichtigt worden ist und den gemeinschaftlichen Besitzstand wesentlich verändert, empfindliche Schlüsselsektoren der portugiesischen Wirtschaft nicht beeinträchtigen darf und daß geeignete spezifische Übergangsmaßnahmen in allen Fällen ergriffen werden müssen, in denen dies erforderlich ist, um etwaige nachteilige Folgen für die betreffenden Sektoren zu verhindern.

## Erklärung der Regierung des Königreichs Dänemark zu Artikel 100 a des EWG-Vertrags

Die dänische Regierung stellt fest daß in Fällen, in denen gemäß Artikel 100 a erlassene Harmonisierungsmaßnahmen nach Ansicht eines Mitgliedstaats nicht höhere Erfordernisse in bezug auf die Arbeitsumwelt oder den Umweltschutz oder im Sinne des Artikels 36 sicherstellen, durch Artikel 100 a Absatz 4 gewährleistet wird, daß der betreffende Mitgliedstaat einzelstaatliche Maßnahmen treffen kann. Diese dienen der Verwirklichung der genannten Erfordernisse und dürfen keinen verschleierten Protektionismus bedeuten.

## Erklärung des Vorsitzes und der Kommission zu den währungspolitischen Befugnissen der Gemeinschaft

Der Vorsitz und die Kommission sind der Ansicht, daß die in den EWG-Vertrag eingefügten Bestimmungen über die währungspolitischen Befugnisse der Gemeinschaft nicht die Möglichkeit einer weiteren Entwicklung im Rahmen der bestehenden Befugnisse präjudizieren.

## Erklärung der Regierung des Königreichs Dänemark zur Europäischen Politischen Zusammenarbeit

Die dänische Regierung stellt fest, daß der Abschluß des Titels III über die Zusammenarbeit in der Außenpolitik die Beteiligung Dänemarks an der nordischen Zusammenarbeit im außenpolitischen Bereich nicht berührt.

Der vorstehende Text stimmt mit dem einzigen Exemplar der am siebzehnten Februar neunzehnhundertsechsundachtzig in Luxemburg und am achtundzwanzigsten Februar neunzehnhundertsechsundachtzig in Den Haag anläßlich der Unterzeichnung der Einheitlichen Europäischen Akte unterzeichneten und im Archiv der Regierung der Italienischen Republik hinterlegten Schlußakte überein.

# 7. Abkommen über gemeinsame Organe für die europäischen Gemeinschaften

Vom 25. März 1957
(BGBl. II S. 1156) in der Fassung vom 17./28. Februar 1986

Seine Majestät der König der Belgier

Der Präsident der Bundesrepublik Deutschland

Der Präsident der Französischen Republik

Der Präsident der Italienischen Republik

Ihre königliche Hoheit die Großherzogin von Luxemburg

Ihre Majestät die Königin der Niederlande

IN DEM BESTREBEN, die Zahl der Organe zu beschränken, die im Rahmen der von ihnen geschaffenen europäischen Gemeinschaften ähnliche Aufgaben zu erfüllen haben -

HABEN BESCHLOSSEN, für diese Gemeinschaften bestimmte gemeinsame Organe zu bilden; sie haben zu diesem Zweck zu ihren Bevollmächtigten ernannt:

(Bevollmächtigte)

DIESE SIND nach Austausch ihrer in guter und gehöriger Form befundenen Vollmachten

wie folgt ÜBEREINGEKOMMEN:

## Abschnitt I. Das Europäische Parlament[1]

### Artikel 1

Die Befugnisse und Zuständigkeiten, die der Vertrag zur Gründung der Europäischen Wirtschaftsgemeinschaft und der Vertrag zur Gründung der Europäischen Atomgemeinschaft dem Europäischen Parlament übertragen, werden unter den in diesen Verträgen vorgesehenen Bedingungen durch ein einziges Europäisches Parlament ausgeübt; für die Zusammensetzung dieses Europäischen Parlaments und die Bestellung seiner Mitglieder sind Artikel 138 des Vertrags zur Gründung der Europäischen Gemeinschaft und Artikel 108 des Vertrags zur Gründung der Europäischen Atomgemeinschaft maßgebend.

### Artikel 2

(1) Mit Aufnahme seiner Tätigkeit tritt das in Artikel 1 genannte einzige Europäische Parlament an die Stelle der in Artikel 21 des Vertrags über die Gründung der Europäischen Gemeinschaft für Kohle und Stahl vorgesehenen Gemeinsamen Versammlung. Es übt die Befugnisse und Zuständigkeiten, die der Gemeinsamen Versammlung durch den genannten Vertrag übertragen worden sind, gemäß dessen Bestimmungen aus.

(2) Artikel 21 des Vertrags über die Gründung der Europäischen Gemeinschaft für Kohle und Stahl wird daher mit der Aufnahme der Tätigkeit des in Artikel 1 genannten einzigen Europäischen Parlaments aufgehoben und durch folgende Bestimmungen ersetzt:

(nicht abgedruckt)

## Abschnitt II. Der Gerichtshof

### Artikel 3

Die Zuständigkeiten, die der Vertrag zur Gründung der Europäischen Wirtschaftsgemeinschaft und der Vertrag zur Gründung der Europäischen Atomgemeinschaft dem Gerichtshof übertragen, werden unter den in diesen Verträgen vorgesehenen Bedingungen durch einen einzigen Gerichtshof ausgeübt; für die Zusammensetzung dieses Gerichtshofes und die Bestellung seiner Mitglieder sind die Artikel 165 bis 167

1) Bezeichnung geändert durch Art. 3 Abs. 1 in Verbindung mit Art. 32 EEA (abgedruckt unter Nr. **6**)

des Vertrags zur Gründung der Europäischen Wirtschaftsgemeinschaft und die Artikel 137 bis 139 des Vertrags zur Gründung der Europäischen Atomgemeinschaft maßgebend.

**Artikel 4**

(1) Mit Aufnahme seiner Tätigkeit tritt der in Artikel 3 genannte einzige Gerichtshof an die Stelle des in Artikel 32 des Vertrags über die Gründung der Europäischen Gemeinschaft für Kohle und Stahl vorgesehenen Gerichtshofes. Er übt die Zuständigkeiten, die diesem Gerichtshof durch den genannten Vertrag übertragen worden sind, gemäß dessen Bestimmungen aus.

Der Präsident des in Artikel 3 genannten einzigen Gerichtshofes übt die Befugnisse aus, die durch den Vertrag über die Gründung der Europäischen Gemeinschaft für Kohle und Stahl dem Präsidenten des darin vorgesehenen Gerichtshofes übertragen worden sind.

(2) Mit Aufnahme der Tätigkeit des in Artikel 3 genannten einzigen Gerichtshofes

a) wird daher Artikel 32 des Vertrags über die Gründung der Europäischen Gemeinschaft für Kohle und Stahl aufgehoben und durch folgende Bestimmungen ersetzt: (Vom Abdruck wurde abgesehen)

b) werden daher die Bestimmungen des Protokolls über die Satzung des Gerichtshofes im Anhang zum Vertrag über die Gründung der Europäischen Gemeinschaft für Kohle und Stahl aufgehoben, soweit sie den Artikeln 32 bis 32 c des genannten Vertrags entgegenstehen.

## Abschnitt III. Der Wirtschafts- und Sozialausschuß

**Artikel 5**

(1) Die Aufgaben, die der Vertrag zur Gründung der Europäischen Wirtschaftsgemeinschaft und der Vertrag zur Gründung der Europäischen Atomgemeinschaft dem Wirtschafts- und Sozialausschuß übertragen, werden unter den in diesen Verträgen vorgesehenen Bedingungen durch einen einzigen Wirtschafts- und Sozialausschuß ausgeübt; für die Zusammensetzung dieses Ausschusses und die Bestellung seiner Mitglieder sind Artikel 194 des Vertrags zur Gründung der Europäischen Wirtschaftsgemeinschaft und Artikel 166 des Vertrags zur Gründung der Europäischen Atomgemeinschaft maßgebend.

(2) Der in Absatz 1 genannte einzige Wirtschafts- und Sozialausschuß muß eine fachliche Gruppe und kann zuständige Unterausschüsse für

die Gebiete oder Fragen umfassen, die dem Vertrag zur Gründung der Europäischen Atomgemeinschaft unterliegen.

(3) Die Artikel 193 und 197 des Vertrags zur Gründung der Europäischen Wirtschaftsgemeinschaft finden auf den in Absatz 1 genannten einzigen Wirtschafts- und Sozialausschuß Anwendung.

## Abschnitt IV. Die Finanzierung dieser Organe

### Artikel 6

(Aufgehoben)

## Schlußbestimmungen

### Artikel 7

Dieses Abkommen bedarf der Ratifizierung durch die Hohen Vertragsparteien gemäß ihren verfassungsrechtlichen Vorschriften. Die Ratifikationsurkunden werden bei der Regierung der Italienischen Republik hinterlegt.

Dieses Abkommen tritt gleichzeitig mit dem Vertrag zur Gründung der Europäischen Wirtschaftsgemeinschaft und dem Vertrag zur Gründung der Europäischen Atomgemeinschaft in Kraft.

### Artikel 8

Dieses Abkommen ist in einer Urschrift in deutscher, französischer, italienischer und niederländischer Sprache abgefaßt, wobei jeder Wortlaut gleichermaßen verbindlich ist; es wird im Archiv der Regierung der Italienischen Republik hinterlegt; diese übermittelt der Regierung jedes anderen Unterzeichnerstaates eine beglaubigte Abschrift.

ZU URKUND DESSEN haben die unterzeichneten Bevollmächtigten ihre Unterschriften unter dieses Abkommen gesetzt.

GESCHEHEN zu Rom am fünfundzwanzigsten März neunzehnhundertsiebenundfünfzig.

| | |
|---|---|
| P. H. Spaak | J. Ch. Snoy et d'Oppuers |
| Adenauer | Hallstein |
| Pineau | M. Faure |
| Antonio Segni | Gaetano Martino |
| Bech | Lambert Schaus |
| J. Luns | J. Linthorst Homan |

# 8. Vertrag zur Einsetzung eines gemeinsamen Rates und einer gemeinsamen Kommission der Europäischen Gemeinschaften

Vom 8. April 1965
(ABl. Nr. 15/2) in der Fassung des Unionsvertrages vom 7. Februar 1992

Seine Majestät der König der Belgier

Der Präsident der Bundesrepublik Deutschland

Der Präsident der Französischen Republik

Der Präsident der Italienischen Republik

Seine Königliche Hoheit der Großherzog von Luxemburg

Ihre Majestät die Königin der Niederlande

GESTÜTZT auf Artikel 96 des Vertrags über die Gründung der Europäischen Gemeinschaft für Kohle und Stahl,

GESTÜTZT auf Artikel 236 des Vertrags zur Gründung der Europäischen Wirtschaftsgemeinschaft,

GESTÜTZT auf Artikel 204 des Vertrags zur Gründung der Europäischen Atomgemeinschaft,

GEWILLT, Fortschritte bei der Einigung Europas zu erzielen,

ENTSCHLOSSEN, die drei Gemeinschaften zu vereinheitlichen,

IN DEM BEWUSSTSEIN, daß die Bildung gemeinsamer Organe der Gemeinschaften zu dieser Vereinheitlichung beiträgt,

HADEN BESCHLOSSEN, einen gemeinsamen Rat und eine gemeinsame Kommission der Europäischen Gemeinschaften zu bilden; sie haben zu diesem Zweck zu ihren Bevollmächtigten ernannt:

(Bevollmächtigte)

Diese sind nach Austausch ihrer als gut und gehörig befundenen Vollmachten wie folgt übereingekommen:

## Kapitel I. Der Rat der Europäischen Gemeinschaften

### Artikel 1

Es wird ein Rat der Europäischen Gemeinschaften, im folgenden der Rat genannt, eingesetzt. Dieser Rat tritt an die Stelle des Besonderen Ministerrates der Europäischen Gemeinschaft für Kohle und Stahl, des Rates der Europäischen Wirtschaftsgemeinschaft und des Rates der Europäischen Atomgemeinschaft.

Er übt die diesen Organen zustehenden Befugnisse und Zuständigkeiten aus, nach Maßgabe des Vertrags über die Gründung der Europäischen Gemeinschaft für Kohle und Stahl und der Verträge zur Gründung der Europäischen Wirtschaftsgemeinschaft und der Europäischen Atomgemeinschaft sowie dieses Vertrags.

### Artikel 2 bis 7

(Aufgehoben)[1]

### Artikel 8

(1) Die Bedingungen für die Ausübung der Zuständigkeiten, die dem Besonderen Ministerrat nach dem Vertrag über die Gründung der Europäischen Gemeinschaft für Kohle und Stahl und nach dem Protokoll über die Satzung des Gerichtshofs im Anhang zu dem genannten Vertrag zustehen, werden nach Maßgabe der Absätze 2 und 3 geändert.

(2) Artikel 28 des Vertrags über die Gründung der Europäischen Gemeinschaft für Kohle und Stahl wird wie folgt geändert:

(3) Das Protokoll über die Satzung des Gerichtshofs im Anhang zum Vertrag über die Gründung der Europäischen Gemeinschaft für Kohle und Stahl wird wie folgt geändert: (nicht abgedruckt)

## Kapitel II. Die Kommission der EuropäischenGemeinschaften

### Artikel 9

Es wird eine Kommission der Europäischen Gemeinschaften, im folgenden die Kommission genannt, eingesetzt. Diese Kommission tritt an

1) Aufgehoben durch Art. P Abs. 1 des Unionsvertrages (abgedruckt unter Nr. **1**)

die Stelle der Hohen Behörde der Europäischen Gemeinschaft für Kohle und Stahl, der Kommission der Europäischen Wirtschaftsgemeinschaft und der Kommission der Europäischen Atomgemeinschaft.

Sie übt die diesen Organen zustehenden Befugnisse und Zuständigkeiten aus, nach Maßgabe des Vertrags über die Gründung der Europäischen Gemeinschaft für Kohle und Stahl und der Verträge zur Gründung der Europäischen Wirtschaftsgemeinschaft und der Europäischen Atomgemeinschaft sowie dieses Vertrags.

**Artikel 10 bis 19**

(Aufgehoben)[1]

## Kapitel III. Finanzvorschriften

**Artikel 20**

(1) Die Verwaltungsausgaben der Europäischen Gemeinschaft für Kohle und Stahl und die betreffenden Einnahmen, die Einnahmen und Ausgaben der Europäischen Wirtschaftsgemeinschaft sowie die Einnahmen und Ausgaben der Europäischen Atomgemeinschaft mit Ausnahme derjenigen der Versorgungsagentur und der gemeinsamen Unternehmen werden nach Maßgabe der jeweiligen Vorschriften der Verträge zur Gründung dieser drei Gemeinschaften in den Haushaltsplan der Europäischen Gemeinschaften eingesetzt. Dieser Haushaltsplan ist in Einnahmen und Ausgaben auszugleichen und tritt an die Stelle des Verwaltungshaushaltsplans der Europäischen Gemeinschaft für Kohle und Stahl, des Haushaltsplans der Europäischen Wirtschaftsgemeinschaft sowie des Verwaltungshaushaltsplans und des Forschungs- und Investitionshaushaltsplans der Europäischen Atomgemeinschaft.

(2) Der Teil der Ausgaben, der aus den Umlagen nach Artikel 49 des Vertrags über die Gründung der Europäischen Gemeinschaft für Kohle und Stahl aufgebracht wird, ist auf 18 Millionen Rechnungseinheiten festgesetzt.

Von dem am 1. Januar 1967 beginnenden Haushaltsjahr an legt die Kommission dem Rat alljährlich einen Bericht vor, auf Grund dessen der Rat prüft, ob dieser Betrag der Entwicklung des Haushaltsplans der Gemeinschaften anzupassen ist. Der Rat beschließt mit der in Artikel 28 Absatz 4 Satz 1 des Vertrags über die Gründung der Europäischen

1) Aufgehoben durch Art. P Abs . 1 des Unionsvertrages (abgedruckt unter Nr. **1**)

Gemeinschaft für Kohle und Stahl vorgesehenen Mehrheit. Diese Anpassung erfolgt auf Grund einer Beurteilung der sich aus der Anwendung des Vertrags über die Gründung der Europäischen Gemeinschaft für Kohle und Stahl ergebenden Entwicklung der Ausgaben.

(3) Der zur Deckung der Ausgaben des Haushaltsplans der Gemeinschaften dienende Teil der Umlagen wird von der Kommission für die Ausführung des Haushaltsplans in der Zeitfolge bereitgestellt, in der die Mitgliedstaaten auf Grund der nach Artikel 209 Buchstabe b des Vertrags zur Gründung der Europäischen Wirtschaftsgemeinschaft und Artikel 183 Buchstabe b des Vertrags zur Gründung der Europäischen Atomgemeinschaft festgelegten Haushaltsordnungen ihre Beiträge zur Verfügung stellen.

**Artikel 21**

(Aufhebung von Vorschriften)

**Artikel 22**

(1) Die Befugnisse und Zuständigkeiten des durch Artikel 78 e des Vertrages über die Gründung der Europäischen Gemeinschaft für Kohle und Stahl, Artikel 206 des Vertrages zur Gründung der Europäischen Wirtschaftsgemeinschaft und Artikel 180 des Vertrages zur Gründung der Europäischen Atomgemeinschaft eingesetzten Rechnungshofes werden nach Maßgabe der jeweiligen Bestimmungen dieser Verträge von einem gemeinsamen Rechnungshof der Europäischen Gemeinschaften wahrgenommen; seine Errichtung ist in den genannten Artikeln geregelt.

(2) Unbeschadet der in Absatz 1 genannten Befugnisse und Zuständigkeiten nimmt der Rechnungshof der Europäischen Gemeinschaften die vor dem Inkrafttreten dieses Vertrages dem Kontrollausschuß der Europäischen Gemeinschaften und dem Rechnungsprüfer der Europäischen Gemeinschaft für Kohle und Stahl erteilten Befugnisse und Zuständigkeiten nach Maßgabe der verschiedenen Texte wahr, die auf den Kontrollausschuß und den Rechnungsprüfer Bezug nehmen. In allen diesen Texten werden die Worte “Kontrollausschuß” und “Rechnungsprüfer” durch das Wort “Rechnungshof” ersetzt.

**Artikel 23**

(Aufhebung von Vorschriften)

## Kapitel IV. Beamte und sonstige Bedienstete der Europäischen Gemeinschaften

### Artikel 24

(1) Die Beamten und sonstigen Bediensteten der Europäischen Gemeinschaft für Kohle und Stahl, der Europäischen Wirtschaftsgemeinschaft und der Europäischen Atomgemeinschaft werden beim Inkrafttreten dieses Vertrags Beamte und sonstige Bedienstete der Europäischen Gemeinschaften und gehören der einzigen Verwaltung dieser Gemeinschaften an.

Der Rat erläßt auf Vorschlag der Kommission und nach Anhörung der anderen beteiligten Organe mit qualifizierter Mehrheit das Statut der Beamten der Europäischen Gemeinschaften und die Beschäftigungsbedingungen für die sonstigen Bediensteten dieser Gemeinschaften.

(2) (Aufhebung von Vorschriften)

### Artikel 25

Bis zum Inkrafttreten des einheitlichen Statuts und der einheitlichen Beschäftigungsbedingungen nach Artikel 24 sowie der nach Artikel 13 des Protokolls im Anhang zu diesem Vertrag zu treffenden Regelung gelten für die vor Inkrafttreten dieses Vertrags eingestellten Beamten und sonstigen Bediensteten weiterhin die Bestimmungen, die bis dahin auf sie angewandt wurden.

Für die nach Inkrafttreten dieses Vertrags eingestellten Beamten und sonstigen Bediensteten gelten bis zum Vorliegen des einheitlichen Statuts und der einheitlichen Beschäftigungsbedingungen nach Artikel 24 sowie der nach Artikel 13 des Protokolls im Anhang zu diesem Vertrag zu treffenden Regelung die Bestimmungen für die Beamten und sonstigen Bediensteten der Europäischen Wirtschaftsgemeinschaft und der Europäischen Atomgemeinschaft.

### Artikel 26

Artikel 40 Absatz 2 des Vertrags über die Gründung der Europäischen Gemeinschaft für Kohle und Stahl wird aufgehoben und durch folgende Bestimmungen ersetzt: (nicht abgedruckt)

## Kapitel V. Allgemeine und Schlußbestimmungen

### Artikel 27

(Änderung von Vorschriften)

### Artikel 28

Die Europäischen Gemeinschaften genießen im Hoheitsgebiet der Mitgliedstaaten die zur Erfüllung ihrer Aufgabe erforderlichen Vorrechte und Befreiungen nach Maßgabe des Protokolls im Anhang zu diesem Vertrag. Das gleiche gilt für die Europäische Investitionsbank.

Artikel 76 des Vertrags über die Gründung der Europäischen Gemeinschaft für Kohle und Stahl, Artikel 218 des Vertrags zur Gründung der Europäischen Wirtschaftsgemeinschaft und Artikel 191 des Vertrags zur Gründung der Europäischen Atomgemeinschaft sowie die Protokolle über die Vorrechte und Befreiungen im Anhang zu diesen drei Verträgen, Artikel 3 Absatz 4 und Artikel 14 Absatz 2 des Protokolls über die Satzung des Gerichtshofs im Anhang zum Vertrag über die Gründung der Europäischen Gemeinschaft für Kohle und Stahl und Artikel 28 Absatz 1 Unterabsatz 2 des Protokolls über die Satzung der Europäischen Investitionsbank im Anhang zum Vertrag zur Gründung der Europäischen Wirtschaftsgemeinschaft werden aufgehoben.

### Artikel 29

Der Rat übt die Zuständigkeiten, die er durch die Artikel 5, 6, 10, 12, 13, 24, 34 und 35 dieses Vertrags und durch das Protokoll im Anhang zu diesem Vertrag erhält, nach den Vorschriften der Artikel 148, 149 und 150 des Vertrags zur Gründung der Europäischen Wirtschaftsgemeinschaft und 118, 119 und 120 des Vertrags zur Gründung der Europäischen Atomgemeinschaft aus.

### Artikel 30

Die Bestimmungen der Verträge zur Gründung der Europäischen Wirtschaftsgemeinschaft und der Europäischen Atomgemeinschaft über die Zuständigkeit des Gerichtshofs und ihre Ausübung sind auf die Bestimmungen dieses Vertrags und des Protokolls im Anhang zu diesem Vertrag anzuwenden; für die Bestimmungen, die eine Änderung von Artikeln des Vertrags über die Gründung der Europäischen Gemeinschaft für Kohle und Stahl darstellen, gelten jedoch weiterhin die Bestimmungen des Vertrags über die Gründung der Europäischen Gemeinschaft für Kohle und Stahl.

**Artikel 31**

Der Rat nimmt seine Tätigkeit mit dem Tage des Inkrafttretens dieses Vertrags auf.

Zu diesem Zeitpunkt wird der Vorsitz im Rat von dem Mitglied des Rates wahrgenommen, das gemäß den Vorschriften der Verträge zur Gründung der Europäischen Wirtschaftsgemeinschaft und der Europäischen Atomgemeinschaft den Vorsitz im Rat der Europäischen Wirtschaftsgemeinschaft und der Europäischen Atomgemeinschaft zu führen hätte; dies gilt für seine noch verbleibende Amtszeit. Nach Ablauf dieser Amtszeit wird der Vorsitz in Fortführung der in Artikel 2 dieses Vertrags festgelegten Reihenfolge der Mitgliedstaaten wahrgenommen.

**Artikel 32**

(1) Die Kommission besteht bis zum Inkrafttreten des Vertrags zur Gründung einer einzigen Europäischen Gemeinschaft, längstens aber für einen Zeitraum von drei Jahren nach der Ernennung ihrer Mitglieder, aus vierzehn Mitgliedern.

Während dieses Zeitraums dürfen nicht mehr als drei Mitglieder der Kommission dieselbe Staatsangehörigkeit besitzen.

(2) Der Präsident, die Vizepräsidenten und die Mitglieder der Kommission werden unmittelbar nach Inkrafttreten dieses Vertrags ernannt. Die Kommission nimmt ihre Tätigkeit am fünften Tage nach der Ernennung ihrer Mitglieder auf. Gleichzeitig endet das Amt der Mitglieder der Hohen Behörde und der Kommissionen der Europäischen Wirtschaftsgemeinschaft und der Europäischen Atomgemeinschaft.

**Artikel 33**

Das Amt der Mitglieder der in Artikel 32 vorgesehenen Kommission endet zu dem in Artikel 32 Absatz 1 bestimmten Zeitpunkt. Die Mitglieder der in Artikel 10 vorgesehenen Kommission werden spätestens einen Monat vor diesem Zeitpunkt ernannt.

Soweit alle oder einige Mitglieder nicht rechtzeitig ernannt werden, findet Artikel 12 Absatz 3 auf das Mitglied keine Anwendung, das unter den Angehörigen jedes Mitgliedstaates das niedrigste Dienstalter als Mitglied einer Kommission oder der Hohen Behörde und im Falle des gleichen Dienstalters das niedrigste Lebensalter hat. Artikel 12 Absatz 3 bleibt jedoch auf alle Mitglieder derselben Staatsangehörigkeit anwendbar, wenn vor dem in Artikel 32 Absatz 1 bestimmten Zeitpunkt ein Mitglied dieser Staatsangehörigkeit ohne Nachfolger aus dem Amt ausgeschieden ist.

**Artikel 34**

Der Rat erläßt einstimmig die Regelung für die Bezüge derjenigen ehemaligen Mitglieder der Hohen Behörde und der Kommissionen der Europäischen Wirtschaftsgemeinschaft und der Europäischen Atomgemeinschaft, die auf Grund von Artikel 32 aus ihrem Amt ausscheiden und nicht zu Mitgliedern der Kommission ernannt werden.

**Artikel 35**

(1) Der erste Haushaltsplan der Gemeinschaften wird für das am 1. Januar nach Inkrafttreten dieses Vertrags beginnende Haushaltsjahr aufgestellt und festgestellt.

(2) Tritt dieser Vertrag vor dem 1. Juli 1965 in Kraft, so wird der allgemeine Haushaltsvoranschlag für die Verwaltungsausgaben der Europäischen Gemeinschaft für Kohle und Stahl, der am 1. Juli abläuft, bis zum 31. Dezember desselben Jahres verlängert; die in diesem Haushaltsvoranschlag bereitgestellten Mittel werden im entsprechenden Verhältnis erhöht, sofern der Rat nicht mit qualifizierter Mehrheit etwas anderes beschließt.

Tritt dieser Vertrag nach dem 30. Juni 1965 in Kraft, so faßt der Rat auf Vorschlag der Kommission einstimmig die erforderlichen Beschlüsse; er trägt hierbei dafür Sorge, daß ein reibungsloses Funktionieren der Gemeinschaften sichergestellt und der erste Haushaltsplan der Gemeinschaften möglichst bald festgestellt wird.

**Artikel 36**

Der Vorsitzende und die Mitglieder des Kontrollausschusses der Europäischen Wirtschaftsgemeinschaft und der Europäischen Atomgemeinschaft übernehmen mit dem Inkrafttreten dieses Vertrags für die aus ihrem früheren Amt verbleibende Amtszeit das Amt des Vorsitzenden und der Mitglieder des Kontrollausschusses der Europäischen Gemeinschaften.

Der Rechnungsprüfer, der bis zum Inkrafttreten dieses Vertrags gemäß Artikel 78 des Vertrags über die Gründung der Europäischen Gemeinschaft für Kohle und Stahl tätig ist, übt für die aus seinem früheren Amt verbleibende Amtszeit das Amt des in Artikel 78e des letztgenannten Vertrags vorgesehenen Rechnungsprüfers aus.

**Artikel 37**

Unbeschadet der Anwendung des Artikels 77 des Vertrags über die Gründung der Europäischen Gemeinschaft für Kohle und Stahl des

Artikels 216 des Vertrags zur Gründung der Europäischen Wirtschaftsgemeinschaft, des Artikels 189 des Vertrags zur Gründung der Europäischen Atomgemeinschaft und des Artikels 1 Absatz 2 des Protokolls über die Satzung der Europäischen Investitionsbank erlassen die Vertreter der Regierungen der Mitgliedstaaten in gegenseitigen Einvernehmen die Vorschriften, die zur Regelung einiger besonderer Probleme des Großherzogtums Luxemburg erforderlich sind, welche sich aus der Einsetzung eines Gemeinsamen Rates und einer gemeinsamen Kommission der Europäischen Gemeinschaften ergeben.

Der Beschluß der Vertreter der Regierungen der Mitgliedstaaten tritt am gleichen Tage in Kraft wie dieser Vertrag.

**Artikel 38**

Dieser Vertrag bedarf der Ratifizierung durch die Hohen Vertragsparteien gemäß ihren verfassungsrechtlichen Vorschriften. Die Ratifikationsurkunden werden bei der Regierung der Italienischen Republik hinterlegt.

Dieser Vertrag tritt am ersten Tag des auf die Hinterlegung der letzten Ratifikationsurkunde folgenden Monats in Kraft.

**Artikel 39**

Dieser Vertrag ist in einer Urschrift in deutscher, französischer, italienischer und niederländischer Sprache abgefaßt, wobei jeder Wortlaut gleichermaßen verbindlich ist; er wird im Archiv der Regierung der Italienischen Republik hinterlegt; diese übermittelt der Regierung jedes anderen Unterzeichnerstaates eine beglaubigte Abschrift.

ZU URKUND DESSEN haben die unterzeichneten Bevollmächtigten ihre Unterschriften unter diesen Vertrag gesetzt.

GESCHEHEN zu Brüssel am achten April neunzehnhundertfünfundsechzig.

# 9. Protokoll über die Vorrechte und Befreiungen der Europäischen Gemeinschaften

Vom 8. April 1965

(ABl.1967 Nr. 152/13) in der Fassung vom

17./28. Februar 1986 und des Unionsvertrages)

DIE HOHEN VERTRAGSPARTEIEN -

in der Erwägung, daß die Europäischen Gemeinschaften und die Europäische Investitionsbank nach Artikel 28 des Vertrags zur Einsetzung des gemeinsamen Rates und der gemeinsamen Kommission dieser Gemeinschaften im Hoheitsgebiet der Mitgliedstaaten die zur Erfüllung ihrer Aufgabe erforderlichen Vorrechte und Befreiungen genießen

SIND über folgende Bestimmungen ÜBEREINGEKOMMEN, die diesem Vertrag als Anhang beigefügt sind:

## Kapitel I. Vermögensgegenstände, Liegenschaften, Guthaben und Geschäfte der Europäischen Gemeinschaften

### Artikel 1

Die Räumlichkeiten und Gebäude der Gemeinschaften sind unverletzlich. Sie dürfen nicht durchsucht, beschlagnahmt, eingezogen oder enteignet werden. Die Vermögensgegenstände und Guthaben der Gemeinschaften dürfen ohne Ermächtigung des Gerichtshofs nicht Gegenstand von Zwangsmaßnahmen der Verwaltungsbehörden oder Gerichte sein.

### Artikel 2

Die Archive der Gemeinschaften sind unverletzlich.

### Artikel 3

Die Gemeinschaften, ihre Guthaben, Einkünfte und sonstigen Vermögensgegenstände sind von jeder direkten Steuer befreit.

Die Regierungen der Mitgliedstaaten treffen in allen Fällen, in denen es ihnen möglich ist, geeignete Maßnahmen für den Erlaß oder die Erstattung des Betrags der indirekten Steuern und Verkaufsabgaben, die in den Preisen für bewegliche oder unbewegliche Güter inbegriffen sind, wenn die Gemeinschaften für ihren Dienstbedarf größere Einkünfte tätigen, bei denen derartige Steuern und Abgaben im Preis enthalten sind. Die Durchführung dieser Maßnahmen darf jedoch den Wettbewerb innerhalb der Gemeinschaften nicht verfälschen.

Von den Abgaben, die lediglich die Vergütung für Leistungen gemeinnütziger Versorgungsbetriebe darstellen, wird keine Befreiung gewährt.

### Artikel 4

Die Gemeinschaften sind von allen Zöllen sowie Ein- und Ausfuhrverboten und -beschränkungen bezüglich der zu ihrem Dienstgebrauch bestimmten Gegenstände befreit; die in dieser Weise eingeführten Gegenstände dürfen im Hoheitsgebiet des Staates, in das sie eingeführt worden sind, weder entgeltlich noch unentgeltlich veräußert werden, es sei denn zu Bedingungen, welche die Regierung dieses Staates genehmigt.

Den Gemeinschaften steht ferner für ihre Veröffentlichungen Befreiung von allen Zöllen sowie Ein- und Ausfuhrverboten und -beschränkungen zu.

### Artikel 5

Die Europäische Gemeinschaft für Kohle und Stahl darf Devisen aller Art und Konten in jeder beliebigen Währung besitzen.

## Kapitel II. Nachrichtenübermittlung und Ausweise

### Artikel 6

Den Organen der Gemeinschaften steht für ihre amtliche Nachrichtenübermittlung und die Übermittlung aller ihrer Schriftstücke im Hoheitsgebiet jedes Mitgliedstaates die gleiche Behandlung wie den diplomatischen Vertretungen zu.

Der amtliche Schriftverkehr und die sonstige amtliche Nachrichtenübermittlung der Organe der Gemeinschaften unterliegen nicht der Zensur.

**Artikel 7**

(1) Die Präsidenten der Organe der Gemeinschaften können den Mitgliedern und Bediensteten dieser Organe Ausweise ausstellen, deren Form vom Rat bestimmt wird und die von den Behörden der Mitgliedstaaten als gültige Reiseausweise anerkannt werden. Diese Ausweise werden den Beamten und sonstigen Bediensteten nach Maßgabe des Statuts der Beamten und der Beschäftigungsbedingungen für die sonstigen Bediensteten der Gemeinschaften ausgestellt.

Die Kommission kann Abkommen zur Anerkennung dieser Ausweise als im Hoheitsgebiet dritter Länder gültige Reiseausweise schließen.

(2) Artikel 6 des Protokolls über die Vorrechte und Immunitäten der Europäischen Gemeinschaft für Kohle und Stahl findet jedoch weiterhin Anwendung auf diejenigen Mitglieder und Bediensteten der Organe, die bei Inkrafttreten dieses Vertrags im Besitz des in dem genannten Artikel vorgesehenen Ausweises sind, und zwar bis zur Anwendung von Absatz 1.

## Kapitel III .Mitglieder des Europäischen Parlaments

**Artikel 8**

Die Reise der Mitglieder des Europäischen Parlaments zum und vom Tagungsort des Europäischen Parlaments unterliegt keinen verwaltungsmäßigen oder sonstigen Beschränkungen.

Die Mitglieder des Europäischen Parlaments erhalten bei der Zollabfertigung und Devisenkontrolle

a) seitens ihrer eigenen Regierung dieselben Erleichterungen wie hohe Beamte, die sich in offiziellem Auftrag vorübergehend ins Ausland begeben;

b) seitens der Regierungen der anderen Mitgliedstaaten dieselben Erleichterungen wie ausländische Regierungsvertreter mit vorübergehendem offiziellem Auftrag.

**Artikel 9**

Wegen einer in Ausübung ihres Amtes erfolgten Äußerung oder Abstimmung dürfen Mitglieder des Europäischen Parlaments weder in ein Ermittlungsverfahren verwickelt noch festgenommen oder verfolgt werden.

**Artikel 10**

Während der Dauer der Sitzungsperiode des Europäischen Parlaments

a) steht seinen Mitgliedern im Hoheitsgebiet ihres eigenen Staates die den Parlamentsmitgliedern zuerkannte Unverletzlichkeit zu,

b) können seine Mitglieder im Hoheitsgebiet jedes anderen Mitgliedstaates weder festgehalten noch gerichtlich verfolgt werden.

Die Unverletzlichkeit besteht auch während der Reise zum und vom Tagungsort des Europäischen Parlaments.

Bei Ergreifung auf frischer Tat kann die Unverletzlichkeit nicht geltend gemacht werden; sie steht auch nicht der Befugnis des Europäischen Parlaments entgegen, die Unverletzlichkeit eines seiner Mitglieder aufzuheben.

## Kapitel IV. Vertreter der Mitgliedstaaten, die an den Arbeiten der Organe der Europäischen Gemeinschaften teilnehmen

**Artikel 11**

Den Vertretern der Mitgliedstaaten, die an den Arbeiten der Organe der Gemeinschaften teilnehmen, sowie ihren Beratern und Sachverständigen stehen während der Ausübung ihrer Tätigkeit und auf der Reise zum und vom Tagungsort die üblichen Vorrechte, Befreiungen und Erleichterungen zu. Dies gilt auch für die Mitglieder der beratenden Organe der Gemeinschaften.

## Kapitel V. Beamte und sonstige Bedienstete der Europäischen Gemeinschaften

**Artikel 12**

Den Beamten und sonstigen Bediensteten der Gemeinschaften stehen im Hoheitsgebiet jedes Mitgliedstaates ohne Rücksicht auf ihre Staatsangehörigkeit folgende Vorrechte und Befreiungen zu:

a) Befreiung von der Gerichtsbarkeit bezüglich der von ihnen in amtlicher Eigenschaft vorgenommenen Handlungen, einschließlich ihrer mündlichen und schriftlichen Äußerungen, jedoch vorbehaltlich der

Anwendung der Bestimmungen der Verträge über die Vorschriften betreffend die Haftung der Beamten und sonstigen Bediensteten gegenüber den Gemeinschaften und über die Zuständigkeit des Gerichtshofs für Streitsachen zwischen den Gemeinschaften und ihren Beamten sowie sonstigen Bediensteten. Diese Befreiung gilt auch nach Beendigung ihrer Amtstätigkeit;

b) Befreiung von Einwanderungsbeschränkungen und von der Meldepflicht für Ausländer; das gleiche gilt für ihre Ehegatten und die von ihnen unterhaltenen Familienmitglieder;

c) die den Beamten der internationalen Organisationen üblicherweise gewährten Erleichterungen auf dem Gebiet der Vorschriften des Währungs- und Devisenrechts;

d) das Recht, ihre Wohnungseinrichtung und ihre persönlichen Gebrauchsgegenstände bei Antritt ihres Dienstes in das in Frage stehende Land zollfrei einzuführen und bei Beendigung ihrer Amtstätigkeit in diesem Land ihre Wohnungseinrichtung und ihre persönlichen Gebrauchsgegenstände zollfrei wiederauszuführen, vorbehaltlich der Bedingungen, welche die Regierung des Landes, in dem dieses Recht ausgeübt wird, in dem einen und anderen Fall für erforderlich erachtet;

e) das Recht, das zu ihrem eigenen Gebrauch bestimmte Kraftfahrzeug, sofern es im Land ihres letzten ständigen Aufenthalts oder in dem Land, dem sie angehören, zu den auf dem Binnenmarkt dieses Landes geltenden Bedingungen erworben worden ist, zollfrei einzuführen und es zollfrei wiederauszuführen, vorbehaltlich der Bedingungen, welche die Regierung des in Frage stehenden Landes in dem einen und anderen Fall für erforderlich erachtet.

**Artikel 13**

Von den Gehältern, Löhnen und anderen Bezügen, welche die Gemeinschaften ihren Beamten und sonstigen Bediensteten zahlen, wird zugunsten der Gemeinschaften eine Steuer gemäß den Bestimmungen und dem Verfahren erhoben, die vom Rat auf Vorschlag der Kommission festgelegt werden.

Die Beamten und sonstigen Bediensteten sind von innerstaatlichen Steuern auf die von den Gemeinschaften gezahlten Gehälter, Löhne und Bezüge befreit.

**Artikel 14**

Die Beamten und sonstigen Bediensteten der Gemeinschaften, die sich lediglich zur Ausübung einer Amtstätigkeit im Dienst der Gemeinschaften im Hoheitsgebiet eines anderen Mitgliedstaates als des Staates niederlassen, in dem sie zur Zeit des Dienstantritts bei den Gemeinschaften ihren steuerlichen Wohnsitz haben, werden in den beiden genannten Staaten für die Erhebung der Einkommen-, Vermögen- und Erbschaftsteuer sowie für die Anwendung der zur Vermeidung der Doppelbesteuerung zwischen den Mitgliedstaaten der Gemeinschaften geschlossenen Abkommen so behandelt, als hätten sie ihren früheren Wohnsitz beibehalten, sofern sich dieser in einem Mitgliedstaat der Gemeinschaften befindet. Dies gilt auch für den Ehegatten, soweit dieser keine eigene Berufstätigkeit ausübt, sowie für die Kinder, die unter der Aufsicht der in diesem Artikel bezeichneten Personen stehen und von ihnen unterhalten werden.

Das im Hoheitsgebiet des Aufenthaltsstaates befindliche bewegliche Vermögen der in Absatz 1 bezeichneten Personen ist in diesem Staat von der Erbschaftsteuer befreit; für die Veranlagung dieser Steuer wird vorbehaltlich der Rechte dritter Länder und der etwaigen Anwendung internationaler Abkommen über die Doppelbesteuerung als in dem Staat des steuerlichen Wohnsitzes befindlich betrachtet.

Ein lediglich zur Ausübung einer Amtstätigkeit im Dienste anderer internationaler Organisationen begründeter Wohnsitz bleibt bei der Anwendung dieses Artikels unberücksichtigt.

**Artikel 15**

Der Rat legt auf Vorschlag der Kommission durch einstimmigen Beschluß das System der Sozialleistungen für die Beamten und sonstigen Bediensteten der Gemeinschaften fest.

**Artikel 16**

Der Rat bestimmt auf Vorschlag der Kommission und nach Anhörung der anderen betroffenen Organe die Gruppen von Beamten und sonstigen Bediensteten der Gemeinschaften, auf welche die Artikel 12, 13 Absatz 2 und Artikel 14 ganz oder teilweise Anwendung finden.

Namen, Dienstrang und -stellung sowie Anschrift der Beamten und sonstigen Bediensteten dieser Gruppen werden den Regierungen der Mitgliedstaaten in regelmäßlgen Zeitabständen mitgeteilt.

## Kapitel VI. Vorrechte und Befreiungen der Vertretungendritter Länder, die bei den Europäischen Gemeinschaften beglaubigt sind

### Artikel 17

Der Mitgliedstaat, in dessen Hoheitsgebiet sich der Sitz der Gemeinschaften befindet, gewährt den bei den Gemeinschaften beglaubigten Vertretungen dritter Länder die üblichen diplomatischen Vorrechte und Befreiungen.

## Kapitel VII. Allgemeine Bestimmungen

### Artikel 18

Die Vorrechte, Befreiungen und Erleichterungen werden den Beamten und sonstigen Bediensteten der Gemeinschaften ausschließlich im Interesse der Gemeinschaften gewährt.

Jedes Organ der Gemeinschaften hat die Befreiung eines Beamten oder sonstigen Bediensteten in allen Fällen aufzuheben, in denen dies nach seiner Auffassung den Interessen der Gemeinschaften nicht zuwiderläuft.

### Artikel 19

Bei der Anwendung dieses Protokolls handeln die Organe der Gemeinschaften und die verantwortlichen Behörden der beteiligten Mitgliedstaaten im gegenseitigen Einvernehmen.

### Artikel 20

Die Artikel 12 bis 15 und 18 finden auf die Mitglieder der Kommission Anwendung.

### Artikel 21

Die Artikel 12 bis 15 und 18 finden auf die Richter, die Generalanwälte, den Kanzler und die Hilfsberichterstatter des Gerichtshofs Anwendung; die Bestimmungen des Artikels 3 der Protokolle über die Satzung des Gerichtshofs betreffend die Befreiung der Richter und Generalanwälte von der Gerichtsbarkeit bleiben hiervon unberührt.

### Artikel 22

Dieses Protokoll gilt auch für die Europäische Investitionsbank, die Mitglieder ihrer Organe, ihr Personal und die Vertreter der Mitgliedstaaten, die an ihren Arbeiten teilnehmen; die Bestimmungen des Protokolls über die Satzung der Bank bleiben hiervon unberührt.

Die Europäische Investitionsbank ist außerdem von allen Steuern und sonstigen Abgaben anläßlich der Erhöhungen ihres Kapitals sowie von den verschiedenen Förmlichkciten befreit, die hiermit in dem Staat, in dem sie ihren Sitz hat, verbunden sind. Desgleichen werden bei ihrer etwaigen Auflösung und Liquidation keine Abgaben erhoben. Ferner unterliegt die Tätigkeit der Bank und ihrer Organe, soweit sie nach Maßgabe der Satzung ausgeübt wird, nicht der Umsatzsteuer.

**Artikel 23**

Dieses Protokoll gilt auch für die Europäische Zentralbank, die Mitglieder ihrer Beschlußorgane und ihre Bediensteten; die Bestimmungen des Protokolls über die Satzung des Europäischen Systems der Zentralbanken und der Europäischen Zentralbank bleiben hiervon unberührt.

Die Europäische Zentralbank ist außerdem von allen Steuern und sonstigen Abgaben anläßlich der Erhöhungen ihres Kapitals sowie von den verschiedenen Förmlichkeiten befreit, die hiermit in dem Staat, in dem sie ihren Sitz hat, verbunden sind. Ferner unterliegt die Tätigkeit der Bank und ihrer Beschlußorgane, soweit sie nach Maßgabe der Satzung des Europäischen Systems der Zentralbanken und der Europäischen Zentralbank ausgeübt wird, nicht der Umsatzsteuer.

Die vorstehenden Bestimmungen gelten auch für das Europäische Währungsinstitut. Bei seiner Auflösung oder Liquidation werden keine Abgaben erhoben.

ZU URKUND DESSEN haben die unterzeichneten Bevollmächtigten ihre Unterschriften unter dieses Protokoll gesetzt.

GESCHEHEN zu Brüssel am achten April neunzehnhundertfünfundsechzig.

# 10. Akt zur Einführung allgemeiner unmittelbarer Wahlen der Abgeordneten des Europäischen Parlaments[1]

Vom 20. September 1976
(ABl.1976 L 278/1)in der Fassung vom 11. Juni 1985 (ABl. 1985 L 302/9)

Der RAT -

in der Zusammensetzung der Vertreter der Mitgliedstaaten und mit Einstimmigkeit,

gestützt auf Artikel 21 Absatz 3 des Vertrages über die Gründung der Europäischen Gemeinschaft für Kohle und Stahl,

gestützt auf Artikel 138 Absatz 3 des Vertrages zur Gründung der Europäischen Wirtschaftsgemeinschaft,

gestützt auf Artikel 108 Absatz 3 des Vertrages zur Gründung der Europäischen Atomgemeinschaft,

nach Kenntnisnahme des Entwurfs des Europäischen Parlaments

in der Absicht, die Schlußfolgerungen des Europäischen Rates vom 1. und 2. Dezember 1975 in Rom in die Tat umzusetzen, damit die Wahl zum Europäischen Parlament zu einem einheitlichen Zeitpunkt in den Monaten Mai-Juni 1978 abgehalten wird -

hat die diesem Beschluß beigefügten Bestimmungen erlassen, deren Annahme nach ihren jeweiligen verfassungsrechtlichen Vorschriften er den Mitgliedstaaten empfiehlt.

---

1) Bezeichnung geändert durch Art. 3 Abs. 1 in Verbindung mit Art. 32 EEA (abgedruckt unter Nr. **6**)

Dieser Beschluß und die ihm beigefügten Bestimmungen werden im Amtsblatt der Europäischen Gemeinschaften veröffentlicht.

Die Mitgliedstaaten teilen dem Generalsekretär des Rates der Europäischen Gemeinschaften unverzüglich den Abschluß der Verfahren mit, die nach ihren jeweiligen verfassungsrechtlichen Vorschriften für die Annahme der diesem Beschluß beigefügten Bestimmungen erforderlich sind.

Dieser Beschluß tritt am Tag der Veröffentlichung im Amtsblatt der Europäischen Gemeinschaften in Kraft.

Geschehen zu Brüssel am zwanzigsten September neunzehnhundertsechsundsiebzig.

## AKT zur Einführung allgemeiner unmittelbarer Wahlen der Abgeordneten des Europäischen Parlaments

### Artikel 1

Die Abgeordneten der Völker der in der Gemeinschaft vereinigten Staaten im Europäischen Parlament werden in allgemeiner, unmittelbarer Wahl gewählt.[1]

### Artikel 2

Die Zahl der in jedem Mitgliedstaat gewählten Abgeordneten wird wie folgt festgesetzt:

| | |
|---|---|
| Belgien | 24 |
| Dänemark | 16 |
| Deutschland | 81 |
| Griechenland | 24 |

1) Vgl. für die Bundesrepublik Deutschland das Gesetz über die Wahl der Abgeordneten des Europäischen Parlaments aus der Bundesrepublik (Europawahlgesetz) vom 16. Juni 1978 (BGBl. 1978 I S. 709); die Verordnung über die Vorbereitung und Durchführung der Wahl der Abgeordneten des Europäischen Parlaments aus der Bundesrepublik Deutschland (Europawahlordnung) v. 27. Juli 1988 (BGBl. 1988 I S. 1453) und das Gesetz über die Rechtsverhältnisse der Mitglieder des Europäischen Parlaments aus der Bundesrepublik Deutschland (Europaabgeordnetengesetz) vom 6. April 1979 (BGBl. 1979 I S. 413)

| | |
|---|---|
| Spanien | 60 |
| Frankreich | 81 |
| Irland | 15 |
| Italien | 81 |
| Luxemburg | 6 |
| Niederlande | 25 |
| Portugal | 24 |
| Vereinigtes Königreich | 81 |

**Artikel 3**

(1) Die Abgeordneten werden auf fünf Jahre gewählt.

(2) Diese fünfjährige Wahlperiode beginnt mit der Eröffnung der ersten Sitzung nach jeder Wahl.

Sie wird nach Maßgabe von Artikel 10 Absatz 2 Unterabsatz 2 verlängert oder verkürzt.

(3) Das Mandat eines Abgeordneten beginnt und endet zu gleicher Zeit wie der in Absatz 2 genannte Zeitraum.

**Artikel 4**

(1) Die Abgeordneten geben ihre Stimmen einzeln und persönlich ab. Sie sind weder an Aufträge noch an Weisungen gebunden.

(2) Die Abgeordneten genießen die Vorrechte und Befreiungen, die nach dem Protokoll über die Vorrechte und Befreiungen der Europäischen Gemeinschaften im Anhang zum Vertrag zur Einsetzung eines gemeinsamen Rates und einer gemeinsamen Kommission der Europäischen Gemeinschaften für die Mitglieder des Europäischen Parlaments gelten.

**Artikel 5**

Die Mitgliedschaft im Europäischen Parlament ist vereinbar mit der Mitgliedschaft im Parlament eines Mitgliedstaats.

**Artikel 6**

(1) Die Mitgliedschaft im Europäischen Parlament ist unvereinbar mit der Eigenschaft als

- Mitglied der Regierung eines Mitgliedstaats;
- Mitglied der Kommission der Europäischen Gemeinschaften;

– Richter, Generalanwalt oder Kanzler des Gerichtshofs der Europäischen Gemeinschaften;

– Mitglied des Rechnungshofs der Europäischen Gemeinschaften;

– Mitglied des Beratenden Ausschusses der Europäischen Gemeinschaft für Kohle und Stahl oder Mitglied des Wirtschafts- und Sozialausschusses der Europäischen Wirtschaftsgemeinschaft und der Europäischen Atomgemeinschaft;

– Mitglied von Ausschüssen und Gremien, die auf Grund der Verträge über die Gründung der Europäischen Gemeinschaft für Kohle und Stahl, der Europäischen Wirtschaftsgemeinschaft und der Europäischen Atomgemeinschaft Mittel der Gemeinschaften verwalten oder eine dauernde unmittelbare Verwaltungsaufgabe wahrnehmen;

– Mitglied des Verwaltungsrats oder des Direktoriums oder Bediensteter der Europäischen Investitionsbank;

– im aktiven Dienst stehender Beamter oder Bediensteter der Institutionen der Europäischen Gemeinschaften oder der ihnen angegliederten fachlichen Gremien.

(2) Ferner kann jeder Mitgliedstaat nach Artikel 7 Absatz 2 innerstaatlich geltende Unvereinbarkeiten festlegen.

(3) Die Abgeordneten des Europäischen Parlaments, auf die im Laufe der in Artikel 3 festgelegten fünfjährigen Wahlperiode die Absätze 1 und 2 Anwendung finden, werden nach Artikel 12 ersetzt.

**Artikel 7**

(1) Das Europäische Parlament arbeitet gemäß Artikel 21 Absatz 3 des Vertrages über die Gründung der Europäischen Gemeinschaft für Kohle und Stahl, Artikel 138 Absatz 3 des Vertrages zur Gründung der Europäischen Wirtschaftsgemeinschaft und Artikel 108 Absatz 3 des Vertrages zur Gründung der Europäischen Atomgemeinschaft den Entwurf eines einheitlichen Wahlverfahrens aus.

(2) Bis zum Inkrafttreten eines einheitlichen Wahlverfahrens und vorbehaltlich der sonstigen Vorschriften dieses Akts bestimmt sich das Wahlverfahren in jedem Mitgliedstaat nach den innerstaatlichen Vorschriften.

**Artikel 8**

Bei der Wahl der Abgeordneten des Europäischen Parlaments kann jeder Wähler nur einmal wählen.

**Artikel 9**

(1) Die Wahl zum Europäischen Parlament findet zu dem von jedem Mitgliedstaat festgelegten Termin statt, der in einen für alle Mitgliedstaaten gleichen Zeitraum von Donnerstag morgen bis zu dem unmittelbar nachfolgenden Sonntag fällt.

(2) Mit der Ermittlung des Wahlergebnisses darf erst begonnen werden, wenn die Wahl in dem Mitgliedstaat, dessen Wähler innerhalb des in Absatz 1 genannten Zeitraums als letzte wählen, abgeschlossen ist.

(3) Sollte ein Mitgliedstaat für die Wahl zum Europäischen Parlament eine Wahl in zwei Wahlgängen vorsehen, so muß der erste Wahlgang in den in Absatz 1 genannten Zeitraum fallen.

**Artikel 10**

(1) Der in Artikel 9 Absatz 1 genannte Zeitraum wird für die erste Wahl vom Rat nach Anhörung des Europäischen Parlaments einstimmig näher bestimmt.

(2) Die folgenden Wahlen finden in dem entsprechenden Zeitraum des letzten Jahres der in Artikel 3 genannten fünfjährigen Wahlperiode statt. Erweist es sich als unmöglich, die Wahlen während dieses Zeitraums in der Gemeinschaft abzuhalten, so setzt der Rat nach Anhörung des Europäischen Parlaments einstimmig einen anderen Zeitraum fest, der frühestens einen Monat vor und spätestens einen Monat nach dem sich aus vorstehendem Unterabsatz ergebenden Zeitraum liegen darf.

(3) Unbeschadet des Artikels 22 des Vertrages über die Gründung der Europäischen Gemeinschaft für Kohle und Stahl, des Artikels 139 des Vertrages zur Gründung der Europäischen Wirtschaftsgemeinschaft und des Artikels 109 des Vertrages zur Gründung der Europäischen Atomgemeinschaft tritt das Europäische Parlament, ohne daß es einer Einberufung bedarf, am ersten Dienstag nach Ablauf eines Monats ab dem Ende des in Artikel 9 Absatz 1 genannten Zeitraums zusammen.

(4) Die Befugnisse des scheidenden Europäischen Parlaments enden mit der ersten Sitzung des neuen Europäischen Parlaments.

**Artikel 11**

Bis zum Inkrafttreten des in Artikel 7 Absatz 1 vorgesehenen einheitlichen Wahlverfahrens prüft das Europäische Parlament die Mandate der Abgeordneten. Zu diesem Zweck nimmt das Europäische Parlament die von den Mitgliedstaaten amtlich bekanntgegebenen Wahlergebnisse zur Kenntnis und befindet über die Anfechtungen, die gegebenenfalls auf Grund der Vorschriften dieses Akts – mit Ausnahme der innerstaatlichen Vorschriften, auf die darin verwiesen wird – vorgebracht werden könnten.

**Artikel 12**

(1) Bis zum Inkrafttreten des nach Artikel 7 Absatz 1 einzuführenden einheitlichen Wahlverfahrens und vorbehaltlich der sonstigen Vorschriften dieses Akts legt jeder Mitgliedstaat für den Fall des Freiwerdens eines Sitzes während der in Artikel 3 genannten fünfjährigen Wahlperiode die geeigneten Verfahren fest, um diesen Sitz für den verbleibenden Zeitraum zu besetzen.

(2) Hat das Freiwerden seine Ursache in den in einem Mitgliedstaat geltenden innerstaatlichen Vorschriften, so unterrichtet dieser Mitgliedstaat das Europäische Parlament hierüber, das davon Kenntnis nimmt.

In allen übrigen Fällen stellt das Europäische Parlament das Freiwerden fest und unterrichtet den Mitgliedstaat hierüber.

**Artikel 13**

Sollte es sich als erforderlich erweisen, Maßnahmen zur Durchführung dieses Akts zu treffen, so trifft der Rat diese Maßnahmen einstimmig auf Vorschlag des Europäischen Parlaments und nach Anhörung der Kommission, nachdem er sich in einem Konzertierungsausschuß, dem der Rat sowie Abgeordnete des Europäischen Parlaments angehören, um ein Einvernehmen mit dem Europäischen Parlament bemüht hat.

**Artikel 14**

Artikel 21 Absätze 1 und 2 des Vertrages über die Gründung der Europäischen Gemeinschaft für Kohle und Stahl, Artikel 138 Absätze 1 und 2 des Vertrages zur Gründung der Europäischen Wirtschaftsgemeinschaft und Artikel 108 Absätze 1 und 2 des Vertrages zur Gründung der Europäischen Atomgemeinschaft treten an dem Tag außer Kraft, an dem das erste nach Maßgabe dieses Akts gewählte Europäische Parlament gemäß Artikel 10 Absatz 3 zusammentritt.

**Artikel 15**

Dieser Akt ist in dänischer, deutscher, englischer, französischer, irischer, italienischer und niederländischer Sprache abgefaßt, wobei jeder Wortlaut gleichermaßen verbindlich ist.

Die Anhänge I bis III sind Bestandteil dieses Akts.

Eine Erklärung der Regierung der Bundesrepublik Deutschland ist diesem Akt beigefügt.

### Artikel 16

Die Bestimmungen dieses Akts treten an dem ersten Tag des Monats in Kraft[1], der auf den Erhalt der letzten in dem Beschluß genannten Mitteilungen folgt.

Geschehen zu Brüssel am zwanzigsten September neunzehnhundertsechsundsiebzig.

## Anhang I

Die dänischen Behörden können die Zeitpunkte bestimmen, an denen die Wahlen der Mitglieder des Europäischen Parlaments in Grönland stattfinden.

## Anhang II

Das Vereinigte Königreich wird die Vorschriften dieses Akts nur auf das Vereinigte Königreich anwenden.

## Anhang III

### Erklärung zu Artikel 13a

In bezug auf das Verfahren, das im Konzertierungsausschuß anzuwenden ist, wird vereinbart, die Nummern 5, 6 und 7 des Verfahrens heranzuziehen, das durch die gemeinsame Erklärung des Europäischen Parlaments, des Rates und der Kommission vom 4. März 1975 festgelegt worden ist.

### Erklärung der Regierung der Bundesrepublik Deutschland

Die Regierung der Bundesrepublik Deutschland erklärt, daß der Akt zur Einführung allgemeiner unmittelbarer Wahlen der Mitglieder des Europäischen Parlaments auch für das Land Berlin gilt.

Mit Rücksicht auf die bestehenden Rechte und Verantwortlichkeiten Frankreichs, des Vereinigten Königreichs Großbritannien und Nordirland und der Vereinigten Staaten von Amerika wird das Berliner Abgeordnetenhaus die Abgeordneten für diejenigen Sitze wählen, welche innerhalb des Kontingents der Bundesrepublik Deutschland auf das Land Berlin entfallen.

---

1) Der Akt trat am 1.7.1978 in Kraft (ABl. 1978 L 173/30)

# 11. Protokoll über die Satzung des Gerichtshofs der Europäischen Wirtschaftsgemeinschaft[1]

Vom 17. April 1957 (BGBl.II S.1166) in der Fassung vom 24. Oktober 1988 (ABl. 1988 L 319/1)

DIE HOHEN VERTRAGSPARTEIEN DES VERTRAGS ZUR GRÜNDUNG DER EUROPÄISCHEN WIRTSCHAFTSGEMEINSCHAFT -

IN DEM WUNSCH, die in Artikel 188 dieses Vertrags vorgesehene Satzung des Gerichtshofs festzulegen -

HABEN zu diesem Zweck zu ihrem Bevollmächtigten ERNANNT:

(Es folgen die Namen der sechs Bevollmächtigten.)

DIESE SIND nach Austausch ihrer in guter und gehöriger Form befundenen Vollmachten

über folgende Bestimmungen ÜBEREINGEKOMMEN, die dem Vertrag zur Gründung der Europäischen Gemeinschaft als Anhang beigefügt sind:

**Artikel 1**

Für die Errichtung und die Tätigkeit des durch Artikel 4 dieses Vertrags geschaffenen Gerichtshofs gelten die Bestimmungen dieses Vertrags und dieser Satzung.

---

1) Parallel dazu die Protokolle über die Satzung des Gerichtshofs der Europäischen Atomgemeinschaft bzw. der Europäischen Gemeinschaft für Kohle und Stahl.

## 11 Satzung EuGH

### Titel I. Die Richter und die Generalanwälte

#### Artikel 2

Jeder Richter leistet vor Aufnahme seiner Amtstätigkeit in öffentlicher Sitzung den Eid, sein Amt unparteiisch und gewissenhaft auszuüben und das Beratungsgeheimnis zu wahren.

#### Artikel 3

Die Richter sind keiner Gerichtsbarkeit unterworfen. Hinsichtlich ihrer in amtlicher Eigenschaft vorgenommenen Handlungen, einschließlich ihrer mündlichen und schriftlichen Äußerungen, steht ihnen diese Befreiung auch nach Abschluß ihrer Amtstätigkeit zu.

Der Gerichtshof kann die Befreiung durch Plenarentscheidung aufheben.

Wird nach Aufhebung der Befreiung ein Strafverfahren gegen einen Richter eingeleitet, so darf dieser in jedem Mitgliedstaat nur vor ein Gericht gestellt werden, das für Verfahren gegen Richter der höchsten Gerichte dieses Mitgliedstaates zuständig ist.

#### Artikel 4

Die Richter dürfen weder ein politisches Amt noch ein Amt in der Verwaltung ausüben.

Sie dürfen keine entgeltliche oder unentgeltliche Berufstätigkeit ausüben, es sei denn, daß der Rat ausnahmsweise von dieser Vorschrift Befreiung erteilt.

Bei der Aufnahme ihrer Tätigkeit übernehmen sie die feierliche Verpflichtung, während der Ausübung und nach Ablauf ihrer Amtstätigkeit die sich aus ihrem Amt ergebenden Pflichten zu erfüllen, insbesondere die Pflicht, bei der Annahme gewisser Tätigkeiten oder Vorteile nach Ablauf dieser Tätigkeit ehrenhaft und zurückhaltend zu sein.

Im Zweifelsfalle entscheidet der Gerichtshof.

#### Artikel 5

Abgesehen von den regelmäßigen Neubesetzungen und von Todesfällen endet das Amt eines Richters durch Rücktritt.

Bei Rücktritt eines Richters ist das Rücktrittsschreiben an den Präsidenten des Gerichtshofs zur Weiterleitung an den Präsidenten des Rates zu richten. Mit der Benachrichtigung des letzteren wird der Sitz frei.

Mit Ausnahme der Fälle, in denen Artikel 6 Anwendung findet, bleibt jeder Richter bis zum Amtsantritt seines Nachfolgers im Amt.

**Artikel 6**

Ein Richter kann nur dann seines Amtes enthoben oder seiner Ruhegehaltsansprüche oder anderer an ihrer Stelle gewährter Vergünstigungen für verlustig erklärt werden, wenn er nach einstimmigem Urteil der Richter und Generalanwälte des Gerichtshofs nicht mehr die erforderlichen Voraussetzungen erfüllt oder den sich aus seinem Amt ergebenden Verpflichtungen nicht mehr nachkommt. Der Betroffene wirkt bei der Beschlußfassung nicht mit.

Der Kanzler bringt den Präsidenten des Europäischen Parlaments und der Kommission die Entscheidung des Gerichtshofs zur Kenntnis und übermittelt sie dem Präsidenten des Rates.

Wird durch eine solche Entscheidung ein Richter seines Amtes enthoben, so wird sein Sitz mit der Benachrichtigung des Präsidenten des Rates frei.

**Artikel 7**

Endet das Amt eines Richters vor Ablauf seiner Amtszeit, so wird es für die verbleibende Amtszeit neu besetzt.

**Artikel 8**

Die Artikel 2 bis 7 finden auf die Generalanwälte Anwendung.

## Titel II. Organisation

**Artikel 9**

Der Kanzler leistet vor dem Gerichtshof den Eid, sein Amt unparteiisch und gewissenhaft auszuüben und das Beratungsgeheimnis zu wahren.

**Artikel 10**

Der Gerichtshof regelt die Vertretung des Kanzlers für den Fall seiner Verhinderung.

**Artikel 11**

Dem Gerichtshof werden Beamte und sonstige Bedienstete beigegeben, um ihm die Erfüllung seiner Aufgaben zu ermöglichen. Sie unterstehen dem Kanzler unter Aufsicht des Präsidenten.

**Artikel 12**

Der Rat kann durch einstimmigen Beschluß auf Vorschlag des Gerichtshofs die Ernennung von Hilfsberichterstattern vorsehen und ihre Stellung bestimmen. Die Hilfsberichterstatter können nach Maßgabe der Verfahrensordnung berufen werden, an der Bearbeitung der beim Gerichtshof anhängigen Sachen teilzunehmen und mit dem Berichterstatter zusammenzuarbeiten.

Zu Hilfsberichterstattern sind Persönlichkeiten auszuwählen, die jede Gewähr für Unabhängigkeit bieten und die erforderlichen juristischen Befähigungsnachweise erbringen; sie werden vom Rat ernannt. Sie leisten vor dem Gerichtshof den Eid, ihr Amt unparteiisch und gewissenhaft auszuüben und das Beratungsgeheimnis zu wahren.

**Artikel 13**

Die Richter, die Generalanwälte und der Kanzler sind verpflichtet, am Sitz des Gerichtshofs zu wohnen.

**Artikel 14**

Der Gerichtshof übt seine Tätigkeit ständig aus. Die Dauer der Gerichtsferien wird vom Gerichtshof unter Berücksichtigung der dienstlichen Erfordernisse festgesetzt.

**Artikel 15**

Der Gerichtshof kann nur in der Besetzung mit einer ungeraden Zahl von Richtern rechtswirksam entscheiden. Die in Vollsitzungen getroffenen Entscheidungen des Gerichtshofs sind gültig, wenn sieben Richter anwesend sind. Die Entscheidungen der Kammern sind nur dann gültig, wenn sie von drei Richtern getroffen werden; bei Verhinderung eines Richters einer Kammer kann nach Maßgabe der Verfahrensordnung ein Richter einer anderen Kammer herangezogen werden.

**Artikel 16**

Die Richter und Generalanwälte dürfen nicht an der Erledigung einer Sache teilnehmen, in der sie vorher als Bevollmächtigte, Beistände oder Anwälte einer der Parteien tätig gewesen sind oder über die zu befinden sie als Mitglied eines Gerichts, eines Untersuchungsausschusses oder in anderer Eigenschaft berufen waren.

Glaubt ein Richter oder Generalanwalt bei der Entscheidung oder Untersuchung einer bestimmten Sache nicht mitwirken zu können, so macht er davon dem Präsidenten Mitteilung. Hält der Präsident die Teilnahme eines Richters oder Generalanwalts an der Verhandlung oder Entscheidung einer bestimmten Sache aus einem besonderen Grund für unangebracht, so setzt er diesen hiervon in Kenntnis.

Ergibt sich bei der Anwendung dieses Artikels eine Schwierigkeit, so entscheidet der Gerichtshof.

Eine Partei kann den Antrag auf Änderung der Zusammensetzung des Gerichtshofs oder einer seiner Kammern weder mit der Staatsangehörigkeit eines Richters noch damit begründen, daß dem Gerichtshof oder einer seiner Kammern kein Richter ihrer Staatsangehörigkeit angehört.

## Titel III. Verfahren

### Artikel 17

Die Staaten sowie die Organe der Gemeinschaft werden vor dem Gerichtshof durch einen Bevollmächtigten vertreten, der für jede Sache bestellt wird; der Bevollmächtigte kann sich der Hilfe eines Beistands oder eines Anwalts bedienen, der in einem Mitgliedstaat zugelassen ist.

Die anderen Parteien müssen durch einen Anwalt vertreten sein, der in einem Mitgliedstaat zugelassen ist.

Die vor dem Gerichtshof auftretenden Bevollmächtigten, Beistände und Anwälte genießen nach Maßgabe der Verfahrensordnung die zur unabhängigen Ausübung ihrer Aufgaben erforderlichen Rechte und Sicherheiten.

Der Gerichtshof hat nach Maßgabe dieser Verfahrensordnung gegenüber den vor ihm auftretenden Beiständen und Anwälten die den Gerichten üblicherweise zuerkannten Befugnisse.

Hochschullehrer, die Angehörige von Mitgliedstaaten sind, deren Rechtsordnung ihnen gestattet, vor Gericht als Vertreter einer Partei aufzutreten, haben vor dem Gerichtshof die durch diesen Artikel den Anwälten eingeräumte Rechtsstellung.

### Artikel 18

Das Verfahren vor dem Gerichtshof gliedert sich in ein schriftliches und ein mündliches Verfahren.

Das schriftliche Verfahren umfaßt die Übermittlung der Klageschriften, Schriftsätze, Klagebeantwortungen und Erklärungen und gegebenenfalls der Repliken sowie aller zur Unterstützung vorgelegten Belegstükke und Urkunden oder ihrer beglaubigten Belegstücke und Urkunden oder ihrer beglaubigten Abschriften an die Parteien sowie an diejenigen Organe der Gemeinschaft, deren Entscheidungen Gegenstand des Verfahrens sind.

Die Übermittlung obliegt dem Kanzler in der Reihenfolge und innerhalb der Fristen, welche die Verfahrensordnung bestimmt.

Das mündliche Verfahren umfaßt die Verlesung des von einem Berichterstatter vorgelegten Berichts, die Anhörung der Bevollmächtigten, Beistände und Anwälte und der Schlußanträge des Generalanwalts durch den Gerichtshof sowie gegebenenfalls die Vernehmung von Zeugen und Sachverständigen.

**Artikel 19**

Die Klageerhebung bei dem Gerichtshof erfolgt durch Einreichung einer an den Kanzler zu richtenden Klageschrift. Die Klageschrift muß Namen und Wohnsitz des Klägers, die Stellung des Unterzeichnenden, die Partei, gegen welche die Klage erhoben wird, und den Streitgegenstand angeben sowie die Anträge und eine kurze Darstellung der Klagegründe enthalten.

Ihr ist gegebenenfalls der Wortlaut des Aktes beizufügen, dessen Nichtigerklärung beantragt wird, oder in dem in Artikel 175 dieses Vertrags geregelten Fall eine Unterlage, aus der sich der Zeitpunkt der in dem genannten Artikel vorgesehenen Aufforderung ergibt. Sind der Klageschrift diese Unterlagen nicht beigefügt, so fordert der Kanzler den Kläger auf, sie innerhalb einer angemessenen Frist beizubringen; die Klage kann nicht deshalb zurückgewiesen werden, weil die Beibringung erst nach Ablauf der für die Klageerhebung vorgeschriebenen Frist erfolgt.

**Artikel 20**

In den in Artikel 177 dieses Vertrags geregelten Fällen obliegt es dem Gericht des Mitgliedstaates, das ein Verfahren aussetzt und den Gerichtshof anruft, diese Entscheidung dem Gerichtshof zu übermitteln. Der Kanzler des Gerichtshofs stellt diese Entscheidung den beteiligten Parteien, den Mitgliedstaaten und der Kommission zu und außerdem dem Rat, sofern die Gültigkeit oder Auslegung einer Handlung des Rates streitig ist.

Binnen zwei Monaten nach dieser Zustellung können die Parteien, die Mitgliedstaaten, die Kommission und gegebenenfalls der Rat beim Gerichtshof Schriftsätze einreichen oder schriftliche Erklärungen abgeben.

**Artikel 21**

Der Gerichtshof kann von den Parteien die Vorlage aller Urkunden und die Erteilung aller Auskünfte verlangen, die er für wünschenswert hält. Im Falle einer Weigerung stellt der Gerichtshof diese ausdrücklich fest.

Der Gerichtshof kann ferner von den Mitgliedstaaten und den Organen, die nicht Parteien in einem Rechtsstreit sind, alle Auskünfte verlangen, die er für die Regelung dieses Rechtsstreits als erforderlich erachtet.

**Artikel 22**

Der Gerichtshof kann jederzeit Personen, Personengemeinschaften, Dienststellen, Ausschüsse oder Einrichtungen seiner Wahl mit der Abgabe von Gutachten betrauen.

**Artikel 23**

Zeugen können nach Maßgabe der Verfahrensordnung vernommen werden.

**Artikel 24**

Nach Maßgabe der Verfahrensordnung kann der Gerichtshof gegenüber ausbleibenden Zeugen die den Gerichten allgemein zuerkannten Befugnisse ausüben und Geldbußen verhängen.

**Artikel 25**

Zeugen und Sachverständige können unter Benutzung der in der Verfahrensordnung vorgeschriebenen Eidesformel oder in der in der Rechtsordnung ihres Landes vorgesehenen Weise eidlich vernommen werden.

**Artikel 26**

Der Gerichtshof kann anordnen, daß ein Zeuge oder Sachverständiger von dem Gericht seines Wohnsitzes vernommen wird.

Diese Anordnung ist gemäß den Bestimmungen der Verfahrensordnung zur Ausführung an das zuständige Gericht zu richten. Die in Ausführung des Rechtshilfeersuchens abgefaßten Schriftstücke werden dem Gerichtshof nach denselben Bestimmungen übermittelt.

Der Gerichtshof übernimmt die anfallenden Auslagen; er erlegt sie gegebenenfalls den Parteien auf.

**Artikel 27**

Jeder Mitgliedstaat behandelt die Eidesverletzung eines Zeugen oder Sachverständigen wie eine vor seinen eigenen in Zivilsachen zuständigen Gerichten begangene Straftat. Auf Anzeige des Gerichtshofs verfolgt er den Täter vor seinen zuständigen Gerichten

**Artikel 28**

Die Verhandlung ist öffentlich, es sei denn, daß der Gerichtshof von Amts wegen oder auf Antrag der Parteien aus wichtigen Gründen anders beschließt.

**Artikel 29**

Der Gerichtshof kann während der Verhandlung Sachverständige, Zeugen sowie die Parteien selbst vernehmen. Für die letzteren können jedoch nur ihre bevollmächtigten Vertreter mündlich verhandeln.

**Artikel 30**

Über jede mündliche Verhandlung ist ein vom Präsidenten und vom Kanzler zu unterschreibendes Protokoll aufzunehmen.

**Artikel 31**

Die Terminliste wird vom Präsidenten festgelegt.

**Artikel 32**

Die Beratungen des Gerichtshofs sind und bleiben geheim.

**Artikel 33**

Die Urteile sind mit Gründen zu versehen. Sie enthalten die Namen der Richter, die bei der Entscheidung mitgewirkt haben.

**Artikel 34**

Die Urteile sind vom Präsidenten und vom Kanzler zu unterschreiben. Sie werden in öffentlicher Sitzung verlesen.

**Artikel 35**

Der Gerichtshof entscheidet über die Kosten.

**Artikel 36**

Der Präsident des Gerichtshofs kann nach einem abgekürzten Verfahren, das erforderlichenfalls von einzelnen Bestimmungen dieser Satzung abweichen kann und in der Verfahrensordnung geregelt ist, über Anträge auf Aussetzung gemäß Artikel 185 dieses Vertrags, auf Erlaß einstweiliger Anordnungen gemäß Artikel 186 oder auf Aussetzung der Zwangsvollstreckung gemäß Artikel 192 Absatz 4 entscheiden.

Bei Verhinderung des Präsidenten wird dieser durch einen anderen Richter nach Maßgabe der Verfahrensordnung vertreten.

Die von dem Präsidenten oder seinem Vertreter getroffene Anordnung stellt eine einstweilige Regelung dar und greift der Entscheidung des Gerichtshofs in der Hauptsache nicht vor.

**Artikel 37**

Die Mitgliedstaaten und die Organe der Gemeinschaft können einem bei dem Gerichtshof anhängigen Rechtsstreit beitreten.

Dasselbe gilt für alle anderen Personen, die ein berechtigtes Interesse am Ausgang eines bei dem Gerichtshof anhängigen Rechtsstreits glaubhaft machen; ausgenommen davon sind Rechtsstreitigkeiten zwischen Mitgliedstaaten, zwischen Organen der Gemeinschaft oder zwischen Mitgliedstaaten und Organen der Gemeinschaft.

Mit den auf Grund des Beitritts gestellten Anträgen können nur die Anträge einer Partei unterstützt werden.

**Artikel 38**

Stellt der ordnungsmäßig geladene Beklagte keine schriftlichen Anträge, so ergeht gegen ihn Versäumnisurteil. Gegen dieses Urteil kann binnen einem Monat nach Zustellung Einspruch eingelegt werden. Der Einspruch hat keine Aussetzung der Vollstreckung aus dem Versäummsurteil zur Folge, es sei denn, daß der Gerichtshof anders beschließt.

**Artikel 39**

Mitgliedstaaten, Organe der Gemeinschaft und alle sonstigen natürlichen und juristischen Personen können nach Maßgabe der Verfahrensordnung in den dort genannten Fällen Drittwiderspruch gegen ein Urteil erheben, wenn dieses Urteil ihre Rechte beeinträchtigt und in einem Rechtsstreit erlassen worden ist, an dem sie nicht teilgenommen haben.

**Artikel 40**

Bestehen Zweifel über Sinn und Tragweite eines Urteils, so ist der Gerichtshof zuständig, dieses Urteil auf Antrag einer Partei oder eines Organs der Gemeinschaft auszulegen, wenn diese ein berechtigtes Interesse hieran glaubhaft machen.

**Artikel 41**

Die Wiederaufnahme des Verfahrens kann beim Gerichtshof nur dann beantragt werden, wenn eine Tatsache von entscheidender Bedeutung bekannt wird, die vor Verkündung des Urteils dem Gerichtshof und der die Wiederaufnahme beantragenden Partei unbekannt war.

Das Wiederaufnahmeverfahren wird durch eine Entscheidung des Gerichtshofs eröffnet, die das Vorliegen der neuen Tatsache ausdrücklich feststellt, ihr die für die Eröffnung des Wiederaufnahmeverfahrens erforderlichen Merkmale zuerkennt und deshalb den Antrag für zulässig erklärt.

Nach Ablauf von zehn Jahren nach Erlaß des Urteils kann kein Wiederaufnahmeantrag mehr gestellt werden.

**Artikel 42**

In der Verfahrensordnung sind besondere, den Entfernungen Rechnung tragende Fristen festzulegen.

Der Ablauf von Fristen hat keinen Rechtsnachteil zur Folge, wenn der Betroffene nachweist, daß ein Zufall oder ein Fall höherer Gewalt vorliegt.

**Artikel 43**

Die aus außervertraglicher Haftung der Gemeinschaft hergeleiteten Ansprüche verjähren in fünf Jahren nach Eintritt des Ereignisses, das ihnen zugrunde liegt. Die Verjährung wird durch Einreichung der Klageschrift beim Gerichtshof oder dadurch unterbrochen, daß der Geschädigte seinen Anspruch vorher gegenüber dem zuständigen Organ der Gemeinschaft geltend macht. In letzterem Falle muß die Klage innerhalb der in Artikel 173 vorgesehenen Frist von zwei Monaten erhoben werden; gegebenenfalls findet Artikel 175 Absatz 2 Anwendung.

## Titel IV. Das Gericht erster Instanz der Europäischen Gemeinschaften

### Artikel 44

Die Artikel 2 bis 8 und die Artikel 13 bis 16 dieser Satzung finden auf das Gericht und dessen Mitglieder entsprechende Anwendung. Der Eid gemäß Artikel 2 wird vor dem Gerichtshof geleistet; die in den Artikeln 3, 4 und 6 genannten Entscheidungen trifft der Gerichtshof nach Stellungnahme des Gerichts.

### Artikel 45

Das Gericht ernennt einen Kanzler und bestimmt dessen Stellung. Die Artikel 9, 10 und 13 dieser Satzung finden auf den Kanzler des Gerichts entsprechende Anwendung.

Der Präsident des Gerichtshofs und der Präsident des Gerichts legen einvernehmlich fest, in welcher Weise Beamte und sonstige Bedienstete, die dem Gerichtshof beigegeben sind, dem Gericht Dienste leisten, um ihm die Erfüllung seiner Aufgaben zu ermöglichen. Einzelne Beamte oder sonstige Bedienstete unterstehen dem Kanzler des Gerichts unter Aufsicht des Präsidenten des Gerichts.

### Artikel 46

Das Verfahren vor dem Gericht bestimmt sich nach Titel III dieser Satzung; Artikel 20 ist gegenstandslos.

Das Verfahren wird, soweit dies erforderlich ist, durch die nach Maßgabe von Artikel 168 a Absatz 4 des Vertrages erlassene Verfahrensordnung im einzelnen geregelt und ergänzt.

Abweichend von Artikel 18 Absatz 4 dieser Satzung kann der Generalanwalt seine begründeten Schlußanträge schriftlich stellen.

### Artikel 47

Wird eine Klageschrift oder ein anderer Schriftsatz, die an das Gericht gerichtet sind, irrtümlich beim Kanzler des Gerichtshofs eingereicht, so übermittelt dieser sie unverzüglich an den Kanzler des Gerichts; wird eine Klageschrift oder ein anderer Schriftsatz, die an den Gerichtshof gerichtet sind, irrtümlich beim Kanzler des Gerichts eingereicht, so übermittelt dieser sie unverzüglich an den Kanzler des Gerichtshofs.

Stellt das Gericht fest, daß es für eine Klage nicht zuständig ist, die in die Zuständigkeit des Gerichtshofs fallt, so verweist es den Rechtsstreit an den Gerichtshof; stellt der Gerichtshof fest, daß eine Klage in die Zuständigkeit des Gerichts fällt, so verweist er den Rechtsstreit an das Gericht, das sich dann nicht für unzuständig erklären kann.

Sind bei dem Gerichtshof und dem Gericht Rechtssachen anhängig, die den gleichen Gegenstand haben, die gleiche Auslegungsfrage aufwerfen oder die Gültigkeit desselben Rechtsaktes betreffen, so kann das Gericht nach Anhörung der Parteien das Verfahren bis zum Erlaß des Urteils des Gerichtshofs aussetzen. Handelt es sich um Klagen auf Nichtigerklärung desselben Rechtsaktes, so kann sich das Gericht ferner für nicht zuständig erklären, damit der Gerichtshof über diese Klagen entscheidet. In den in diesem Absatz genannten Fällen kann auch der Gerichtshof die Aussetzung des bei ihm anhängigen Verfahrens beschließen; in diesem Fall wird das Verfahren vor dem Gericht fortgeführt.

**Artikel 48**

Der Kanzler des Gerichts übermittelt jeder Partei sowie allen Mitgliedstaaten und den Gemeinschaftsorganen, auch wenn diese vor dem Gericht der Rechtssache nicht als Streithelfer beigetreten sind, die Endentscheidungen des Gerichts und die Entscheidungen, die über einen Teil des Streitgegenstands ergangen sind oder die einen Zwischenstreit beenden, der eine Einrede wegen Unzuständigkeit oder Unzulässigkeit zum Gegenstand hat.

**Artikel 49**

Gegen die Endentscheidungen des Gerichts und gegen die Entscheidungen, die über einen Teil des Streitgegenstands ergangen sind oder die einen Zwischenstreit beenden, der eine Einrede der Unzuständigkeit oder Unzulässigkeit zum Gegenstand hat, kann ein Rechtsmittel beim Gerichtshof eingelegt werden; die Rechtsmittelfrist beträgt zwei Monate und beginnt mit der Zustellung der angefochtenen Entscheidung.

Dieses Rechtsmittel kann von einer Partei eingelegt werden, die mit ihren Anträgen ganz oder teilweise unterlegen ist. Andere Streithelfer als Mitgliedstaaten oder Gemeinschaftsorgane können dieses Rechtsmittel jedoch nur dann einlegen, wenn die Entscheidung des Gerichts sie unmittelbar berührt.

Mit Ausnahme von Fällen, die sich auf Streitsachen zwischen der Gemeinschaft und ihren Bediensteten beziehen, kann dieses Rechtsmittel auch von den Mitgliedstaaten und den Gemeinschaftsorganen eingelegt werden, die dem Rechtsstreit vor dem Gericht nicht beigetreten sind. In diesem Fall befinden sie sich in derselben Stellung wie Mitgliedstaaten und Organe, die dem Rechtsstreit im ersten Rechtszug beigetreten sind.

**Artikel 50**

Wird ein Antrag auf Zulassung als Streithelfer von dem Gericht abgelehnt, so kann der Antragsteller binnen zwei Wochen nach Zustellung der ablehnenden Entscheidung ein Rechtsmittel beim Gerichtshof einlegen.

Gegen die aufgrund der Artikel 185, 186 und des Artikels 192 Absatz 4 des Vertrages ergangenen Entscheidungen des Gerichts können die Parteien des Verfahrens binnen zwei Monaten nach Zustellung ein Rechtsmittel beim Gerichtshof einlegen.

Die Entscheidung über das gemäß den Absätzen 1 und 2 des vorliegenden Artikels eingelegte Rechtsmittel ergeht nach Maßgabe des Artikels 86 dieser Satzung.

**Artikel 51**

Das beim Gerichtshof eingelegte Rechtsmittel ist auf Rechtsfragen beschränkt. Es kann nur auf die Unzuständigkeit des Gerichts, auf einen Verfahrensfehler, durch den die Interessen des Rechtsmittelführers beeinträchtigt werden, sowie auf eine Verletzung des Gemeinschaftsrechts durch das Gericht gestützt werden.

Ein Rechtsmittel nur gegen die Kostenentscheidung oder gegen die Kostenfestsetzung ist unzulässig.

**Artikel 52**

Wird gegen eine Entscheidung des Gerichts ein Rechtsmittel eingelegt, so besteht das Verfahren vor dem Gerichtshof aus einem schriftlichen und einem mündlichen Verfahren. Unter den in der Verfahrensordnung festgelegten Voraussetzungen kann der Gerichtshof nach Anhörung des Generalanwalts und der Parteien ohne mündliches Verfahren entscheiden.

**Artikel 53**

Unbeschadet der Artikel 185 und 186 des Vertrages haben Rechtsmittel keine aufschiebende Wirkung.

Abweichend von Artikel 187 des Vertrages werden die Entscheidungen des Gerichts, in denen eine Verordnung für nichtig erklärt wird, erst nach Ablauf der in Artikel 49 Absatz 1 dieser Satzung vorgesehenen Frist oder, wenn innerhalb dieser Frist ein Rechtsmittel eingelegt worden ist, nach dessen Zurückweisung wirksam; ein Beteiligter kann jedoch gemäß den Artikeln 185 und 186 des Vertrages beim Gerichtshof die Aussetzung der Wirkungen der für nichtig erklärten Verordnung oder sonstige einstweilige Anordnungen beantragen.

**Artikel 54**

Ist das Rechtsmittel begründet, so hebt der Gerichtshof die Entscheidung des Gerichts auf. Er kann sodann den Rechtsstreit selbst endgültig entscheiden, wenn dieser zur Entscheidung reif ist, oder die Sache zur Entscheidung an das Gericht zurückverweisen.

Im Falle der Zurückverweisung ist das Gericht an die rechtliche Beurteilung in der Entscheidung des Gerichtshofs gebunden.

Ist das von einem Mitgliedstaat oder einem Gemeinschaftsorgan, die dem Rechtsstreit vor dem Gericht nicht beigetreten sind, eingelegte Rechtsmittel begründet, so kann der Gerichtshof, falls er dies für notwendig hält, diejenigen Wirkungen der aufgehobenen Entscheidung des Gerichts bezeichnen, die für die Parteien des Rechtsstreits als fortgeltend zu betrachten sind.

**Artikel 55**

Die in Artikel 188 des Vertrags vorgesehene Verfahrensordnung des Gerichtshofs enthält außer den nach dieser Satzung zu erlassenden Bestimmungen alle sonstigen Vorschriften, die für die Anwendung dieser Satzung und erforderlichenfalls für ihre Ergänzung notwendig sind.

**Artikel 56**

Durch einstimmigen Beschluß kann der Rat die Bestimmungen dieser Satzung ergänzen, um sie den Notwendigkeiten anzupassen, die sich aus den gemäß Artikel 165 Absatz 4 dieses Vertrags getroffenen Maßnahmen ergeben.

**Artikel 57**

Der Präsident des Rates lost unmittelbar nach der Eidesleistung die Richter und Generalanwälte aus, deren Stellen nach Ablauf der ersten drei Jahre gemäß Artikel 167 Absätze 2 und 3 dieses Vertrags neu besetzt werden.

ZU URKUND DESSEN haben die unterzeichneten Bevollmächtigten ihre Unterschriften unter dieses Protokoll gesetzt.

GESCHEHEN zu Brüssel am siebzehnten April neunzehnhundertsiebenundfünfzig.

# 12. Verfahrensordnung des Gerichtshofes der Europäischen Gemeinschaften

Vom 19. Juni 1991

(ABl. 1991 L 176/7)

Aufgrund der Befugnisse, die dem Gerichtshof im Vertrag über die Gründung der Europäischen Gemeinschaft für Kohle und Stahl, im Vertrag zur Gründung der Europäischen Wirtschaftsgemeinschaft und im Vertrag zur Gründung der Europäischen Atomgemeinschaft verliehen sind,

aufgrund des Artikels 55 des Protokolls über die Satzung des Gerichtshofes der Europäischen Gemeinschaft für Kohle und Stahl,

aufgrund des Artikels 188 Absatz 3 des Vertrages zur Gründung der Europäischen Wirtschaftsgemeinschaft,

aufgrund des Artikels 160 Absatz 3 des Vertrages zur Gründung der Europäischen Atomgemeinschaft,

in der Erwägung, daß der Text seiner Verfahrensordnung in den verschiedenen Sprachen überarbeitet werden muß, um die Kohärenz und Einheitlichkeit zwischen diesen verschiedenen sprachlichen Fassungen zu gewährleisten,

nach einstimmiger Genehmigung dieser Überarbeitung, die vom Rat am 29. April 1991 erteilt worden ist,

und in der Erwägung, daß nach den zahlreichen Änderungen, die an seiner Verfahrensordnung vorgenommen worden sind, im Interesse der

Klarheit und Einfachheit ein kohärenter verbindlicher Text erstellt werden sollte, mit einstimmiger Genehmigung des Rates, die am 7. Juni erteilt worden ist,

ERSETZT DER GERICHTSHOF SEINE VERFAHRENSORDNUNG DURCH FOLGENDE VERFAHRENSORDNUNG:

## Eingangsbestimmung

### Artikel 1

In dieser Verfahrensordnung werden bezeichnet:

– der Vertrag über die Gründung der Europäischen Gemeinschaft für Kohle und Stahl als "EGKS-Vertrag"

– das Protokoll über die Satzung des Gerichtshofes der Europäischen Gemeinschaft für Kohle und Stahl als "EGKS-Satzung"

– der Vertrag zur Gründung der Europäischen Wirtschaftsgemeinschaft als "EWG-Vertrag"

– das Protokoll über die Satzung des Gerichtshofes der Europäischen Wirtschaftsgemeinschaft als "EWG-Satzung"

– der Vertrag zur Gründung der Europäischen Atomgemeinschaft als "EAG-Vertrag"

– das Protokoll über die Satzung des Gerichtshofes der Europäischen Atomgemeinschaft als "EAG-Satzung".

In dieser Verfahrensordnung umfaßt der Ausdruck "Organ" die Organe der Europäischen Gemeinschaften sowie die Europäische Investitionsbank.

## Erster Titel. Aufbau des Gerichtshofes

### Erstes Kapitel. Die Richter und Generalanwälte

### Artikel 2

Die Amtszeit eines Richters beginnt mit dem in der Ernennungsurkunde bestimmten Tag. In Ermangelung einer solchen Bestimmung beginnt die Amtszeit mit dem Ausstellungstag der Urkunde.

**Artikel 3**

§ 1. Die Richter leisten vor Aufnahme ihrer Tätigkeit in der ersten öffentlichen Sitzung des Gerichtshofes, an der sie nach ihrer Ernennung teilnehmen, folgenden Eid:

"Ich schwöre, daß ich mein Amt unparteiisch und gewissenhaft ausüben und das Beratungsgeheimnis wahren werde."

§ 2. Unmittelbar nach der Eidesleistung unterzeichnen die Richter eine Erklärung, in der sie die feierliche Verpflichtung übernehmen, während ihrer Amtszeit und nach deren Beendigung die sich aus ihrem Amt ergebenden Pflichten zu erfüllen, insbesondere die Pflicht, bei der Übernahme gewisser Tätigkeiten und der Annahme von Vorteilen nach Beendigung ihrer Amtszeit ehrenhaft und zurückhaltend zu sein.

**Artikel 4**

Hat der Gerichtshof darüber zu entscheiden, ob ein Richter nicht mehr die für sein Amt erforderlichen Voraussetzungen erfüllt oder den sich aus diesem Amt ergebenden Verpflichtungen nicht mehr nachkommt, so fordert der Präsident den Betroffenen auf, sich hierzu vor dem Gerichtshof zu äußern; dieser tagt hierbei in nichtöffentlicher Sitzung, an der der Kanzler nicht teilnimmt.

**Artikel 5**

Die Artikel 2, 3 und 4 finden auf die Generalanwälte entsprechende Anwendung.

**Artikel 6**

Die Rangordnung der Richter und Generalanwälte bestimmt sich ohne Unterschied nach ihrem Dienstalter.

Bei gleichem Dienstalter bestimmt sich die Rangordnung nach dem Lebensalter.

Ausscheidende Richter und Generalanwälte, die wiederernannt werden, behalten ihren bisherigen Rang.

## Zweites Kapitel. Der Präsident des Gerichtshofes und die Bildung der Kammern

### Artikel 7

§ 1. Sogleich nach der Neubesetzung von Richterstellen gemäß den Artikeln 32b EGKS-Vertrag, 167 EWG-Vertrag und 139 EAG-Vertrag wählen die Richter aus ihrer Mitte den Präsidenten des Gerichtshofes auf drei Jahre.

§ 2. Endet die Amtszeit des Präsidenten des Gerichtshofes vor ihrem regelmäßigen Ablauf, so wird das Amt für die verbleibende Zeit neu besetzt.

§ 3. Die in diesem Artikel vorgesehenen Wahlen sind geheim. Gewählt ist der Richter, der die absolute Mehrheit der Stimmen erhält. Erreicht keiner der Richter die absolute Mehrheit, so findet ein zweiter Wahlgang statt, in dem gewählt ist, wer die meisten Stimmen auf sich vereinigt. Bei Stimmengleichheit gilt der an Lebensjahren Älteste als gewählt.

### Artikel 8

Der Präsident leitet die rechtsprechende Tätigkeit und die Verwaltung des Gerichtshofes; er führt den Vorsitz in den Sitzungen und bei den Beratungen.

### Artikel 9

§ 1. Der Gerichtshof bildet gemäß den Artikeln 32 Absatz 2 EGKS-Vertrag, 165 Absatz 2 EWG-Vertrag und 137 Absatz 2 EAG-Vertrag Kammern und teilt ihnen die Richter zu.

Die Besetzung der Kammern wird im Amtsblatt der Europäischen Gemeinschaften veröffentlicht.

§ 2. Sogleich nach Eingang der Klageschrift weist der Präsident des Gerichtshofes die Rechtssache zu etwaigen Beweiserhebungen einer Kammer zu und bestimmt aus ihrer Mitte den Berichterstatter.

§ 3. Der Gerichtshof legt Kriterien fest, nach denen sich die Verteilung der Rechtssachen auf die Kammern in der Regel richtet.

§ 4. Für das Verfahren vor den Kammern gelten die Bestimmungen dieser Verfahrensordnung entsprechend.

In den Rechtssachen, für deren Entscheidung die Kammern zuständig sind, übt der Kammerpräsident die Befugnisse des Präsidenten des Gerichtshofes aus.

**Artikel 10**

§ 1. Der Gerichtshof wählt jeweils auf ein Jahr die Kammerpräsidenten und einen Ersten Generalanwalt.

Artikel 7 §§ 2 und 3 findet entsprechende Anwendung.

Das Ergebnis der Wahlen nach diesem Paragraphen wird im Amtsblatt der Europäischen Gemeinschaften veröffentlicht.

§ 2. Der Erste Generalanwalt entscheidet sogleich nach der Bestimmung des Berichterstatters durch den Präsidenten über die Zuweisung der Rechtssachen an die Generalanwälte. Er trifft bei Abwesenheit oder Verhinderung eines Generalanwalts die erforderlichen Maßnahmen.

**Artikel 11**

Ist der Präsident des Gerichtshofes abwesend oder verhindert oder sein Amt unbesetzt, so werden seine Aufgaben gemäß der in Artikel 6 festgesetzten Rangordnung von einem der Kammerpräsidenten wahrgenommen.

Sind der Präsident des Gerichtshofes und die Kammerpräsidenten gleichzeitig verhindert oder ihre Ämter gleichzeitig unbesetzt, so werden die Aufgaben des Präsidenten gemäß der in Artikel 6 festgesetzten Rangordnung von einem der übrigen Richter wahrgenommen.

## Drittes Kapitel. Die Kanzlei

### Erster Abschnitt – Kanzler und Hilfskanzler

**Artikel 12**

§ 1. Der Gerichtshof ernennt seinen Kanzler.

Der Präsident bringt den Mitgliedern des Gerichtshofes zwei Wochen vor dem für die Ernennung vorgesehenen Zeitpunkt die eingegangenen Bewerbungen zur Kenntnis.

§ 2. Die Bewerbungen müssen genaue Angaben über Alter, Staatsangehörigkeit, akademische Grade, Sprachkenntnisse, gegenwärtige und frühere Tätigkeit sowie über die etwaigen gerichtlichen und internationalen Erfahrungen der Bewerber enthalten.

§ 3. Auf die Ernennung des Kanzlers findet Artikel 7 § 3 entsprechende Anwendung.

§ 4. Der Kanzler wird für die Dauer von sechs Jahren ernannt. Wiederernennung ist zulässig.

§ 5. Auf die Vereidigung des Kanzlers findet Artikel 3 entsprechende Anwendung.

§ 6. Der Kanzler kann seines Amtes nur enthoben werden, wenn er nicht mehr die erforderlichen Voraussetzungen erfüllt oder den sich aus seinem Amt ergebenden Verpflichtungen nicht mehr nachkommt; der Gerichtshof entscheidet, nachdem er dem Kanzler Gelegenheit zur Äußerung gegeben hat.

§ 7. Endet die Amtszeit des Kanzlers vor ihrem regelmäßigen Ablauf, so ernennt der Gerichtshof einen neuen Kanzler für die Dauer von sechs Jahren.

**Artikel 13**

Der Gerichtshof kann einen oder mehrere Hilfskanzler ernennen, die den Kanzler unterstützen und ihn nach Maßgabe der in Artikel 15 bezeichneten Dienstanweisung vertreten; die für die Ernennung des Kanzlers geltenden Vorschriften finden entsprechende Anwendung.

**Artikel 14**

Sind der Kanzler und die Hilfskanzler abwesend oder verhindert oder ihre Stellen unbesetzt, so beauftragt der Präsident Beamte oder sonstige Bedienstete mit der Wahrnehmung der Geschäfte des Kanzlers.

**Artikel 15**

Der Gerichtshof erläßt auf Vorschlag des Präsidenten die Dienstanweisung für den Kanzler.

**Artikel 16**

§ 1. Die Kanzlei führt unter Aufsicht des Kanzlers ein Register, das der Präsident mit seinem Namenszug versieht; in das Register sind alle schriftlichen Vorgänge der einzelnen Rechtssachen einschließlich der Anlagen zu den Schriftsätzen fortlaufend einzutragen, und zwar in der Reihenfolge, in der sie anfallen.

§ 2. Der Kanzler vermerkt die Eintragung im Register auf der Urschrift und, wenn die Parteien dies beantragen, auf den vorgelegten Abschriften.

§ 3. Die Eintragung im Register und die in § 2 vorgesehenen Vermerke stellen öffentliche Urkunden dar.

§ 4. Die Vorschriften über die Registerführung werden in der in Artikel 15 bezeichneten Dienstanweisung festgelegt.

§ 5. Jeder, der hieran ein Interesse hat, kann das Register bei der Kanzlei einsehen und nach Maßgabe eine vom Gerichtshof auf Vorschlag des Kanzlers zu erlassenden Gebührenordnung Abschriften oder Auszüge erhalten.

Jede Partei kann außerdem nach Maßgabe der Gebührenordnung Abschriften von Schriftsätzen sowie Ausfertigungen von Urteilen und sonstigen gerichtlichen Entscheidungen erhalten.

§ 6. Über jede Klage wird eine Mitteilung im Amtsblatt der Europäischen Gemeinschaften veröffentlicht, die den Tag der Eintragung der Klageschrift in das Register, Namen und Wohnsitz der Parteien, den Streitgegenstand und den Klageantrag sowie die Angabe der geltend gemachten Klagegründe und die wesentlichen Argumente enthält.

§ 7. Ist der Rat oder die Kommission nicht Partei einer Rechtssache, so übermittelt ihnen der Gerichtshof eine Abschrift der Klageschrift und der Klagebeantwortung mit Ausnahme der diesen Schriftsätzen beigefügten Anlagen, damit das betreffende Organ feststellen kann, ob die Unanwendbarkeit eines seiner Rechtsakte im Sinne der Artikel 36 Absatz 3 EGKS-Vertrag, 184 EWG-Vertrag oder 156 EAG-Vertrag geltend gemacht wird.

**Artikel 17**

§ 1. Der Kanzler hat im Auftrag des Präsidenten alle eingehenden Schriftstücke entgegenzunehmen und sie zu übermitteln oder aufzubewahren sowie für die Zustellungen zu sorgen, die diese Verfahrensordnung vorsieht.

§ 2. Der Kanzler steht dem Gerichtshof, den Kammern, dem Präsidenten und den übrigen Richtern bei allen Amtshandlungen zur Seite.

**Artikel 18**

Der Kanzler verwahrt die Siegel. Er ist für das Archiv verantwortlich und sorgt für die Veröffentlichungen des Gerichtshofes.

**Artikel 19**

Vorbehaltlich der Artikel 4 und 27 ist der Kanzler bei allen Sitzungen des Gerichtshofes und der Kammern zugegen.

## Zweiter Abschnitt – Sonstige Dienststellen

**Artikel 20**

§ 1. Die Beamten und sonstigen Bediensteten des Gerichtshofes werden nach den Vorschriften über die Rechtsstellung des Personals ernannt.

§ 2. Die Beamten leisten vor Aufnahme ihrer Tätigkeit vor dem Präsidenten in Gegenwart des Kanzlers folgenden Eid:

"Ich schwöre, daß ich das mir vom Gerichtshof der Europäischen Gemeinschaften anvertraute Amt pflichtgetreu, verschwiegen und gewissenhaft ausüben werde."

**Artikel 21**

Der Gerichtshof legt auf Vorschlag des Kanzlers den Aufbau seiner Dienststellen fest und ändert ihn gegebenenfalls ab.

**Artikel 22**

Der Gerichtshof richtet einen Sprachendienst ein, dessen Angehörige eine angemessene juristische Ausbildung und gründliche Kenntnisse in mehreren Amtssprachen des Gerichtshofes aufweisen müssen.

**Artikel 23**

Die allgemeine Verwaltung des Gerichtshofes einschließlich der Finanzverwaltung und der Buchführung wird im Auftrag des Präsidenten vom Kanzler wahrgenommen, dem ein leitender Verwaltungsbeamter zur Seite steht.

## Viertes Kapitel. Die Hilfsberichterstatter

**Artikel 24**

§ 1. Der Gerichtshof schlägt gemäß den Artikeln 16 der EGKS Satzung sowie 12 der EWG- und der EAG-Satzung die Ernennung von Hilfsberichterstattern vor, wenn ihm dies für die Bearbeitung der anhängigen Rechtssachen notwendig erscheint.

§ 2. Den Hilfsberichterstattern obliegt es insbesondere, den Präsidenten im Verfahren wegen einstweiliger Anordnungen und die Berichterstatter bei der Erfüllung ihrer Aufgaben zu unterstützen.

§ 3. Sie unterstehen bei der Ausübung ihres Amtes dem Präsidenten des Gerichtshofes, dem Präsidenten einer Kammer oder einem Berichterstatter.

§ 4. Vor Aufnahme ihrer Tätigkeit leisten die Hilfsberichterstatter vor dem Gerichtshof den in Artikel 3 vorgesehenen Eid.

## Fünftes Kapitel. Geschäftsgang des Gerichtshofes

### Artikel 25

§ 1. Der Präsident bestimmt den Termin für die Sitzungen des Gerichtshofes.

§ 2. Die Kammerpräsidenten bestimmen den Termin für die Sitzungen ihrer Kammern.

§ 3. Der Gerichtshof und die Kammern können einzelne Sitzungen an einem anderen Ort als dem Sitz des Gerichtshofes abhalten.

### Artikel 26

Ergibt sich infolge Abwesenheit oder Verhinderung eine gerade Zahl von Richtern, so nimmt der in der Rangordnung im Sinne von Artikel 6 niedrigste Richter an den Beratungen nicht teil, es sei denn, er ist Berichterstatter. Im letzten Fall nimmt der Richter mit dem nächstniedrigsten Rang an den Beratungen nicht teil.

§ 2. Stellt sich nach Einberufung des Gerichtshofes heraus, daß die für die Beschlußfähigkeit erforderliche Zahl von sieben Richtern nicht erreicht wird, so vertagt der Präsident die Sitzung bis zu dem Zeitpunkt, zu dem der Gerichtshof beschlußfähig ist.

§ 3. Wird in einer Kammer die für die Beschlußfähigkeit erforderliche Zahl von drei Richtern nicht erreicht, so benachrichtigt der Kammerpräsident den Präsidenten des Gerichtshofes; dieser bestimmt einen anderen Richter, durch den die Kammer ergänzt wird.

### Artikel 27

§ 1. Die Beratungen des Gerichtshofes und der Kammern sind nicht öffentlich.

§ 2. An der Beratung nehmen nur die Richter teil, die bei der mündlichen Verhandlung zugegen waren, sowie gegebenenfalls der Hilfsberichterstatter, der mit der Bearbeitung der Rechtssache beauftragt ist.

§ 3. Jeder Richter, der an der Beratung teilnimmt, trägt seine Auffassung vor und begründet sie.

§ 4. Auf Antrag eines Richters wird jede Frage, bevor sie zur Abstimmung gelangt, in einer von ihm gewünschten Sprache niedergelegt und dem Gerichtshof oder der Kammer schriftlich übermittelt.

§ 5. Die Meinung, auf die sich die Mehrheit der Richter nach der abschließenden Aussprache geeinigt hat, ist für die Entscheidung des Gerichtshofes maßgebend. Die Richter stimmen in der umgekehrten Reihenfolge der in Artikel 6 festgelegten Rangordnung ab.

§ 6. Meinungsverschiedenheiten über Gegenstand, Fassung und Reihenfolge der Fragen oder die Auslegung der Abstimmung entscheidet der Gerichtshof oder die Kammer.

§ 7. An Sitzungen des Gerichtshofes über Verwaltungsfragen nehmen die Generalanwälte mit beschließender Stimme teil. Der Kanzler ist zugegen, sofern der Gerichtshof nichts anderes bestimmt.

§ 8. Tagt der Gerichtshof in Abwesenheit des Kanzlers, so wird ein etwa erforderliches Protokoll von dem in der Rangordnung im Sinne von Artikel 6 niedrigsten Richter aufgenommen; das Protokoll wird vom Präsidenten und von dem betreffenden Richter unterzeichnet.

**Artikel 28**

§ 1. Vorbehaltlich einer besonderen Entscheidung des Gerichtshofes werden die Gerichtsferien wie folgt festgesetzt:
- vom 18. Dezember bis zum 10. Januar;
- vom Sonntag vor Ostern bis zum zweiten Sonntag nach Ostern;
- vom 15. Juli bis zum 15. September.

Das Amt des Präsidenten wird während der Gerichtsferien am Sitz des Gerichtshofes in der Weise wahrgenommen, daß der Präsident mit dem Kanzler in Verbindung bleibt oder daß er einen Kammerpräsidenten oder einen anderen Richter mit seiner Vertretung beauftragt.

§ 2. In dringenden Fällen kann der Präsident die Richter und Generalanwälte während der Gerichtsferien einberufen.

§ 3. Der Gerichtshof hält die am Ort seines Sitzes geltenden gesetzlichen Feiertage ein.

§ 4. Der Gerichtshof kann den Richtern und Generalanwälten in begründeten Fällen Urlaub gewähren.

## Sechstes Kapitel. Sprachenregelung

**Artikel 29**

§ 1. Die Verfahrenssprachen sind Dänisch, Deutsch, Englisch, Französisch, Griechisch, Irisch, Italienisch, Niederländisch, Portugiesisch und Spanisch.

§ 2. Der Kläger wählt die Verfahrenssprache, soweit die nachstehenden Vorschriften nichts anderes bestimmen:

a) Ist die Klage gegen einen Mitgliedstaat oder gegen eine natürliche oder juristische Person gerichtet, die einem Mitgliedstaat angehört, so ist die Amtssprache dieses Staates Verfahrenssprache; bestehen mehrere Amtssprachen, so ist der Kläger berechtigt, eine von ihnen zu wählen.

b) Auf gemeinsamen Antrag der Parteien kann der Gerichtshof für das ganze Verfahren oder einen Teil desselben eine andere der in § 1 genannten Sprachen als Verfahrenssprache zulassen.

c) Auf Antrag einer Partei kann der Gerichtshof nach Anhörung der Gegenpartei und des Generalanwalts abweichend von den Bestimmungen unter a) und b) eine andere der in § 1 genannten Sprachen ganz oder teilweise als Verfahrenssprache zulassen; der Antrag kann nicht von einem Organ gestellt werden.

In den in Artikel 103 bezeichneten Fällen ist die Sprache des nationalen Gerichts, das den Gerichtshof anruft, Verfahrenssprache.

§ 3. Die Verfahrenssprache ist insbesondere bei den mündlicheri Ausfü.hrungen und in den Schriftsätzen der Parteien einschließlich aller Anlagen sowie in den Protokollen und Entscheidungen des Gerichtshofes anzuwenden.

Urkunden, die in einer anderen Sprache abgefaßt sind, ist eine Übersetzung in der Verfahrenssprache beizugeben.

Bei umfangreichen Urkunden kann die vorgelegte Übersetzung auf Auszüge beschränkt werden. Der Gerichtshof oder die Kammer kann jedoch jederzeit von Amts wegen oder auf Antrag einer Partei eine ausführliche oder vollständige Übersetzung verlangen.

Abweichend von diesen Bestimmungen dürfen sich die Mitgliedstaaten ihrer eigenen Amtssprache bedienen, wenn sie einem beim Gerichtshof anhängigen Rechtsstreit als Streithelfer beitreten oder sich an einem der in Artikel 103 bezeichneten Vorabentscheidungsverfahren beteiligen. Dies gilt sowohl für Schriftstücke als auch für mündliche Erklärungen. Der Kanzler veranlaßt in jedem Fall die Übersetzung in die Verfahrenssprache.

§ 4. Erklären Zeugen oder Sachverständige, daß sie sich nicht hinlänglich in einer der in § 1 genannten Sprachen ausdrücken können, so kann ihnen der Gerichtshof oder die Kammer gestatten, ihre Erklärungen in einer anderen Sprache abzugeben. Der Kanzler veranlaßt die Übersetzung in die Verfahrenssprache.

§ 5. Der Präsident des Gerichtshofes und die Kammerpräsidenten können sich bei der Leitung der Verhandlung statt der Verfahrensprache einer anderen der in § 1 genannten Sprachen bedienen; die gleiche Befugnis haben der Berichterstatter hinsichtlich des Vorberichts und des Sitzungsberichts, die Richter und Generalanwälte für ihre Fragen in der mündlichen Verhandlung und der Generalanwalt für seine Schlußanträge. Der Kanzler veranlaßt die Übersetzung in die Verfahrenssprache.

**Artikel 30**

§ 1. Auf Ersuchen eines Richters oder des Generalanwalts oder auf Antrag einer Partei veranlaßt der Kanzler, daß die vor dem Gerichtshof oder der Kammer abgegebenen schriftlichen oder mündlichen Äußerungen in die in Artikel 29 § 1 genannten Sprachen, die gewünscht werden, übersetzt werden.

§ 2. Die Veröffentlichungen des Gerichtshofes erscheinen in den in Artikel 1 der Verordnung Nr. 1 des Rates genannten Sprachen.

**Artikel 31**

Verbindlich ist die Fassung in der Verfahrenssprache oder, falls der Gerichtshof gemäß Artikel 29 eine andere Sprache zugelassen hat, die Fassung in dieser Sprache.

## Siebtes Kapitel. Rechte und Pflichten der Bevollmächtigten, Beistände und Anwälte

**Artikel 32**

§ 1. Die Bevollmächtigten der Staaten oder Organe sowie die Beistände und Anwälte, die vor dem Gerichtshof oder vor einem von diesem um Rechtshilfe ersuchten Gericht auftreten, können wegen mündlicher und schriftlicher Äußerungen, die sich auf die Rechtssache oder auf die Parteien beziehen, nicht gerichtlich verfolgt werden.

§ 2. Bevollmächtigte, Beistände und Anwälte genießen ferner folgende Vorrechte und Erleichterungen:

a) Schriftstücke und Urkunden, die sich auf das Verfahren beziehen, dürfen weder durchsucht noch beschlagnahmt werden. Im Streitfall können die Zoll- oder Polizeibeamten derartige Schriftstücke und Urkunden versiegeln; diese werden unverzüglich dem Gerichtshof übermittelt und in Gegenwart des Kanzlers und des Beteiligten untersucht.

b) Bevollmächtigte, Beistände und Anwälte haben Anspruch auf die Zuteilung ausländischer Zahlungsmittel, die zur Erfüllung ihrer Aufgaben notwendig sind.

c) Bei Reisen, die zur Erfüllung ihrer Aufgaben erforderlich sind, unterliegen sie keinerlei Beschränkungen.

**Artikel 33**

Die in Artikel 32 genannten Vergünstigungen kommen den Berechtigten nur dann zugute, wenn sie ihre Eigenschaft nachgewiesen haben; diesen Nachweis erbringen

a) die Bevollmächtigten durch eine von dem vertretenen Staat oder Organ ausgestellte Urkunde; der Staat oder das Organ übermittelt dem Kanzler unverzüglich eine Abschrift dieser Urkunde;

b) die Beistände und Anwälte durch einen vom Kanzler unterschriebenen Ausweis. Die Gültigkeit dieses Ausweises ist auf eine bestimmte Zeit begrenzt; sie kann je nach der Dauer des Verfahrens verlängert oder verkürzt werden.

**Artikel 34**

Die in Artikel 32 genannten Vergünstigungen werden ausschließlich im Interesse der geordneten Durchführung des Verfahrens gewährt.

Der Gerichtshof kann die Befreiung von gerichtlicher Verfolgung aufheben, wenn der Fortgang des Verfahrens nach seiner Auffassung hierdurch nicht beeinträchtigt wird.

**Artikel 35**

§ 1. Verletzt ein Beistand oder Anwalt die Würde des Gerichtshofes durch sein Verhalten gegenüber dem Gerichtshof, einer Kammer, einem Richter, einem Generalanwalt oder dem Kanzler oder mißbraucht er seine Befugnisse, so kann er jederzeit nach Anhörung des Generalanwalts durch Beschluß des Gerichtshofes oder der Kammer vom Verfahren ausgeschlossen werden; dem Betroffenen ist Gelegenheit zur Verteidigung zu geben.

Der Beschluß ist sofort vollstreckbar.

§ 2. Wird ein Beistand oder Anwalt ausgeschlossen, so setzt der Präsident der betroffenen Partei eine Frist zur Bestellung eines anderen Beistands oder Anwalts; bis zum Ablauf dieser Frist tritt eine Unterbrechung des Verfahrens ein.

§ 3. Die in Anwendung dieses Artikels getroffenen Entscheidungen können wieder aufgehoben werden.

**Artikel 36**

Die Bestimmungen dieses Kapitels finden entsprechende Anwendung auf Universitätsprofessoren, die gemäß den Artikeln 20 der EGKS-Satzung sowie 17 der EWG- und der EAG-Satzung das Recht haben, vor dem Gerichtshof aufzutreten.

## Zweiter Titel. Allgemeine Verfahrensvorschriften

### Erstes Kapitel. Schriftliches Verfahren

**Artikel 37**

§ 1. Die Urschrift jedes Schriftsatzes ist vom Bevollmächtigten oder vom Anwalt der Partei zu unterzeichnen.

Mit diesem Schriftsatz und allen darin erwähnten Anlagen werden fünf Abschriften für den Gerichtshof und je eine Abschrift für jede andere am Rechtsstreit beteiligte Partei eingereicht. Die Partei beglaubigt die von ihr eingereichten Abschriften.

§ 2. Die Organe haben innerhalb der vom Gerichtshof festgesetzten Fristen von jedem Schriftsatz Übersetzungen in den anderen in Artikel 1 der Verordnung Nr. 1 des Rates genannten Sprachen vorzulegen. § 1 Absatz 2 findet entsprechende Anwendung.

§ 3. Jeder Schriftsatz ist mit Datum zu versehen. Für die Berechnung der Verfahrensfristen ist nur der Tag des Eingangs bei der Kanzlei maßgebend.

§ 4. Mit jedem Schriftsatz ist gegebenenfalls ein Aktenstück einzureichen, das die Urkunden, auf die sich die Partei beruft, sowie ein Verzeichnis dieser Urkunden enthält.

§ 5. Werden von einer Urkunde mit Rücksicht auf deren Umfang nur Auszüge vorgelegt, so ist die Urkunde oder eine vollständige Abschrift hiervon bei der Kanzlei zu hinterlegen.

**Artikel 38**

§ 1. Die in den Artikeln 22 der EGKS-Satzung sowie 19 der EWG- und der EAG-Satzung bezeichnete Klageschrift muß enthalten:

a) Namen und Wohnsitz des Klägers;

b) die Bezeichnung des Beklagten;

c) den Streitgegenstand und eine kurze Darstellung der Klagegründe;

d) die Anträge des Klägers;

e) gegebenenfalls die Bezeichnung der Beweismittel.

§ 2. In der Klageschrift ist ferner für die Zwecke des Verfahrens eine Zustellungsanschrift am Ort des Gerichtssitzes anzugeben. Hierbei ist eine Person zu benennen, die ermächtigt ist und sich bereit erklärt hat, die Zustellungen entgegenzunehmen.

Entspricht die Klageschrift nicht diesen Voraussetzungen, so erfolgen bis zur Behebung dieses Mangels alle Zustellungen an die betreffende Partei für die Zwecke des Verfahrens auf dem Postweg durch Einschreiben an den Bevollmächtigten oder Anwalt der Partei. Abweichend von Artikel 79 gilt in diesem Fall die Zustellung mit der Aufgabe des Einschreibens zur Post am Ort des Gerichtssitzes als bewirkt.

§ 3. Der Anwalt, der als Beistand oder Vertreter einer Partei auftritt, hat bei der Kanzlei eine Bescheinigung zu hinterlegen, aus der hervorgeht, daß er in einem Mitgliedstaat als Anwalt zugelassen ist.

§ 4. Mit der Klageschrift sind gegebenenfalls die in den Artikeln 22 Absatz 2 der EGKS-Satzung sowie 19 Absatz 2 der EWG- und der EAG-Satzung bezeichneten Unterlagen einzurelchen.

§ 5. Juristische Personen des Privatrechts haben mit der Klageschrift ferner

a) ihre Satzung oder einen neueren Auszug aus dem Handelsregister oder einen neueren Auszug aus dem Vereinsregister oder einen anderen Nachweis ihrer Rechtspersönlichkeit einzureichen;

b) den Nachweis vorzulegen, daß die Prozeßvollmacht ihres Anwalts von einem hierzu Berechtigten ordnungsgemäß ausgestellt ist.

§ 6. Wird eine Klage gemäß den Artikeln 42 und 89 EGKS-Vertrag, 181 und 182 EWG-Vertrag oder 153 und 154 EAG-Vertrag erhoben, so ist mit der Klageschrift eine Ausfertigung der Schiedsklausel des von der Gemeinschaft oder für ihre Rechnung abgeschlossenen öffentlichrechtlichen oder privatrechtlichen Vertrages oder des zwischen den beteiligten Mitgliedstaaten abgeschlossenen Schiedsvertrags einzureichen.

§ 7. Entspricht die Klageschrift nicht den §§ 3 bis 6, so setzt der Kanzler dem Kläger eine angemessene Frist zur Behebung des Mangels oder zur Beibringung der vorgeschriebenen Unterlagen. Kommt der Kläger dieser Aufforderung vor Ablauf der Frist nicht nach, so entscheidet der Gerichtshof nach Anhörung des Generalanwalts, ob die Nichtbeachtung dieser Formvorschriften die Unzulässigkeit der Klage zur Folge hat.

**Artikel 39**

Die Klageschrift wird dem Beklagten zugestellt. In dem in Artikel 38 § 7 bezeichneten Fall erfolgt die Zustellung nach Behebung des Mangels oder nach Feststellung des Gerichtshofes, daß die Klage nicht wegen Verletzung der Vorschriften des genannten Artikels unzulässig ist.

**Artikel 40**

§ 1. Innerhalb eines Monats nach Zustellung der Klageschrift hat der Beklagte eine Klagebeantwortung einzureichen. Diese muß enthalten:

a) Namen und Wohnsitz des Beklagten;

b) die tatsächliche und rechtliche Begründung;

c) die Anträge des Beklagten;

d) gegebenfalls die Bezeichnung der Beweismittel.

Artikel 38 §§ 2 bis 5 findet entsprechende Anwendung.

§ 2. Auf begründeten Antrag des Beklagten kann der Präsident die in § 1 bezeichnete Frist verlängern.

**Artikel 41**

§ 1. Klageschrift und Klagebeantwortung können durch eine Erwiderung des Klägers und eine Gegenerwiderung des Beklagten ergänzt werden.

§ 2. Der Präsident bestimmt die Fristen für die Einreichung dieser Schriftsätze.

**Artikel 42**

§ 1. Die Parteien können in der Erwiderung oder in der Gegenerwiderung noch Beweismittel benennen. Sie haben die Verspätung zu begründen.

§ 2. Im übrigen können neue Angriffs- und Verteidigungsmittel im Laufe des Verfahrens nicht mehr vorgebracht werden, es sei denn, daß sie auf rechtliche oder tatsächliche Gründe gestützt werden, die erst während des Verfahrens zutage getreten sind.

Macht eine Partei im Laufe des Verfahrens derartige Angriffs- und Verteidigungsmittel geltend, so kann der Präsident auch nach Ablauf der gewöhnlichen Verfahrensfristen auf Bericht des Berichterstatters nach Anhörung des Generalanwalts der Gegenpartei eine Frist zur Stellungnahme setzen.

Die Entscheidung über die Zulässigkeit des Vorbringens bleibt dem Endurteil vorbehalten.

**Artikel 43**

Der Präsident kann jederzeit nach Anhörung der Parteien und, wenn die Zuweisung gemäß Artikel 10 § 2 bereits erfolgt ist, des Generalanwalts die Verbindung mehrerer Rechtssachen zu gemeinsamem schriftlichen oder mündlichen Verfahren oder zu gemeinsamer Entscheidung beschließen, wenn sie den gleichen Gegenstand betreffen und miteinander in Zusammenhang stehen. Er kann die Verbindung wieder aufheben.

**Artikel 44**

§ 1. Nach Eingang der in Artikel 41 § 1 bezeichneten Gegenerwiderung bestimmt der Präsident den Zeitpunkt, bis zu dem der Berichterstatter einen Vorbericht abzugeben hat. Der Bericht enthält Vorschläge zu der Frage, ob Beweiserhebungen oder andere vorbereitende Maßnahmen erforderlich sind, sowie zur etwaigen Verweisung der Rechtssache an die gemäß Artikel 9 § 2 bestimmte Kammer.

Der Gerichtshof entscheidet über die Vorschläge des Berichterstatters nach Anhörung des Generalanwalts.

Das gleiche gilt:

a) wenn die Erwiderung oder Gegenerwiderung nicht bis zum Ablauf der in Artikel 41 § 2 bezeichneten Frist eingereicht wird;

b) wenn die betreffende Partei erklärt, daß sie auf die Einreichung einer Erwiderung oder Gegenerwiderung verzichtet.

§ 2. Ordnet der Gerichtshof eine Beweisaufnahme an, die nicht vor ihm selbst stattfinden soll, so beauftragt er die Kammer mit ihrer Durchführung.

Beschließt der Gerichtshof, von einer Beweisaufnahme abzusehen, so bestimmt der Präsident den Termin für die Eröffnung der mündlichen Verhandlung.

**Artikel 44a**

Unbeschadet besonderer Bestimmungen dieser Verfahrensordnung und außer in den Sonderfällen, in denen der Gerichtshof nach Einreichung der in Artikel 40 § 1 und gegebenenfalls der in Artikel 41 § 1 bezeichneten Schriftsätze auf Bericht des Berichterstatters mit ausdrücklicher Zustimmung der Parteien etwas anderes beschließt, umfaßt das Verfahren vor dem Gerichtshof auch eine mündliche Verhandlung.

## Zweites Kapitel. Beweisaufnahme

### Erster Abschnitt – Allgemeine Bestimmungen

**Artikel 45**

§ 1. Der Gerichtshof bezeichnet nach Anhörung des Generalanwalts durch Beschluß die Beweismittel und die zu beweisenden Tatsachen. Bevor der Gerichtshof die Beweiserhebungen nach § 2 Buchstaben c), d) und e) beschließt, werden die Parteien gehört.

Der Beschluß wird den Parteien zugestellt.

§ 2. Unbeschadet der Artikel 24 und 25 der EGKS-Satzung, 21 und 22 der EWG-Satzung sowie 22 und 23 der EAG-Satzung sind folgende Beweismittel zulässig:

a) persönliches Erscheinen der Parteien;

b) Einholung von Auskünften und Vorlegung von Urkunden;

c) Vernehmung von Zeugen;

d) Begutachtung durch Sachverständige;

e) Einnahme des Augenscheins.

§ 3. Der Gerichtshof kann die von ihm angeordneten Beweiserhebungen selbst vornehmen oder den Berichterstatter mit ihrer Durchführung beauftragen.

Der Generalanwalt nimmt an der Beweisaufnahme teil.

§ 4. Gegenbeweis und Erweiterung des Beweisantritts bleiben vorbehalten.

**Artikel 46**

§ 1. Die Kammer, die mit der Beweisaufnahme beauftragt ist, hat die dem Gerichtshof gemäß den Artikeln 45 und 47 bis 53 zustehenden Befugnisse; die Befugnisse des Präsidenten des Gerichtshofes werden in diesem Fall vom Kammerpräsidenten ausgeübt.

§ 2. Die Artikel 56 und 57 finden auf das Verfahren vor der Kammer entsprechende Anwendung.

§ 3. Die Parteien können der Beweisaufnahme beiwohnen.

## Zweiter Abschnitt – Ladung und Vernehmung von Zeugen und Sachverständigen

### Artikel 47

§ 1. Der Gerichtshof kann von Amts wegen oder auf Antrag der Parteien nach Anhörung des Generalanwalts die Vernehmung von Zeugen über bestimmte Tatsachen anordnen. Die Tatsachen sind in dem Beschluß aufzuführen.

Der Gerichtshof lädt die Zeugen von Amts wegen oder auf Antrag der Parteien oder des Generalanwalts.

Die Partei hat in ihrem Antrag die Tatsachen zu bezeichnen, über die die Vernehmung stattfinden soll, und die Gründe anzugeben, die die Vernehmung rechtfertigen.

§ 2. Die Zeugen werden aufgrund eines Beschlusses des Gerichtshofes geladen; dieser Beschluß muß folgende Angaben enthalten:

a) Namen, Vornamen, Stellung und Anschrift der Zeugen;

b) die Bezeichnung der Tatsachen, über die die Zeugen zu vernehmen sind;

c) gegebenenfalls einen Hinweis auf die Anordnungen des Gerichtshofes über die Erstattung der den Zeugen entstehenden Kosten sowie auf die Geldbußen, die gegen ausbleibende Zeugen verhängt werden können.

Der Beschluß ist den Parteien und den Zeugen zuzustellen.

§ 3. Der Gerichtshof kann die Ladung von Zeugen, deren Vernehmung von einer Partei beantragt wird, davon abhängig machen, daß die Partei bei der Kasse des Gerichtshofes einen Vorschuß in bestimmter Höhe zur Deckung der voraussichtlichen Kosten hinterlegt.

Zeugen, die von Amts wegen geladen werden, erhalten von der Kasse des Gerichtshofes die erforderlichen Vorschüsse.

§ 4. Der Präsident weist die Zeugen nach Feststellung ihrer Identität darauf hin, daß sie die Richtigkeit ihrer Aussagen nach den Bestimmungen dieser Verfahrensordnung zu versichern haben.

Die Zeugen werden vom Gerichtshof vernommen; die Parteien sind hierzu zu laden. Der Präsident kann auf Antrag der Parteien oder von Amts wegen nach Beendigung der Aussage Fragen an die Zeugen richten.

Die gleiche Befugnis steht den übrigen Richtern und dem Generalanwalt zu.

Mit Erlaubnis des Präsidenten können die Vertreter der Parteien Fragen an die Zeugen richten.

§ 5. Der Zeuge leistet nach Beendigung seiner Aussage folgenden Eid:

"Ich schwöre, daß ich die Wahrheit, die ganze Wahrheit und nichts als die Wahrheit gesagt habe."

Der Gerichtshof kann nach Anhörung der Parteien auf die Vereidigung des Zeugen verzichten.

§ 6. Der Kanzler erstellt ein Protokoll, das die Zeugenaussagen wiedergibt.

Das Protokoll wird vom Präsidenten oder von dem mit der Vernehmung beauftragten Berichterstatter sowie vom Kanzler unterzeichnet. Vor der Unterzeichnung ist dem Zeugen Gelegenheit zu geben, den Inhalt des Protokolls zu überprüfen und das Protokoll zu unterzeichnen.

Das Protokoll stellt eine öffentliche Urkunde dar.

**Artikel 48**

§ 1. Zeugen, die ordnungsgemäß geladen sind, haben der Ladung Folge zu leisten.

§ 2. Erscheint ein ordnungsgemäß geladener Zeuge nicht, so kann der Gerichtshof ihn zu einer Geldbuße bis zu 5 000 ECU verurteilen und die erneute Ladung auf Kosten des Zeugen anordnen.

Die gleiche Geldbuße kann gegen einen Zeugen verhängt werden, der ohne berechtigten Grund die Aussage, die Eidesleistung oder gegebenenfalls die dem Eid gleichgestellte feierliche Erklärung verweigert.

§ 3. Die verhängte Geldbuße kann nur aufgehoben werden, wenn der Zeuge berechtigte Entschuldigungsgründe vorbringt. Die Geldbuße kann auf Antrag des Zeugen verringert werden, wenn der Zeuge nachweist, daß sie in keinem angemessenen Verhältnis zu seinen Einkünften steht.

§ 4. Auf die Vollstreckung der nach diesem Artikel verhängten Strafen oder sonstigen Maßnahmen finden die Artikel 44 und 92 EGKS-Vertrag, 187 und 192 EWG-Vertrag sowie 159 und 164 EAG-Vertrag entsprechende Anwendung.

**Artikel 49**

§ 1. Der Gerichtshof kann die Erstattung eines Gutachtens durch einen Sachverständigen anordnen. In dem Beschluß ist der Sachverständige zu benennen, sein Auftrag genau zu umschreiben und eine Frist für die Erstattung des Gutachtens zu bestimmen.

§ 2. Der Sachverständige erhält eine Abschrift des Beschlusses sowie die zur Erfüllung seines Auftrags erforderlichen Unterlagen. Er untersteht dem Berichterstatter, der bei den Ermittlungen des Sachverständigen anwesend sein kann und über den Fortgang der Arbeiten auf dem laufenden zu halten ist.

Der Gerichtshof kann von den Parteien oder einer Partei die Hinterlegung eines Vorschusses zur Deckung der Kosten des Gutachtens verlangen.

§ 3. Auf Antrag des Sachverständigen kann der Gerichtshof die Vernehmung von Zeugen anordnen; Artikel 47 findet entsprechende Anwendung.

§ 4. Der Sachverständige hat sich nur zu den Punkten zu äußern, die sein Auftrag ausdrücklich bezeichnet.

§ 5. Nach Eingang des Gutachtens kann der Gerichtshof die Anhörung des Sachverständigen anordnen; die Parteien sind hierzu zu laden.

Mit Erlaubnis des Präsidenten können die Vertreter der Parteien Fragen an den Sachverständigen richten.

§ 6. Nach Erstattung des Gutachtens leistet der Sachverständige vor dem Gerichtshof folgenden Eid:

"Ich schwöre, daß ich meinen Auftrag unparteiisch und nach bestem Wissen und Gewissen erfüllt habe."

Der Gerichtshof kann nach Anhörung der Parteien auf die Vereidigung des Sachverständigen verzichten.

**Artikel 50**

§ 1. Lehnt eine Partei einen Zeugen oder Sachverständigen wegen Unfähigkeit, Unwürdigkeit oder aus sonstigen Gründen ab oder verweigert ein Zeuge oder Sachverständiger die Aussage, die Eidesleistung oder die dem Eid gleichgestellte feierliche Erklärung, so entscheidet der Gerichtshof.

§ 2. Die Ablehnung ist binnen zwei Wochen nach Zustellung des Beschlusses, durch den der Zeuge geladen oder der Sachverständige ernannt worden ist, zu erklären; die Erklärung muß die Ablehnungsgründe und die Bezeichnung der Beweismittel enthalten.

**Artikel 51**

§ 1. Zeugen und Sachverständige haben Anspruch auf Erstattung ihrer

Reise- und Aufenthaltskosten. Die Kasse des Gerichtshofes kann ihnen einen Vorschuß auf diese Kosten gewähren.

§ 2. Zeugen haben ferner Anspruch auf Entschädigung für Verdienstausfall, Sachverständige auf Vergütung ihrer Tätigkeit. Die Kasse des Gerichtshofes zahlt die Entschädigung oder Vergütung aus, nachdem der Zeuge oder Sachverständige seiner Pflicht genügt hat.

**Artikel 52**

Der Gerichtshof kann nach Maßgabe der in Artikel 125 bezeichneten zusätzlichen Verfahrensordnung auf Antrag der Parteien oder von Amts wegen Ersuchen um Rechtshilfe bei der Vernehmung von Zeugen oder Sachverständigen ergehen lassen.

**Artikel 53**

§ 1. Der Kanzler nimmt über jede Sitzung ein Protokoll auf. Das Protokoll wird vom Präsidenten und vom Kanzler unterzeichnet. Es stellt eine öffentliche Urkunde dar.

§ 2. Die Parteien können die Protokolle und Sachverständigengutachten bei der Kanzlei einsehen und auf ihre Kosten Abschriften erhalten.

## Dritter Abschnitt – Abschluß der Beweisaufnahme

**Artikel 54**

Nach Abschluß der Beweisaufnahme bestimmt der Präsident den Termin für die Eröffnung der mündlichen Verhandlung, es sei denn, daß der Gerichtshof beschließt, den Parteien zuvor eine Frist zur schriftlichen Stellungnahme zu setzen.

Ist eine solche Frist gesetzt, so erfolgt die Terminbestimmung nach deren Ablauf.

## Drittes Kapitel. Mündliche Verhandlung

**Artikel 55**

§ 1. Unbeschadet des Vorrangs der gemäß Artikel 85 zu erlassenden Entscheidungen erkennt der Gerichtshof über die bei ihm anhängigen Rechtssachen jeweils in der Reihenfolge, in der die Beweisaufnahme abgeschlossen wird. Bei gleichzeitigem Abschluß der Beweisaufnahme für mehrere Rechtssachen bestimmt sich die Reihenfolge nach dem Tag der Eintragung der Klageschriften in das Register.

§ 2. In besonderen Fällen kann der Präsident anordnen, daß eine Rechtssache mit Vorrang entschieden wird.

In besonderen Fällen kann der Präsident nach Anhörung der Parteien und des Generalanwalts von Amts wegen oder auf Antrag einer Partei anordnen, daß eine Rechtssache zu späterer Entscheidung zurückgestellt wird. Beantragen die Parteien einvernehmlich die Zurückstellung einer Rechtssache, so kann der Präsident dem Antrag stattgeben.

**Artikel 56**

§ 1. Der Präsident eröffnet und leitet die Verhandlung; ihm obliegt die Aufrechterhaltung der Ordnung in der Sitzung.

§ 2. Wird die Öffentlichkeit ausgeschlossen, so darf der Inhalt der mündlichen Verhandlung nicht veröffentlicht werden.

**Artikel 57**

Der Präsident kann in der Verhandlung Fragen an die Bevollmächtigten, Beistände oder Anwälte der Parteien richten.

Die gleiche Befugnis steht den übrigen Richtern und dem Generalanwalt zu.

**Artikel 58**

Die Parteien können nur durch Bevollmächtigte, Beistände oder Anwälte verhandeln.

**Artikel 59**

§ 1. Am Schluß der mündlichen Verhandlung stellt der Generalanwalt seine Schlußanträge und begründet sie.

§ 2. Nach den Schlußanträgen erklärt der Präsident die mündliche Verhandlung für geschlossen.

**Artikel 60**

Der Gerichtshof kann jederzeit nach Anhörung des Generalanwalts gemäß Artikel 45 § 1 eine Beweisaufnahme oder die Wiederholung und Erweiterung einer früheren Beweiserhebung anordnen. Er kann mit der Ausführung die Kammer oder den Berichterstatter beauftragen.

**Artikel 61**

Der Gerichtshof kann nach Anhörung des Generalanwalts die Wiedereröffnung der mündlichen Verhandlung anordnen.

**Artikel 62**

§ 1. Der Kanzler nimmt über jede mündliche Verhandlung ein Protokoll auf. Das Protokoll wird vom Präsidenten und vom Kanzler unterzeichnet. Es stellt eine öffentliche Urkunde dar.

§ 2. Die Parteien können die Protokolle bei der Kanzlei einsehen und auf ihre Kosten Abschriften erhalten.

## Viertes Kapitel. Urteile

**Artikel 63**

Das Urteil enthält:

– die Feststellung, daß es vom Gerichtshof erlassen ist;

– den Tag der Verkündung;

– die Namen des Präsidenten und der übrigen Richter, die bei der Entscheidung mitgewirkt haben;

– den Namen des Generalanwalts;

– den Namen des Kanzlers;

– die Bezeichnung der Parteien;

– die Namen der Bevollmächtigten, Beistände oder Anwälte;

– die Anträge der Parteien;

– die Feststellung, daß der Generalanwalt gehört worden ist;

– eine kurze Darstellung des Sachverhalts;

– die Entscheidungsgründe;

– die Urteilsformel einschließlich der Entscheidung über die Kosten.

**Artikel 64**

§ 1. Das Urteil wird in öffentlicher Sitzung verkündet; die Parteien sind hierzu zu laden.

§ 2. Der Präsident, die übrigen Richter, die an der Beratung teilgenommen haben, und der Karizler unterzeichnen die Urschrift des Urteils, die sodann mit einem Siegel versehen und in der Kanzlei hinterlegt wird; den Parteien wird eine beglaubigte Abschrift zugestellt.

§ 3. Der Kanzler vermerkt auf der Urschrift des Urteils den Tag der Verkündung.

**Artikel 65**

Das Urteil wird mit dem Tag seiner Verkündung rechtskräftig.

**Artikel 66**

§ 1. Unbeschadet der Bestimmungen über die Auslegung von Urteilen kann der Gerichtshof Schreib- und Rechenfehler und offenbare Unrichtigkeiten von Amts wegen oder auf Antrag einer Partei, der binnen zwei Wochen nach Urteilsverkündung zu stellen ist, berichtigen.

§ 2. Der Kanzler benachrichtigt die Parteien, die innerhalb einer vom Präsidenten bestimmten Frist schriftlich Stellung nehmen können.

§ 3. Der Gerichtshof entscheidet nach Anhörung des Generalanwalts in nichtöffentlicher Sitzung.

§ 4. Die Urschrift des Beschlusses, der die Berichtigung ausspricht, wird mit der Urschrift des berichtigten Urteils verbunden. Ein Hinweis auf den Beschluß ist am Rand der Urschrift des berichtigten Urteils anzubringen.

**Artikel 67**

Hat der Gerichtshof einen einzelnen Punkt der Anträge oder die Kostenentscheidung übergangen, so kann jede Partei innerhalb eines Monats nach Zustellung des Urteils dessen Ergänzung beantragen.

Der Antrag wird der Gegenpartei zugestellt; der Präsident setzt dieser eine Frist zur schriftlichen Stellungnahme.

Nach Eingang dieser Stellungnahme und nach Anhörung des Generalanwalts entscheidet der Gerichtshof darüber, ob der Antrag zulässig und begründet ist.

**Artikel 68**

Der Kanzler sorgt für die Veröffentlichung einer Sammlung der Rechtsprechung des Gerichtshofes.

## Fünftes Kapitel. Prozesskosten

**Artikel 69**

§ 1. Über die Kosten wird im Endurteil oder in dem Beschluß, der das Verfahren beendet, entschieden.

§ 2. Die unterliegende Partei ist auf Antrag zur Tragung der Kosten zu verurteilen.

Besteht der unterliegende Teil aus mehreren Personen, so entscheidet der Gerichtshof über die Verteilung der Kosten.

§ 3. Der Gerichtshof kann die Kosten teilen oder beschließen, daß jede Partei ihre eigenen Kosten trägt, wenn jede Partei teils obsiegt, teils unterliegt oder wenn ein außergewöhnlicher Grund gegeben ist.

Der Gerichtshof kann auch der obsiegenden Partei die Kosten auferlegen, die sie der Gegenpartei ohne angemessenen Grund oder böswillig verursacht hat.

§ 4. Die Mitgliedstaaten und die Organe, die dem Rechtsstreit als Streithelfer beigetreten sind, tragen ihre eigenen Kosten.

Der Gerichtshof kann entscheiden, daß ein anderer Streithelfer als die in Absatz 1 genannten seine eigenen Kosten trägt.

§ 5. Nimmt eine Partei die Klage oder einen Antrag zurück, so wird sie auf Antrag der Gegenpartei zur Tragung der Kosten verurteilt. Die Kosten werden jedoch auf Antrag der Partei, die die Rücknahme erklärt, der Gegenpartei auferlegt, wenn dies wegen des Verhaltens dieser Partei gerechtfertigt erscheint.

Einigen sich die Parteien über die Kosten, so wird gemäß der Vereinbarung entschieden.

Werden keine Kostenanträge gestellt, so trägt jede Partei ihre eigenen Kosten.

§ 6. Erklärt der Gerichtshof die Hauptsache für erledigt, so entscheidet er über die Kosten nach freiem Ermessen.

**Artikel 70**

In den Streitsachen zwischen den Gemeinschaften und deren Bediensteten tragen die Organe ihre Kosten selbst; Artikel 69 § 3 Absatz 2 bleibt unberührt.

**Artikel 71**

Die notwendigen Aufwendungen einer Partei für die Zwangsvollstreckung sind ihr von der Gegenpartei zu erstatten; maßgebend ist die Gebührenordnung des Staates, in dem die Vollstreckung stattfindet.

**Artikel 72**

Das Verfahren vor dem Gerichtshof ist kostenfrei, soweit nachstehend nichts anderes bestimmt ist:

a) Der Gerichtshof kann nach Anhörung des Generalanwalts Kosten, die vermeidbar gewesen wären, der Partei auferlegen, die sie veranlaßt hat.

b) Kosten für Schreib- und Übersetzungsarbeiten, die nach Ansicht des Kanzlers das gewöhnliche Maß überschreiten, hat die Partei, die diese Arbeiten beantragt hat, nach Maßgabe der in Artikel 16 § 5 bezeichneten Gebührenordnung zu erstatten.

**Artikel 73**

Unbeschadet des Artikels 72 gelten als erstattungsfähige Kosten:

a) Leistungen an Zeugen und Sachverständige gemäß Artikel 51;

b) Aufwendungen der Parteien, die für das Verfahren notwendig waren, insbesondere Reise- und Aufenthaltskosten sowie die Vergütung der Bevollmächtigten, Beistände oder Anwälte.

**Artikel 74**

§ 1. Streitigkeiten über die erstattungsfähigen Kosten entscheidet die mit der Rechtssache befaßte Kammer auf Antrag einer Partei und nach Anhörung der Gegenpartei sowie des Generalanwalts durch unanfechtbaren Beschluß.

§ 2. Die Parteien können eine Ausfertigung des Beschlusses zum Zweck der Vollstreckung beantragen.

**Artikel 75**

§ 1. Die Zahlungen der Kasse des Gerichtshofes werden in der Währung des Landes geleistet, in dem der Gerichtshof seinen Sitz hat.

Auf Antrag des Berechtigten werden die Zahlungen in der Währung des Landes geleistet, in dem die zu erstattenden Auslagen entstanden oder die Handlungen vorgenommen worden sind, derentwegen die Zahlung geschuldet wird.

§ 2. Sonstige Schuldner leisten ihre Zahlungen in der Währung ihres Heimatstaats.

§ 3. Allen Umrechnungen ist der amtliche Wechselkurs zugrunde zu legen, der am Zahlungstag in dem Land gilt, in dem der Gerichtshof seinen Sitz hat.

## Sechstes Kapitel. Prozesskostenhilfe

**Artikel 76**

§ 1. Ist eine Partei außerstande, die Kosten des Verfahrens ganz oder teilweise zu bestreiten, so kann ihr auf Antrag jederzeit Prozeßkostenhilfe bewilligt werden.

Mit dem Antrag sind Unterlagen einzureichen, aus denen sich die Bedürftigkeit des Antragstellers ergibt, insbesondere eine entsprechende Bescheinigung der zuständigen Behörde.

§ 2. Wird der Antrag vor der Klage eingereicht, die der Antragsteller erheben will, so ist deren Gegenstand kurz darzulegen.

Der Antrag unterliegt nicht dem Anwaltszwang.

§ 3. Der Präsident bestimmt den Berichterstatter. Die Kammer, der dieser angehört, entscheidet nach Eingang der schriftlichen Stellungnahme der Gegenpartei sowie nach Anhörung des Generalanwalts, ob die Prozeßkostenhilfe zu versagen oder ganz oder teilweise zu bewilligen ist. Die Prozeßkostenhilfe ist zu versagen, wenn die beabsichtigte Rechtsverfolgung offensichtlich aussichtslos ist.

Die Entscheidung ergeht ohne Angabe von Gründen durch unanfechtbaren Beschluß.

§ 4. Die Kammer kann die Prozeßkostenhilfe jederzeit von Amts wegen oder auf Antrag entziehen, wenn sich die Voraussetzungen, unter denen sie bewilligt wurde, im Laufe des Verfahrens ändern.

§ 5. Wird die Prozeßkostenhilfe bewilligt, so streckt die Kasse des Gerichtshofes die Kosten vor.

In der Kostenentscheidung des Endurteils kann die Einziehung aufgrund der Bewilligung der Prozeßkostenhilfe vorgestreckter Beträge zugunsten der Kasse des Gerichtshofes angeordnet werden.

Der Kanzler treibt diese Beträge von der Partei ein, die zu ihrer Erstattung verurteilt worden ist.

## Siebtes Kapitel. Außergerichtliche Erledigung und Klagerücknahme

**Artikel 77**

Einigen sich die Parteien über die streitigen Fragen, bevor der Gerichtshof entschieden hat, und erklären sie, daß sie auf die Geltendmachung ihrer Ansprüche verzichten, so ordnet der Präsident die Streichung der Rechtssache im Register an und entscheidet gemäß Artikel 69 § 5, gegebenenfalls unter Berücksichtigung der dahin gehenden Vorschläge der Parteien, über die Kosten.

Diese Bestimmung findet keine Anwendung auf Rechtssachen im Sinne der Artikel 33 und 35 EGKS-Vertrag, 173 und 175 EWG-Vertrag sowie 146 und 148 EAG-Vertrag.

**Artikel 78**

Nimmt der Kläger durch schriftliche Erklärung gegenüber dem Gerichtshof die Klage zurück, so ordnet der Präsident die Streichung der Rechtssache im Register an und entscheidet gemäß Artikel 69 § 5 über die Kosten.

## Achtes Kapitel. Zustellungen

**Artikel 79**

Die in dieser Verfahrensordnung vorgesehenen Zustellungen werden vom Kanzler in der Weise veranlaßt, daß dem Zustellungsbevollmächtigten des Empfängers eine Abschrift des betreffenden Schriftstücks entweder auf dem Postweg durch Einschreiben mit Rückschein übermittelt oder gegen Quittung übergeben wird.

Die Abschriften werden vom Kanzler ausgefertigt und beglaubigt, es sei denn, daß sie gemäß Artikel 37 § 1 von den Parteien eingereicht werden.

## Neuntes Kapitel. Fristen

**Artikel 80**

§ 1. Die im EGKS-, EWG- und EAG-Vertrag, in den Satzungen des Gerichtshofes und in dieser Verfahrensordnung vorgesehenen gerichtlichen Fristen werden wie folgt berechnet:

a) Ist für den Anfang einer nach Tagen, Wochen, Monaten oder Jahren bemessenen Frist der Zeitpunkt maßgebend, zu dem ein Ereignis eintritt oder eine Handlung vorgenommen wird, so wird bei der Berechnung dieser Frist der Tag, in den das Ereignis oder die Handlung fällt, nicht mitgerechnet.

b) Eine nach Wochen, Monaten oder Jahren bemessene Frist endet mit Ablauf des Tages, der in der letzten Woche, im letzten Monat oder im letzten Jahr dieselbe Bezeichnung oder dieselbe Zahl wie der Tag trägt, an dem das Ereignis eingetreten oder die Handluhg vorgenommen worden ist, von denen an die Frist zu berechnen ist. Fehlt bei einer nach Monaten oder Jahren bemessenen Frist im letzten Monat der für ihren Ablauf maßgebende Tag, so endet die Frist mit Ablauf des letzten Tages dieses Monats.

c) Ist eine Frist nach Monaten oder nach Tagen bemessen, so werden zunächst die vollen Monate und dann die Tage gezählt.

d) Eine Frist umfaßt die gesetzlichen Feiertage, die Sonntage und die Samstage.

e) Der Lauf einer Frist wird durch die Gerichtsferien nicht gehemmt.

§ 2. Fällt das Ende einer Frist auf einen Samstag, Sonntag oder gesetzlichen Feiertag, so endet die Frist mit dem Ablauf des nächstfolgenden Werktags.

Der Gerichtshof stellt ein Verzeichnis der gesetzlichen Feiertage auf, das im Amtsblatt der Europäischen Gemeinschaften zu veröffentlichen ist.

**Artikel 81**

§ 1. Die Fristen für die Erhebung von Klagen gegen Maßnahmen der Organe beginnen am Tag nach der Bekanntgabe an den Betroffenen oder, wenn die Maßnahme veröffentlicht wird, am fünfzehnten Tag nach ihrem Erscheinen im Amtsblatt der Europäischen Gemeinschaften.

§ 2. Der Gerichtshof setzt mit Rücksicht auf die räumliche Entfernung zusätzliche Verfahrensfristen fest; diese Entscheidung ist im Amtsblatt der Europäischen Gemeinschaften zu veröffentlichen.

**Artikel 82**

Aufgrund dieser Verfahrensordnung festgesetzte Fristen können von der anordnenden Stelle verlängert werden.

Der Präsident und die Kammerpräsidenten können dem Kanzler die Zeichnungsbefugnis übertragen, bestimmte Fristen, die sie aufgrund dieser Verfahrensordnung anzuordnen haben, festzusetzen oder deren Verlängerung zu gewähren.

## Zehntes Kapitel Aussetzung des Verfahrens

### Artikel 82a

§ 1. Das Verfahren kann ausgesetzt werden:

a) in den in den Artikeln 47 Absatz 3 der EGKS- und der EWG-Satzung sowie 48 Absatz 3 der EAG-Satzung vorgesehenen Fällen durch Beschluß des Gerichtshofes oder der mit der Rechtssache befaßten Kammer nach Anhörung des Generalanwalts;

b) in allen übrigen Fällen durch Entscheidung des Präsidenten nach Anhörung des Generalanwalts und, außer in den Vorabentscheidungsverfahren gemäß Artikel 103, der Parteien.

Nach demselben Verfahren kann durch Beschluß oder durch Entscheidung die Fortsetzung des Verfahrens angeordnet werden.

Die in diesem Paragraphen vorgesehenen Beschlüsse oder Entscheidungen werden den Parteien zugestellt.

§ 2. Die Aussetzung des Verfahrens wird zu dem in dem Aussetzungsbeschluß oder der Aussetzungsentscheidung angegebenen Zeitpunkt oder, wenn ein solcher nicht angegeben ist, zu dem Zeitpunkt dieses Beschlusses oder dieser Entscheidung wirksam.

Während der Aussetzung läuft keine Verfahrensfrist gegenüber den Parteien ab.

§ 3. Ist in dem Aussetzungsbeschluß oder der Aussetzungsentscheidung das Ende der Aussetzung nicht festgelegt, so endet die Aussetzung zu dem in dem Beschluß oder der Entscheidung über die Fortsetzung des Verfahrens angegebenen Zeitpunkt oder, wenn ein solcher nicht angegeben ist, zu dem Zeitpunkt des Beschlusses oder der Entscheidung über die Fortsetzung.

Ab dem Zeitpunkt der Fortsetzung beginnen die Verfahrensfristen von Beginn an erneut zu laufen.

## Dritter Titel. Besondere Verfahrensarten

### Erstes Kapitel. Aussetzung des Vollzugs oder der Zangsvollstreckung und sonstige einstweilige Anordnungen

**Artikel 83**

§ 1. Anträge auf Aussetzung des Vollzugs von Maßnahmen eines Organs im Sinne der Artikel 39 Absatz 2 EGKS-Vertrag, 185 EWG-Vertrag und 157 EAG-Vertrag sind nur zulässig, wenn der Antragsteller die betreffende Maßnahme durch Klage beim Gerichtshof angefochten hat.

Anträge auf sonstige einstweilige Anordnungen im Sinne der Artikel 39 Absatz 3 EGKS-Vertrag, 186 EWG-Vertrag und 158 EAG-Vertrag sind nur zulässig, wenn sie von einer Partei eines beim Gerichtshof anhängigen Rechtsstreits gestellt werden und sich auf diesen beziehen.

§ 2. Die in § 1 genannten Anträge müssen den Streitgegenstand bezeichnen und die Umstände anführen, aus denen sich die Dringlichkeit ergibt; ferner ist die Notwendigkeit der beantragten Anordnung in tatsächlicher und rechtlicher Hinsicht glaubhaft zu machen.

§ 3. Der Antrag ist mit besonderem Schriftsatz einzureichen und muß den Artikeln 37 und 38 entsprechen.

**Artikel 84**

§ 1. Der Antrag wird der Gegenpartei zugestellt; der Präsident setzt ihr eine kurze Frist zur schriftlichen oder mündlichen Stellungnahme.

§ 2. Der Präsident kann eine Beweisaufnahme anordnen.

Er kann dem Antrag stattgeben, bevor die Stellungnahme der Gegenpartei eingeht. Diese Entscheidung kann später, auch von Amts wegen, abgeändert oder aufgehoben werden.

**Artikel 85**

Der Präsident entscheidet selbst oder überträgt die Entscheidung dem Gerichtshof.

Ist der Präsident abwesend oder verhindert, so findet Artikel 11 entsprechende Anwendung.

Wird die Entscheidung dem Gerichtshof übertragen, so erkennt dieser unter Zurückstellung aller anderen Rechtssachen und nach Anhörung des Generalanwalts. Artikel 84 findet entsprechende Anwendung.

## Artikel 86

§ 1. Die Entscheidung ergeht durch unanfechtbaren Beschluß, der mit Gründen zu versehen ist. Der Beschluß wird den Parteien unverzüglich zugestellt.

§ 2. Die Vollstreckung des Beschlusses kann davon abhängig gemacht werden, daß der Antragsteller eine Sicherheit leistet, deren Höhe und Art nach Maßgabe der Umstände festzusetzen sind.

§ 3. Die einstweilige Anordnung kann befristet werden. In Ermangelung einer ausdrücklichen Befristung tritt sie mit der Verkündung des Endurteils außer Kraft.

§ 4. Der Beschluß stellt nur eine einstweilige Regelung dar und greift der Entscheidung des Gerichtshofes zur Hauptsache nicht vor.

## Artikel 87

Auf Antrag einer Partei kann der Beschluß jederzeit wegen veränderter Umstände abgeändert oder aufgehoben werden.

## Artikel 88

Die Abweisung eines Antrags auf einstweilige Anordnung hindert den Antragsteller nicht, einen weiteren, auf neue Tatsachen gestützten Antrag zu stellen.

## Artikel 89

Die Bestimmungen dieses Kapitels finden entsprechende Anwendung auf Anträge, die gemäß den Artikeln 44 unt 92 EGKS-Vertrag, 187 und 192 EWG-Vertrag sowie 159 und 164 EAG-Vertrag gestellt werden und auf Aussetzung der Zwangsvollstreckung von Entscheidungen des Gerichtshofes oder von Maßnahmen anderer Organe gerichtet sind.

In dem Beschluß, der dem Antrag stattgibt, wird gegebenenfalls der Zeitpunkt festgesetzt, zu dem die einstweilige Anordnung außer Kraft tritt.

## Artikel 90

§ 1. Anträge gemäß Artikel 81 Absätze 3 und 4 EAG-Vertrag müssen

a) Namen und Wohnsitz der Personen oder Unternehmen angeben, die der Überwachungsmaßnahme unterworfen werden sollen;

b) Gegenstand und Zweck der Überwachungsmaßnahme bezeichnen.

§ 2. Der Präsident entscheidet durch Verfügung. Artikel 86 findet entsprechende Anwendung.

Ist der Präsident abwesend oder verhindert, so findet Artikel 11 entsprechende Anwendung.

## Zweites Kapitel. Prozesshindernde Einreden und Zwischenstreit

### Artikel 91

§ 1. Will eine Partei vorab eine Entscheidung des Gerichtshofes über eine prozeßhindernde Einrede oder einen Zwischenstreit herbeiführen, so hat sie dies mit besonderem Schriftsatz zu beantragen.

Der Schriftsatz muß außer dem Antrag dessen tatsächliche und rechtliche Begründung enthalten; Unterlagen, auf die sich die Partei beruft, sind beizufügen.

§ 2. Unmittelbar nach Eingang des Schriftsatzes bestimmt der Präsident eine Frist, innerhalb deren die Gegenpartei schriftlich ihre Anträge zu stellen und zu begründen hat.

§ 3. Über den Antrag wird mündlich verhandelt, sofern der Gerichtshof nichts anderes bestimmt.

§ 4. Nach Anhörung des Generalanwalts entscheidet der Gerichtshof über den Antrag oder behält die Entscheidung dem Endurteil vor.

Verwirft der Gerichtshof den Antrag oder behält er die Entscheidung dem Endurteil vor, so bestimmt der Präsident neue Fristen für die Fortsetzung des Verfahrens.

### Artikel 92

§ 1. Ist der Gerichtshof für eine Klage offensichtlich unzuständig oder ist eine Klage offensichtlich unzulässig, so kann er nach Anhörung des Generalanwalts, ohne das Verfahren fortzusetzen, durch Beschluß entscheiden, der mit Gründen zu versehen ist.

§ 2. Der Gerichtshof kann jederzeit von Amts wegen prüfen, ob unverzichtbare Prozeßvoraussetzungen fehlen; er entscheidet hierüber gemäß Artikel 91 §§ 3 und 4.

## Drittes Kapitel. Streithilfe

### Artikel 93

§ 1. Anträge auf Zulassung als Streithelfer können nur innerhalb von drei Monaten nach der in Artikel 16 § 6 bezeichneten Veröffentlichung gestellt werden.

Der Antrag muß enthalten:

a) die Bezeichnung der Rechtssache;

b) die Bezeichnung der Parteien;

c) Namen und Wohnsitz des Antragstellers;

d) die Benennung eines Zustellungsbevollmächtigten am Ort des Gerichtssitzes;

e) die Anträge, die der Antragsteller unterstützen will;

f) für den Fall, daß der Antrag nicht von einem Mitgliedstaat oder einem Organ gestellt wird, die Gründe, aus denen sich das berechtigte Interesse des Antragstellers am Ausgang des Rechtsstreits ergibt. Für die Vertretung des Streithelfers gelten die Artikel 20 Absätze 1 und 2 der EGKS-Satzung sowie 17 der EWG- und der EAG-Satzung.

Die Artikel 37 und 38 dieser Verfahrensordnung finden entsprechende Anwendung.

§ 2. Der Antrag wird den Parteien zugestellt. Vor einer Entscheidung über den Antrag gibt der Präsident den Parteien Gelegenheit zur schriftlichen oder mündlichen Stellungnahme. Der Präsident entscheidet über den Antrag durch Beschluß oder überträgt die Entscheidung dem Gerichtshof.

§ 3. Gibt der Präsident dem Antrag statt, so sind dem Streithelfer alle den Parteien zugestellten Schriftstücke zu übermitteln. Der Präsident kann jedoch auf Antrag einer Partei geheime oder vertrauliche Unterlagen von der Übermittlung ausnehmen.

§ 4. Der Streithelfer muß den Rechtsstreit in der Lage annehmen, in der dieser sich zur Zeit des Beitritts befindet.

§ 5. Der Präsident setzt dem Streithelfer eine Frist, innerhalb deren dieser einen Streithilfeschriftsatz einreichen kann.

Der Streithilfeschriftsatz muß enthalten:

a) die Anträge des Streithelfers, die der vollständigen oder teilweisen Unterstützung oder Bekämpfung der Anträge einer Partei zu dienen bestimmt sind;

b) die Angriffs- und Verteidigungsmittel sowie die Argumente des Streithelfers;

c) gegebenenfalls die Bezeichnung der Beweismittel.

§ 6. Nach Einreichung des Streithilfeschriftsatzes setzt der Präsident den Parteien gegebenenfalls eine Frist, innerhalb deren sie sich zu diesem Schriftsatz äußern können.

## Viertes Kapitel. Versäumnisurteil und Einspruch

**Artikel 94**

§ 1. Reicht der Beklagte, gegen den ordnungsgemäß Klage erhoben ist, seine Klagebeantwortung nicht form- und fristgerecht ein, so kann der Kläger Versäumnisurteil beantragen.

Der Antrag wird dem Beklagten zugestellt. Der Präsident bestimmt den Termin für die Eröffnung der mündlichen Verhandlung.

§ 2. Vor Erlaß eines Versäumnisurteils prüft der Gerichtshof nach Anhörung des Generalanwalts, ob die Klage ordnungsgemäß erhoben und zulässig ist und ob die Anträge des Klägers begründet erscheinen. Er kann eine Beweisaufnahme anordnen.

§ 3. Das Versäumnisurteil ist vollstreckbar. Der Gerichtshof kann die Vollstreckung aussetzen, bis über einen gemäß § 4 eingelegten Einspruch entschieden ist, oder sie davon abhängig machen, daß der Antragsteller eine Sicherheit leistet, deren Höhe und Art nach Maßgabe der Umstände festzusetzen sind; wird kein Einspruch eingelegt oder wird der Einspruch verworfen, so ist die Sicherheit freizugeben.

§ 4. Gegen das Versäumnisurteil kann Einspruch eingelegt werden.

Der Einspruch ist innerhalb eines Monats nach Zustellung des Urteils einzulegen; die Artikel 37 und 38 finden entsprechende Anwendung.

§ 5. Nach der Zustellung des Einspruchs setzt der Präsident der Gegenpartei eine Frist zur schriftlichen Stellungnahme.

Auf das weitere Verfahren finden die Artikel 44 ff. entsprechende Anwendung.

§ 6. Der Gerichtshof entscheidet durch Urteil, gegen das weiterer Einspruch nicht zulässig ist.

Die Urschrift dieses Urteils wird mit der Urschrift des Versäumnisurteils verbunden. Ein Hinweis auf das Urteil ist am Rand der Urschrift des Versäumnisurteils anzubringen.

## Fünftes Kapitel. Verweisung von Rechtssachen an die Kammern

**Artikel 95**

§ 1. Der Gerichtshof kann die gemäß den Artikeln 49 der EGKS-und der EWG-Satzung sowie 50 der EAG-Satzung gegen die Entscheidungen des Gerichts erster Instanz eingelegten Rechtsmittel sowie die ihm gemäß Artikel 103 dieser Verfahrensordnung vorgelegten Vorabentscheidungssachen an die Kammern verweisen, sofern nicht die Schwierigkeit oder die Bedeutung der Rechtssache oder besondere Umstände eine Entscheidung des Gerichtshofes in Vollsitzung erfordern; das gleiche gilt für alle anderen Rechtssachen mit Ausnahme derjenigen, die auf Antrag eines Mitgliedstaats oder eines Organs anhängig sind.

§ 2. Die Entscheidung über die Verweisung trifft der Gerichtshof am Schluß des schriftlichen Verfahrens auf der Grundlage des Vorberichts des Berichterstatters und nach Anhörung des Generalanwalts.

Die Verweisung ist nicht zulässig, wenn ein am Verfahren beteiligter Mitgliedstaat oder ein am Verfahren beteiligtes Organ beantragt, daß der Gerichtshof über die Rechtssache in Vollsitzung entscheidet. Am Verfahren beteiligt im Sinne dieser Bestimmung sind Mitgliedstaaten oder Organe, die in dem Rechtsstreit Partei oder Streithelfer sind oder die im Rahmen eines der in Artikel 103 bezeichneten Vorabentscheidungsverfahren schriftliche Erklärungen eingereicht haben.

Der in Absatz 2 bezeichnete Antrag kann in Streitsachen zwischen den Gemeinschaften und deren Bediensteten nicht gestellt werden.

§ 3. Die Kammer kann eine Rechtssache in jedem Stadium des Verfahrens dem Gerichtshof vorlegen.

**Artikel 96**
(aufgehoben)

## Sechstes Kapitel. Außerordentliche Rechtsbehelfe

### Erster Abschnitt – Drittwiderspruch

**Artikel 97**

§ 1. Auf den Drittwiderspruch finden die Artikel 37 und 38 entsprechende Anwendung; der Antrag muß ferner enthalten:

a) die Bezeichnung des angefochtenen Urteils;

b) die Angabe, in welchen Punkten dieses Urteil die Rechte des Dritten beeinträchtigt;

c) die Gründe, aus denen der Dritte nicht in der Lage war, sich am Hauptverfahren zu beteiligen.

Der Antrag ist gegen sämtliche Parteien des Hauptverfahrens zu richten.

Ist das Urteil im Amtsblatt der Europäischen Gemeinschaften veröffentlicht, so muß der Antrag binnen zwei Monaten nach dieser Veröffentlichung eingereicht werden.

§ 2. Auf Antrag des Dritten kann die Vollstreckung des angefochtenen Urteils ausgesetzt werden. Die Bestimmungen des Ersten Kapitels des Dritten Titels finden entsprechende Anwendung.

§ 3. Wird dem Drittwiderspruch stattgegeben, so ist das angefochtene Urteil entsprechend zu ändern.

Die Urschrift des auf den Drittwiderspruch ergangenen Urteils ist mit der Urschrift des angefochtenen Urteils zu verbinden. Ein Hinweis auf das Urteil ist am Rand der Urschrift des angefochtenen Urteils anzubringen.

## Zweiter Abschnitt – Wiederaufnahme des Verfahrens

**Artikel 98**

Die Wiederaufnahme des Verfahrens ist binnen drei Monaten nach dem Tag zu beantragen, an dem der Antragsteller Kenntnis von der Tatsache erhalten hat, auf die er seinen Antrag stützt.

**Artikel 99**

§ 1. Auf den Antrag finden die Artikel 37 und 38 entsprechende Anwendung. Der Antrag muß ferner enthalten:

a) die Bezeichnung des angefochtenen Urteils;

b) die Angabe der Punkte, in denen das Urteil angefochten wird;

c) die Bezeichnung der Tatsachen, die dem Antrag zugrunde liegen;

d) die Benennung der Beweismittel für das Vorliegen von Tatsachen, die die Wiederaufnahme rechtfertigen, und für die Wahrung der in Artikel 98 genannten Frist.

§ 2. Der Antrag ist gegen sämtliche Parteien des Rechtsstreits zu richten, in dem das angefochtene Urteil ergangen ist.

**Artikel 100**

§ 1. Aufgrund der schriftlichen Stellungnahme der Parteien und nach Anhörung des Generalanwalts entscheidet der Gerichtshof in nichtöffentlicher Sitzung durch Urteil über die Zulässigkeit des Antrags, ohne der Entscheidung in der Hauptsache vorzugreifen,

§ 2. Gibt der Gerichtshof dem Antrag statt, so tritt er erneut in die Prüfung der Hauptsache ein und entscheidet durch Urteil gemäß den Bestimmungen dieser Verfahrensordnung.

§ 3. Die Urschrift des abändernden Urteils ist mit der Urschrift des abgeänderten Urteils zu verbinden. Ein Hinweis auf das Urteil ist am Rand der Urschrift des abgeänderten Urteils anzubringen.

## Siebtes Kapitel. Klagen gegen Entscheidungen des Schiedsausschusses

### Artikel 101

§ 1. Die in Artikel 18 Absatz 2 EAG-Vertrag bezeichneten Klagen müssen enthalten:

a) Namen und Wohnsitz des Klägers;

b) die Stellung des Unterzeichnenden;

c) die Bezeichnung der angegriffenen Entscheidung des Schiedsausschusses;

d) die Bezeichnung der Gegenparteien;

e) eine kurze Darlegung des Sachverhalts;

f) die Anträge und die Klagegründe des Klägers.

§ 2. Artikel 37 §§ 3 und 4 sowie Artikel 38 §§ 2, 3 und 5 finden entsprechende Anwendung.

Mit der Klage ist eine beglaubigte Abschrift der angefochtenen Entscheidung einzureichen.

§ 3. Unmittelbar nach Eingang der Klage fordert der Kanzler die Akten der Rechtssache bei der Kanzlei des Ausschusses an.

§ 4. Auf das Verfahren finden die Artikel 39, 40 und 55 ff. entsprechende Anwendung.

§ 5. Der Gerichtshof entscheidet durch Urteil. Hebt er die Entscheidung des Ausschusses auf, so kann er die Sache an den Ausschuß zurückverweisen.

## Achtes Kapitel. Auslegung von Urteilen

### Artikel 102

§ 1. Für Anträge auf Auslegung von Urteilen gelten die Artikel 37 und 38 entsprechend. Der Antrag muß ferner bezeichnen:

a) das auszulegende Urteil;

b) die Stellen, deren Auslegung beantragt wird.

Er ist gegen sämtliche Parteien des Rechtsstreits zu richten, in dem das Urteil ergangen ist.

§ 2. Der Gerichtshof gibt den Parteien Gelegenheit zur Stellungnahm; er entscheidet nach Anhörung des Generalanwalts durch Urteil.

Die Urschrift des auslegenden Urteils ist mit der Urschrift des ausgelegten Urteils zu verbinden. Ein Hinweis auf das Urteil ist am Rand der Urschrift des ausgelegten Urteils anzubringen.

## Neuntes Kapitel. Vorlagen zur Vorabentscheidung und andere Auslegungsverfahren

### Artikel 103

§ 1. In den in den Artikeln 20 der EWG-Satzung und 21 der EAG-Satzung bezeichneten Fällen finden auf das Verfahren die Bestimmungen dieser Verfahrensordnung unter Berücksichtigung der Eigenart der Vorabentscheidungsvorlage entsprechende Anwendung.

§ 2. § 1 gilt entsprechend für Vorabentscheidungsvorlagen nach dem Protokoll betreffend die Auslegung des Übereinkommens vom 29. Februar 1968 über die gegenseitige Anerkennung von Gesellschaften und juristischen Personen durch den Gerichtshof und nach dem Protokoll betreffend die Auslegung des Übereinkommens vom 27. September 1968 über die gerichtliche Zuständigkeit und die Vollstreckung gerichtlicher Entscheidungen in Zivil- und Handelssachen durch den Gerichtshof, beide Protokolle unterzeichnet in Luxemburg am 3. Juni 1971, sowie für die Verfahren nach Artikel 4 des letztgenannten Protokolls.

§ 1 gilt auch für etwaige in anderen Übereinkommen vorgesehene Vorlagen.

§ 3. Im Fall des Artikels 41 EGKS-Vertrag wird die Vorlageentscheidung den Parteien des Ausgangsverfahrens, den Mitgliedstaaten, der Kommission und dem Rat zugestellt.

Binnen zwei Monaten nach dieser Zustellung können die in Absatz 1 genannten Beteiligten Schriftsätze einreichen oder schriftliche Erklärungen abgeben.

§ 1 gilt entsprechend.

**Artikel 104**

§ 1. Die Entscheidungen der nationalen Gerichte im Sinne von Artikel 103 werden den Mitgliedstaaten in der Originalfassung zusammen mit einer Übersetzung in der Amtssprache des Empfängerstaats übermittelt.

§ 2. Hinsichtlich der Vertretung und des persönlichen Erscheinens der Parteien des Ausgangsverfahrens in den Vorabentscheidungsverfahren trägt der Gerichtshof den vor den nationalen Gerichten, die ihn angerufen haben, geltenden Verfahrensvorschriften Rechnung.

§ 3. Stimmt eine zur Vorabentscheidung vorgelegte Frage offensichtlich mit einer Frage überein, über die der Gerichtshof bereits entschieden hat, so kann der Gerichtshof nach Unterrichtung des vorlegenden Gerichts und nachdem er den in den Artikeln 20 der EWG-Satzung, 21 der EAG-Satzung und 103 § 3 dieser Verfahrensordnung bezeichneten Beteiligten Gelegenheit zur Äußerung gegeben hat, sowie nach Anhörung des Generalanwalts durch Beschluß entscheiden, der mit Gründen zu versehen ist und auf das frühere Urteil verweist.

§ 4. Unbeschadet der Regelung des § 3 umfaßt das Verfahren vor dem Gerichtshof im Fall einer Vorlage zur Vorabentscheidung auch eine mündliche Verhandlung. Der Gerichtshof kann jedoch nach Einreichung bzw. Abgabe der in den Artikeln 20 der EWG-Satzung, 21 der EAG-Satzung und 103 § 3 dieser Verfahrensordnung bezeichneten Schriftsätze oder Erklärungen auf Bericht des Berichterstatters nach Anhörung des Generalanwalts und nach Unterrichtung der Beteiligten, die gemäß diesen Bestimmungen Schriftsätze einreichen oder schriftliche Erklärungen abgeben können, etwas anderes beschließen, vorausgesetzt, keiner dieser Beteiligten hat beantragt, seinen Standpunkt mündlich zu Gehör bringen zu können.

§ 5. Die Entscheidung über die Kosten des Vorabentscheidungsverfahrens ist Sache des nationalen Gerichts.

In besonderen Fällen kann der Gerichtshof im Rahmen der Prozeßkostenhilfe eine Beihilfe bewilligen, um es einer Partei zu erleichtern, sich vertreten zu lassen oder persönlich zu erscheinen.

## Zehntes Kapitel. Verfahren gemäß den Artikeln 103 bis 105 EAG-Vertrag

**Artikel 105**

§ 1. Anträge nach Artikel 103 Absatz 3 EAG-Vertrag sind in vier beglaubigten Ausfertigungen einzureichen. Sie werden der Kommission zugestellt.

§ 2. Mit dem Antrag sind der Entwurf des Abkommens oder der Vereinbarung, die Stellungnahme der Kommission gegenüber dem betroffenen Staat sowie alle sonstigen Unterlagen einzureichen.

Die Kommission hat sich innerhalb einer Frist von zehn Tagen, die vom Präsidenten nach Anhörung des betroffenen Staates verlängert werden kann, zu dem Antrag zu äußern.

Eine beglaubigte Abschrift dieser Äußerung wird dem Staat zugestellt.

§ 3. Unmittelbar nach Eingang des Antrags bestimmt der Präsident den Berichterstatter; der Erste Generalanwalt bestimmt den Generalanwalt sogleich nach der Bestimmung des Berichterstatters.

§ 4. Die Entscheidung ergeht nach Anhörung des Generalanwalts in nichtöffentlicher Sitzung.

Die Bevollmächtigten oder die Beistände des betroffenen Staates und der Kommission sind auf ihren Antrag zu hören.

**Artikel 106**

§ 1. Auf die in den Artikeln 104 Absatz 3 und 105 Absatz 2 EAG-Vertrag bezeichneten Fälle finden die Artikel 37 ff. entsprechende Anwendung.

§ 2. Der Antrag wird dem Staat zugestellt, dem der Antragsgegner angehört.

## Elftes Kapitel. Gutachten

**Artikel 107**

§ 1. Anträge des Rates auf Gutachten gemäß Artikel 228 EWG-Vertrag werden der Kommission zugestellt. Entsprechende Anträge der Kommission werden dem Rat und den Mitgliedstaaten zugestellt. Anträge eines Mitgliedstaats werden dem Rat, der Kommission und den übrigen Mitgliedstaaten zugestellt.

Der Präsident setzt den Empfängern dieser Zustellungen eine Frist zur schriftlichen Stellungnahme.

§ 2. Das Gutachten kann sich sowohl auf die Vereinbarkeit des beabsichtigten Abkommens mit dem EWG-Vertrag als auch auf die Zuständigkeit der Gemeinschaft oder eines ihrer Organe für den Abschluß eines solchen Abkommens erstrecken.

### Artikel 108

§ 1. Unmittelbar nach Eingang des Antrags gemäß Artikel 107 bestimmt der Präsident den Berichterstatter.

§ 2. Der Gerichtshof gibt nach Anhörung der Generalanwälte in nichtöffentlicher Sitzung ein mit Gründen versehenes Gutachten ab.

§ 3. Das Gutachten wird vom Präsidenten, von den übrigen an der Beratung beteiligten Richtern sowie vom Kanzler unterzeichnet und dem Rat, der Kommission und den Mitgliedstaaten zugestellt.

### Artikel 109

Anträge auf Stellungnahme des Gerichtshofes gemäß Artikel 95 Absatz 4 EGKS-Vertrag sind von der Kommission und vom Rat gemeinsam einzureichen.

Die Stellungnahme ergeht in entsprechender Anwendung von Artikel 108. Sie wird der Kommission, dem Rat und dem Europäischen Parlament zugestellt.

## Vierter Titel. Rechtsmittel gegen Entscheidungen des Gerichts Erster Instanz

### Artikel 110

Wird gegen die Entscheidungen des Gerichts nach den Artikeln 49 und 50 der EGKS-Satzung, 49 und 50 der EWG-Satzung sowie 50 und 51 der EAG-Satzung ein Rechtsmittel eingelegt, so ist Verfahrenssprache diejenige Sprache, in der die mit dem Rechtsmittel angefochtene Entscheidung des Gerichts erster Instanz ergangen ist; Artikel 29 § 2 Buchstaben b) und c) sowie § 3 Absatz 4 bleibt unberührt.

### Artikel 111

§ 1. Das Rechtsmittel wird durch Einreichung eines Schriftsatzes bei der Kanzlei des Gerichtshofes oder des Gerichts eingelegt.

§ 2. Die Kanzlei des Gerichts übermittelt die erstinstanzlichen Akten und gegebenenfalls die Rechtsmittelschrift unverzüglich der Kanzlei des Gerichtshofes.

### Artikel 112

§ 1. Die Rechtsmittelschrift muß enthalten:

a) Namen und Wohnsitz des Rechtsmittelführers;

b) die Bezeichnung der anderen Parteien des Verfahrens vor dem Gericht;

c) die Rechtsmittelgründe;

d) die Anträge des Rechtsmittelführers.

Die Artikel 37 und 38 §§ 2 und 3 finden auf die Rechtsmittelschrift entsprechende Anwendung.

§ 2. Die mit dem Rechtsmittel angefochtene Entscheidung des Gerichts ist der Rechtsmittelschrift beizufügen. Es ist anzugeben, an welchem Tag die angefochtene Entscheidung dem Rechtsmittelführer zugestellt worden ist.

§ 3. Entspricht die Rechtsmittelschrift nicht dem Artikel 38 § 3 oder dem § 2 des vorliegenden Artikels, so findet Artikel 38 § 7 entsprechende Anwendung.

**Artikel 113**

§ 1. Die Rechtsmittelanträge müssen zum Gegenstand haben:

– die vollständige oder teilweise Aufhebung der Entscheidung des Gerichts;

– die vollständige oder teilweise Aufrechterhaltung der im ersten Rechtszug gestellten Anträge; neue Anträge können nicht gestellt werden.

§ 2. Das Rechtsmittel kann den vor dem Gericht verhandelten Streitgegenstand nicht verändern.

**Artikel 114**

Die Rechtsmittelschrift wird den Parteien des Verfahrens vor dem Gericht zugestellt. Artikel 39 findet entsprechende Anwendung.

**Artikel 115**

§ 1. Die Parteien des Verfahrens vor dem Gericht können binnen zwei Monaten nach Zustellung der Rechtsmittelschrift eine Rechtsmittelbeantwortung einreichen. Eine Verlängerung der Beantwortungsfrist ist nicht möglich.

§ 2. Die Rechtsmittelbeantwortung muß enthalten:

a) Namen und Wohnsitz der Partei, die sie einreicht;

b) die Angabe des Tages, an dem ihr die Rechtsmittelschrift zugestellt worden ist;

c) die rechtliche Begründung;

d) die Anträge.

Artikel 38 §§ 2 und 3 findet entsprechende Anwendung.

**Artikel 116**

§ 1. Die Anträge in der Rechtsmittelbeantwortung müssen zum Gegenstand haben:

– die vollständige oder teilweise Zurückweisung des Rechtsmittels oder die vollständige oder teilweise Aufhebung der Entscheidung des Gerichts;

– die vollständige oder teilweise Aufrechterhaltung der von der Partei, die die Rechtsmittelbeantwortung einreicht, im ersten Rechtszug gestellten Anträge; neue Anträge können nicht gestellt werden.

§ 2. Die Rechtsmittelbeantwortung kann den vor dem Gericht verhandelten Streitgegenstand nicht verändern.

**Artikel 117**

§ 1. Rechtsmittelschrift und Rechtsmittelbeantwortung können durch eine Erwiderung und eine Gegenerwiderung oder durch einen anderen Schriftsatz ergänzt werden, wenn der Präsident dies auf einen dahin gehenden Antrag, der binnen einer Woche nach Zustellung der Rechtsmittelbeantwortung oder der Erwiderung gestellt wird, für erforderlich hält und ausdrücklich gestattet, um der betroffenen Partei zu ermöglichen, ihren Standpunkt zu Gehör zu bringen, oder um die Entscheidung über das Rechtsmittel vorzubereiten.

§ 2. Haben die in einer Rechtsmittelbeantwortung gestellten Anträge die vollständige oder teilweise Aufhebung der Entscheidung des Gerichts unter einem Gesichtspunkt zum Gegenstand, der in der Rechtsmittelschrift nicht geltend gemacht wird, so kann der Rechtsmittelführer oder jede andere Partei binnen zwei Monaten nach Zustellung der Rechtsmittelbeantwortung eine auf diesen Gesichtspunkt beschränkte Erwiderung einreichen. § 1 findet auf die auf diese Erwiderung hin eingereichten weiteren Schriftsätze entsprechende Anwendung.

§ 3. Gestattet der Präsident die Abgabe einer Erwiderung und einer Gegenerwiderung oder eines anderen Schriftsatzes, so bestimmt er die Fristen für die Einreichung dieser Schriftsätze.

### Artikel 118

Vorbehaltlich der nachstehenden Bestimmungen finden Artikel 42 § 2 sowie die Artikel 43, 44, 55 bis 90, 93, 95 bis 100 und 102 auf das Verfahren vor dem Gerichtshof, das ein Rechtsmittel gegen eine Entscheidung des Gerichts zum Gegenstand hat, entsprechende Anwendung.

### Artikel 119

Ist das Rechtsmittel ganz oder teilweise offensichtlich unzulässig oder offensichtlich unbegründet, so kann der Gerichtshof jederzeit auf Bericht des Berichterstatters nach Anhörung des Generalanwalts das Rechtsmittel ganz oder teilweise durch Beschluß, der mit Gründen zu versehen ist, zurückweisen.

### Artikel 120

Nach Einreichung der in Artikel 115 § 1 und gegebenenfalls der in Artikel 117 §§ 1 und 2 bezeichneten Schriftsätze kann der Gerichtshof auf Bericht des Berichterstatters nach Anhörung des Generalanwalts und der Parteien beschließen, über das Rechtsmittel ohne mündliche Verhandlung zu entscheiden, es sei denn, eine Partei widerspricht mit der Begründung, daß sie im schriftlichen Verfahren nicht ausreichend Gelegenheit hatte, ihren Standpunkt zu Gehör zu bringen.

### Artikel 121

Der Bericht gemäß Artikel 44 § 1 ist dem Gerichtshof nach Einreichung der in Artikel 115 § 1 und gegebenenfalls der in Artikel 117 §§ 1 und 2 bezeichneten Schriftsätze vorzulegen. Neben den in Artikel 44 § 1 vorgesehenen Vorschlägen enthält der Bericht einen Vorschlag dazu, ob Artikel 120 Anwendung finden soll. Werden die genannten Schriftsätze nicht eingereicht, so findet nach Ablauf der für ihre Einreichung vorgesehenen Frist das gleiche Verfahren Anwendung.

### Artikel 122

Der Gerichtshof entscheidet über die Kosten, wenn das Rechtsmittel zurückgewiesen wird oder wenn das Rechtsmittel begründet ist und er selbst den Rechtsstreit endgültig entscheidet.

In den Streitsachen zwischen den Gemeinschaften und deren Bediensteten gilt folgendes:

– Artikel 70 findet nur dann Anwendung, wenn ein Organ Rechtsmittel einlegt;

– abweichend von Artikel 69 § 2 kann der Gerichtshof bei Rechtsmitteln, die von Beamten oder sonstigen Bediensteten eines Organs eingelegt werden, die Kosten zwischen den Parteien teilen, sofern dies aus Gründen der Billigkeit geboten ist.

Wird ein Rechtsmittel zurückgenommen, so findet Artikel 69 § 5 entsprechende Anwendung.

Ist das von einem Mitgliedstaat oder einem Organ, die dem Rechtsstreit vor dem Gericht nicht beigetreten sind, eingelegte Rechtsmittel begründet, so kann der Gerichtshof die Kosten zwischen den Parteien teilen oder dem obsiegenden Rechtsmittelführer die Kosten auferlegen, die das Rechtsmittel einer unterliegenden Partei verursacht hat.

### Artikel 123

Anträge auf Zulassung als Streithelfer in einem Rechtsmittelverfahren vor dem Gerichtshof sind binnen drei Monaten nach Einreichung der Rechtsmittelschrift zu stellen. Der Gerichtshof entscheidet nach Anhörung des Generalanwalts durch Beschluß über die Zulassung der Streithilfe.

## Schlußbestimmungen

### Artikel 124

§ 1. Wer als Zeuge oder Sachverständiger vor dem Gerichtshof zur Eidesleistung aufgefordert wird, wird vom Präsidenten ermahnt, seine Aussage wahrheitsgemäß zu machen bzw. seinen Auftrag unparteiisch und nach bestem Wissen und Gewissen zu erfüllen, und wird von ihm über die in der Gesetzgebung seines Heimatstaats vorgesehenen strafrechtlichen Folgen einer Verletzung dieser Pflicht belehrt.

§ 2. Der Zeuge leistet den Eid entweder gemäß Artikel 47 § 5 Absatz 1 oder in den Formen der Gesetzgebung seines Heimatstaats.

Erlaubt das Heimatrecht dem Zeugen in Gerichtsverfahren, neben dem Eid oder anstelle des Eides eine dem Eid gleichgestellte Erklärung abzugeben, so kann er diese Erklärung unter den Bedingungen und nach den Formen der Gesetzgebung seines Heimatstaats abgeben.

Kennt das Heimatrecht des Zeugen weder einen Eid noch eine solche Erklärung, so verbleibt es bei der Belehrung gemäß § 1.

§ 3. Auf Sachverständige findet § 2 entsprechende Anwendung, wobei jedoch auf Artikel 49 § 6 Absatz 1 statt auf Artikel 47 § 5 Absatz 1 Bezug genommen wird.

**Artikel 125**

Unbeschadet der Artikel 188 EWG-Vertrag und 160

EAG-Vertrag erläßt der Gerichtshof im Benehmen mit den beteiligten Regierungen eine zusätzliche Verfahrensordnung über das von ihm auf folgenden Gebieten einzuschlagende Verfahren:

a) Rechtshilfeersuchen;

b) Prozeßkostenhilfe;

c) Anzeigen des Gerichtshofes wegen Eidesverletzungen von Zeugen und Sachverständigen gemäß den Artikeln 28 der EGKS- und der EAG-Satzung sowie 27 der EWG-Satzung.

**Artikel 126**

Diese Verfahrensordnung tritt an die Stelle der Verfahrensordnung des Gerichtshofes der Europäischen Gemeinschaften vom 4. Dezember 1974 (Amtsblatt der Europäischen Gemeinschaften Nr. L 350 vom 28. Dezember 1974, S. 1), zuletzt geändert am 15. Mai 1991.

**Artikel 127**

Diese Verfahrensordnung ist in den in Artikel 29 § 1 genannten Sprachen verbindlich. Sie wird im Amtsblat~t der Europäischen Gemeinschaften veröffentlicht und tritt am ersten Tag des zweiten Monats nach ihrer Veröffentlichung in Kraft.

Erlassen in Luxemburg am 19. Juni 1991.

## Anlage I. Beschluß über die gesetzlichen Feiertage

Aufgrund des Artikels 80 § 2 der Verfahrensordnung über das vom Gerichtshof aufzustellende Verzeichnis der gesetzlichen Feiertage

ERLÄSST DER GERICHTSHOF DER EUROPÄISCHEN GEMEINSCHAFTEN FOLGENDEN BESCHLUSS:

**Artikel 1**

Gesetzliche Feiertage im Sinne von Artikel 80 § 2 der Verfahrensordnung sind:

- der Neujahrstag,
- der Ostermontag,
- der 1. Mai,
- Christi Himmelfahrt,

- der Pfingstmontag,
- der 23. Juni,
- der 24. Juni, wenn der 23. Juni ein Sonntag ist,
- der 15. August,
- der 1. November,
- der 25. Dezember,
- der 26. Dezember.

Die in Absatz 1 genannten gesetzlichen Feiertage sind die Feiertage, die am Sitz des Gerichtshofes gelten.

**Artikel 2**

Artikel 80 § 2 der Verfahrensordnung findet keine Anwendung auf andere als die in Artikel 1 dieses Beschlusses genannten Feiertage.

**Artikel 3**

Dieser Beschluß tritt als Anlage I zur Verfahrensordnung gleichzeitig mit dieser in Kraft.

Er ist im Amtsblatt der Europäischen Gemeinschaften zu veröffentlichen.

Erlassen in Luxemburg am 19. Juni 1991.

## Anlage II. Beschluß über die Verlängerung der Verfahrensfristen mit Rücksicht auf die räumliche Entfernung

Aufgrund des Artikels 81 § 2 der Verfahrensordnung über die Verlängerung der Verfahrensfristen mit Rücksicht auf die räumliche Entfernung

ERLÄSST DER GERICHTSHOF DER EUROPÄISCHEN GEMEINSCHAFTEN FOLGENDEN BESCHLUSS:

**Artikel 1**

Mit Ausnahme der Fälle, in denen die Parteien ihren gewöhnlichen Aufenthalt im Großherzogtum Luxemburg haben, werden die Verfahrensfristen mit Rücksicht auf die Entfernung verlängert, und zwar

- für das Königreich Belgien um zwei Tage,

- für die Bundesrepublik Deutschland, das europäische Gebiet der Französischen Republik und das europäische Gebiet des Königreichs der Niederlande um sechs Tage,

– für das europäische Gebiet des Königreichs Dänemark, die Griechische Republik, Irland, die Italienische Republik, die Portugiesische Republik (mit Ausnahme der Azoren und Maderas), das Königreich Spanien und das Vereinigte Königreich um zehn Tage,

– für die anderen Länder und Gebiete Europas um zwei Wochen,

– für die autonomen Regionen Azoren und Madera der Portugiesischen Republik um drei Wochen,

– für die sonstigen Länder, Departements und Gebiete um einen Monat.

**Artikel 2**

Dieser Beschluß tritt als Anlage II zur Verfahrensordnung gleichzeitig mit dieser in Kraft.

Er ist im Amtsblatt der Europäischen Gemeinschaften zu veröffentlichen.

Erlassen in Luxemburg am 19. Juni 1991.

# 13. Zusätzliche Verfahrensordnung des Gerichtshofs der Europäischen Gemeinschaften

Vom 4. Dezember 1974 (ABl. L 350/129) in der Fassung vom 8. Mai 1987 (ABl. L 165/4)

Auf Grund von Artikel 111 der Verfahrensordnung

auf Grund von Artikel 142 Absatz 4 der Akte über die Beitrittsbedingungen, die dem Vertrag über den Beitritt neuer Mitgliedstaaten zur Europäischen Wirtschaftsgemeinschaft und zur Europäischen Atomgemeinschaft sowie dem Beschluß über den Beitritt neuer Mitgliedstaaten zur Europäischen Gemeinschaft für Kohle und Stahl beigefügt ist,

mit einstimmiger Genehmigung des Rates der Europäischen Gemeinschaften, die am 26. November 1974 erteilt worden ist,

ERLÄSST DER GERICHTSHOF NACHSTEHENDE ZUSÄTZLICHE VERFAHRENSORDNUNG:

## Kapitel I. Rechtshilfeersuchen

### Artikel 1

Das Rechtshilfeersuchen ergeht durch Beschluß; dieser Beschluß muß enthalten: Namen, Vornamen, Stellung und Anschrift der Zeugen oder Sachverständigen, die Bezeichnung der Tatsachen, über welche die Zeugen oder Sachverständigen zu vernehmen sind, die Bezeichnung der Parteien, ihrer Bevollmächtigten, Anwälte oder Beistände und ihrer Zustellungsanschrift sowie eine kurze Darstellung des Streitgegenstands.

Der Kanzler stellt den Beschluß den Parteien zu.

### Artikel 2

Der Kanzler übermittelt den Beschluß der in Anlage I genannten zuständigen Stelle desjenigen Mitgliedstaats, in dessen Gebiet die Vernehmung der Zeugen oder Sachverständigen stattfinden soll. Er fügt dem Rechtshilfeersuchen gegebenenfalls eine Übersetzung in die Sprache oder die Sprachen dieses Mitgliedstaats bei.

Die in Absatz 1 bezeichnete Stelle leitet den Beschluß an das nach innerstaatlichem Recht zuständige Gericht weiter.

Das Gericht erledigt das Rechtshilfeersuchen nach den Vorschriften seines innerstaatlichen Rechts. Nach Erledigung des Rechtshilfeersuchens gibt das ersuchte Gericht das Rechtshilfeersuchen und die im Zuge der Erledigung angefallenen Vorgänge mit einer Aufstellung der entstandenen Kosten an die in Absatz 1 bezeichnete Stelle zurück. Diese Unterlagen werden dem Kanzler des Gerichtshofes übermittelt.

Der Kanzler sorgt für die Übersetzung der betreffenden Schriftstücke in die Verfahrenssprache.

### Artikel 3

Der Gerichtshof übernimmt die durch die Rechtshilfe anfallenden Auslagen; er kann sie gegebenenfalls den Parteien auferlegen.

## Kapitel II. Armenrecht

### Artikel 4

Der Gerichtshof bestimmt in dem Beschluß, mit dem er das Armenrecht bewilligt, daß dem Antragsteller ein Anwalt beizuordnen ist.

Schlägt der Antragsteller nicht selbst einen Anwalt vor oder hält es der Gerichtshof für untunlich, dem Vorschlag des Antragstellers zu folgen, so übermittelt der Kanzler eine Ausfertigung des Beschlusses und eine Abschrift des Antrags auf Bewilligung des Armenrechts der zuständigen Stelle des betroffenen Staates, die in Anlage II genannt ist. Unter Berücksichtigung der von dieser Stelle übermittelten Vorschläge bestimmt der Gerichtshof von Amts wegen den Anwalt, der dem Antragsteller beizuordnen ist.

### Artikel 5

Der Gerichtshof streckt die Kosten vor.

Er setzt die Auslagen und Gebühren des Anwalts fest; auf Antrag kann der Präsident anordnen, daß dem Anwalt ein Vorschuß zu gewähren ist.

## Kapitel. III. Anzeigen wegen Eidesverletzungen von Zeugen und Sachverständigen

### Artikel 6

Hat ein Zeuge oder Sachverständiger vor dem Gerichtshof unter Eid falsch ausgesagt, so kann der Gerichtshof nach Anhörung des Generalanwalts beschließen, dies der in Anlage III genannten zuständigen Stelle des Mitgliedstaats anzuzeigen, dessen Gerichte für eine Strafverfolgung zuständig sind; die Vorschriften des Artikels 110 der Verfahrensordnung werden berücksichtigt.

### Artikel 7

Der Kanzler sorgt für die Zustellung des Beschlusses des Gerichtshofes.

In diesem Beschluß sind die Tatsachen und Umstände anzugeben, auf denen die Anzeige beruht.

## Schlußbestimmungen

### Artikel 8

Diese Zusätzliche Verfahrensordnung tritt an die Stelle der Zusätzlichen Verfahrensordnung vom 9. März 1962 (ABl. Nr. 34 vom 5. 5. 1962, S. 1113/62).

### Artikel 9

Diese Zusätzliche Verfahrensordnung ist in den in Artikel 29 § 1 der Verfahrensordnung genannten Sprachen verbindlich. Sie wird im Amtsblatt der Europäischen Gemeinschaften veröffentlicht.

Sie tritt mit dem Tag ihrer Veröffentlichung in Kraft.

## Anlage I. Liste gemäß Artikel 2 Absatz 1

Belgien
Der Minister der Justiz

Dänemark
Der Minister der Justiz

Deutschland
Der Bundesminister der Justiz

Frankreich
Der Minister der Justiz

Griechenland
Der Minister der Justiz

Irland
Der Minister der Justiz

Italien
Der Minister der Justiz

Luxemburg
Der Minister der Justiz

Niederlande
Der Minister der Justiz

Portugal
Der Minister der Justiz

Spanien
Der Minister der Justiz

Vereinigtes Königreich
Der Secretary of State

## Anlage II. Liste gemäß Artikel 4 Absatz 2

Belgien
Der Minister der Justiz

Dänemark
Der Minister der Justiz

Deutschland
Bundesrechtsanwaltskammer

Frankreich
Der Minister der Justiz

Griechenland
Der Minister der Justiz

Irland

Der Minister der Justiz

Italien
Der Minister der Justiz

Luxemburg
Der Minister der Justiz

Niederlande
Algemene Raad van de Nederlandse Orde van Advocaten

Portugal
Der Minister der Justiz

Spanien
Der Minister der Justiz

Vereinigtes Königreich
The Law Society, London

(für die Antragsteller, die in England oder Wales wohnen)
The Law Society of Scotland,

Edinburgh
(für die Antragsteller, die in Schottland wohnen)

The Incorporated Law Society of Northern Ireland, Belfast
(für die Antragsteller, die in Nordirland wohnen).

## Anlage III. Liste gemäß Artikel 6

Belgien
Der Minister der Justiz

Dänemark
Der Minister der Justiz

Deutschland
Der Bundesminister der Justiz

Frankreich
Der Minister der Justiz

Griechenland
Der Minister der Justiz

Irland
Der Attorney General

Italien
Der Minister der Justiz

Luxemburg

Der Minister der Justiz

Niederlande
Der Minister der Justiz

Portugal
Der Minister der Justiz

Spanien
Der Minister der Justiz

Vereinigtes Königreich
Her Majesty's Attorney General
(für die Zeugen oder Sachverständigen, die in England oder Wales wohnen)

Her Majesty's Advocate
(für die Zeugen oder Sachverständigen, die in Schottland wohnen)

Her Majesty's Attorney General
(für die Zeugen oder Sachverständigen, die in Nordirland wohnen).

## 14. Beschluß des Rates zur Errichtung eines Gerichts erster Instanz der Europäischen Gemeinschaften

Vom 24. Oktober 1988 (ABl.L 319/1) in der Fassung vom 17. August 1989 (ABl. L 241/4)

DER RAT DER EUROPÄISCHEN GEMEINSCHAFTEN -

gestützt auf den Vertrag über die Gründung der Europäischen Gemeinschaft für Kohle und Stahl, insbesondere auf Artikel 32 d,

gestützt auf den Vertrag zur Gründung der Europäischen Wirtschaftsgemeinschaft, insbesondere auf Artikel 168 a,

gestützt auf den Vertrag zur Gründung der Europäischen Atomgemeinschaft, insbesondere auf Artikel 140 a,

gestützt auf das Protokoll über die Satzung des Gerichtshofs der Europäischen Gemeinschaft für Kohle und Stahl, unterzeichnet in Paris am 18. April 1951,

gestützt auf das Protokoll über die Satzung des Gerichtshofs der Europäischen Wirtschaftsgemeinschaft, unterzeichnet in Brüssel am 17. April 1957,

gestützt auf das Protokoll über die Satzung des Gerichtshofs der Europäischen Atomgemeinschaft, unterzeichnet in Brüssel am 17. April 1957,

gestützt auf das Protokoll über die Vorrechte und Befreiungen der Europäischen Gemeinschaften, unterzeichnet in Brüssel am 8. April 1965,

auf Antrag des Gerichtshofs,

nach Stellungnahme der Kommission,

nach Stellungnahme des Europäischen Parlaments,

in Erwägung nachstehender Gründe:

Artikel 32 d EGKS-Vertrag, Artikel 168 a EWG-Vertrag und Artikel 140 a EAG-Vertrag ermächtigen den Rat, dem Gerichtshof ein Gericht erster Instanz beizuordnen, das wichtige richterliche Funktionen wahrzunehmen hat und dessen Mitglieder jede Gewähr für Unabhängigkeit bieten und über die Befähigung zur Ausübung derartiger Funktionen verfügen. Die vorstehend genannten Bestimmungen ermächtigen den Rat, dem Gericht erster Instanz, gegen dessen Entscheidungen ein auf Rechtsfragen beschränktes Rechtsmittel beim Gerichtshof nach Maßgabe der Satzung eingelegt werden kann, die erstinstanzliche Zuständigkeit für bestimmte Gruppen von Klagen natürlicher oder juristischer Personen zu übertragen. Der Rat legt aufgrund dieser Bestimmungen die Zusammensetzung dieses Gerichts fest und beschließt die Anpassungen und ergänzenden Bestimmungen, die in bezug auf die Satzungen des Gerichtshofs notwendig sind.

Für Klagen, deren Entscheidung eine eingehende Prüfung komplexer Sachverhalte erfordert, ist die Einführung zweier Rechtszüge geeignet, den Rechtsschutz des einzelnen zu verbessern.

Zur Aufrechterhaltung der Qualität und der Effizienz des Rechtsschutzes in der Rechtsprechung der Gemeinschaft muß es dem Gerichtshof ermöglicht werden, seine Tätigkeit auf seine grundlegende Aufgabe – die Gewährleistung einer einheitlichen Auslegung des Gemeinschaftsrechts – zu konzentrieren.

Es ist daher erforderlich, von der Ermächtigung aufgrund des Artikels 32 d EGKS-Vertrag, des Artikels 168 a EWG-Vertrag und des Artikels 140 a EAG-Vertrag Gebrauch zu machen und dem Gericht die Zuständigkeit im ersten Rechtszug für bestimmte Gruppen von Klagen zu übertragen, die häufig eine Prüfung komplexer Sachverhalte erfordern, nämlich für Klagen von Bediensteten der Organe sowie in bezug auf den EGKS-Vertrag für Klagen von Unternehmen und Verbänden im Bereich der Umlagen, der Erzeugung, der Preise sowie der Kartelle und Zusammenschlüsse und in bezug auf den EWG-Vertrag für Klagen von natürlichen oder juristischen Personen in Wettbewerbssachen -

BESCHLIESST:

**Artikel 1**

Dem Gerichtshof der Europäischen Gemeinschaften wird ein "Gericht erster Instanz der Europäischen Gemeinschaften", nachstehend "Gericht" genannt, beigeordnet. Das Gericht hat seinen Sitz bei dem Gerichtshof.

**Artikel 2**

(1) Das Gericht besteht aus zwölf Mitgliedern.

(2) Die Mitglieder wählen aus ihrer Mitte den Präsidenten des Gerichts für die Dauer von drei Jahren. Wiederwahl ist zulässig.

(3) Die Mitglieder des Gerichts können dazu bestellt werden, die Tätigkeit eines Generalanwalts auszuüben.

Der Generalanwalt hat in völliger Unparteilichkeit und Unabhängigkeit begründete Schlußanträge zu bestimmten dem Gericht unterbreiteten Rechtssachen öffentlich zu stellen, um das Gericht bei der Erfüllung seiner Aufgaben zu unterstützen.

Die Kriterien für die Bestimmung solcher Rechtssachen sowie die Einzelheiten für die Bestellung der Generalanwälte werden in der Verfahrensordnung des Gerichts festgelegt.

Ein in einer Rechtssache zum Generalanwalt bestelltes Mitglied darf bei der Entscheidung dieser Rechtssache nicht mitwirken.

(4) Das Gericht tagt in Kammern mit drei oder fünf Richtern. Die Bildung der Kammern und die Zuweisung der Rechtssachen an sie erfolgt entsprechend der Verfahrensordnung. In bestimmten in der Verfahrensordnung festgelegten Fällen kann das Gericht in Vollsitzungen tagen.

(5) Artikel 21 des Protokolls über die Vorrechte und Befreiungen der Europäischen Gemeinschaften sowie Artikel 6 des Vertrages zur Einsetzung eines gemeinsamen Rates und einer gemeinsamen Kommission der Europäischen Gemeinschaften finden auf die Mitglieder und den Kanzler des Gerichts entsprechende Anwendung.

**Artikel 3**

(1) Das Gericht übt im ersten Rechtszug die Zuständigkeiten aus, die dem Gerichtshof durch die Verträge zur Gründung der Gemeinschaften und die zur Durchführung dieser Verträge erlassenen Rechtsakte übertragen worden sind:

a) bei Streitsachen zwischen den Gemeinschaften und deren Bediensteten im Sinne des Artikels 179 EWG-Vertrag und des Artikels 152 EAG-Vertrag;

b) bei Klagen, die gemäß Artikel 33 Absatz 2 und Artikel 35 EGKS-Vertrag von Unternehmen oder von den in Artikel 48 dieses Vertrages genannten Verbänden gegen die Kommission erhoben werden und die individuelle Entscheidungen betreffen, die aufgrund des Artikels 50 und des Artikels 57 bis 66 dieses Vertrages ergangen sind;

c) bei Klagen, die von natürlichen oder juristischen Personen gemäß Artikel 173 Absatz 2 und Artikel 175 Absatz 3 EWG-Vertrag gegen ein Organ der Gemeinschaften erhoben werden und die Anwendung der für Unternehmen geltenden Wettbewerbsvorschriften zum Gegenstand haben.

(2) Erhebt eine natürliche oder juristische Person eine Klage, für die nach Absatz 1 des vorliegenden Artikels das Gericht zuständig ist, und eine Klage im Sinne des Artikels 40 Absätze 1 und 2 EGKS-Vertrag, des Artikels 178 EWG-Vertrag oder des Artikels 151 EAG-Vertrag auf Ersatz des Schadens, den ein Organ der Gemeinschaften durch die Handlung oder die Unterlassung, die Gegenstand der ersten Klage sind, verursacht hat, so ist das Gericht auch für die Entscheidung über die Klage, die auf Ersatz dieses Schadens gerichtet ist, zuständig.

(3) Der Rat prüft unter Berücksichtigung der gewonnenen Erfahrungen einschließlich der Entwicklung der Rechtsprechung nach zweijähriger Tätigkeit des Gerichts erneut den Vorschlag des Gerichtshofs, dem Gericht die Zuständigkeit zu übertragen für Klagen, die gemäß Artikel 33 Absatz 2 und Artikel 35 EGKS-Vertrag von den Unternehmen oder den in Artikel 48 dieses Vertrages genannten Verbänden gegen die Kommission erhoben werden und Handlungen im Zusammenhang mit der Anwendung von Artikel 74 dieses Vertrages betreffen sowie für Klagen, die von natürlichen oder juristischen Personen gemäß Artikel 173 Absatz 2 und Artikel 175 Absatz 3 EWG-Vertrag gegen ein Organ der Gemeinschaften erhoben werden und im Falle von Dumping oder Subvention getroffene handelspolitische Schutzmaßnahmen im Sinne des Artikels 113 dieses Vertrages zum Gegenstand haben.

**Artikel 4**

Vorbehaltlich der nachstehenden Bestimmungen finden die Artikel 34, 36, 39, 44 und 92 EGKS-Vertrag, die Artikel 172, 174, 176, 184 bis 187 und 192 EWG-Vertrag und die Artikel 147, 149, 156 bis 159 und 164 EAG-Vertrag auf das Gericht entsprechende Anwendung.

**Artikel 5**

In das Protokoll über die Satzung des Gerichtshofs der Europäischen Gemeinschaft für Kohle und Stahl werden nach Artikel 43 die folgenden Bestimmungen eingefügt:

(Vom Abdruck wurde abgesehen)

**Artikel 6**

Die bisherigen Artikel 44 und 45 des Protokolls über die Satzung des Gerichtshofs der Europäischen Gemeinschaft für Kohle und Stahl werden Artikel 55 und 56.

**Artikel 7**

In das Protokoll über die Satzung des Gerichtshofs der Europäischen Wirtschaftsgemeinschaft[1] werden nach Artikel 43 die folgenden Bestimmungen eingefügt:

(Vom Abdruck wurde abgesehen)

**Artikel 8**

Die bisherigen Artikel 44, 45 und 46 des Protokolls über die Satzung des Gerichtshofs der Europäischen Wirtschaftsgemeinschaft werden Artikel 55, 56 und 57.

**Artikel 9**

In das Protokoll über die Satzung des Gerichtshofs der Europäischen Atomgemeinschaft werden nach Artikel 44 die folgenden Bestimmungen eingefügt:

(Vom Abdruck wurde abgesehen)

**Artikel 10**

Die bisherigen Artikel 45, 46 und 47 des Protokolls über die Satzung des Gerichtshofs der Europäischen Atomgemeinschaft werden Artikel 56, 57 und 58.

**Artikel 11**

Die Ernennung des ersten Präsidenten des Gerichts erfolgt nach dem für die Ernennung der Mitglieder geltenden Verfahren für die Dauer von drei Jahren. Die Regierungen der Mitgliedstaaten können jedoch einvernehmlich beschließen, daß das Verfahren gemäß Artikel 2 Absatz 2 Anwendung findet.

Das Gericht erläßt unverzüglich nach seiner Konstituierung seine Verfahrensordnung.

Bis zum Inkrafttreten der Verfahrensordnung des Gerichts gilt die Verfahrensordnung des Gerichtshofs entsprechend.

**Artikel 12**

Der Präsident des Rates lost unmittelbar nach der Vereidigung aller Mitglieder des Gerichts diejenigen Mitglieder des Gerichts aus, deren

---

1) Abgedruckt unter Nr. **11**

Stellen nach Ablauf der ersten drei Jahre gemäß Artikel 32 d Absatz 3 EGKS-Vertrag, Artikel 168 a Absatz 3 EWG-Vertrag und Artikel 140 a Absatz 3 EAG-Vertrag neu besetzt werden.

**Artikel 13**

Dieser Beschluß tritt am Tag nach seiner Veröffentlichung im Amtsblatt der Europäischen Gemeinschaften in Kraft, mit Ausnahme von Artikel 3, der an dem Tag in Kraft tritt, an dem die Feststellung des Präsidenten des Gerichtshofs, daß das Gericht ordnungsgemäß konstituiert ist, im Amtsblatt der Europäischen Gemeinschaften veröffentlicht wird.

**Artikel 14**

Die in Artikel 3 genannten Rechtssachen, die am Tag des Inkrafttretens des genannten Artikels beim Gerichtshof anhängig sind, und in denen der in Artikel 44 § 1 der Verfahrensordnung des Gerichtshofs vorgesehene Vorbericht dem Gerichtshof noch nicht abgegeben worden ist, werden an das Gericht verwiesen.

# 15. Verfahrensordnung des Gerichts erster Instanz der Europäischen Gemeinschaften

Vom 2. Mai 1991 (ABl. 1991 L 136/1)

**Inhalt:** **Seite:**

Aufgrund des Artikels 32 d des Vertrages über die Gründung der Europäischen Gemeinschaft für Kohle und Stahl,

aufgrund des Artikels 168 a des Vertrages zur Gründung der Europäischen Wirtschaftsgemeinschaft,

aufgrund des Artikels 140 a des Vertrages zur Gründung der Europäischen Atomgemeinschaft,

aufgrund des Protokolls über die Satzung des Gerichtshofes der Europäischen Gemeinschaft für Kohle und Stahl, unterzeichnet in Paris am 18. April 1951,

aufgrund des Protokolls über die Satzung des Gerichtshofes der Europäischen Wirtschaftsgemeinschaft, unterzeichnet in Brüssel am 17. April 1957,

aufgrund des Protokolls über die Satzung des Gerichtshofes der Europäischen Atomgemeinschaft, unterzeichnet in Brüssel am 17. April 1957,

aufgrund des Beschlusses 88/591/EGKS, EWG, Euratom des Rates vom 24. Oktober 1988 zur Errichtung eines Gerichts erster Instanz der Europäischen Gemeinschaften (ABl. Nr. L 319 vom 25. November 1988 mit Berichtigung im ABl. Nr. L 241 vom 17. August 1989), insbesondere des Artikels 11,

im Einvernehmen mit dem Gerichtshof,

mit einstimmiger Genehmigung des Rates, die am 21. Dezember 1990 und am 29. April 1991 erteilt worden ist,

in der Erwägung, daß das Gericht erster Instanz seine Verfahrensordnung unverzüglich nach seiner Konstituierung im Einvernehmen mit dem Gerichtshof und mit einstimmiger Genehmigung des Rates zu erlassen hat, in der Erwägung, daß die Vorschriften, die nach den Verträgen, den Protokollen über die Satzungen des Gerichtshofes und dem Beschluß des Rates vom 24. Oktober 1988 zur Errichtung eines Gerichts erster Instanz für die Arbeitsweise des Gerichts vorgesehen sind, sowie alle sonstigen Vorschriften, die für die Anwendung dieser Rechtsakte und erforderlichenfalls für deren Ergänzung notwendig sind, zu erlassen sind,

in der Erwägung, daß für das Gericht Verfahren vorzusehen sind, die den Aufgaben eines erstinstanzlichen Rechtsprechungsorgans und dem Auftrag des Gerichts, dem einzelnen in Rechtssachen, deren Entscheidung eine eingehende Prüfung komplexer Sachverhalte erfordert, wirksamen Rechtsschutz zu gewähren, angepaßt sind,

in der Erwägung, daß es im übrigen wünschenswert ist, daß die Vorschriften, die für das Verfahren vor dem Gericht gelten, nicht mehr als notwendig von den Vorschriften abweichen, die für das Verfahren vor dem Gerichtshof gemäß dessen Verfahrensordnung vom 4. Dezember 1974 (ABl. Nr. L 350 vom 28. Dezember 1974) in ihrer später geänderten Fassung gelten,

erläßt

DAS GERICHT ERSTER INSTANZ DER EUROPÄISCHEN GEMEINSCHAFTEN

folgende VERFAHRENSORDNUNG

## EINGANGSBESTIMMUNG

### Artikel 1

In dieser Verfahrensordnung werden bezeichnet:

– der Vertrag über die Gründung der Europäischen Gemeinschaft für Kohle und Stahl als "EGKS-Vertrag"

– das Protokoll über die Satzung des Gerichtshofes der Europäischen Gemeinschaft für Kohle und Stahl als "EGKS-Satzung"

– der Vertrag zur Gründung der Europäischen Wirtschaftsgemeinschaft als "EWG-Vertrag"

– das Protokoll über die Satzung des Gerichtshofes der Europäischen Wirtschaftsgemeinschaft als "EWG-Satzung"

– der Vertrag zur Gründung der Europäischen Atomgemeinschaft als "EAG-Vertrag"

– das Protokoll über die Satzung des Gerichtshofes der Europäischen Atomgemeinschaft als "EAG-Satzung"

In dieser Verfahrensordnung umfaßt der Ausdruck "Organ" die Organe der Europäischen Gemeinschaften sowie die Europäische Investitionsbank.

## Erster Titel. Aufbau des Gerichts

### Erstes Kapitel - Der Präsident und die Mitglieder des Gerichts

**Artikel 2**

§ 1. Jedes Mitglied des Gerichts übt grundsätzlich die Tätigkeit eines Richters aus. Die Mitglieder des Gerichts werden nachstehend Richter genannt.

§ 2. Mit Ausnahme des Präsidenten kann jeder Richter in einer bestimmten Rechtssache nach Maßgabe der Artikel 17 bis 19 die Tätigkeit eines Generalanwalts ausüben.

Die Bezugnahmen auf den Generalanwalt in dieser Verfahrensordnung gelten nur für die Fälle, in denen ein Richter zum Generalanwalt bestellt worden ist.

**Artikel 3**

Die Amtszeit eines Richters beginnt mit dem in der Ernennungsurkunde bestimmten Tag. In Ermangelung einer solchen Bestimmung beginnt die Amtszeit mit dem Ausstellungstag der Urkunde.

**Artikel 4**

§ 1. Die Richter leisten vor Aufnahme ihrer Tätigkeit vor dem Gerichtshof der Europäischen Gemeinschaften folgenden Eid:

“Ich schwöre, daß ich mein Amt unparteiisch und gewissenhaft ausüben und das Beratungsgeheimnis wahren werde.”

§ 2. Unmittelbar nach der Eidesleistung unterzeichnen die Richter eine Erklärung, in der sie die feierliche Verpflichtung übernehmen, während ihrer Amtszeit und nach deren Beendigung die sich aus ihrem Amt ergebenden Pflichten zu erfüllen, insbesondere die Pflicht, bei der Übernahme gewisser Tätigkeiten und der Annahme von Vorteilen nach Beendigung ihrer Amtszeit ehrenhaft und zurückhaltend sein.

**Artikel 5**

Hat der Gerichtshof nach Stellungnahme des Gerichts darüber zu entscheiden, ob ein Richter nicht mehr die für sein Amt erforderlichen Voraussetzungen erfüllt oder den sich aus diesem Amt ergebenden Verpflichtungen nicht mehr nachkommt, so fordert der Präsident des Gerichts den Betroffenen auf, sich hierzu vor dem Gericht zu äußern; dieses tagt hierbei in nichtöffentlicher Sitzung, an der der Kanzler nicht teilnimmt.

Die Stellungnahme des Gerichts ist mit Gründen zu versehen.

Für eine Stellungnahme, durch die festgestellt wird, daß ein Richter nicht mehr die für sein Amt erforderlichen Voraussetzungen erfüllt oder den sich aus diesem Amt ergebenden Verpflichtungen nicht mehr nachkommt, sind die Stimmen von mindestens sieben Richtern erforderlich. In diesem Fall ist das zahlenmäßige Abstimmungsergebnis dem Gerichtshof mitzuteilen.

Die Abstimmung ist geheim; der Betroffene wirkt bei der Beschlußfassung nicht mit.

**Artikel 6**

Mit Ausnahme des Präsidenten des Gerichts und der Kammerpräsidenten bestimmt sich die Rangordnung der Richter ohne Unterschied nach ihrem Dienstalter.

Bei gleichem Dienstalter bestimmt sich die Rangordnung nach dem Lebensalter.

Ausscheidende Richter, die wiederernannt werden, behalten ihren bisherigen Rang.

**Artikel 7**

§ 1. Sogleich nach der Stellenneubesetzung im Sinne der Artikel 32 d EGKS-Vertrag, 168 a EWG-Vertrag und 140 a EAG-Vertrag wählen die Richter aus ihrer Mitte den Präsidenten des Gerichts auf drei Jahre.

Endet die Amtszeit des Präsidenten des Gerichts vor ihrem regelmäßigen Ablauf, so wird das Amt für die verbleibende Zeit neu besetzt.

Die in diesem Artikel vorgesehenen Wahlen sind geheim. Gewählt ist der Richter, der die absolute Mehrheit der Stimmen erhält. Erreicht keiner der Richter die absolute Mehrheit, so findet ein zweiter Wahlgang statt, in dem gewählt ist, wer die meisten Stimmen auf sich vereinigt. Bei Stimmengleichheit gilt der an Lebensjahren Älteste als gewählt.

**Artikel 8**

Der Präsident des Gerichts leitet die rechtsprechende Tätigkeit und die Verwaltung des Gerichts; er führt den Vorsitz in den Vollsitzungen und bei den Beratungen.

**Artikel 9**

Ist der Präsident des Gerichts abwesend oder verhindert oder sein Amt unbesetzt, so werden seine Aufgaben gemäß der in Artikel 6 festgesetzten Rangordnung von einem der Kammerpräsidenten wahrgenommen.

Sind der Präsident des Gerichts und die Kammerpräsidenten gleichzeitig verhindert oder ihre Ämter gleichzeitig unbesetzt, so werden die Aufgaben des Präsidenten gemäß der in Artikel 6 festgesetzten Rangordnung von einem der übrigen Richter wahrgenommen.

## Zweites Kapitel - Bildung der Kammern und Bestellung der Berichterstatter und der Generalanwälte

### Artikel 10

§ 1. Das Gericht bildet Kammern mit drei oder fünf Richtern und teilt ihnen die Richter zu.

§ 2. Die Besetzung der Kammern wird im Amtsblatt der Europäischen Gemeinschaften veröffentlicht.

### Artikel 11

§ 1. Die Rechtssachen, mit denen das Gericht befaßt ist, werden von den gemäß Artikel 10 gebildeten Kammern entschieden.

Die Rechtssachen können nach Maßgabe der Artikel 14, 51, 106, 118, 124, 127 und 129 vom Plenum des Gerichts entschieden werden.

§ 2. Für die Rechtssachen, für deren Entscheidung die Kammern zuständig sind, bezeichnet der Begriff "Gericht" in dieser Verfahrensordnung diese Kammer.

### Artikel 12

§ 1. Die Streitsachen zwischen den Gemeinschaften und deren Bediensteten werden vorbehaltlich des Artikels 14 den Kammern mit drei Richtern zugewiesen.

Die übrigen Rechtssachen werden vorbehaltlich des Artikels 14 den Kammern mit fünf Richtern zugewiesen.

§ 2. Das Gericht legt Kriterien fest, nach denen sich die Verteilung der Rechtssachen auf die Kammern mit gleicher Richterzahl in der Regel richtet.

### Artikel 13

§ 1. Sogleich nach Eingang der Klageschrift weist der Präsident des Gerichts die Rechtssache einer Kammer zu.

§ 2. Der Kammerpräsident schlägt dem Präsidenten des Gerichts für jede der Kammer zugewiesene Rechtssache die Bestimmung eines Berichterstatters vor; der Präsident des Gerichts entscheidet.

**Artikel 14**

Sofern die rechtliche Schwierigkeit oder die Bedeutung der Rechtssache oder besondere Umstände es rechtfertigen, kann eine Rechtssache an das Plenum des Gerichts oder an eine Kammer mit einer anderen Richterzahl verwiesen werden.

Der Verweisungsbeschluß ergeht nach Maßgabe des Artikels 8 § 1.

**Artikel 15**

Das Gericht wählt jeweils auf ein Jahr die Kammerpräsidenten.

Artikel 7 §§ 2 und 3 findet entsprechende Anwendung.

Das Ergebnis der Wahlen nach diesem Artikel wird im Amtsblatt der Europäischen Gemeinschaften veröffentlicht.

**Artikel 16**

In den Rechtssachen, für deren Entscheidung die Kammern zuständig sind, übt der Kammerpräsident die Befugnisse des Präsidenten aus.

**Artikel 17**

Das in Vollsitzungen tagende Gericht wird von einem durch den Präsidenten des Gerichts bestellten Generalanwalt unterstützt.

**Artikel 18**

Das in Kammern tagende Gericht kann von einem Generalanwalt unterstützt werden, wenn die rechtliche Schwierigkeit oder der tatsächlich komplizierte Streitstoff der Rechtssache dies nach Ansicht des Gerichts gebietet.

**Artikel 19**

Die Entscheidung über die Bestellung eines Generalanwalts für eine bestimmte Rechtssache wird auf Antrag der für die Rechtssache zuständigen Kammer vom Plenum des Gerichts getroffen.

Der Präsident des Gerichts bestimmt den Richter, der in dieser Rechtssache die Tätigkeit eines Generalanwalts ausübt.

# Drittes Kapitel – Die Kanzlei

## Erster Abschnitt – Kanzler

### Artikel 20

§ 1. Das Gericht ernennt seinen Kanzler.

Der Präsident des Gerichts bringt den Richtern zwei Wochen vor dem für die Ernennung vorgesehenen Zeitpunkt die eingegangenen Bewerbungen zur Kenntnis.

§ 2. Die Bewerbungen müssen genaue Angaben über Alter, Staatsangehörigkeit, akademische Grade, Sprachkenntnisse, gegenwärtige und frühere Tätigkeit sowie über die etwaigen gerichtlichen und internationalen Erfahrungen der Bewerber enthalten.

§ 3. Auf die Ernennung des Kanzlers findet Artikel 7 § 3 entsprechende Anwendung.

§ 4. Der Kanzler wird für die Dauer von sechs Jahren ernannt. Wiederernennung ist zulässig.

§ 5. Der Kanzler leistet vor Aufnahme seiner Tätigkeit vor dem Gericht den in Artikel 4 vorgesehenen Eid.

§ 6. Der Kanzler kann seines Amtes nur enthoben werden, wenn er nicht mehr die erforderlichen Voraussetzungen erfüllt oder den sich aus seinem Amt ergebenden Verpflichtungen nicht mehr nachkommt; das Gericht entscheidet, nachdem es dem Kanzler Gelegenheit zur Äußerung gegeben hat.

§ 7. Endet die Amtszeit des Kanzlers vor ihrem regelmäßigen Ablauf, so ernennt das Gericht einen neuen Kanzler für die Dauer von sechs Jahren.

### Artikel 21

Das Gericht kann einen oder mehrere Hilfskanzler ernennen, die den Kanzler unterstützen und ihn nach Maßgabe der in Artikel 23 bezeichneten Dienstanweisung vertreten; die für die Ernennung des Kanzlers geltenden Vorschriften finden entsprechende Anwendung.

### Artikel 22

Sind der Kanzler und gegebenenfalls der Hilfskanzler abwesend oder verhindert oder ihre Stellen unbesetzt, so beauftragt der Präsident des Gerichts Beamte oder sonstige Bedienstete mit der Wahrnehmung der Geschäfte des Kanzlers.

**Artikel 23**

Das Gericht erläßt auf Vorschlag des Präsidenten des Gerichts die Dienstanweisung für den Kanzler.

**Artikel 24**

§ 1. Die Kanzlei führt unter Aufsicht des Kanzlers ein Register, das der Präsident des Gerichts mit seinem Namenszug versieht; in das Register sind alle schriftlichen Vorgänge der einzelnen Rechtssachen einschließlich der Anlagen zu den Schriftsätzen fortlaufend einzutragen, und zwar in der Reihenfolge, in der sie anfallen.

§ 2. Der Kanzler vermerkt die Eintragung im Register auf der Urschrift und, wenn die Parteien dies beantragen, auf den vorgelegten Abschriften.

§ 3. Die Eintragung im Register und die in § 2 vorgesehenen Vermerke stellen öffentliche Urkunden dar.

§ 4. Die Vorschriften über die Registerführung werden in der in Artikel 23 bezeichneten Dienstanweisung festgelegt.

§ 5. Jeder, der hieran ein Interesse hat, kann das Register bei der Kanzlei einsehen und nach Maßgabe einer vom Gericht auf Vorschlag des Kanzlers zu erlassenden Gebührenordnung Abschriften oder Auszüge erhalten.

Jede Partei kann außerdem nach Maßgabe der Gebührenordnung Abschriften von Schriftsätzen sowie Ausfertigungen von Urteilen und sonstigen gerichtlichen Entscheidungen erhalten.

§ 6. Über jede Klage wird eine Mitteilung im Amtsblatt der Europäischen Gemeinschaften veröffentlicht, die den Tag der Eintragung der Klageschrift in das Register, Namen und Wohnsitz der Parteien, den Streitgegenstand und den Klageantrag sowie die Angabe der geltend gemachten Klagegründe und die wesentlichen Argumente enthält.

§ 7. Ist der Rat oder die Kommission nicht Partei einer Rechtssache, so übermittelt ihnen das Gericht eine Abschrift der Klageschrift und der Klagebeantwortung mit Ausnahme der diesen Schriftsätzen beigefügten Anlagen, damit das betreffende Organ feststellen kann, ob die Unanwendbarkeit eines seiner Rechtsakte im Sinne der Artikel 36 Absatz 3 EGKS-Vertrag, 184 EWG-Vertrag oder 156 EAG-Vertrag geltend gemacht wird.

**Artikel 25**

§ 1. Der Kanzler hat im Auftrag des Präsidenten alle eingehenden Schriftstücke entgegenzunehmen und sie zu übermitteln oder aufzubewahren sowie für die Zustellungen zu sorgen, die diese Verfahrensordnung vorsieht.

§ 2. Der Kanzler steht dem Gericht, dem Präsidenten und den übrigen Richtern bei allen Amtshandlungen zur Seite.

**Artikel 26**

Der Kanzler verwahrt die Siegel. Er ist für das Archiv verantwortlich und sorgt für die Veröffentlichungen des Gerichts.

**Artikel 27**

Vorbehaltlich der Artikel 5 und 33 ist der Kanzler bei allen Sitzungen des Gerichts zugegen.

## Zweiter Abschnitt – Dienststellen

**Artikel 28**

Die Beamten und sonstigen Bediensteten, die den Präsidenten, die Richter und den Kanzler unmittelbar unterstützen, werden nach den Vorschriften über die Rechtsstellung des Personals ernannt. Sie unterstehen dem Kanzler unter Aufsicht des Präsidenten des Gerichts.

**Artikel 29**

Die in Artikel 28 genannten Beamten und sonstigen Bediensteten leisten vor dem Präsidenten des Gerichts in Gegenwart des Kanzlers den in Artikel 20 § 2 der Verfahrensordnung des Gerichtshofes vorgesehenen Eid.

**Artikel 30**

Die allgemeine Verwaltung des Gerichts einschließlich der Finanzverwaltung und der Buchführung wird im Auftrag des Präsidenten des Gerichts vom Kanzler wahrgenommen, dem die Dienststellen des Gerichtshofes zur Seite stehen.

## Viertes Kapitel - Geschäftsgang des Gerichts

**Artikel 31**

§ 1. Der Präsident bestimmt den Termin für die Sitzungen des Gerichts.

§ 2. Das Gericht kann einzelne Sitzungen an einem anderen Ort als seinem Sitz abhalten.

**Artikel 32**

§ 1. Ergibt sich infolge Abwesenheit oder Verhinderung eine gerade Zahl von Richtern, so nimmt der in der Rangordnung im Sinne von Artikel 6 niedrigste Richter an den Beratungen nicht teil, es sei denn, er ist Berichterstatter. Im letzten Fall nimmt der Richter mit dem nächstniedrigsten Rang an den Beratungen nicht teil.

§ 2. Stellt sich nach Einberufung des Plenums des Gerichts heraus, daß die für die Beschlußfähigkeit erforderliche Zahl von sieben Richtern nicht erreicht wird, so vertagt der Präsident des Gerichts die Sitzung bis zu dem Zeitpunkt, zu dem das Gericht beschlußfähig ist.

§ 3. Wird in einer Kammer die für die Beschlußfähigkeit erforderliche Zahl von drei Richtern nicht erreicht, so benachrichtigt der Kammerpräsident den Präsidenten des Gerichts; dieser bestimmt einen anderen Richter, durch den die Kammer ergänzt wird.

§ 4. Sind einer Kammer mit drei oder fünf Richtern mehr als drei oder fünf Richter zugeteilt, so bestimmt der Kammerpräsident die Richter, die an der Entscheidung der Rechtssache mitwirken sollen.

**Artikel 33**

§ 1. Die Beratungen des Gerichts sind nicht öffentlich.

§ 2. An der Beratung nehmen nur die Richter teil, die bei der mündlichen Verhandlung zugegen waren.

§ 3. Jeder Richter, der an der Beratung teilnimmt, trägt seine Auffassung vor und begründet sie.

§ 4. Auf Antrag eines Richters wird jede Frage, bevor sie zur Abstimmung gelangt, in einer von ihm gewünschten Sprache niedergelegt und den übrigen Richtern schriftlich übermittelt.

§ 5. Die Meinung, auf die sich die Mehrheit der Richter nach der abschließenden Aussprache geeinigt hat, ist für die Entscheidung des Gerichts maßgebend. Die Richter stimmen in der umgekehrten Reihenfolge der in Artikel 6 festgelegten Rangordnung ab.

§ 6. Meinungsverschiedenheiten über Gegenstand, Fassung und Reihenfolge der Fragen oder die Auslegung einer Abstimmung entscheidet das Gericht.

§ 7. Bei Sitzungen des Gerichts über Verwaltungsfragen ist der Kanzler zugegen, sofern das Gericht nichts anderes bestimmt.

§ 8. Tagt das Gericht in Abwesenheit des Kanzlers, so wird ein etwa erforderliches Protokoll von dem in der Rangordnung im Sinne von Artikel 6 niedrigsten Richter aufgenommen; das Protokoll wird vom Präsidenten und von dem betreffenden Richter unterzeichnet.

**Artikel 34**

§ 1. Vorbehaltlich einer besonderen Entscheidung des Gerichts werden die Gerichtsferien wie folgt festgesetzt:

- vom 18. Dezember bis zum 10. Januar;
- vom Sonntag vor Ostern bis zum zweiten Sonntag nach Ostern;
- vom 15. Juli bis zum 15. September.

Das Amt des Präsidenten wird während der Gerichtsferien am Sitz des Gerichts in der Weise wahrgenommen, daß der Präsident mit dem Kanzler in Verbindung bleibt oder daß er einen Kammerpräsidenten oder einen anderen Richter mit seiner Vertretung beauftragt.

§ 2. In dringenden Fällen kann der Präsident die Richter während der Gerichtsferien einberufen.

§ 3. Das Gericht hält die am Ort seines Sitzes geltenden gesetzlichen Feiertage ein.

§ 4. Das Gericht kann den Richtern in begründeten Fällen Urlaub gewähren.

## Fünftes Kapitel - Sprachenregelung

**Artikel 35**

§ 1. Die Verfahrenssprachen sind Dänisch, Deutsch, Englisch, Französisch, Griechisch, Irisch, Italienisch, Niederländisch, Portugiesisch und Spanisch.

§ 2. Der Kläger wählt die Verfahrenssprache, soweit die nachstehenden Vorschriften nichts anderes bestimmen:

a) Auf gemeinsamen Antrag der Parteien kann das Gericht für das ganze Verfahren oder einen Teil desselben eine andere der in § 1 genannten Sprachen als Verfahrenssprache zulassen.

b) Auf Antrag einer Partei kann das Gericht nach Anhörung der Gegenpartei und des Generalanwalts abweichend von den Bestimmungen unter a) eine andere der in § 1 genannten Sprachen ganz oder teilweise als Verfahrenssprache zulassen; der Antrag kann nicht von einem Organ gestellt werden.

§ 3. Die Verfahrenssprache ist insbesondere bei den mündlichen Ausführungen und in den Schriftsätzen der Parteien einschließlich aller Anlagen sowie in den Protokollen und Entscheidungen des Gerichts anzuwenden.

Urkunden, die in einer anderen Sprache abgefaßt sind, ist eine Übersetzung in der Verfahrenssprache beizugeben.

Bei umfangreichen Urkunden kann die vorgelegte Übersetzung auf Auszüge beschränkt werden. Das Gericht kann jedoch jederzeit von Amts wegen oder auf Antrag einer Partei eine ausführliche oder vollständige Übersetzung verlangen.

Abweichend von diesen Bestimmungen dürfen sich die Mitgliedstaaten ihrer eigenen Amtssprache bedienen, wenn sie einem beim Gericht anhängigen Rechtsstreit als Streithelfer beitreten. Dies gilt sowohl für Schriftstücke als auch für mündliche Erklärungen. Der Kanzler veranlaßt in jedem Fall die Übersetzung in die Verfahrenssprache.

§ 4. Erklären Zeugen oder Sachverständige, daß sie sich nicht hinlänglich in einer der in § 1 genannten Sprachen ausdrücken können, so kann ihnen das Gericht gestatten, ihre Erklärungen in einer anderen Sprache abzugeben. Der Kanzler veranlaßt die Übersetzung in die Verfahrenssprache.

§ 5. Der Präsident kann sich bei der Leitung der Verhandlung statt der Verfahrenssprache einer anderen der in § 1 genannten Sprachen bedienen; die gleiche Befugnis haben der Berichterstatter hinsichtlich des Vorberichts und des Sitzungsberichts, die Richter und der Generalanwalt für ihre Fragen in der mündlichen Verhandlung und der Generalanwalt für seine Schlußanträge. Der Kanzler veranlaßt die Übersetzung in die Verfahrenssprache.

**Artikel 36**

§ 1. Auf Ersuchen eines Richters oder des Generalanwalts oder auf Antrag einer Partei veranlaßt der Kanzler, daß die vor dem Gericht abgegebenen schriftlichen oder mündlichen Äußerungen in die in Artikel 35 § 1 genannten Sprachen, die gewünscht werden, übersetzt werden.

§ 2. Die Veröffentlichungen des Gerichts erscheinen in den in Artikel 1 der Verordnung Nr. 1 des Rates genannten Sprachen.

**Artikel 37**

Verbindlich ist die Fassung in der Verfahrenssprache oder, falls das Gericht gemäß Artikel 35 eine andere Sprache zugelassen hat, die Fassung in dieser Sprache.

## Sechstes Kapitel - Rechte und Pflichten der Bevollmächtigten, Beistände und Anwälte

### Artikel 38

§ 1. Die Bevollmächtigten der Staaten oder Organe sowie die Beistände und Anwälte, die vor dem Gericht oder vor einem von diesem um Rechtshilfe ersuchten Gericht auftreten, können wegen mündlicher und schriftlicher Äußerungen, die sich auf die Rechtssache oder auf die Parteien beziehen, nicht gerichtlich verfolgt werden.

§ 2. Bevollmächtigte, Beistände und Anwälte genießen ferner folgende Vorrechte und Erleichterungen:

a) Schriftstücke und Urkunden, die sich auf das Verfahren beziehen, dürfen weder durchsucht noch beschlagnahmt werden. Im Streitfall können die Zoll- oder Polizeibeamten derartige Schriftstücke und Urkunden versiegeln; diese werden unverzüglich dem Gericht übermittelt und in Gegenwart des Kanzlers und des Beteiligten untersucht.

b) Bevollmächtigte, Beistände und Anwälte haben Anspruch auf die Zuteilung ausländischer Zahlungsmittel, die zur Erfüllung ihrer Aufgaben notwendig sind.

c) Bei Reisen, die zur Erfüllung ihrer Aufgaben erforderlich sind, unterliegen sie keinerlei Beschränkungen.

### Artikel 39

Die in Artikel 38 genannten Vergünstigungen kommen den Berechtigten nur dann zugute, wenn sie ihre Eigenschaft nachgewiesen haben; diesen Nachweis erbringen

a) die Bevollmächtigten durch eine von dem vertretenen Staat oder Organ ausgestellte Urkunde; der Staat oder das Organ übermittelt dem Kanzler unverzüglich eine Abschrift dieser Urkunde;

b) die Beistände und Anwälte durch einen vom Kanzler unterschriebenen Ausweis. Die Gültigkeit dieses Ausweises ist auf eine bestimmte Zeit begrenzt; sie kann je nach der Dauer des Verfahrens verlängert oder verkürzt werden.

### Artikel 40

Die in Artikel 38 genannten Vergünstigungen werden ausschließlich im Interesse der geordneten Durchführung des Verfahrens gewährt.

Das Gericht kann die Befreiung von gerichtlicher Verfolgung aufheben, wenn der Fortgang des Verfahrens nach seiner Auffassung hierdurch nicht beeinträchtigt wird.

**Artikel 41**

§ 1. Verletzt ein Beistand oder Anwalt die Würde des Gerichts durch sein Verhalten gegenüber dem Gericht, dem Präsidenten, einem Richter oder dem Kanzler oder mißbraucht er seine Befugnisse, so kann er jederzeit durch Beschluß des Gerichts vom Verfahren ausgeschlossen werden; dem Betroffenen ist Gelegenheit zur Verteidigung zu geben.

Der Beschluß ist sofort vollstreckbar.

§ 2. Wird ein Beistand oder Anwalt ausgeschlossen, so setzt der Präsident der betroffenen Partei eine Frist zur Bestellung eines anderen Beistands oder Anwalts; bis zum Ablauf dieser Frist tritt eine Unterbrechung des Verfahrens ein.

§ 3. Die in Anwendung dieses Artikels getroffenen Entscheidungen können wieder aufgehoben werden.

**Artikel 42**

Die Bestimmungen dieses Kapitels finden entsprechende Anwendung auf Universitätsprofessoren, die gemäß den Artikeln 20 der EGKS-Satzung sowie 17 der EWG- und der EAG-Satzung das Recht haben, vor dem Gericht aufzutreten.

## Zweiter Titel. Allgemeine Verfahrensvorschriften

### Erstes Kapitel. Schriftliches Verfahren

**Artikel 43**

§ 1. Die Urschrift jedes Schriftsatzes ist vom Bevollmächtigten oder vom Anwalt der Partei zu unterzeichnen.

Mit diesem Schriftsatz und allen darin erwähnten Anlagen werden fünf Abschriften für das Gericht und je eine Abschrift für jede andere am Rechtsstreit beteiligte Partei eingereicht.

Die Partei beglaubigt die von ihr eingereichten Abschriften.

§ 2. Die Organe haben innerhalb der vom Gericht festgesetzten Fristen von jedem Schriftsatz Übersetzungen in den anderen in Artikel 1 der Verordnung Nr. 1 des Rates genannten Sprachen vorzulegen. § 1 Absatz 2 findet entsprechende Anwendung.

§ 3. Jeder Schriftsatz ist mit Datum zu versehen. Für die Berechnung der Verfahrensfristen ist nur der Tag des Eingangs bei der Kanzlei maßgebend.

§ 4. Mit jedem Schriftsatz ist gegebenenfalls ein Aktenstück einzureichen, das die Urkunden, auf die sich die Partei beruft, sowie ein Verzeichnis dieser Urkunden enthält.

§ 5. Werden von einer Urkunde mit Rücksicht auf deren Umfang nur Auszüge vorgelegt, so ist die Urkunde oder eine vollständige Abschrift hiervon bei der Kanzlei zu hinterlegen.

**Artikel 44**

§ 1. Die in den Artikeln 22 der EGKS-Satzung sowie 19 der EWG- und der EAG-Satzung bezeichnete Klageschrift muß enthalten:

a) Namen und Wohnsitz des Klägers;

b) die Bezeichnung des Beklagten;

c) den Streitgegenstand und eine kurze Darstellung der Klagegründe;

d) die Anträge des Klägers;

e) gegebenenfalls die Bezeichnung der Beweismittel.

§ 2. In der Klageschrift ist ferner für die Zwecke des Verfahrens eine Zustellungsanschrift am Ort des Gerichtssitzes anzugeben. Hierbei ist eine Person zu benennen, die ermächtigt ist und sich bereit erklärt hat, die Zustellungen entgegenzunehmen.

Entspricht die Klageschrift nicht diesen Voraussetzungen, so erfolgen bis zur Behebung dieses Mangels alle Zustellungen an die betreffende Partei für die Zwecke des Verfahrens auf dem Postweg durch Einschreiben an den Bevollmächtigten oder Anwalt der Partei. Abweichend von Artikel 100 gilt in diesem Fall die Zustellung mit der Aufgabe des Einschreibens zur Post am Ort des Gerichtssitzes als bewirkt.

§ 3. Der Anwalt, der als Beistand oder Vertreter einer Partei auftritt, hat bei der Kanzlei eine Bescheinigung zu hinterlegen, aus der hervorgeht, daß er in einem Mitgliedstaat als Anwalt zugelassen ist.

§ 4. Mit der Klageschrift sind gegebenenfalls die in den Artikeln 22 Absatz 2 der EGKS-Satzung sowie 19 Absatz 2 der EWG- und der EAG-Satzung bezeichneten Unterlagen einzureichen.

§ 5. Juristische Personen des Privatrechts haben mit der Klageschrift ferner

a) ihre Satzung oder einen neueren Auszug aus dem Handelsregister oder einen neueren Auszug aus dem Vereinsregister oder einen anderen Nachweis ihrer Rechtspersönlichkeit einzureichen;

b) den Nachweis vorzulegen, daß die Prozeßvollmacht ihres Anwalts von einem hierzu Berechtigten ordnungsgemäß ausgestellt ist.

§ 6. Entspricht die Klageschrift nicht den §§ 3 bis 5, so setzt der Kanzler dem Kläger eine angemessene Frist zur Behebung des Mangels oder zur Beibringung der vorgeschriebenen Unterlagen. Kommt der Kläger dieser Aufforderung vor Ablauf der Frist nicht nach, so entscheidet das Gericht, ob die Nichtbeachtung dieser Formvorschriften die Unzulässigkeit der Klage zur Folge hat.

**Artikel 45**

Die Klageschrift wird dem Beklagten zugestellt. In dem in Artikel 44 § 6 bezeichneten Fall erfolgt die Zustellung nach Behebung des Mangels oder nach Feststellung des Gerichts, daß die Klage nicht wegen Verletzung der Vorschriften des genannten Artikels unzulässig ist.

**Artikel 46**

§ 1. Innerhalb eines Monats nach Zustellung der Klageschrift hat der Beklagte eine Klagebeantwortung einzureichen. Diese muß enthalten:

a) Namen und Wohnsitz des Beklagten;

b) die tatsächliche und rechtliche Begründung;

c) die Anträge des Beklagten;

d) gegebenenfalls die Bezeichnung der Beweismittel.

Artikel 44 §§ 2 bis 5 findet entsprechende Anwendung.

§ 2. In den Streitsachen zwischen den Gemeinschaften und deren Bediensteten müssen der Klagebeantwortung die Beschwerde im Sinne von Artikel 90 Absatz 2 des Beamtenstatuts und die Ablehnungsentscheidung mit Angabe des Datums der Einreichung der Beschwerde und der Mitteilung der Entscheidung beigefügt sein.

§ 3. Auf begründeten Antrag des Beklagten kann der Präsident die 1. bezeichnete Frist verlängern.

**Artikel 47**

§ 1. Klageschrift und Klagebeantwortung können durch eine Erwiderung des Klägers und eine Gegenerwiderung des Beklagten ergänzt werden.

§ 2. Der Präsident bestimmt die Fristen für die Einreichung dieser Schriftsätze.

**Artikel 48**

§ 1. Die Parteien können in der Erwiderung oder in der Gegenerwiderung noch Beweismittel benennen. Sie haben die Verspätung zu begründen.

§ 2. Im übrigen können neue Angriffs- und Verteidigungsmittel im Laufe des Verfahrens nicht mehr vorgebracht werden, es sei denn, daß sie auf rechtliche oder tatsächliche Gründe gestützt werden, die erst während des Verfahrens zutage getreten sind.

Macht eine Partei im Laufe des Verfahrens derartige Angriffs- und Verteidigungsmittel geltend, so kann der Präsident auch nach Ablauf der gewöhnlichen Verfahrensfristen auf Bericht des Berichterstatters nach Anhörung des Generalanwalts der Gegenpartei eine Frist zur Stellungnahme setzen.

Die Entscheidung über die Zulässigkeit des Vorbringens bleibt dem Endurteil vorbehalten.

**Artikel 49**

Das Gericht kann in jedem Verfahrensstadium nach Anhörung des Generalanwalts eine prozeßleitende Maßnahme oder eine Beweisaufnahme im Sinne der Artikel 64 und 65 beschließen oder die Wiederholung oder Erweiterung einer früheren Beweiserhebung anordnen.

**Artikel 50**

Der Präsident kann jederzeit nach Anhörung der Parteien und des Generalanwalts die Verbindung mehrerer Rechtssachen zu gemeinsamem schriftlichen oder mündlichen Verfahren oder zu gemeinsamer Entscheidung beschließen, wenn sie den gleichen Gegenstand betreffen und miteinander in Zusammenhang stehen. Er kann die Verbindung wieder aufheben.

**Artikel 51**

In den Fällen nach Artikel 14 kann die mit der Rechtssache befaßte Kammer in jedem Verfahrensstadium von Amts wegen oder auf Antrag einer Partei dem Plenum des Gerichts vorschlagen, die Rechtssache an das Plenum oder eine Kammer mit einer anderen Richterzahl zu verweisen. Das Plenum beschließt nach Anhörung der Parteien und des Generalanwalts über die Verweisung.

**Artikel 52**

§ 1. Unbeschadet der Anwendung von Artikel 49 bestimmt der Präsident nach Eingang der Gegenerwiderung den Zeitpunkt, bis zu dem der

Berichterstatter dem Gericht einen Vorbericht abzugeben hat. Der Bericht enthält Vorschläge zu der Frage, ob prozeßleitende Maßnahmen oder Beweiserhebungen erforderlich sind, sowie zur etwaigen Verweisung der Rechtssache an das Plenum oder an eine andere Kammer des Gerichts mit einer anderen Richterzahl.

§ 2. Das Gericht entscheidet über die Vorschläge des Berichterstatters nach Anhörung des Generalanwalts. Das gleiche gilt:

a) wenn die Erwiderung oder Gegenerwiderung nicht bis zum Ablauf der in Artikel 47 § 2 bezeichneten Frist eingereicht wird;

b) wenn die betreffende Partei erklärt, daß sie auf die Einreichung einer Erwiderung oder Gegenerwiderung verzichtet.

**Artikel 53**

Beschließt das Gericht, von prozeßleitenden Maßnahmen und von einer Beweisaufnahme abzusehen, so bestimmt der Präsident den Termin für die Eröffnung der mündlichen Verhandlung.

**Artikel 54**

Unbeschadet der prozeßleitenden Maßnahmen oder der Beweisaufnahme, die in der mündlichen Verhandlung beschlossen werden können, bestimmt der Präsident, wenn im schriftlichen Verfahren prozeßleitende Maßnahmen getroffen worden sind oder eine Beweisaufnahme durchgeführt worden ist, nach deren Abschluß den Termin für die Eröffnung der mündlichen Verhandlung.

## Zweites Kapitel. Mündliche Verhandlung

**Artikel 55**

§ 1. Unbeschadet des Vorrangs der gemäß Artikel 106 zu erlassenden Entscheidungen erkennt das Gericht über die bei ihm anhängigen Rechtssachen jeweils in der Reihenfolge, in der die Beweisaufnahme abgeschlossen wird. Bei gleichzeitigem Abschluß der Beweisaufnahne für mehrere Rechtssachen bestimmt sich die Reihenfolge nach dem Tag der Eintragung der Klageschriften in das Register.

§ 2. In besonderen Fällen kann der Präsident anordnen, daß eine Rechtssache mit Vorrang entschieden wird.

In besonderen Fällen kann der Präsident nach Anhörung der Parteien und des Generalanwalts von Amts wegen oder auf Antrag einer Partei anordnen, daß eine Rechtssache zu späterer Entscheidung zurückgestellt wird. Beantragen die Parteien einvernehmlich die Zurückstellung einer Rechtssache, so kann der Präsident dem Antrag stattgeben.

**Artikel 56**

Der Präsident eröffnet und leitet die Verhandlung; ihm obliegt die Aufrechterhaltung der Ordnung in der Sitzung.

**Artikel 57**

Wird die Öffentlichkeit ausgeschlossen, so darf der Inhalt der mündlichen Verhandlung nicht veröffentlicht werden.

**Artikel 58**

Der Präsident kann in der Verhandlung Fragen an die Bevollmächtigten, Beistände oder Anwälte der Parteien richten.

Die gleiche Befugnis steht den übrigen Richtern und dem Generalanwalt zu.

**Artikel 59**

Die Parteien können nur durch Bevollmächtigte, Beistände oder Anwälte verhandeln.

**Artikel 60**

Ist in einer Rechtssache kein Generalanwalt bestellt worden, so erklärt der Präsident am Ende der Verhandlung die mündliche Verhandlung für geschlossen.

**Artikel 61**

§ 1. Stellt der Generalanwalt seine Schlußanträge schriftlich, so übergibt er sie dem Kanzler, der sie den Parteien zustellt.

§ 2. Nach dem Vortrag oder der Übergabe der Schlußanträge erklärt der Präsident die mündliche Verhandlung für geschlossen.

**Artikel 62**

Das Gericht kann nach Anhörung des Generalanwalts die Wiedereröffnung der mündlichen Verhandlung anordnen.

**Artikel 63**

§ 1. Der Kanzler nimmt über jede mündliche Verhandlung ein Protokoll auf. Das Protokoll wird vom Präsidenten und vom Kanzler unterzeichnet. Es stellt eine öffentliche Urkunde dar.

§ 2. Die Parteien können die Protokolle bei der Kanzlei einsehen und auf ihre Kosten Abschriften erhalten.

## Drittes Kapitel.Prozessleitende Massnahmen und Beweisaufnahme

### Erster Abschnitt – Prozeßleitende Maßnahmen

**Artikel 64**

§ 1. Prozeßleitende Maßnahmen sollen die Vorbereitung der Entscheidungen, den Ablauf der Verfahren und die Beilegung der Rechtsstreitigkeiten unter den bestmöglichen Bedingungen gewährleisten. Sie werden vom Gericht nach Anhörung des Generalanwalts beschlossen.

§ 2. Prozeßleitende Maßnahmen haben insbesondere zum Ziel:

a) den ordnungsgemäßen Ablauf des schriftlichen Verfahrens oder der mündlichen Verhandlung zu gewährleisten und die Beweiserhebung zu erleichtern;

b) die Punkte zu bestimmen, zu denen die Parteien ihr Vorbringen ergänzen sollen oder die eine Beweisaufnahme erfordern;

c) die Tragweite der Anträge und des Vorbringens der Parteien zu verdeutlichen und die zwischen den Parteien streitigen Punkte zu klären;

d) die gütliche Beilegung der Rechtstreitigkeiten zu erleichtern.

§ 3. Zu den prozeßleitenden Maßnahmen, die beschlossen werden können, gehören unter anderem:

a) Fragen an die Parteien;

b) die Aufforderung an die Parteien, schriftlich oder mündlich zu bestimmten Aspekten des Rechtsstreits Stellung zu nehmen;

c) Informations- oder Auskunftsverlangen an die Parteien oder Dritte;

d) die Aufforderung zur Vorlage von Unterlagen oder Beweisstücken im Zusammenhang mit der Rechtssache;

e) die Ladung der Bevollmächtigten der Parteien oder der Parteien selbst zu Sitzungen.

§ 4. Jede Partei kann in jedem Verfahrensstadium den Erlaß oder die Abänderung prozeßleitender Maßnahmen vorschlagen. In diesem Fall werden die anderen Parteien angehört, bevor diese Maßnahmen angeordnet werden.

Wenn die Umstände des Verfahrens dies erfordern, unterrichtet das Gericht die Parteien von den geplanten Maßnahmen und gibt ihnen Gelegenheit, schriftlich oder mündlich dazu Stellung zu nehmen.

§ 5. Beschließt das Plenum des Gerichts prozeßleitende Maßnahmen, die nicht von ihm selbst getroffen werden sollen, so beauftragt es damit die mit der Rechtssache ursprünglich befaßte Kammer oder den Berichterstatter.

Beschließt eine Kammer prozeßleitende Maßnahmen, die nicht von ihr selbst getroffen werden sollen, so beauftragt sie damit den Berichterstatter.

Der Generalanwalt ist an der Durchführung der prozeßleitenden Maßnahmen beteiligt.

## Zweiter Abschnitt – Beweisaufnahme

### Artikel 65

Unbeschadet der Artikel 24 und 25 der EGKS-Satzung, 21 und 22 der EWG-Satzung sowie 22 und 23 der EAG-Satzung sind folgende Beweismittel zulässig:

a) persönliches Erscheinen der Parteien;

b) Einholung von Auskünften und Vorlegung von Urkunden;

c) Vernehmung von Zeugen;

d) Begutachtung durch Sachverständige;

e) Einnahme des Augenscheins.

### Artikel 66

§ 1. Das Gericht bezeichnet nach Anhörung des Generalanwalts durch Beschluß die Beweismittel und die zu beweisenden Tatsachen. Bevor das Gericht die Beweiserhebungen nach Artikel 65 Buchstaben c), d) und e) beschließt, werden die Parteien angehört.

Der Beschluß wird den Parteien zugestellt.

§ 2. Gegenbeweis und Erweiterung des Beweisantritts bleiben vorbehalten.

**Artikel 67**

§ 1. Ordnet das Plenum des Gerichts eine Beweisaufnahme an, die nicht vor ihm selbst stattfinden soll, so beauftragt es die ursprünglich mit der Rechtssache befaßte Kammer oder den Berichterstatter mit ihrer Durchführung.

Ordnet eine Kammer eine Beweisaufnahme an, die nicht vor ihr selbst stattfinden soll, so beauftragt sie den Berichterstatter mit ihrer Durchführung.

Der Generalanwalt nimmt an der Beweisaufnahme teil.

§ 2. Die Parteien können der Beweisaufnahme beiwohnen.

## Dritter Abschnitt – Ladung und Vernehmung von Zeugen und Sachverständigen

**Artikel 68**

§ 1. Das Gericht kann von Amts wegen oder auf Antrag der Parteien nach Anhörung der Parteien und des Generalanwalts die Vernehmung von Zeugen über bestimmte Tatsachen anordnen. Die Tatsachen sind in dem Beschluß aufzuführen.

Das Gericht lädt die Zeugen von Amts wegen oder auf Antrag der Parteien oder des Generalanwalts.

Die Partei hat in ihrem Antrag die Tatsachen zu bezeichnen, über die die Vernehmung stattfinden soll und die Gründe anzugeben, die die Vernehmung rechtfertigen.

§ 2. Die Zeugen werden aufgrund eines Beschlusses des Gerichts geladen; dieser Beschluß muß folgende Angaben enthalten:

a) Namen, Vornamen, Stellung und Anschrift der Zeugen;

b) die Bezeichnung der Tatsachen, über die die Zeugen zu vernehmen sind;

c) gegebenenfalls einen Hinweis auf die Anordnungen des Gerichts über die Erstattung der den Zeugen entstehenden Kosten sowie auf die Geldbußen, die gegen ausbleibende Zeugen verhängt werden können.

Der Beschluß ist den Parteien und den Zeugen zuzustellen.

§ 3. Das Gericht kann die Ladung von Zeugen, deren Vernehmung von einer Partei beantragt wird, davon abhängig machen, daß die Partei bei der Kasse des Gerichts einen Vorschuß in bestimmten Höhe zur Deckung der voraussichtlichen Kosten hinterlegt.

Zeugen, die von Amts wegen geladen werden, erhalten von der Kasse des Gerichts die erforderlichen Vorschüsse.

§ 4. Der Präsident weist die Zeugen nach Feststellung ihrer Identität darauf hin, daß sie die Richtigkeit ihrer Aussagen nach den Bestimmungen des § 5 und des Artikels 71 zu versichern haben.

Die Zeugen werden vom Gericht vernommen; die Parteien sind hierzu zu laden. Der Präsident kann auf Antrag der Parteien oder von Amts wegen nach Beendigung der Aussage Fragen an die Zeugen richten.

Die gleiche Befugnis steht den übrigen Richtern und dem Generalanwalt zu.

Mit Erlaubnis des Präsidenten können die Vertreter der Parteien Fragen an die Zeugen richten.

§ 5. Vorbehaltlich des Artikels 71 leistet der Zeuge nach Beendigung seiner Aussage folgenden Eid:

"Ich schwöre, daß ich die Wahrheit, die ganze Wahrheit und nichts als die Wahrheit gesagt habe."

Das Gericht kann nach Anhörung der Parteien auf die Vereidigung des Zeugen verzichten.

§ 6. Der Kanzler erstellt ein Protokoll, das die Zeugenaussagen wiedergibt.

Das Protokoll wird vom Präsidenten oder von dem mit der Vernehmung beauftragten Berichterstatter sowie vom Kanzler unterzeichnet. Vor der Unterzeichnung ist dem Zeugen Gelegenheit zu geben, den Inhalt des Protokolls zu überprüfen und das Protokoll zu unterzeichnen.

Das Protokoll stellt eine öffentliche Urkunde dar.

**Artikel 69**

§ 1. Zeugen, die ordnungsgemäß geladen sind, haben der Ladung Folge zu leisten.

§ 2. Erscheint ein ordnungsgemäß geladener Zeuge nicht, so kann das Gericht ihn zu einer Geldbuße bis zu 5 000 ECU verurteilen und die erneute Ladung auf Kosten des Zeugen anordnen.

Die gleiche Geldbuße kann gegen einen Zeugen verhängt werden, der ohne berechtigten Grund die Aussage, die Eidesleistung oder gegebenenfalls die dem Eid gleichgestellte feierliche Erklärung verweigert.

§ 3. Die verhängte Geldbuße kann nur aufgehoben werden, wenn

der Zeuge berechtigte Entschuldigungsgründe vorbringt. Die Geldbuße kann auf Antrag des Zeugen verringert werden, wenn der Zeuge nachweist, daß sie in keinem angemessenen Verhältnis zu seinen Einkünften steht.

§ 4. Auf die Vollstreckung der nach diesem Artikel verhängten Geldbußen oder sonstigen Maßnahmen finden die Artikel 44 und 92 EGKS-Vertrag, 187 und 192 EWG-Vertrag sowie 159 und 164 EAG-Vertrag entsprechende Anwendung.

**Artikel 70**

§ 1. Das Gericht kann die Erstattung eines Gutachtens durch einen Sachverständigen anordnen. In dem Beschluß ist der Sachverständige zu benennen, sein Auftrag genau zu umschreiben und eine Frist für die Erstattung des Gutachtens zu bestimmen.

§ 2. Der Sachverständige erhält eine Abschrift des Beschlusses sowie die zur Erfüllung seines Auftrags erforderlichen Unterlagen. Er untersteht dem Berichterstatter, der bei den Ermittlungen des Sachverständigen anwesend sein kann und über den Fortgang der Arbeiten auf dem laufenden zu halten ist.

Das Gericht kann von den Parteien oder einer Partei die Hinterlegung eines Vorschusses zur Deckung der Kosten des Gutachtens verlangen.

§ 3. Auf Antrag des Sachverständigen kann das Gericht die Vernehmung von Zeugen anordnen; Artikel 68 findet entsprechende Anwendung.

§ 4. Der Sachverständige hat sich nur zu den Punkten zu äußern, die sein Auftrag ausdrücklich bezeichnet.

§ 5. Nach Eingang des Gutachtens kann das Gericht die Anhörung des Sachverständigen anordnen; die Parteien sind hierzu zu laden.

Mit Erlaubnis des Präsidenten können die Vertreter der Parteien Fragen an den Sachverständigen richten.

§ 6. Vorbehaltlich des Artikels 71 leistet der Sachverständige nach Erstattung des Gutachtens vor dem Gericht folgenden Eid:

"Ich schwöre, daß ich meinen Auftrag unparteiisch und nach bestem Wissen und Gewissen erfüllt habe."

Das Gericht kann nach Anhörung der Parteien auf die Vereidigung des Sachverständigen verzichten.

**Artikel 71**

§ 1. Wer als Zeuge oder Sachverständiger vor dem Gericht zur Eidesleistung aufgefordert wird, wird vom Präsidenten ermahnt, seine Aussage wahrheitsgemäß zu machen bzw. seinen Auftrag unparteiisch und nach bestem Wissen und Gewissen zu erfüllen und wird von ihm über die in der Gesetzgebung seines Heimatstaats vorgesehenen strafrechtlichen Folgen einer Verletzung dieser Pflicht belehrt.

§ 2. Zeugen und Sachverständige leisten den Eid entweder gemäß Artikel 68 § 5 Absatz 1 bzw. Artikel 70 § 6 Absatz 1 oder in den Formen der Gesetzgebung ihres Heimatstaats.

§ 3. Erlaubt das Heimatrecht dem Zeugen oder dem Sachverständigen in Gerichtsverfahren, neben dem Eid oder anstelle des Eides eine dem Eid gleichgestellte Erklärung abzugeben, so kann er diese Erklärung unter den Bedingungen und nach den Formen der Gesetzgebung seines Heimatstaats abgeben.

Kennt das Heimatrecht des Zeugen oder des Sachverständigen weder einen Eid noch eine solche Erklärung, so verbleibt es bei der Belehrung gemäß § 1.

**Artikel 72**

§ 1. Hat ein Zeuge oder Sachverständiger vor dem Gericht unter Eid falsch ausgesagt, so kann das Gericht nach Anhörung des Generalanwalts beschließen, dies der in Anlage III der Zusätzlichen Verfahrensordnung des Gerichtshofes genannten zuständigen Stelle des Mitgliedstaats anzuzeigen, dessen Gerichte für eine Strafverfolgung zuständig sind; Artikel 71 wird berücksichtigt.

§ 2. Der Kanzler sorgt für die Zustellung des Beschlusses des Gerichts. In diesem Beschluß sind die Tatsachen und Umstände anzugeben, auf denen die Anzeige beruht.

**Artikel 73**

§ 1. Lehnt eine Partei einen Zeugen oder Sachverständigen wegen Unfähigkeit, Unwürdigkeit oder aus sonstigen Gründen ab oder verweigert ein Zeuge oder Sachverständiger die Aussage, die Eidesleistung oder die dem Eid gleichgestellte feierliche Erklärung, so entscheidet das Gericht.

§ 2. Die Ablehnung ist binnen zwei Wochen nach Zustellung des Beschlusses, durch den der Zeuge geladen oder der Sachverständige ernannt worden ist, zu erklären; die Erklärung muß die Ablehnungsgründe und die Bezeichnung der Beweismittel enthalten.

**Artikel 74**

§ 1. Zeugen und Sachverständige haben Anspruch auf Erstattung ihrer Reise- und Aufenthaltskosten. Die Kasse des Gerichts kann ihnen einen Vorschuß auf diese Kosten gewähren.

§ 2. Zeugen haben ferner Anspruch auf Entschädigung für Verdienstausfall, Sachverständige auf Vergütung ihrer Tätigkeit. Die Kasse des Gerichts zahlt die Entschädigung oder Vergütung aus, nachdem der Zeuge oder Sachverständige seiner Pflicht genügt hat.

**Artikel 75**

§ 1. Das Gericht kann auf Antrag der Parteien oder von Amts wegen Ersuchen um Rechtshilfe bei der Vernehmung von Zeugen oder Sachverständigen ergehen lassen.

§ 2. Das Rechtshilfeersuchen ergeht durch Beschluß; dieser Beschluß muß enthalten: Namen, Vornamen, Stellung und Anschrift der Zeugen oder Sachverständigen, die Bezeichnung der Tatsachen, über die die Zeugen oder Sachverständigen zu vernehmen sind, die Bezeichnung der Parteien, ihrer Bevollmächtigten, Anwälte oder Beistände und ihrer Zustellungsanschrift sowie eine kurze Darstellung des Streitgegenstands.

Der Kanzler stellt den Beschluß den Parteien zu.

§ 3. Der Kanzler übermittelt den Beschluß der in Anlage I der Zusätzlichen Verfahrensordnung des Gerichtshofes genannten zuständigen Stelle desjenigen Mitgliedstaats, in dessen Gebiet die Vernehmung der Zeugen oder Sachverständigen stattfinden soll. Er fügt dem Rechtshilfeersuchen gegebenenfalls eine Übersetzung in die Sprache oder die Sprachen dieses Mitgliedstaats bei.

Die in Absatz 1 bezeichnete Stelle leitet den Beschluß an das nach innerstaatlichem Recht zuständige Gericht weiter.

Das ersuchte Gericht erledigt das Rechtshilfeersuchen nach den Vorschriften seines innerstaatlichen Rechts. Nach Erledigung des Rechtshilfeersuchens gibt das ersuchte Gericht das Rechtshilfeersuchen und die im Zuge der Erledigung angefallenen Vorgänge mit einer Aufstellung der entstandenen Kosten an die in Absatz 1 bezeichnete Stelle zurück. Diese Unterlagen werden dem Kanzler übermittelt.

Der Kanzler sorgt für die Übersetzung der betreffenden Schriftstücke in die Verfahrenssprache.

§ 4. Das Gericht übernimmt die durch die Rechtshilfe anfallenden Auslagen; es kann sie gegebenenfalls den Parteien auferlegen.

**Artikel 76**

§ 1. Der Kanzler nimmt über jede Sitzung ein Protokoll auf. Das Protokoll wird vom Präsidenten und vom Kanzler unterzeichnet. Es stellt eine öffentliche Urkunde dar.

§ 2. Die Parteien können die Protokolle und Sachverständigengutachten bei der Kanzlei einsehen und auf ihre Kosten Abschriften erhalten.

## Viertes Kapitel. Aussetzung des Verfahrens und Abgabeentscheidung des Gerichts

### Artikel 77

Unbeschadet der Artikel 123 § 4, 128 und 129 § 4 kann ein anhängiges Verfahren ausgesetzt werden, wenn

a) die in den Artikeln 47 Absatz 3 der EGKS- und der EWG-Satzung sowie 48 Absatz 3 der EAG-Satzung vorgesehenen Fälle vorliegen;

b) beim Gerichtshof ein Rechtsmittel gegen eine Entscheidung des Gerichts eingelegt wird, die über einen Teil des Streitgegenstands ergangen ist oder die einen Zwischenstreit beendet, der eine Einrede der Unzuständigkeit oder Unzulässigkeit zum Gegenstand hat, oder mit der ein Streithilfeantrag abgelehnt wird;

c) die Parteien gemeinsam einen entsprechenden Antrag stellen.

### Artikel 78

Die Entscheidung über die Aussetzung des Verfahrens ergeht durch Beschluß des Gerichts nach Anhörung der Parteien und des Generalanwalts. Das Gericht kann nach demselben Verfahren die Fortsetzung des Verfahrens beschließen. Die in diesem Artikel vorgesehenen Beschlüsse werden den Parteien zugestellt.

### Artikel 79

§ 1. Die Aussetzung des Verfahrens wird zu dem in dem Aussetzungsbeschluß angegebenen Zeitpunkt oder, wenn ein solcher nicht angegeben ist, zu dem Zeitpunkt dieses Beschlusses wirksam.

Während der Aussetzung läuft keine Verfahrensfrist gegenüber den Parteien ab; dies gilt nicht für die in Artikel 115 § 1 vorgesehene Streithilfefrist.

§ 2. Ist in dem Aussetzungsbeschluß das Ende der Aussetzung nicht festgelegt, so endet die Aussetzung zu dem in dem Beschluß über die Fortsetzung des Verfahrens angegebenen Zeitpunkt oder, wenn ein solcher nicht angegeben ist, zu dem Zeitpunkt des Beschlusses über die Fortsetzung.

Ab dem Zeitpunkt der Fortsetzung beginnen die Verfahrensfristen von Beginn an erneut zu laufen.

**Artikel 80**

Die Entscheidungen gemäß den Artikeln 47 Absatz 3 der EGKS- und der EWG-Satzung sowie 48 Absatz 3 der EAG-Satzung, mit denen eine Rechtssache an den Gerichtshof abgegeben wird, ergehen durch Beschluß des Gerichts; der Beschluß wird den Parteien zugestellt.

## Fünftes Kapitel. Urteile

**Artikel 81**

Das Urteil enthält:

– die Feststellung, daß es vom Gericht erlassen ist;

– den Tag der Verkündung;

– die Namen des Präsidenten und der übrigen Richter, die bei der Entscheidung mitgewirkt haben;

– gegebenenfalls den Namen des Generalanwalts;

– den Namen des Kanzlers;

– die Bezeichnung der Parteien;

– die Namen der Bevollmächtigten, Beistände oder Anwälte;

– die Anträge der Parteien;

– gegebenenfalls die Feststellung, daß der Generalanwalt seine Schlußanträge gestellt hat;

– eine kurze Darstellung des Sachverhalts;

– die Entscheidungsgründe;

– die Urteilsformel einschließlich der Entscheidung über die Kosten.

**Artikel 82**

§ 1. Das Urteil wird in öffentlicher Sitzung verkündet; die Parteien sind hierzu zu laden.

§ 2. Der Präsident, die übrigen Richter, die an der Beratung teilgenommen haben, und der Kanzler unterzeichnen die Urschrift des Urteils, die sodann mit einem Siegel versehen und in der Kanzlei hinterlegt wird; den Parteien wird eine beglaubigte Abschrift zugestellt.

§ 3. Der Kanzler vermerkt auf der Urschrift des Urteils den Tag der Verkündung.

**Artikel 83**

Vorbehaltlich der Artikel 53 Absatz 2 der EGKS- und der EWG-Satzung sowie 54 Absatz 2 der EAG-Satzung wird das Urteil mit dem Tage seiner Verkündung wirksam.

**Artikel 84**

§ 1. Unbeschadet der Bestimmungen über die Auslegung von Urteilen kann das Gericht Schreib- und Rechenfehler und offenbare Unrichtigkeiten von Amts wegen oder auf Antrag einer Partei, der binnen zwei Wochen nach Urteilsverkündung zu stellen ist, berichtigen.

§ 2. Der Kanzler benachrichtigt die Parteien, die innerhalb einer vom Präsidenten bestimmten Frist schriftlich Stellung nehmen können.

§ 3. Das Gericht entscheidet in nichtöffentlicher Sitzung.

§ 4. Die Urschrift des Beschlusses, der die Berichtigung ausspricht, wird mit der Urschrift des berichtigten Urteils verbunden. Ein Hinweis auf den Beschluß ist am Rande der Urschrift des berichtigten Urteils anzubringen.

**Artikel 85**

Hat das Gericht die Kostenentscheidung übergangen, so kann jede Partei innerhalb eines Monats nach Zustellung des Urteils dessen Ergänzung beantragen.

Der Antrag wird der Gegenpartei zugestellt; der Präsident setzt dieser eine Frist zur schriftlichen Stellungnahme.

Nach Eingang dieser Stellungnahme entscheidet das Gericht nach Anhörung des Generalanwalts darüber, ob der Antrag zulässig und begründet ist.

**Artikel 86**

Der Kanzler sorgt für die Veröffentlichung der Rechtsprechung des Gerichts.

## Sechstes Kapitel. Prozesskosten

**Artikel 87**

§ 1. Über die Kosten wird im Endurteil oder in dem Beschluß, der das Verfahren beendet, entschieden.

§ 2. Die unterliegende Partei ist auf Antrag zur Tragung der Kosten zu verurteilen.

Besteht der unterliegende Teil aus mehreren Personen, so entscheidet das Gericht über die Verteilung der Kosten.

§ 3. Das Gericht kann die Kosten teilen oder beschließen, daß jede Partei ihre eigenen Kosten trägt, wenn jede Partei teils obsiegt, teils unterliegt oder wenn ein außergewöhnlicher Grund gegeben ist.

Das Gericht kann auch der obsiegenden Partei die Kosten auferlegen, die sie der Gegenpartei ohne angemessenen Grund oder böswillig verursacht hat.

§ 4. Die Mitgliedstaaten und die Organe, die dem Rechtsstreit als Streithelfer beigetreten sind, tragen ihre eigenen Kosten.

Das Gericht kann entscheiden, daß ein anderer Streithelfer als die in Absatz 1 genannten seine eigenen Kosten trägt.

§ 5. Nimmt eine Partei die Klage oder einen Antrag zurück, so wird sie auf Antrag der Gegenpartei zur Tragung der Kosten verurteilt. Die Kosten werden jedoch auf Antrag der Partei, die die Rücknahme erklärt, der Gegenpartei auferlegt, wenn dies wegen des Verhaltens dieser Partei gerechtfertigt erscheint.

Einigen sich die Parteien über die Kosten, so wird gemäß der Vereinbarung entschieden.

Werden keine Kostenanträge gestellt, so trägt jede Partei ihre eigenen Kosten.

§ 6. Erklärt das Gericht die Hauptsache für erledigt, so entscheidet es über die Kosten nach freiem Ermessen.

**Artikel 88**

In den Streitsachen zwischen den Gemeinschaften und deren Bediensteten tragen die Organe ihre Kosten selbst; Artikel 87 § 3 Absatz 2 bleibt unberührt.

**Artikel 89**

Die notwendigen Aufwendungen einer Partei für die Zwangsvollstreckung sind ihr von der Gegenpartei zu erstatten; maßgebend ist die Gebührenordnung des Staates, in dem die Vollstreckung stattfindet.

**Artikel 90**

Das Verfahren vor dem Gericht ist kostenfrei, soweit nachstehend nichts anderes bestimmt ist:

a) Das Gericht kann Kosten, die vermeidbar gewesen wären, der Partei auferlegen, die sie veranlaßt hat.

b) Die Kosten für Schreib- und Übersetzungsarbeiten, die nach Ansicht des Kanzlers das gewöhnliche Maß überschreiten, hat die Partei, die diese Arbeiten beantragt hat, nach Maßgabe der in Artikel 24 § 5 bezeichneten Gebührenordnung zu erstatten.

**Artikel 91**

Unbeschadet des Artikels 90 gelten als erstattungsfähige Kosten:

a) Leistungen an Zeugen und Sachverständige gemäß Artikel 74;

b) Aufwendungen der Parteien, die für das Verfahren notwendig waren, insbesondere Reise- und Aufenthaltskosten sowie die Vergütung der Bevollmächtigten, Beistände oder Anwälte.

**Artikel 92**

§ 1. Streitigkeiten über die erstattungsfähigen Kosten entscheidet das Gericht auf Antrag einer Partei und nach Anhörung der Gegenpartei durch unanfechtbaren Beschluß.

§ 2. Die Parteien können eine Ausfertigung des Beschlusses zum Zwekke der Vollstreckung beantragen.

**Artikel 93**

§ 1. Die Zahlungen der Kasse des Gerichts werden in der Währung des Landes geleistet, in dem das Gericht seinen Sitz hat.

Auf Antrag des Berechtigten werden die Zahlungen in der Währung des Landes geleistet, in dem die zu erstattenden Auslagen entstanden oder die Handlungen vorgenommen worden sind, derentwegen die Zahlung geschuldet wird.

§ 2. Sonstige Schuldner leisten ihre Zahlungen in der Währung ihres Heimatstaats.

§ 3. Allen Umrechnungen ist der amtliche Wechselkurs zugrunde zu legen, der am Zahlungstag in dem Land gilt, in dem das Gericht seinen Sitz hat.

## Siebtes Kapitel. Prozeßkostenhilfe

### Artikel 94

§ 1. Ist eine Partei außerstande, die Kosten des Verfahrens ganz oder teilweise zu bestreiten, so kann ihr auf Antrag jederzeit Prozeßkostenhilfe bewilligt werden.

Mit dem Antrag sind Unterlagen einzureichen, aus denen sich die Bedürftigkeit des Antragstellers ergibt, insbesondere eine entsprechende Bescheinigung der zuständigen Behörde.

§ 2. Wird der Antrag vor der Klage eingereicht, die der Antragsteller erheben will, so ist deren Gegenstand kurz darzulegen.

Der Antrag unterliegt nicht dem Anwaltszwang.

Der Präsident des Gerichts bestimmt den Berichterstatter. Die Kammer, der dieser angehört, entscheidet nach Eingang der schriftlichen Stellungnahme der Gegenpartei, ob die Prozeßkostenhilfe zu versagen oder ganz oder teilweise zu bewilligen ist. Die Prozeßkostenhilfe ist zu versagen, wenn die beabsichtigte Rechtsverfolgung offensichtlich aussichtslos ist.

Die Entscheidung ergeht ohne Angabe von Gründen durch unanfechtbaren Beschluß.

### Artikel 95

§ 1. Das Gericht bestimmt in dem Beschluß, mit dem es die Prozeßkostenhilfe bewilligt, daß dem Antragsteller ein Anwalt beizuordnen ist.

§ 2. Schlägt der Antragsteller nicht selbst einen Anwalt vor oder hält es das Gericht für untunlich, dem Vorschlag des Antragstellers zu folgen, so übermittelt der Kanzler eine Ausfertigung des Beschlusses und eine Abschrift des Antrags auf Bewilligung der Prozeßkostenhilfe der zuständigen Stelle des betroffenen Staates, die in Anlage II der Zusätzlichen Verfahrensordnung des Gerichtshofes genannt ist.

§ 3. Unter Berücksichtigung der von dieser Stelle übermittelten Vorschläge bestimmt das Gericht von Amts wegen den Anwalt, der dem Antragsteller beizuordnen ist.

### Artikel 96

Das Gericht kann die Prozeßkostenhilfe jederzeit von Amts wegen oder auf Antrag entziehen, wenn sich die Voraussetzungen, unter denen sie bewilligt wurde, im Laufe des Verfahrens ändern.

**Artikel 97**

§ 1. Wird die Prozeßkostenhilfe bewilligt, so streckt die Kasse des Gerichts die Kosten vor.

§ 2. Das Gericht setzt die Auslagen und Gebühren des Anwalts fest; auf Antrag kann der Präsident anordnen, daß dem Anwalt ein Vorschuß zu gewähren ist.

§ 3. In der Kostenentscheidung des Endurteils kann die Einziehung aufgrund der Bewilligung der Prozeßkostenhilfe vorgestreckter Beträge zugunsten der Kasse des Gerichts angeordnet werden.

Der Kanzler treibt diese Beträge von der Partei ein, die zu ihrer Erstattung verurteilt worden ist.

## Achtes Kapitel. Außergerichtliche Erledigung und Klagerücknahme

**Artikel 98**

Einigen sich die Parteien über die streitigen Fragen, bevor das Gericht entschieden hat, und erklären sie, daß sie auf die Geltendmachung ihrer Ansprüche verzichten, so ordnet der Präsident die Streichung der Rechtssache im Register an und entscheidet gemäß Artikel 87 § 5, gegebenenfalls unter Berücksichtigung der dahin gehenden Vorschläge der Parteien, über die Kosten.

Diese Bestimmung findet keine Anwendung auf Rechtssachen im Sinne der Artikel 33 und 35 EGKS-Vertrag, 173 und 175 EWG-Vertrag sowie 146 und 148 EAG-Vertrag.

**Artikel 99**

Nimmt der Kläger durch schriftliche Erklärung gegenüber dem Gericht die Klage zurück, so ordnet der Präsident die Streichung der Rechtssache im Register an und entscheidet gemäß Artikel 87 § 5 über die Kosten.

## Neuntes Kapitel. Zustellungen

**Artikel 100**

Die in dieser Verfahrensordnung vorgesehenen Zustellungen werden vom Kanzler in der Weise veranlaßt, daß dem Zustellungsbevollmächtigten des Empfängers eine Abschrift des betreffenden Schriftstückes entweder auf dem Postweg durch Einschreiben mit Rückschein übermittelt oder gegen Quittung übergeben wird.

Die Abschriften werden vom Kanzler ausgefertigt und beglaubigt, es sei denn, daß sie gemäß Artikel 43 § 1 von den Parteien eingereicht werden.

## Zehntes Kapitel. Fristen

### Artikel 101

§ 1. Die im EGKS-, EWG- und EAG-Vertrag, in den Satzungen des Gerichtshofes und in dieser Verfahrensordnung vorgesehenen gerichtlichen Fristen werden wie folgt berechnet:

a) Ist für den Anfang einer nach Tagen, Wochen, Monaten oder Jahren bemessenen Frist der Zeitpunkt maßgebend, zu dem ein Ereignis eintritt oder eine Handlung vorgenommen wird, so wird bei der Berechnung dieser Frist der Tag, in den das Ereignis oder die Handlung fällt, nicht mitgerechnet.

b) Eine nach Wochen, Monaten oder Jahren bemessene Frist endet mit Ablauf des Tages, der in der letzten Woche, im letzten Monat oder im letzten Jahr dieselbe Bezeichnung oder dieselbe Zahl wie der Tag trägt, an dem das Ereignis eingetreten oder die Handlung vorgenommen worden ist, von denen an die Frist zu berechnen ist. Fehlt bei einer nach Monaten oder Jahren bemessenen Frist im letzten Monat der für ihren Ablauf maßgebende Tag, so endet die Frist mit Ablauf des letzten Tages dieses Monats.

c) Ist eine Frist nach Monaten und nach Tagen bemessen, so werden zunachst die vollen Monate und dann die Tage gezählt.

d) Eine Frist umfaßt die gesetzlichen Feiertage, die Sonntage und die Samstage.

e) Der Lauf einer Frist wird durch die Gerichtsferien nicht gehemmt.

§ 2. Fällt das Ende einer Frist auf einen Samstag, Sonntag oder gesetzlichen Feiertag, so endet die Frist mit Ablauf des nächstfolgenden Werktags.

Das vom Gerichtshof aufgestellte und im Amtsblatt der Europäischen Gemeinschaften veröffentlichte Verzeichnis der gesetzlichen Feiertage gilt auch für das Gericht.

### Artikel 102

§ 1. Die Fristen für die Erhebung von Klagen gegen Maßnahmen der Organe beginnen am Tag nach der Bekanntgabe an den Betroffenen oder, wenn die Maßnahme veröffentlicht wird, am fünfzehnten Tag nach ihrer Veröffentlichung im Amtsblatt der Europäischen Gemeinschaften.

§ 2. Die durch Entscheidung des Gerichtshofes mit Rücksicht auf die räumliche Entfernung festgesetzten und im Amtsblatt der Europäischen Gemeinschaften veröffentlichten zusätzlichen Verfahrensfristen gelten auch für das Gericht.

**Artikel 103**

§ 1. Aufgrund dieser Verfahrensordnung festgesetzte Fristen können von der anordnenden Stelle verlängert werden.

§ 2. Der Präsident kann dem Kanzler die Zeichnungsbefugnis übertragen, bestimmte Fristen, die er aufgrund dieser Verfahrensordnung anzuordnen hat, festzusetzen oder deren Verlängerung zu gewähren.

## Dritter Titel. Besondere Verfahrensarten

### Erstes Kapitel. Aussetzung des Vollzugs oder der Zwangsvollstreckung und sonstige einstweilige Anordnungen

**Artikel 104**

§ 1. Anträge auf Aussetzung des Vollzugs von Maßnahmen eines Organs im Sinne der Artikel 39 Absatz 2 EGKS-Vertrag, 185 EWG-Vertrag und 157 EAG-Vertrag sind nur zulässig, wenn der Antragsteller die betreffende Maßnahme durch Klage beim Gericht angefochten hat.

Anträge auf sonstige einstweilige Anordnungen im Sinne der Artikel 39 Absatz 3 EGKS-Vertrag, 186 EWG-Vertrag und 158 EAG-Vertrag sind nur zulässig, wenn sie von einer Partei eines beim Gericht anhängigen Rechtsstreits gestellt werden und sich auf diesen beziehen.

§ 2. Die in § 1 genannten Anträge müssen den Streitgegenstand bezeichnen und die Umstände anführen, aus denen sich die Dringlichkeit ergibt; ferner ist die Notwendigkeit der beantragten Anordnung in tatsächlicher und rechtlicher Hinsicht glaubhaft zu machen.

§ 3. Der Antrag ist mit besonderem Schriftsatz einzureichen und muß den Artikeln 43 und 44 entsprechen.

**Artikel 105**

§ 1. Der Antrag wird der Gegenpartei zugestellt; der Präsident des Gerichts setzt ihr eine kurze Frist zur schriftlichen oder mündlichen Stellungnahme.

§ 2. Der Präsident des Gerichts kann eine Beweisaufnahme anordnen.

Er kann dem Antrag stattgeben, bevor die Stellungnahme der Gegenpartei eingeht. Diese Entscheidung kann später, auch von Amts wegen, abgeändert oder aufgehoben werden.

**Artikel 106**

Der Präsident des Gerichts entscheidet selbst oder überträgt die Entscheidung der mit der Hauptsache befaßten Kammer oder dem Plenum, wenn diesem die Hauptsache zugewiesen worden ist.

Ist der Präsident des Gerichts abwesend oder verhindert, so werden seine Aufgaben vom Präsidenten oder von dem in der Rangordnung im Sinne von Artikel 6 höchsten Richter des Spruchkörpers des Gerichts, dem die Rechtssache zugewiesen worden ist, wahrgenommen.

Wird die Entscheidung einem Spruchkörper des Gerichts übertragen, so erkennt dieser unter Zurückstellung aller anderen Rechtssachen. Artikel 105 findet entsprechende Anwendung.

**Artikel 107**

§ 1. Die Entscheidung ergeht durch Beschluß, der mit Gründen zu versehen ist. Der Beschluß wird den Parteien unverzüglich zugestellt.

§ 2. Die Vollstreckung des Beschlusses kann davon abhängig gemacht werden, daß der Antragsteller eine Sicherheit leistet, deren Höhe und Art nach Maßgabe der Umstände festzusetzen sind.

§ 3. Die einstweilige Anordnung kann befristet werden. In Ermangelung einer ausdrücklichen Befristung tritt sie mit der Verkündung des Endurteils außer Kraft.

§ 4. Der Beschluß stellt nur eine einstweilige Regelung dar und greift der Entscheidung des Gerichts zur Hauptsache nicht vor.

**Artikel 108**

Auf Antrag einer Partei kann der Beschluß jederzeit wegen veränderter Umstände abgeändert oder aufgehoben werden.

**Artikel 109**

Die Abweisung eines Antrags auf einstweilige Anordnung hindert den Antragsteller nicht, einen weiteren, auf neue Tatsachen gestützten Antrag zu stellen.

**Artikel 110**

Die Bestimmungen dieses Kapitels finden entsprechende Anwendung auf Anträge, die gemäß den Artikeln 44 und 92 EGKS-Vertrag, 187 und 192 EWG-Vertrag sowie 159 und 164 EAG-Vertrag gestellt werden und auf Aussetzung der Zwangsvollstreckung von Entscheidungen des Gerichts oder von Maßnahmen anderer Organe gerichtet sind.

In dem Beschluß, der dem Antrag stattgibt, wird gegebenenfalls der Zeitpunkt festgesetzt, zu dem die einstweilige Anordnung außer Kraft tritt.

## Zweites Kapitel. Prozesshindernde Einreden und Zwischenstreit

**Artikel 111**

Ist das Gericht für eine Klage offensichtlich unzuständig oder ist eine Klage offensichtlich unzulässig, so kann das Gericht nach Anhörung des Generalanwalts ohne Fortsetzung des Verfahrens durch Beschluß entscheiden, der mit Gründen zu versehen ist.

**Artikel 112**

Die Verweisung einer Rechtssache an den Gerichtshof gemäß den Artikeln 47 Absatz 2 der EGKS- und der EWG-Satzung sowie 48 Absatz 2 der EAG-Satzung erfolgt im Fall offensichtlicher Unzuständigkeit ohne Fortsetzung des Verfahrens durch Beschluß, der mit Gründen zu versehen ist.

**Artikel 113**

Das Gericht kann jederzeit von Amts wegen prüfen, ob unverzichtbare Prozeßvoraussetzungen fehlen; es entscheidet hierüber gemäß Artikel 114 §§ 3 und 4.

**Artikel 114**

§ 1. Will eine Partei vorab eine Entscheidung des Gerichts über die Unzulässigkeit, die Unzuständigkeit oder einen Zwischenstreit herbeiführen, so hat sie dies mit besonderem Schriftsatz zu beantragen.

Der Schriftsatz muß außer dem Antrag dessen tatsächliche und rechtliche Begründung enthalten; Unterlagen, auf die sich die Partei beruft, sind beizufügen.

§ 2. Unmittelbar nach Eingang des Schriftsatzes bestimmt der Präsident eine Frist, innerhalb deren die Gegenpartei schriftlich ihre Anträge zu stellen und zu begründen hat.

§ 3. Über den Antrag wird mündlich verhandelt, sofern das Gericht nichts anderes bestimmt.

§ 4. Nach Anhörung des Generalanwalts entscheidet das Gericht über den Antrag oder behält die Entscheidung dem Endurteil vor. Es verweist die Rechtssache an den Gerichtshof, wenn sie in dessen Zuständigkeit fällt.

Verwirft das Gericht den Antrag oder behält es die Entscheidung dem Endurteil vor, so bestimmt der Präsident neue Fristen für die Fortsetzung des Verfahrens.

## Drittes Kapitel. Streithilfe

### Artikel 115

§ 1. Anträge auf Zulassung als Streithelfer können nur innerhalb von drei Monaten nach der in Artikel 24 § 6 bezeichneten Veröffentlichung gestellt werden.

§ 2. Der Antrag muß enthalten:

a) die Bezeichnung der Rechtssache;

b) die Bezeichnung der Parteien;

c) Namen und Wohnsitz des Antragstellers;

d) die Benennung eines Zustellungsbevollmächtigten am Ort des Gerichtssitzes;

e) die Anträge, die der Antragsteller unterstützen will;

f) für den Fall, daß der Antrag nicht von einem Mitgliedstaat oder einem Organ gestellt wird, die Gründe, aus denen sich das berechtigte Interesse des Antragstellers am Ausgang des Rechtsstreits ergibt.

Die Artikel 43 und 44 finden entsprechende Anwendung.

§ 3. Für die Vertretung des Streithelfers gelten die Artikel 20 Absätze 1 und 2 der EGKS-Satzung sowie 17 der EWG- und der EAG-Satzung.

**Artikel 116**

§ 1. Der Antrag wird den Parteien zugestellt.

Vor einer Entscheidung über den Antrag gibt der Präsident den Parteien Gelegenheit zur schriftlichen oder mündlichen Stellungnahme.

Der Präsident entscheidet über den Antrag durch Beschluß oder überträgt die Entscheidung dem Gericht. Im Fall einer Abweisung des Antrags ist der Beschluß mit Gründen zu versehen.

§ 2. Gibt der Präsident dem Antrag statt, so sind dem Streithelfer alle den Parteien zugestellten Schriftstücke zu übermitteln. Der Präsident kann jedoch auf Antrag einer Partei geheime oder vertrauliche Unterlagen von der Übermittlung ausnehmen.

§ 3. Der Streithelfer muß den Rechtsstreit in der Lage annehmen, in der dieser sich zur Zeit des Beitritts befindet.

§ 4. Der Präsident setzt dem Streithelfer eine Frist, innerhalb deren dieser einen Streithilfeschriftsatz einreichen kann.

Der Streithilfeschriftsatz muß enthalten:

a) die Anträge des Streithelfers, die der vollständigen oder teilweisen Unterstützung oder Bekämpfung der Anträge einer Partei zu dienen bestimmt sind;

b) die Angriffs- und Verteidigungsmittel sowie die Argumente des Streithelfers;

c) gegebenenfalls die Bezeichnung der Beweismittel.

§ 5. Nach Einreichung des Streithilfeschriftsatzes setzt der Präsident den Parteien gegebenenfalls eine Frist, innerhalb deren sie sich zu diesem Schriftsatz äußern können.

## Viertes Kapitel. Urteil des Gerichts nach Aufhebung und Zurückweisung

**Artikel 117**

Hebt der Gerichtshof ein Urteil oder einen Beschluß des Gerichts auf und verweist er die Sache zur Entscheidung an das Gericht zurück, so wird die Sache durch das zurückverweisende Urteil bei dem Gericht anhängig.

**Artikel 118**

§ 1. Hebt der Gerichtshof ein Urteil oder einen Beschluß einer Kammer auf, so kann der Präsident des Gerichts die Sache einer anderen Kammer mit der gleichen Richterzahl zuweisen.

§ 2. Hebt der Gerichtshof ein Urteil oder einen Beschluß des Plenums des Gerichts auf, so wird die Sache dem Plenum zugewiesen.

§ 3. In den in den §§ 1 und 2 vorgesehenen Fällen finden die Artikel 13 § 2, 14 und 51 entsprechende Anwendung.

**Artikel 119**

§ 1. Ist bei Erlaß des zurückverweisenden Urteils das schriftliche Verfahren vor dem Gericht beendet, so finden auf das Verfahren die folgenden Bestimmungen Anwendung:

a) Der Kläger kann innerhalb von zwei Monaten nach dem Zeitpunkt, zu dem ihm das Urteil des Gerichtshofes zugestellt worden ist, einen Schriftsatz einreichen.

b) Der Beklagte kann innerhalb eines Monats nach dem

Zeitpunkt, zu dem ihm dieser Schriftsatz übermittelt worden ist, einen Schriftsatz einreichen. Die dem Beklagten zur Einreichung dieses Schriftsatzes gewährte Frist beträgt jedoch mindestens zwei Monate von dem Zeitpunkt an, zu dem ihm das Urteil des Gerichtshofes zugestellt worden ist.

c) Der Streithelfer kann innerhalb eines Monats nach dem Zeitpunkt, zu dem ihm die Schriftsätze des Klägers und des Beklagten gleichzeitig übermittelt worden sind, einen Schriftsatz einreichen. Die dem Streithelfer für die Einreichung dieses Schriftsatzes gewährte Frist beträgt jedoch mindestens zwei Monate von dem Zeitpunkt an, zu dem ihm das Urteil des Gerichtshofes zugestellt worden ist.

§ 2. War bei Erlaß des zurückverweisenden Urteils das schriftliche Verfahren vor dem Gericht noch nicht beendet, so wird es durch prozeßleitende Maßnahmen des Gerichts in dem Stadium, in dem es sich befand, fortgesetzt.

§ 3. Wenn die Umstände es rechtfertigen, kann das Gericht die Einreichung zusätzlicher Schriftsätze gestatten.

**Artikel 120**

Auf das Verfahren finden die Bestimmungen des Zweiten Titels entsprechende Anwendung.

**Artikel 121**

Das Gericht entscheidet über die Kosten des Rechtsstreits vor dem Gericht und über die Kosten des Rechtsmittelverfahrens vor dem Gerichtshof.

## Fünftes Kapitel. Versäumnisurteil und Einspruch

### Artikel 122

§ 1. Reicht der Beklagte, gegen den ordnungsgemäß Klage erhoben ist, seine Klagebeantwortung nicht form- und fristgerecht ein, so kann der Kläger Versäumnisurteil beantragen.

Der Antrag wird dem Beklagten zugestellt. Der Präsident bestimmt den Termin für die Eröffnung der mündlichen Verhandlung.

§ 2. Vor Erlaß eines Versäumnisurteils prüft das Gericht, ob die Klage ordnungsgemäß erhoben und zulässig ist und ob die Anträge des Klägers begründet erscheinen. Es kann eine Beweisaufnahme anordnen.

§ 3. Das Versäumnisurteil ist vollstreckbar. Das Gericht kann die Vollstreckung aussetzen, bis über einen gemäß § 4 eingelegten Einspruch entschieden ist, oder sie davon abhängig machen, daß der Antragsteller eine Sicherheit leistet, deren Höhe und Art nach Maßgabe der Umstände festzusetzen sind; wird kein Einspruch eingelegt oder wird der Einspruch verworfen, so ist die Sicherheit freizugeben.

§ 4. Gegen das Versäumnisurteil kann Einspruch eingelegt werden. Der Einspruch ist innerhalb eines Monats nach Zustellung des Urteils einzulegen; die Artikel 43 und 44 finden entsprechende Anwendung.

§ 5. Nach der Zustellung des Einspruchs setzt der Präsident der Gegenpartei eine Frist zur schriftlichen Stellungnahme.

Auf das weitere Verfahren finden die Bestimmungen des Zweiten Titels entsprechende Anwendung.

§ 6. Das Gericht entscheidet durch Urteil, gegen das weiterer Einspruch nicht zulässig ist. Die Urschrift dieses Urteils wird mit der Urschrift des Versäumnisurteils verbunden. Ein Hinweis auf das Urteil ist am Rande der Urschrift des Versäumnisurteils anzubringen.

## Sechstes Kapitel. Ausserordentliche Rechtsbehelfe

## Erster Abschnitt – Drittwiderspruch

### Artikel 123

§ 1. Auf den Drittwiderspruch finden die Artikel 43 und 44 entsprechende Anwendung; der Antrag muß ferner enthalten:

a) die Bezeichnung des angefochtenen Urteils;

b) die Angabe, in welchen Punkten dieses Urteil die Rechte des Dritten beeinträchtigt;

c) die Gründe, aus denen der Dritte nicht in der Lage war, sich am Hauptverfahren vor dem Gericht zu beteiligen.

Der Antrag ist gegen sämtliche Parteien des Hauptverfahrens zu richten.

Ist das Urteil im Amtsblatt der Europäischen Gemeinschaften veröffentlicht, so muß der Antrag binnen zwei Monaten nach dieser Veröffentlichung eingereicht werden.

§ 2. Auf Antrag des Dritten kann die Vollstreckung des angefochtenen Urteils ausgesetzt werden. Die Bestimmungen des Ersten Kapitels des Dritten Titels finden entsprechende Anwendung.

§ 3. Wird dem Drittwiderspruch stattgegeben, so ist das angefochtene Urteil entsprechend zu ändern.

Die Urschrift des auf den Drittwiderspruch ergangenen Urteils ist mit der Urschrift des angefochtenen Urteils zu verbinden. Ein Hinweis auf das Urteil ist am Rande der Urschrift des angefochtenen Urteils anzubringen.

§ 4. Wird ein Urteil des Gerichts durch Rechtsmittel vor dem Gerichtshof und durch Drittwiderspruch vor dem Gericht angefochten, so kann das Gericht nach Anhörung der Parteien das Verfahren bis zum Erlaß des Urteils des Gerichtshofes aussetzen.

### Artikel 124

Der Drittwiderspruch wird der Karmner zugewiesen, die das angefochtene Urteil erlassen hat; er wird dem Plenum des Gerichts zugewiesen, wenn dieses das Urteil erlassen hat.

## Zweiter Abschnitt – Wiederaufnahme des Verfahrens

### Artikel 125

Unbeschadet der in den Artikeln 38 Absatz 3 der EGKS-Satzung, 41 Absatz 3 der EWG-Satzung und 42 Absatz 3 der EAG-Satzung vorgesehenen Frist von zehn Jahren ist die Wiederaufnahme des Verfahrens binnen drei Monaten nach dem Tag zu beantragen, an dem der Antragsteller Kenntnis von der Tatsache erhalten hat, auf die er seinen Antrag stützt.

### Artikel 126

§ 1. Auf den Antrag finden die Artikel 43 und 44 entsprechende Anwendung. Der Antrag muß ferner enthalten:

a) die Bezeichnung des angefochtenen Urteils;

b) die Angabe der Punkte, in denen das Urteil angefochten wird;

c) die Bezeichnung der Tatsachen, die dem Antrag zugrunde liegen;

d) die Benennung der Beweismittel für das Vorliegen von Tatsachen, die die Wiederaufnahme rechtfertigen, und für die Wahrung der in Artikel 125 genannten Fristen.

§ 2. Der Antrag ist gegen sämtliche Parteien des Rechtsstreits zu richten, in dem das angefochtene Urteil ergangen ist.

**Artikel 127**

§ 1. Der Antrag wird der Kammer zugewiesen, die das angefochtene Urteil erlassen hat; er wird dem Plenum des Gerichts zugewiesen, wenn dieses das Urteil erlassen hat.

§ 2. Aufgrund der schriftlichen Stellungnahme der Parteien und nach Anhörung des Generalanwalts entscheidet das Gericht über die Zulässigkeit des Antrags, ohne der Entscheidung in der Hauptsache vorzugreifen.

§ 3. Gibt das Gericht dem Antrag statt, so tritt es erneut in die Prüfung der Hauptsache ein und entscheidet durch Urteil gemäß den Bestimmungen dieser Verfahrensordnung.

§ 4. Die Urschrift des abändernden Urteils ist mit der Urschrift des abgeänderten Urteils zu verbinden. Ein Hinweis auf das Urteil ist am Rande der Urschrift des abgeänderten Urteils anzubringen.

**Artikel 128**

Wird ein Urteil des Gerichts durch Rechtsmittel vor dem Gerichtshof und durch einen Antrag auf Wiederaufnahme des Verfahrens vor dem Gericht angefochten, so kann das Gericht nach Anhörung der Parteien das Verfahren bis zum Erlaß des Urteils des Gerichtshofes aussetzen.

## Dritter Abschnitt – Auslegung von Urteilen

**Artikel 129**

§ 1. Für Anträge auf Auslegung von Urteilen gelten die Artikel 43 und 44 entsprechend. Der Antrag muß ferner bezeichnen:

a) das auszulegende Urteil;

b) die Stellen, deren Auslegung beantragt wird.

Er ist gegen sämtliche Parteien des Rechtsstreits zu richten, in dem das Urteil ergangen ist.

§ 2. Der Antrag wird der Kammer zugewiesen, die das auszulegende Urteil erlassen hat; er wird dem Plenum des Gerichts zugewiesen, wenn dieses das Urteil erlassen hat.

§ 3. Das Gericht gibt den Parteien Gelegenheit zur Stellungnahme; es entscheidet nach Anhörung des Generalanwalts durch Urteil.

Die Urschrift des auslegenden Urteils ist mit der Urschrift des ausgelegten Urteils zu verbinden. Ein Hinweis auf das Urteil ist am Rande der Urschrift des ausgelegten Urteils anzubringen.

§ 4. Wird ein Urteil des Gerichts durch Rechtsmittel vor dem Gerichtshof angefochten und ist dieses Urteil Gegenstand eines Auslegungsantrags vor dem Gericht, so kann das Gericht nach Anhörung der Parteien das Verfahren bis zuun Erlaß des Urteils des Gerichtshofes aussetzen.

## Schlußbestimmungen

### Artikel 130

Die Verfahrensordnung ist in den in Artikel 35 § 1 genannten Sprachen verbindlich. Sie wird im Amtsblatt der Europäischen Gemeinschaften veröffentlicht. Sie tritt am ersten Tag des zweiten Monats nach ihrer Veröffentlichung in Kraft.

Geschehen zu Luxemburg am 2. Mai 1991.

Der Kanzler

H. JUNG

Der Präsident

J. L. CRUZ VILAÇA

# Sachverzeichnis

**Fette Zahl**: Nr. des Dokuments
Magere Zahl: Artikel

## Sachverzeichnis

# ompetenz für Europa

*Dynamik der europäischen Einigung hat durch die jüngsten Ereignisse in Osteuropa zusätzliche bkraft erhalten. Juristen und Steuerspezialisten sind jetzt in ihrer täglichen Arbeit nders gefordert.* **Europäisches Wirtschafts- & Steuerrecht EWS** *miert kompetent für die Praxis.*

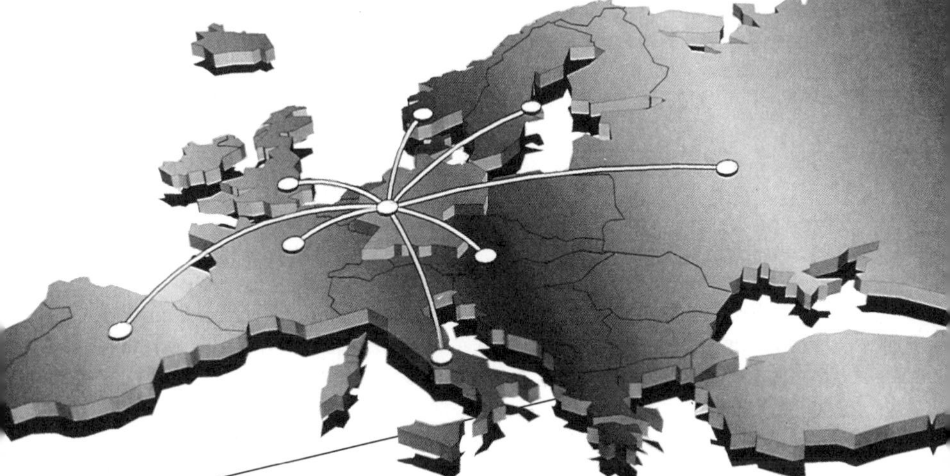

# European Consultants Unit in GABLERS MAGAZIN

European Consultants Unit e.V. (E.C.U.) ist ein überprofessioneller Zusammenschluß von Unternehmensberatern, Rechtsanwälten, Steuerberatern und Wirtschaftsprüfern auf europäischer Ebene. Der Zweck des Verbandes ist Interessenwahrung und Erfahrungsaustausch unter den Mitgliedern, Förderung der europäischen Zusammenarbeit zwischen wirtschaftsprüfenden Berufen und Beratern. Er hat sich zur Aufgabe gemacht, das mittelständische Beratungsprofil international und prozeßübergreifend zu fördern und für potentielle Mandanten geeignete Berater zu empfehlen.

Als **erste europaweite Vereinigung** hilft der E.C.U. der Öffentlichkeit in In- und Ausland, entsprechende Spezialisten für Rechts- und Wirtschaftsfragen zu finden. Der E.C.U. pflegt enge und intensive Zusammenarbeit mit in- und ausländischen Institutionen und Verbänden (Handels- und Berufskammern, Botschaften, Wirtschafts-, Unternehmens- und Berufsverbände).

Seit März 1992 erscheint der E.C.U.-Newsletter als offizielles Organ des Verbandes für Mitglieder und Interessenten vierteljährlich in GABLERS MAGAZIN – Die Zeitschrift für innovative Führungskräfte. GABLERS MAGAZIN liefert innovativen, zukunftsorientierten Führungskräften das nötige Rüstzeug und Entscheidungshilfen für künftige Aufgaben. Mit dem E.C.U.-Newsletter will GABLERS MAGAZIN zusätzliche Informationen zu europäischen Entwicklungen, Gesetzgebungen und aktuellen Regelungen bieten.